HISTÓRIAS QUE VIVI NA HISTÓRIA

NILMÁRIO MIRANDA

GERAÇÃO

Copyright © 2018 by Nilmário Miranda

1ª edição — Julho de 2018

Grafia atualizada segundo o Acordo Ortográfico da Língua Portuguesa de 1990, que entrou em vigor no Brasil em 2009

Editor e Publisher
Luiz Fernando Emediato

Diretora Editorial
Fernanda Emediato

Assistente Editorial
Adriana Carvalho

Capa
Fred Paulino

Projeto Gráfico
Alan Maia

Diagramação
Cia. de Desenho

Preparação de texto
Nanete Neves

Revisão
Hugo Almeida

DADOS INTERNACIONAIS DE CATALOGAÇÃO NA PUBLICAÇÃO (CIP) DE ACORDO COM ISBD

M672h Miranda, Nilmário
       Histórias que vivi na História / Nilmário Miranda. - São Paulo : Geração Editorial, 2018.
       328 p. ; il. ; 15,6cm x 23cm.

       Inclui índice.
       ISBN 978-85-8130-408-3

       1. Jornalismo político. 2. Brasil. 3. Política. 4. Governo. I. Título.

2018-888
CDD 070.44932
CDU 070(81)

Elaborado por Vagner Rodolfo da Silva - CRB-8/9410

Índices para catálogo sistemático

1. Jornalismo político 070.44932
2. Jornalismo político 070(81)

GERAÇÃO EDITORIAL

Rua João Pereira, 81 – Lapa
CEP: 05074-070 – São Paulo – SP
Tel.: (+ 55 11) 3256-4444
E-mail: geracaoeditorial@geracaoeditorial.com.br
www.geracaoeditorial.com.br

Impresso no Brasil
Printed in Brazil

Sumário

PREFÁCIO (*Por Juca Ferreira*) 5

INTRODUÇÃO 9

1. EU VI O MUNDO EM TEÓFILO OTONI 13

2. O MERGULHO NAS TREVAS: O BRASIL DO AI-5 41

3. CLANDESTINIDADE, PRISÃO E O BAFO DA MORTE 61

4. ENFIM, FORA DA PRISÃO. E AGORA? 113

5. DE VOLTA À VIDA NORMAL, DA ANISTIA AO PACTO CONSTITUINTE 151

6. A DÉCADA DE OURO DOS DIREITOS HUMANOS 181

7. DA ELEIÇÃO DE LULA AO GOLPE CONTRA DILMA 221

8. O PT NO GOVERNO DE MINAS E A RESISTÊNCIA AO GOLPE 267

9. AOS 70 ANOS, UMA CERTEZA: A LUTA CONTINUA 297

Prefácio

Juca Ferreira[1]

A vida nos concede experiências surpreendentes e absolutamente singulares e densas de significados. É um desses momentos que aqui desejo rememorar. Em um evento destinado a ampliar as políticas de direitos humanos do governo do presidente Lula, fui convidado, como interino, representando o ministro da Cultura, Gilberto Gil, e o próprio MinC, para dar minha contribuição e refletir publicamente sobre as interfaces entre cultura e direitos humanos. A própria cultura é um dos direitos básicos de toda a humanidade, reconhecida pela Declaração dos Direitos Humanos das Nações Unidas. E havia mesmo me preparado para refletir no citado evento sobre os direitos humanos: uma questão essencial para a construção da democracia no Brasil.

Para mim, o crucial naquela fala era ressaltar que os direitos humanos, para serem respeitados no nosso país, dependem de uma nova sensibilidade, uma visão de mundo renovada. Provocar a reflexão sobre a relação entre política pública e o desenvolvimento cultural no Brasil era salutar. Entretanto, o meu já planejado discurso seguiu outro rumo. Explico-me: o ministro da pasta responsável pelo evento, a despeito das considerações de praxe, logo depois de ler a nominata, pediu licença para contar um fato vivido por ele.

Como bom mineiro, desculpou-se pelo relato pessoal em um evento público, embora soubesse que este fazia parte da história recente do país. E revelou que tinha sido ele quem havia me tirado do Brasil no início da década de 1970. Assim fez por solidariedade. Solidariedade a uma pessoa que estava sendo perseguida e corria perigo de vida, cujo rosto ilustrava aqueles cartazes de "PROCURA-SE", espalhados por todo o país durante a ditadura militar.

Nilmário Miranda – não por acaso o primeiro ministro da Secretaria Especial de Direitos Humanos (2003/2005), criada por uma gestão que tinha este foco como premissa – abrira o evento com essa emocionante revelação, conectando aquele momento com os anos sombrios do regime militar e provocando uma reflexão em profundidade sobre a importância do respeito aos direitos humanos para o futuro da sociedade brasileira.

Ainda hoje me recordo que, enquanto ele falava, eu, paulatinamente, identificava as feições daquele outrora jovem, bem mais magro, que me ajudou a atravessar a fronteira.

Foi precisamente naquele instante, a partir do relato do próprio Nilmário, que, enfim, soube ter sido ele a pessoa que durante dois dias, numa estrada escura, se arriscou por mim. Pessoa a quem eu nunca havia podido expressar minha imensa gratidão, porque até então não sabia quem ele era. Havia sido Nilmário quem, pelo sentimento de pura solidariedade, me ajudou a atravessar a fronteira de Foz do Iguaçu com a Argentina e o Paraguai rumo ao Chile, país que me recebeu de pronto, e onde pude ficar albergado nos primeiros anos de exílio; até que o golpe liderado por Pinochet de lá me expulsasse.

Logo ele, que havia amargado alguns anos nos porões do golpe civil-militar de 1964, se dispôs a arriscar a própria vida, para salvar a vida de outra pessoa, um companheiro que compartilhava consigo a resistência à ditadura militar.

O impacto daquela revelação não poderia passar incólume a ninguém. Muito menos a mim, a quem tamanha generosidade e compromisso com os direitos humanos se dirigiram. Como não entusiasmar e emocionar-me até as lágrimas? As palavras que antes havia rascunhado, naquele momento perderam parte do sentido e minha fala, inevitavelmente, ganhou outra dimensão.

Estava ali, diante de nós, uma trajetória de coerência política e de compromisso com os direitos humanos. E, necessariamente, esse foi o tom do meu discurso naquele ato, sobretudo porque eu tinha conhecimento da sua história, da sua integridade e compromisso com o projeto de uma nação justa com seus cidadãos. Nilmário tem dedicado a própria vida à luta por uma sociedade igualitária e respeitadora das diferenças. Além de presidir na Câmara a Comissão Externa para os Mortos e Desaparecidos Políticos, é um ativista da luta contra o trabalho escravo e infantil, e contra a exploração sexual de crianças e adolescentes.

O fato dele ter guardado por tanto tempo a nossa história, inclusive para mim, tornando-a pública apenas pela coincidência da circunstância, só pode ser lido pelo viés da honradez e simplicidade, e essa foi a opção que ele fez na vida. Naquele momento, ele se agigantou mais ainda pra mim. De uma maneira que não sei expressar.

Nilmário é sinônimo de coerência e, sobretudo, compromisso com uma sociedade democrática. Isto está gravado em cada instante de sua biografia e é o que ele nos traz neste livro: uma história de luta contra as injustiças sociais, um compromisso público exemplar, um compromisso com o Brasil e com o seu povo.

É uma honra ser contemporâneo de Nilmário, compartilhar ideais e ser convidado por ele para escrever este prefácio em um momento tão delicado para o futuro de nossa democracia, fortemente agravado pela injusta prisão de nosso maior líder popular: o ex-presidente Lula.

Precisamos, como nunca, dar o máximo de visibilidade a depoimentos como este que aqui vem a público. Histórias de vida comprometidas com um Brasil para todos.

---

[1] *Sociólogo, ex-ministro da Cultura nos governos Lula e Dilma e atual secretário de Cultura de Belo Horizonte.*

Introdução

Escrevi a última frase deste livro às 5 horas do dia 14 de março de 2018. "Eran las cinco em punto"... "Lo demás era muerte y solo muerte a las cinco de la tarde", cantava García Lorca no *Romancero Gitano*.

Horas depois, via na TV um jogo de futebol e fui informado da execução de Marielle Franco, no Estácio, em pleno centro do Rio de Janeiro, e do motorista Anderson Gomes, com todas as características de mortes praticadas por policiais bandidos e ou milicianos, facções criminosas compostas por policiais bandidos. Ela, atingida por quatro tiros na cabeça, mesmo estando sentada à direita no banco traseiro e "protegida" por um vidro escuro, e Anderson com três tiros nas costas por estar na linha de tiro. Meu sangue ferveu e minha cabeça entrou num turbilhão.

Menos de um mês depois, enquanto cuidava dos arremates da edição deste livro, chegou ao ápice a perseguição política contra o ex-presidente Lula, com sua prisão decretada e efetivada por um complô judiciário-político-midiático, arquitetado nos requintes de um *lawfare* kafkiano para impedir que o político mais popular do país, aquele que deixou a Presidência da República com mais de 80% de aprovação, pudesse concorrer à eleição presidencial de 2018.

No caso de Marielle, o que primeiro me veio à mente foram as mortes de Chico Mendes, de irmã Dorothy Stang e Martin Luther King. Pessoas não violentas, defensores de direitos humanos, mortas com crueldade, covardia, premeditação.

Não conheci Marielle Franco. Tudo que ouvi, li, sorvi sobre sua hstória me encantou. Da origem no conjunto de dezesseis favelas que compõem o Complexo da Maré. De ter feito o pré-vestibular gratuito e comunitário para negros e carentes na Maré. De como entrou para a militância de direitos humanos após a morte estúpida de uma amiga numa troca de tiros entre PMs e bandidos, na Maré. Da filha que teve aos dezenove anos. Da longa experiência com vítimas de violência praticada por bandidos, por policiais violentos e de sua relação com famílias de policiais. Com vítimas na Comissão de Direitos Humanos da Assembleia Legislativa do Rio de Janeiro, que assessorou. Seu casamento homoafetivo. De sua eleição como vereadora com enorme votação, que lhe deu visibilidade para se transformar numa gigante na defesa de seu povo negro e estigmatizado, vítima de abusos por parte de quem os deveria proteger. Sua ascensão como destacada, corajosa defensora de direitos humanos e sua eloquência veraz e autêntica que levaram à escolha dela como alvo para dar o sinistro recado: aqui mandamos nós, os perversos.

No caso de Lula, somos companheiros desde a fundação do PT, em 1980, e tive a honra de ser, em 2003/2004/2005, o primeiro ministro dos Direitos Humanos do Brasil. Fiz, portanto, parte de seu governo, que mudou os rumos da história brasileira ao incluir os mais necessitados, os mais discriminados, os mais vitimados pelo preconceito no orçamento federal, convencido de que os pobres, ao contrário do que sempre foi dito, não eram o maior problema do país, mas sim, sua solução.

Quando mulheres negras, jovens negros e todos os grupos privados de direitos se insurgem, seus líderes tornam-se alvos a abater.

Depois da execução de Marielle Franco e da prisão do ex-presidente Lula, o Brasil segue sua rotina de violência, física e política, com os golpistas no poder devolvendo milhões de brasileiros à pobreza e entregando as riquezas do país à cobiça do capital internacional.

Decidi escrever *Histórias que vivi na História* depois do golpe de 2016, que liberou tanta intolerância, violência e ódio. Nossa geração não esperava que fôssemos viver de novo tanto retrocesso. Cada um tem o dever e a obrigação de fazer o que sempre fazemos: lutar, e, não havendo o que fazer, lutar.

Optei pela esquerda com pouco mais de catorze anos, em Teófilo Otoni, em meio ao Concílio Vaticano II, com seu papa camponês João XXIII, que falava em opção preferencial pelos pobres. Em meio à Revolução Cubana, com seus jovens barbudos desafiando o império. Ao plebiscito de janeiro de

1963, que trouxe com Jango as reformas de base, um projeto de Nação mais justa, soberana, democrática.

Tanta efervescência buliu com a cabeça de jovens como eu, despertando sonhos e utopias que vivíamos numa região como o Mucuri e o Jequitinhonha, com tudo tão desigual.

Em agosto de 2017 fiz setenta anos e meu irmão, Oldack, presenteou-me com uma camiseta com minha imagem junto à de Lula, com a inscrição: "Sonhos não envelhecem". Nem um só dia nestas décadas deixei de lutar pelo que acredito: que as pessoas não nasceram para morrer de fome, bala ou vício. Acredito numa grande revolução democrática, generosa, que promova uma larga e profunda distribuição de renda, conhecimento, riqueza, cultura, conhecimento, saber e poder.

Não sou escritor que tem o dom de mexer com a cabeça e o coração das pessoas. Não sou um cientista político ou historiador capaz de desvelar e iluminar os caminhos que levam a um lugar melhor no reino desse mundo. Só tenho o testemunho de quem viveu uma parte do século breve e do XXI. Que sentiu na pele o golpe civil-militar de 1964, o golpe dentro do golpe de 13 de dezembro de 1968 e o Terror de Estado; o combate nas trevas; a ressurreição da luta do povo até desembocar no pacto que levou à Constituição de 1988, que o revanchismo da Casa Grande – que não descansa – está implodindo pilar por pilar.

Como dizia Dolores Ibárruri, enfrentando o fascismo: não passarão.

Lorca, do *Romancero Gitano*, inspirou Cecília Meireles do *Romanceiro da Inconfidência*: "Toda vez que um justo grita,/ um carrasco o vem calar./ Quem não presta fica vivo:/ quem é bom, mandam matar".

CAPÍTULO 1.
EU VI O MUNDO EM TEÓFILO OTONI

Meu irmão Sérgio tinha catorze anos incompletos. Mãe pediu que ele fosse ao Colégio Estadual Alfredo Sá me avisar que pai acabara de ser preso na loja. Eu estava na aula de Química de Ione Lewick. "O jipão levou pai." Voltei à carteira com o coração e a cabeça em turbilhão, peguei meu material escolar e desci veloz para a Casa Miveste. Passei pela Casa Scofield (atacado e varejo que vinha dos primórdios de Teófilo Otoni), pela Farmácia Popular de João Batista Mota. Sem bulir com eles, que devem ter estranhado ou talvez já soubessem. Nem olhei para dentro do Armazém Oliveira de Rui David. Pelo consultório de Dr. Jacinto, pela Pastelaria Eureka, Farmácia São Luiz, Renner, Casa Irmãos Marx, Galeria Schuffner, Banco Hipotecário e finalmente entrei na velha loja simpática, cheia de portas com tecidos, chapéus, malas, guarda--chuvas, chapéus expostos ou visíveis. Os empregados estavam assustados. O bom baiano Tote e o jovem Adenir tinham feito pichações nas noites escuras pelo PCB e temiam serem levados pelo maldito jipao da repressão.

Meu pai pediu para ser conduzido até nossa casa para pegar roupas, material de higiene pessoal e não lhe foi permitido. Sem pedir permissão entrou na parte interior da loja para colocar o pé esquerdo do sapato em lugar do chinelo que usava por culpa de uma unha inflamada. Foi com a roupa do corpo. Golpes são assim: nada de respeito à dignidade pessoal de informação às famílias. Posteriormente ficamos sabendo que todos os presos foram levados à cadeia local, que dormiram amontoados, e só no dia seguinte levados a Governador Valadares – o QG do golpe na região do Mucuri, Jequitinhonha, Rio Doce.

Pai teve como companheiros de viagem os trabalhadores rurais de Poté – Joaquim Pereira Neto, Serafim e Ari e Precioso Barbosa. Fiquei chocado e indignado com as prisões de dezenas de pessoas. Por que prender Dr. Petrônio Mendes de Souza, médico querido, ex-prefeito? Por que Dr. Sidônio Otoni, também médico e ex-prefeito? E os ferroviários, estudantes, comerciantes, camponeses, vereadores? Por que prender meu pai?

Na verdade, o golpe civil-militar de 1964 fez em Teófilo Otoni e região o que fez em todo o país. Desmantelou pela força arbitrária as vertentes políticas que sustentavam o janguismo/varguismo/brizolismo ao atacar o PTB, força em ascensão no país com base nos sindicatos, nos direitos dos trabalhadores, na defesa das reformas de base. O PTB tinha cinco vereadores em Teófilo Otoni, elegeu deputado estadual (Salim Nacur), deu grande votação a San Tiago Dantas[1]. O látego da repressão desceu sobre o PCB, posto na ilegalidade desde 1948. Havia uma base de ativistas na Estrada de Ferro Bahia-Minas, entre a juventude estudantil, bancários, comerciantes e quadros históricos. Não se apresentavam publicamente como comunistas, não podiam se apresentar como comunistas. E havia Tim Garrocho, líder carismático, com grande coragem pessoal, com seu Grupo dos Onze, expressão da radicalização de Brizola. Os golpistas se preocupavam com Teófilo Otoni. Tanto que foi instituído um Inquérito Policial Militar para apurar "subversão" na cidade. Não foram muitas as cidades mineiras com IPM (Inquérito Policial-militar).

Até hoje me arrependo de não ter visitado meu pai nas semanas em que foi mantido preso em Governador Valadares. Eu tinha dezesseis anos, não sabia como agir num ambiente tenso. Aconselhei-me com dois amigos da família, ligados à ala mais moderada do PTB: dr. Getúlio Barbosa, dentista, e Alceu Van der Maas (proprietário do Café Confiança). Eles não acharam conveniente, não havia informações. Meu pai queixou-se da ausência de visitas.

Governador Valadares era o epicentro da luta social na região nordeste do estado de Minas Gerais. Entroncamento rodoferroviário, economia próspera, lá circulava o jornal *Combate*, de esquerda, dirigido por Carlos Olavo da Cunha Pereira, experiência única no interior mineiro. Como também abrigava o Sindicato de Produtores Rurais (de trabalhadores), liderado pelo lendário

---

[1] Carioca, Francisco Clementino de San Tiago Dantas foi deputado federal por Minas, ministro das Relações Exteriores e ministro da Fazenda no governo João Goulart, e um dos criadores da chamada política externa independente.

Chicão, o mais conhecido e destacado líder camponês de Minas, defensor da reforma agrária. A fazenda do Ministério da Agricultura fora ocupada pelos trabalhadores e se tornou o foco de disputa com a direita organizada (hoje é um assentamento de reforma agrária do MST). Às vésperas do golpe, a direita armada liderada pelos "coronéis" Pedro e Altino protagonizou um confronto armado na tentativa de ocupar o Sindicato, com uma morte nunca esclarecida.

Foi em Governador Valadares que se instalou o "comando revolucionário" dos golpistas, tendo à frente a PM. Para lá eram conduzidos os presos dos vales do Rio Doce, Mucuri e Jequitinhonha. O "comando revolucionário" alistou milicianos com poder de polícia que saíram à caça de comunistas com uma lista de pessoas. Chegando à casa de Augusto Soares, ativista de esquerda, acabaram por matar também seu pai Otávio Soares da Cunha, primeiro farmacêutico da cidade desde quando ela se chamava Figueirinha do Rio Doce. A morte do velho farmacêutico por ter saído em defesa do filho contra dois "milicianos" com histórico de crimes chocou a cidade, levando o comando golpista a suspender o trabalho infame dos milicianos. (Ver *Dos filhos deste solo*, meu e de Carlos Tibúrcio. Décadas depois fui relator na Comissão Especial de Mortos e Desaparecidos na reparação dessas mortes.)

Em Governador Valadares também funcionava o núcleo principal do Movimento de Educação de Base, responsável pela alfabetização de camponeses pelo método Paulo Freire, odiado pela ditadura, e admirado mundialmente nos anos seguintes.

O golpe foi a primeira derrota em meus sonhos para minha cidade, minha região, meu estado e meu país.

Os anos 1960, tempo de mobilização

Em 1961 acompanhei, na loja de meu pai, a crise de agosto daquele ano no rádio Telefunken de doze faixas com moldura de madeira. Tomei conhecimento de Leonel Brizola, com aquela voz peculiar de gaúcho, conclamando com veemência à resistência pela Rede da Legalidade. Ele, governador do Rio Grande do Sul, liderou a resistência aos três ministros militares que tinham anunciado que, se o avião da FAB que trazia o vice-presidente João Goulart da China – onde estava em missão oficial quando Jânio Quadros renunciou –, entrasse no espaço aéreo nacional, seria abatido. Aliado ao comandante do 3º Exército, Brizola garantia a descida de João Goulart na Base Aérea de Canoas. Entricheirou-se no Palácio do Piratini, ampliou a potência da Rádio Guaíba e convocou o país a defender a legalidade, o cumprimento da regra constitucional, o que ocorreu de fato. Greves, passeatas, marchas de trabalhadores, mobilização de estudantes e de populares em todo o país.

A frente parlamentar, de governadores e prefeitos progressistas – tudo isso redundou num confronto com os golpistas, militares e políticos liderados pela UDN e que forçou o recuo do golpe anunciado e não consumado. Buscou-se a solução política negociada (a recorrente conciliação): a adoção do parlamentarismo, transferindo ao Congresso, de maioria conservadora, lastreada nas oligarquias regionais, que elegeria o primeiro-ministro como condição para a posse de Jango com poderes reduzidos. Mas a reação ao golpe foi tão forte que foi acordado um plebiscito para definir a forma de governo: parlamentarismo ou presidencialismo em 1965.

Na verdade, com a greve geral pelo 13º salário em 1962, o plebiscito foi antecipado para 6 de janeiro de 1963. Por esmagadora maioria (3/4 dos votos), o poder foi devolvido ao presidente que defendeu as reformas de base. As reformas agrária – aspiração nacional –, urbana, da educação e o controle sobre a remessa de lucros.

Lembro-me até do *jingle* da campanha do "Não" ao parlamentarismo cantado por Jorge Goulart e Nora Ney, que era de Teófilo Otoni. O "Não" ganhou por larga maioria em nossa cidade.

Duas décadas depois, foi localizada pesquisa do Ibope, não divulgada à época porque dava apoio popular de quase 3/4 às reformas de base, assim como bons índices de popularidade para Jango. O que vem desmentir a tese de que a derrubada de João Goulart era necessária porque era fraco e sem apoio. Ao contrário, foi vítima de golpe para derrotar o projeto das reformas e o favoritismo de Jango para 1965. O comício da Central com 200 mil pessoas em 13 de março de 1964 foi indicativo de que ele tinha sustentação, e a resistência ao golpe em marcha era possível.

Os anos que antecederam o golpe de 1964 foram de intensa mobilização em Teófilo Otoni. A instalação da Diocese e a nomeação de Dom Quirino Adolfo Schmitz mudaram a história da cidade ao longo dos anos, no pré e pós-golpe de 1964. Em seu livro *O pastor inquieto*, Dom Quirino expõe sua identificação com as teses do Concílio Vaticano II e de João XXIII: a opção preferencial pelos pobres, a disseminação das comunidades eclesiais de base. Mudam-se os métodos de evangelização, de atuação, escolhas e prioridades.

A Igreja Católica tinha enorme influência na cidade. O Colégio São José, dos franciscanos, onde estudei os quatro anos do ginasial (dos onze aos catorze anos) era uma escola com bons educadores. Para o internato, convergiam estudantes dos vales do Mucuri e Jequitinhonha. Eram conservadores na educação, na política, no ensino da História, na religião, na reprodução dos valores da velha Igreja de compromisso quase exclusivo com os ricos.

Do mesmo modo, os colégios femininos, São Francisco e Tristão da Cunha (o velho orfanato), reproduziam o conservadorismo e a tradição. Veio a maior participação dos leigos (Ação Católica, especialmente a Juventude Estudantil Católica), o MEB, frei Cristóvão, padre Teodoro em Poté, o desatrelamento do poder local. Chegaram o jornal *Brasil Urgente*, o grupo de engenheiros ligados a Gilberto Otoni Porto, a literatura progressista pós-concílio. Como exemplo e símbolo: a antiga casa da Congregação Mariana, na praça Tiradentes, tornou-se centro de articulação em formação.

Quando o golpe caiu como um raio sobre o PTB e o PCB, prendendo seus integrantes, militantes, simpatizantes, investiu sobre o que representavam o PCB de Luís Carlos Prestes e o PTB de Vargas, Jango, inclusive do Grupo dos Onze de Brizola. Mas quando prendeu os três trabalhadores rurais de Poté – ligados à Igreja, ao MEB (Movimento de Educação de Base), e ao primeiro STR (Sindicato de Trabalhadores Rurais) –, Dom Quirino dirigiu-se a Governador Valadares e voltou com os três trabalhadores, Joaquim, Ari e Serafim. Desse modo, a esquerda católica em formação não foi atingida pela repressão. Dom Quirino protegeu os seus padres e leigos.

Na década de 1960, a atração para a política era muito forte – para a militância política, para o engajamento. A revolução cubana, com os guerrilheiros jovens e barbudos derrotando uma ditadura corrupta pró-americana que fazia da ilha um bordel, mostrava que outro mundo era possível. Concílio Vaticano II (e a criação da Diocese), renúncia de Jânio e a derrota do golpismo em 1961, o plebiscito de janeiro de 1963 e a emergência das reformas de base, o surgimento da nova esquerda iniciando a quebra do monopólio do PCB, a entrada do CPC da UNE, da Bossa-Nova, do Cinema Novo, a luta anticolonial na África.

***

Em Teófilo Otoni havia um curioso personagem chamado Jorge. Alcoólatra, era o melhor pintor de faixas, muros e cartazes da cidade, antes de emborrachar. Ele parava em frente da Miveste (e de todas as lojas) e dizia, com os dois indicadores apontados para cima: "Quem guenta Jorge, Pedro Paulo e Concórdia!". Jorge era ele próprio, por óbvio. Pedro Paulo era um advogado e professor que quase ganhou como prefeito em 1962, como azarão, e Concórdia era um time de jovens que quebrou a hegemonia do meu time, o América de Teófilo Otoni. De algum modo, o bordão de Jorge mostrava a quebra da rotina e um momento novo e instigante.

A chegada de frei Cristóvão foi importante para boa parte da minha geração. Com sua lambreta, esportista, quebrando tabus ao discutir sexualidade e comportamento, "Frei Capeta" questionava a tradição. Promovia jornadas de debates nacionais, trazia o *Brasil Urgente*, publicação de esquerda. Culto, nos apresentava novas referências como Jacques Maritain, padre Lebret, Teilhard de Chardin, padre Vaz. Os jovens militantes da esquerda católica como Herbert de Souza (Betinho), Vinícius Caldeira Brant. A chegada de Gilberto Porto com os engenheiros Oleastro Lima, Alexandre Pimentel e Lélio Porfírio reforçavam a corrente de solidarismo cristão. Antônio Augusto Prates, com laços familiares em Teófilo Otoni, também nos influenciou. Badih Melhem trouxe o interesse pelo existencialismo. Foi através dele que li Sartre, e Marx e Freud através de Erich Fromm. Badih alugou uma pequena sala no bairro, onde dávamos aula para engraxates, pegadores de frete no mercado e guardávamos o *Brasil Urgente*. Ele foi para Belo Horizonte antes de nós e filiou-se à Polop.

Mauro Mendes e Tião Martins eram jornalistas do *Jornal do Brasil*, da sucursal em Belo Horizonte, e faziam parte da equipe do *Brasil Urgente*. Mauro era advogado, ótimo violonista, trazia o prazer da seresta, de Sílvio Caldas e ideias progressistas. Tito Guimarães Filho era jornalista, ligado a Brizola, fortemente anti-imperialista. O *Brasil Urgente*, jornal valente editado pelo dominicano frei Carlos Josaphat, defensor ferrenho das reformas de base, da revolução cubana, crítico da Aliança para o Progresso, do imperialismo norte-americano, defensor da produção cultural do CPC da UNE, da vertente esquerdista da Bossa-Nova, do Cinema Novo, do teatro rebelde, da emergência camponesa.

O MEB era voltado para os camponeses, sempre à margem de tudo, da alfabetização, da educação, da cultura, do mercado interno, da energia elétrica. O Método Paulo Freire trazia a alfabetização com a conscientização sobre seus direitos, sobre o lugar dos camponeses no mundo. Havia um núcleo em Poté, outro em Sobrália. As aulas eram transmitidas pela Rádio Inconfidência por meio de um receptor com acompanhamento de monitores politizados.

Havia também a Campanha Nacional de Sindicalização Rural em Minas, dirigida pelo padre Lage. Dela nasceu o Sindicato dos Trabalhadores Rurais de Poté. A Contag tinha sido fundada e surgiam as federações estaduais.

A Minas também chegaram as Ligas Camponesas criadas por Francisco Julião, tirando o campesinato do silêncio de séculos. Em Três Marias surgiu a primeira em Minas, e o valente advogado Antônio Romanelli presidia as Ligas. A criação da Confederação dos Trabalhadores na Agricultura (Contag), federações, sindicatos, Ligas Camponesas, tirava o campesinato de séculos de privação de direitos, acirrando a reação do latifúndio e dos "coronéis".

O feminismo – ainda que não se denominasse assim – chegou também a Teófilo Otoni, ao Colégio São Francisco, ao Tristão da Cunha e à geração de mulheres engajadas na cidade. Solange Nobre, Delsy Gonçalves de Paula (Sisse), as irmãs Doralina e Dalva Stela, Ivonete Santiago e Dodora Córdova tiveram papel destacado nos anos de resistência à ditadura. Eram muitas: Marisa Barreto, Vanda Lacerda Goulart, Luzia Ramos, Tércia Mendes, as irmãs Barata, por exemplo. Discutiam sexualidade, rompiam com estereótipos do patriarcalismo, com o machismo e a submissão histórica.

Não tive tédio na adolescência. Fizemos uma caravana por trem na luta por uma universidade pública no Mucuri (que só chegou quarenta anos depois, com Lula). Entrei para a diretoria da União dos Estudantes de Teófilo Otoni (Ueto). Havia um ativismo na juventude. Dalton Godinho militava no PCB, bom orador, cultura acima da média. Meu irmão Oldack atuava incansavelmente na Juventude Estudantil Católica (chegou a ser coordenador estadual no pós-golpe, já em Belo Horizonte). Leovegildo Leal, Edson Soares, Fernando Laender, Marcos Aspahan, para além da militância política, fizeram um conjunto musical, o "3 + 1", voltado para a MPB. Havia ativistas em outras cidades da Diocese que ganharam notoriedade na resistência à ditadura, como Zenilton Sucupira e Valderez, de Nanuque.

Em fevereiro de 1964, fui indicado juntamente com Eduardo Veloso para participar do congresso da União Colegial de Minas Gerais, em Araguari. Nunca tinha participado de nada desse tipo e dessa importância. Com pessoas de todo o estado, havia um clima de apreensão e denúncia de um golpe em andamento e em marcha acelerada. O futuro deputado Raul Belém (pelo PFL, que ironia!) despediu-se no congresso defendendo a resistência armada ao golpe e chamando a todos para "encontrarmo-nos nas trincheiras". Na volta a BH, fomos à Secretaria de Saúde (hoje Minascentro) para ouvir Brizola, então deputado federal mais votado do país pelo então estado da Guanabara, que em 1975 se tornou Rio de Janeiro. Grupos de direita raivosos, com cobertura da Cavalaria da PM, impediram o ato, tocando as pessoas para a praça Raul Soares. Nunca tinha visto, participado de situação com bombas, espadas, cacetadas, feridos, tropel de cavalos no asfalto.

No dia seguinte, eu e Eduardo Veloso fomos à União Municipal de Estudantes Secundaristas, dirigida por Fernando Massote (que passaria os próximos catorze anos no exílio), para saber da marcha do golpe, e da reação a ele. Companheiros nos disseram que havia um dispositivo militar, coordenado pelo general Assis Brasil, da Casa Militar de Jango, para desarticular o golpe quando desencadeado. Que havia uma maioria de militares nacionalistas e democráticos e que as principais unidades militares eram legalistas. E que estava previsto o megacomício de 13 de março na Central do Brasil, no Rio, para demonstrar o repúdio do povo aos golpistas.

Numa banca da praça 7 comprei jornais, como *Semanário* (PCB), *Voz Operária* (PCB), *Panfleto* (brizolista), *O Binômio* – todos conclamando ao enfrentamento dos golpistas.

Após 13 de março fiquei mais confiante de que *"los golpistas no passarán"*!

***

Em Teófilo Otoni não chegava TV e nem jornais diários do Rio e São Paulo. O meio de comunicação mais universal era o rádio. As rádios Nacional e Roquete Pinto eram oficiais e defendiam Jango, as reformas de base. Na Mayrink Veiga, do Rio de Janeiro, Brizola conclamava à organização de Grupos dos Onze e anunciava todo dia aos que participavam dos Grupos para resistir, com apoio da Frente de Mobilização Popular. Foram anunciados mais de 5.500 Grupos dos Onze com 60 mil pessoas. Já os Diários Associados, o esquema Globo (jornal e rádio), a imprensa paulista ligada a Adhemar de Barros e a mídia golpista, comandada por Carlos Lacerda, pregavam o golpe.

Se o comício da Central foi impressionante, também ficamos apreensivos com o tamanho da Marcha da Família com Deus pela Liberdade, assim como com a descarada atuação de agências norte-americanas.

Quando adveio o golpe, fiquei chocado com a não resistência. Acreditava que seria maior que 1961. Afinal, onde as massas do plebiscito com a vitória do "Não", as massas de 13 de março, a greve geral?

Um pacto de luta contra a ditadura

No primeiro dia do golpe, 31 de março, fomos até a Estação da Bahia-Minas (ferroviária) nos juntar à resistência. A EFBM estava parada, mas os soldados em cima dos pranchões sobre trilho não apontavam as metralhadoras para lugar nenhum, aguardando o desdobramento dos fatos, como que esperando ordens, que ordens e para quem apontar as armas. No começo da noite houve uma marcha patética, simulacro da Marcha da Família, liderada pelo advogado Antonio Lins, da UDN. Fomos à casa de Domingos Murta, presidente da União Estudantil de Teófilo Otoni, da qual eu era secretário, com um telegrama já redigido de apoio a João Goulart, que ele assinou. Fui em seguida para o sótão da casa de Leovegildo Leal. Ele, eu, Edson, Fernando Laender. Ali ouvimos a notícia da saída de João Goulart de Brasília para Porto Alegre e a declaração pusilânime da vacância da Presidência quando Jango ainda estava em território nacional. Isso caiu como uma notícia aterradora sobre nós. Decepção, frustração, indignação, sonhos desmoronados. Por que Jango não resistiu? Cadê o dispositivo militar de Assis Brasil? Onde a greve geral?

De todo modo, fizemos um pacto ali, naquele sótão, de que lutaríamos contra a ditadura, contra o golpe que esmagava nossos sonhos de um país justo. Não iríamos desistir de nossas ideias, como de fato fizemos nos próximos vinte e um anos. Sabíamos que essa escolha implicava riscos, perdas, incertezas. Depois entenderia que escolher a luta é um exercício de liberdade, mesmo nas trevas. Afinal, livre é quem luta.

As rádios Nacional, Mayrink Veiga, Roquete Pinto se calaram.

Na semana do golpe, a equipe do MEB, Oldack da JEC, Nilson Batista, Oleastro e Alexandre foram fazer o tradicional lanche na casa de D. Mariazinha, mãe de Ivonete Santiago. Acordaram que devia se retirar quem pudesse, até as coisas clarearem. Zélia Rezende, do MEB de Governador Valadares, foi para a fazenda da família na região, Nilson Batista foi para Igreja Nova (Itambacuri) e, depois, para Alcobaça. Oldack não saiu, porque em poucos dias estaria se apresentando ao TG 102, para prestação do serviço militar, frei Cristóvão foi para Nanuque e, depois, Alcobaça.

Oldack e Nilson Batista retiraram-se prudentemente para se protegerem. Eu tinha dezesseis anos e não podia ser preso (ainda). Nos dias seguintes vieram as prisões: os ex-prefeitos Sidônio e dr. Petrônio, os vereadores do PTB Rui Metzker, Franklin Sardinha Pinto, Chico Onofre, Izaías Bonfim, o valente Itagiba de Castro, os ferroviários Nestor Medina, Pedro Umbelino, Secundino, nosso colega Dalton Godinho, Tim Garrocho e o Grupo dos Onze, Antonio Precioso, meu pai.

***

Pai era baiano de Salvador. De família modesta, estudou na Escola de Artes e Ofícios, no bairro de Nazaré, e de lá saiu como gerente das Casas Pernambucanas, a maior rede de lojas no país. Fundada pelos irmãos Lundgren, tinham um grande complexo fabril em Paulistas, Pernambuco. Oldack Caetano de Miranda foi gerente em Itajubá, Tubarão (SC), Niterói e o primeiro gerente em Teófilo Otoni em 1943, onde se ligou ao PCB. Transferido para Barbacena, escolheu morar no Hotel Suíço de Adão Dapieve, que tinha dois filhos comunistas, Artur e Fernando, presos em 1935 na tentativa do PCB de assalto ao poder, sob a liderança de Luís Carlos Prestes, sem as massas. Lá conheceu Nelly, linda moça loura de olhos azuis, professora, tocava piano, com quem se casou, teve nove filhos e com quem viveu por quarenta e três anos, até sua morte em 1987. Em Barbacena, tiveram a filha Irene. Artur deixou o PCB após a revelação dos crimes de Stalin no 4º Congresso do Partido Comunista da União Soviética (PCUS) em 1956. Fernando permaneceu no PCB na legalidade e na ilegalidade até 1964, como militante e como profissionalizado.

De Barbacena, pai foi transferido pelas Pernambucanas para Corumbá, no então Mato Grosso. Lá, mãe teve Oldack, "Daquinho". Ela não se adaptou à cidade, quente e úmida. Corumbá parava para a *siesta* no pico do calor. Barbacena tinha clima de montanha, produzia flores, frutas. Corumbá era a cidade do lendário Apolônio de Carvalho, capitão do Exército brasileiro que se juntou a Prestes em 1935. Saindo do cárcere em 1937, juntou-se à Brigada Internacional, no mais belo e dramático gesto de solidariedade internacional para lutar na Guerra Civil Espanhola contra os franquistas apoiados por Hitler. Com a derrota dos republicanos, Apolônio se juntou à resistência armada na França ocupada pelos nazistas, casou-se com a guerrilheira Renée, jovem comunista francesa.

Com dois filhos, Irene e "Daquinho", e um terceiro a caminho, meu pai resolveu deixar as Pernambucanas e escolheu Teófilo Otoni como cidade para se estabelecer, para criar sua família. Enquanto Oldack Miranda alugava casa e comprava sua própria loja, nasci em Belo Horizonte, no dia 11 de agosto de 1947, no Hospital São Lucas (onde Vitor iria nascer trinta e cinco anos depois). Meu avô, Adão Dapieve, acompanhou minha mãe nesse momento.

Em Teófilo Otoni, meu pai alugou casa no Morro do Cemitério e comprou a Casa Dragão, em sociedade com Antenor Arruda, paraibano arretado, casado com Neide Leal. As duas famílias tornaram-se amigas para sempre, amizade estendida aos três filhos deles, bons de estudo e de bola: Paulo César, Carlinhos e Bosquinho.

Teófilo Otoni tornou-se a cidade de meus pais. Lá nasceram seis dos nove filhos: Amarílis, Sérgio, Marcelo, Isnaia, Nilton e Andrea. Não escolhemos onde queremos nascer, mas escolhemos onde queremos viver e os rumos de nossa vida. Fui para Teófilo Otoni com poucas semanas de vida, juntamente com Irene e "Daquinho". Nascido em BH, criado em Teófilo Otoni. No período dos anos de terror de Estado, por várias razões, meus pais moraram em Salvador, entre 1970 e 1973, mas retornaram a Teófilo Otoni, onde pai viveu até sua morte, em 1987, e mãe continuou ali até sua morte, em 2004. Estão enterrados no Cemitério Municipal.

Do Morro do Cemitério, nossa família – a cada ano e meio ou dois anos acrescida de novo membro – mudou-se para o Morro da Matriz. Não tenho nenhuma lembrança do Morro do Cemitério, mas guardo muitas e boas lembranças do Morro da Matriz, da boa casa com quintal, pomar, da vizinhança: famílias de Serafim Colares (Cléber foi meu amigo e ainda é); da família Gazinelli Cruz (Paulo Tadeu foi bom amigo), das famílias Bamberg, por exemplo.

De lá mudamos para a rua Dr João Antônio, à época conhecida como rua dos Padres, num sobrado alugado da família de doutor Lourenço e dona Hilda. Morávamos na parte de cima. Na de baixo moraram doutor Zezito/dona Lice e, depois, Ari Generoso/dona Mirinha. Tínhamos convivência intensa com os vizinhos, que geraram amizades duradouras entre pais e filhos. Nessa casa funcionou depois, por muito tempo, a União Estudantil de Teófilo Otoni. Nessa casa vivi até os dezessete anos, quando mudamos eu e "Daquinho" para Belo Horizonte, em 1965.

Após a volta da Bahia, meus pais e dois irmãos menores, Nilton e Andrea, moraram à rua Frei Gonzales e finalmente à rua Mário Campos.

Depois da Casa Dragão, meu pai comprou a Casa Miveste (e Antenor Arruda, o Vendaval dos Tecidos) na rua Getúlio Vargas, onde funcionou por vinte anos. Nesse período meu pai teve a Micalça, por breve tempo, e o Bar Xopoté (em sociedade com Oldemar Gonçalves).

Na volta a Teófilo Otoni, depois da tentativa de viver em Salvador, meu pai teve o Mineirão, bar muito agradável, no entroncamento da estrada para Poté com a Rio-Bahia, na Vila Ramos. O Prato de Ouro e, por fim, teve o Ponto das Chaves, no prédio onde funcionou outrora a Casa Miveste.

Minha mãe dedicou-se à criação dos filhos. E tentou ao longo da vida romper com essa tradição. Em 1954, pai e mãe foram à Bahia apresentar Isnaia, que tinha nascido em 1953, à família dele. Com tia Nair aprendeu a fazer cocada baiana. De volta a Teófilo Otoni, providenciou cavaletes de madeira, pagou meninos e a cidade passou a conhecer a cocada de D. Nelly. A família continuou crescendo e a produção de cocada, vendida em recortes de papel de embrulhar pão, desapareceu. Décadas depois, ela deu aulas no Grupo Municipal Geraldo Landi, alfabetizou muita gente e encantou gerações de alunos.

Meu pai foi vice-presidente do América por muitos anos, ao lado do lendário Nassri Mattar. Tornei-me torcedor do América para sempre, mesmo quando o Concórdia chegou arrebatando a juventude. Foi também dirigente da Associação Comercial. Minha mãe participou da histórica greve dos professores em 1979, que projetou a liderança de Maria José Haueisen e foi uma das fundadoras da UTE (hoje SindUte). Ambos filiaram-se ao Partido dos Trabalhadores no nascedouro, tanto na fase provisória quanto na definitiva.

Aprendi com minha mãe o gosto pela leitura. Como não havia livraria em Teófilo Otoni, as famílias compravam coleções de livros da capa dura diretamente de viajantes comerciais. *Tesouro da Juventude*, clássicos, literatura regional, nacionais e estrangeiros. Jorge Amado, além de grande escritor, era comunista. José Lins do Rego, Rachel de Queiroz, Aluísio Azevedo, Machado de Assis, Hemingway, Steinbeck, Victor Hugo. Até mesmo a revista *Seleções*, detestável pelo seu papel de propagandista da hegemonia política, militar e cultural dos Estados Unidos, trazia resenhas e resumos de livros que eu devorava. Angariei a fama de bom aluno, de boas redações, graças ao hábito de leitura estimulado por minha mãe.

Teófilo Benedito Ottoni, o genial idealizador e artífice da Companhia do Mucury, encomendou o projeto de uma ferrovia que ligasse aquela região de Minas ao mar. Ele se mirava no papel das ferrovias no desenvolvimento dos países da América do Norte, Europa, Japão, Rússia. Seu irmão Cristiano Ottoni é tido como patrono da engenharia nacional, construtor das primeiras grandes ferrovias do país. A Estrada de Ferro Bahia-Minas veio duas décadas depois da morte de Teófilo Benedito Ottoni, mas partiu do projeto dele. Ia de Araçuaí, Médio Jequitinhonha, cortava o Mucuri até o extremo sul da Bahia. No porto de Caravelas, a rotunda era em Ponta de Areia.

Para nossa família, assim como para centenas de outras, férias em Alcobaça eram ansiadas pelo ano todo. Para nós, crianças, a viagem pela "Maria Fumaça" era idílica. O trem cortava pela Mata Atlântica, atravessava rios. Os galhos roçavam as janelas. Saindo de Teófilo Otoni, ia parando em todas as pequenas estações, como Pedro Versiani, Bias Fortes, Francisco Sá, Mangalô, Conselheiro Pena, Carlos Chagas, Mairinque, Nanuque, Posto da Mata, entrada na Bahia. De Caravelas, seguia de caminhão até o porto da balsa para a travessia do rio Itanhém para Alcobaça.

Em período histórico curti o desmatamento agressivo, sem controle, sem reposição ou manejo, feito por serrarias como a Bralande, que devastaram o vale do Mucuri. Após o golpe de 1964, no ano seguinte, a ditadura extinguiu a EFBM, após sessenta e sete anos, em vez de modernizá-la como "ramal deficitário", assim como dezenas de outras. Espalhou seus mais de 1 mil servidores por várias cidades da RFFSA. Além do impacto no mercado regional, a extinção esvaziou a economia regional relacionada, assim como todos que viviam em função dela.

Outro impacto negativo da ditadura foi o fechamento do Instituto Brasileiro do Café, antecedido pela erradicação dos cafezais.

A desmoralização das ferrovias se completou nos governos neoliberais de Collor e FHC, com a privatização e o fim do transporte de passageiros nas regiões metropolitanas.

***

Teófilo Otoni conhece pouco de si mesma. Quando estudantes no primário, ginasial e científico, aprendíamos a história da Europa como se fosse a história humana, periodizada pelos reinados, papados e guerras nos livros de Joaquim Silva Borges Hermida. Do Brasil, a história das elites, do patrimonialismo. Muito pouco ou quase nada da história da própria cidade e região, inclusive de Teófilo Benedito Ottoni, cuja vida, obra e pensamento influenciou direto minhas escolhas. De uma família de republicanos italianos que se instalou no Rio e no Serro, ele foi um rebelde. Escrevi um livro-reportagem sobre sua história[2] baseado na famosa biografia de Paulo Pinheiro Chagas (*O ministro do povo*) e em estudos sobre este extraordinário político, empreendedor e rebelde que enfrentou o império autocrático e o escravismo, irmãos xifópagos.

Aluno brilhante da Marinha, Teófilo foi isolado por não ter "sangue azul" e pelas suas ideias. Voltou ao Serro para publicar o jornal *Sentinela do Serro*, conectando-se com a rede de publicações do que havia de mais avançado no país. Elegeu-se deputado provincial (estadual) para a primeira assembleia em Ouro Preto por mais de uma vez, e deputado geral (federal) no Rio de Janeiro. Bateu de frente com a autocracia da dinastia bragantina e com a conciliação, e dirigiu a Revolução Liberal de 1842, cujo epílogo foi a derrota em Santa Luzia (MG). Passou um ano e meio preso em Ouro Preto e editou um jornal de dentro da prisão reafirmando suas ideias. Julgado por um júri de maioria conservadora em Mariana, foi absolvido. Como os grandes rebeldes do seu tempo, fez sua própria defesa e foi absolvido por unanimidade. Na sequência, foi anistiado sem pedir graça.

Voltou às atividades empresariais no Rio, à rua Direita, onde tinha uma importante loja de tecidos. Participou de inúmeras iniciativas de estruturação do Estado brasileiro, e teve importante participação no conselho de administração do Banco do Brasil. Desiludido com a cooptação dos liberais para a política de conciliação, revelou: "Uma ideia grandiosa assaltou-me o espírito". Obstinado, organizou uma companhia de navegação e colonização por ações: a Companhia do Mucury.

Uma viagem de tropa de Serro/Minas Novas/Diamantina até a Corte no Rio levava 100 dias e um correio expresso gastava trinta e dois dias para levar e trazer informações. O ambicioso projeto era unir estrada e navegação pelo rio Mucuri até o sul da Bahia. O vale do Mucuri era região inóspita, reino dos "botocudos", nome pejorativo das etnias que a habitavam. Seu projeto era um lugar sem escravos, sem os enormes latifúndios disseminados pelo país – inclusive na província mineira. Trouxe 100 operários chineses para abrir uma estrada totalmente carroçável de 155 km até a cachoeira de Santa Clara perto da futura Nanuque, para dali ir até São José do Alegre de vapor e, de lá, para o Rio de Janeiro. A viagem de 100 dias caiu efetivamente para trinta e dois e o correio expresso foi para doze dias!

---

[2] *Teófilo Ottoni, a república e a utopia do Mucuri* (Caros Amigos Editora, 2007).

Filadelfia era a sede da Companhia do Mucury, ponto germinal da Santa Clara (onde hoje é o prédio dos Correios em Teófilo Otoni). Filadelfia – a Cidade do Amor Fraterno – fazia alusão à Declaração Americana de 1791. Rompeu com o "extermínio dos indígenas botocudos" estimulado pela Carta Régia de D. João VI, que recompensava quem os matasse. Na coluna "Notícia sobre os selvagens do Mucuri", ele discorreu como um antropólogo (o Brasil não tinha Antropologia). As famílias europeias (alemãs, suíças, italianas, austríacas, belgas e holandesas) compravam propriedades pequenas e médias. Ottoni colocou-se como um Vergueiro, Mauá, Delmiro Gouveia. O projeto do Mucuri é como se fosse um falanstério dos utópicos socialistas. Essa foi sua desgraça. A autocracia temia o êxito da Companhia do Mucury e o fortalecimento de Ottoni.

Ao negar aval à companhia, a encampação tornou-se inevitável. Encampar a Companhia do Mucury mostrou a incapacidade de conviver com um modelo de empreendimento que questionava os pilares do império: um lugar sem escravos, sem latifúndio, sem barões/marqueses/duques/conselheiros/comendadores. Ottoni voltou ao Rio de Janeiro alquebrado, com o fígado comprometido com o acometimento de várias crises de impaludismo contraído nas selvas. Retornou à política. Raymundo Faoro diz em *Os donos do poder*[3] que a década de 1860 foi a era otoniana. Ele reabriu a oposição liberal como deputado e, após 165 preterições, tornou-se senador. Morto aos sessenta e dois anos, deixou um legado de sonho de um outro tipo de país.

Nove anos após sua morte, Filadelfia recebe o nome de Teófilo Otoni. Nada menos que vinte e sete municípios nasceram do município originário, e hoje ele é reconhecido como Território Vale do Mucuri pelo governo mineiro de Fernando Pimentel.

Após a encampação, os indígenas voltaram a sofrer o tratamento cruel, o modelo de latifúndio foi liberado para a concessão de terras, assim como o emprego do odioso escravismo.

Com Ottoni aprendi a importância da coragem, a virtude que conduz às demais. O rigor na assunção da ética pública, a política como atividade superior na busca do bem comum, a recusa às fatuidades do poder.

***

---

[3] *Os donos do poder: Formação do patronato político brasileiro*, Raymundo Faoro (Editora Globo, 1957).

Eu adorava futebol. Jogava peladas desde a infância no "campinho do parque" – onde se instalavam circos e parques e que, depois, deu lugar às telefônicas, iniciando pela Telemig. No São José jogávamos futebol de salão. Torcia para o América (apesar do fascínio do Concórdia, o novo que desafia). Aos doze, treze anos, soube da miopia, mal da família (assim como cardiopatias). Desde os sete, tomei-me de amores pelo Flamengo. Na cidade, antes de 1965/66 com a emergência do Atlético e Cruzeiro, todos torciam para times do Rio, capital do país. Até pela influência das emissoras de rádio cariocas. Aos dez anos, fiz uma viagem inesquecível com meu pai para conhecer o templo do futebol, o Maracanã, onde assisti a um Fla x Flu. Até hoje, passados sessenta anos, lembro das escalações, dos lances, dos gols, de tudo daquela viagem fantástica.

A miopia atrapalhava o futebol. Mãe foi avisada pela professora Letícia, de História no São José, que eu tinha todos os sinais da miopia. Minha mãe levou-me a Governador Valadares para a consulta com o oculista e a feitura dos primeiros óculos. Voltamos de ônibus no dia seguinte. Cheguei a Teófilo Otoni no começo da noite e não tive paciência de esperar o dia claro. Rodei a cidade para descobrir como tudo era realmente.

Comecei a torcer para o América Mineiro em 1957, voltando com pai ao Rio, quando assisti ao jogo América MG e América RJ (que tinha Pompeia no gol), no Horto. Mas, de fato, só passei a torcer pelo América quando vim para Belo Horizonte, e nos últimos dez anos. Minha primeira "prisão" foi pelo futebol. Na decisão da Copa de 58 o povo se juntou na praça Tiradentes para ouvir Brasil x Suécia. Preparei toscamente um bloco com um bolo esportivo e fui oferecendo e o fiz... ao delegado de polícia que me levou para a Delegacia, era contravenção. Ligou para meu pai, que foi me buscar na Delegacia. Tinha onze anos então.

Enquanto corria o IPM do coronel Urano sobre subversão em Teófilo Otoni, nós, estudantes, nos organizamos para enfrentar a ditadura. O epicentro era o Grêmio 2 de Abril do Colégio Estadual Alfredo Sá. Edson Soares foi eleito presidente, e realizávamos um clube de oratória para debater livros. Esse movimento teve ressonância e incomodou o engenheiro Argemiro, diretor da Cemig, que passou a pressionar o doutor Pedro Paulo Otoni, diretor do colégio. Ele era tido como o representante do Serviço Nacional de Informações em Teófilo Otoni e queria que os alunos considerados subversivos fossem expulsos.

Pedro Paulo era um advogado, professor e foi um quase azarão na eleição municipal em 1962. Era um homem de bem e não lhe passava expulsar estudantes. Mas também não queria se comprometer. De todo modo, disse, estávamos no penúltimo ano do colegial e logo teríamos que ir para Belo Horizonte fazer vestibular. Era tudo que queríamos. Ir para BH para nos incorporar à resistência à ditadura.

A ditadura extinguiu o PCB em Teófilo Otoni. O IPM comandado pelo coronel Urano concentrou-se em seis pessoas das que prendera: Pedro Umbelino, Nestor Medina, Secundino, Rui Metzker, Itagiba de Castro e Chico Onofre.

***

O PCB foi uma grande experiência histórica. Saindo de uma clandestinidade dura entre 1937 e 1945, elegeu Prestes senador com 200 mil votos em sete estados – foi o senador mais votado da história até então. Passou nove anos na prisão e teve sua companheira, Olga Benário, deportada para a Alemanha sob o nazismo, onde morreu em um campo de concentração. Anita Prestes, filha deles, nasceu no cárcere. Prestes virou uma lenda depois da Coluna Prestes que percorreu 10 mil quilômetros pelo país entre 1925 e 1927. O PCB elegeu dezesseis constituintes.

No pós-guerra, os comunistas estavam em alta. O Exército Vermelho derrotou Hitler e suas Forças Armadas que pareciam invencíveis! Praticamente todo o Leste Europeu passou a fazer parte da URSS.

Uma onda democrática tomou conta do mundo. A ONU foi criada para garantir a paz ou, pelo menos, que não houvesse a terceira guerra após as armas nucleares. Em 1948, sessenta e oito países assinam a Declaração Universal dos Direitos Humanos. O Brasil faz sua primeira Constituição democrática. Mas, com a emergência da guerra fria, o presidente general Dutra perseguiu os sindicatos e o PCB. Em 1948, o Supremo Tribunal Federal vergonhosamente cassou o registro do PCB a partir de uma firula jurídica, sob a alegação de que não era um partido nacional (na verdade o nome era Partido Comunista do Brasil) e que seria uma mera representação de uma organização supranacional, a Terceira Internacional. Prestes, os dezesseis deputados federais, os estaduais e vereadores eleitos tiveram seus mandatos cancelados.

Em Teófilo Otoni, o Partido Comunista lançou os ferroviários Pedro Umbelino candidato a deputado estadual e Nestor Medina, a vereador. Umbelino teve 150 votos, votação expressiva à época.

Meu pai, Oldack Miranda, ligou-se ao PCB ainda solteiro, quando gerente das Casas Pernambucanas, durante a guerra em 1942 ou 43. Além do núcleo de ferroviários, o PCB teve um grande quadro no Banco do Brasil: o baiano Arlindo Santana e sua carismática companheira, Izabel Santana. Ele também deixou uma base de comunistas no Banco do Brasil, como Nei Fajardo e, depois, Moretzsohn.

Na casa do Morro do Cemitério, em 1947 ou maio de 1948 meus pais receberam a visita do lendário Armando Ziller, bancário, fundador do sindicato dos bancários. Em Belo Horizonte eles tinham amigos comunistas como Liuba, lenda viva, e sua família Goifman e Moisés Ackerman. Sabíamos muito pouco sobre sua militância. Os comunistas não queriam colocar suas famílias em risco.

Em 1963 a nossa família passava férias em Nova Almeida, onde meu pai adquiriu uma casa modesta, perto da castanheira onde o pescador "Seu" Severo tinha um bar. Meu pai passava alguns dias com a família e eu tomava conta da loja na sua ausência. Foi quando tive a chave do cofre da loja e vi o livro *Cavaleiro da Esperança*, de Jorge Amado, sobre a saga e a trajetória de Luís Carlos Prestes, e livros de exaltação dos feitos de Stalin e da URSS.

O médico Jorge Medina, filho de Nestor Medina, relatou em audiência da Comissão da Verdade de Minas, na Universidade Federal dos Vales do Jequitinhonha e Mucuri, que ouviu de seu pai que Oldack Miranda tinha uma militância efetiva na célula do PCB em Teófilo Otoni. Durante os dezesseis anos entre 1948 (data da cassação do registro do PCB) e 1964, ano do golpe, o PCB vivia na ilegalidade e na semiclandestinidade.

Do mesmo modo, o PTB deixou de existir até porque os partidos foram extintos, proibidos após da derrota eleitoral de 1965, sobretudo em Minas e no Rio, dos partidos que apoiavam a ditadura. Antes do golpe, o PTB caminhava para ser o maior partido da cidade. Chegou a eleger cinco vereadores, o deputado estadual Salim Nacur e deu votação significativa a San Tiago Dantas. Em 1960, surgiu o Grupo dos Onze, liderado por Tim Garrocho, tratado como o inimigo público número um. Preso em 1964, foi levado ao presídio de Ribeirão das Neves, onde ficaram os principais presos políticos do Estado. Os membros do Grupo dos Onze foram todos interrogados, exceto Miguel Francisco dos Santos, não encontrado pelo IPM. David Esteves Cardoso, Precioso Barbosa dos Santos, Omar El Barini, Alfredo Soares da Cruz, Antônio Gomes dos Santos, Joaquim Guedes Cardoso, Joaquim Botelho dos Santos, João Botelho dos Santos e Caio José Dias dos Santos não foram indiciados.

Na peça acusatória, Tim Garrocho foi acusado de ser um socialista que, nas suas palavras, "não suporta ver um operário com um salário de fome". Também foi acusado de ter feito uma "pretensa reforma agrária nos terrenos de sua esposa". Mais de 300 lotes foram distribuídos. Também foi acusado de haver liderado uma multidão de desempregados e ter usado bombas juninas em protesto "contra o esbanjamento de energia". E de alimentar o projeto de fundar um Sindicato dos Ruralistas Sem Terra e de propor a desapropriação da Fazenda da Saudade.

Para a ditadura eram crimes sem perdão.

***

O PTB só voltaria após a Anistia de 1979, capturado por Golbery[4], que o entregou a Ivete Vargas para não voltar a ser dirigido por pessoas como Brizola, que se viu compelido a criar o PDT. O PTB jamais voltou a ser um partido sequer progressista, e foi desvinculado dos trabalhadores e dos sindicatos.

Já o PCB jamais voltou a ter o peso que teve, político, social e cultural. Seus inúmeros dissidentes (ALN, PCBR, MR-8 e outros que se fundiram a organizações não oriundas do PCB) não perdoaram sua incapacidade de resistir.

A ditadura subestimou a nascente esquerda católica, essencialmente popular, somada à pronta iniciativa de Dom Quirino de proteger os seus ao buscar os três trabalhadores rurais de Poté, em Governador Valadares. Nos anos seguintes, dezenas de milhares de comunidades eclesiais de base surgiriam em Teófilo Otoni, no Mucuri, no Jequitinhonha e em todo o país. Assim como pastorais sociais. A ditadura não sabia como enfrentar grupos de pessoas anônimas que se reuniam para rezar, cantar, discutir política. Organizaram creches, associações de moradores, de mulheres, contra a carestia, de jovens, entraram em sindicatos rurais ou urbanos, tudo sob a proteção de seus bispos.

A nova força social em Teófilo Otoni veio de onde os golpistas não esperavam. Antes do golpe, Dom Quirino começou a implantar os novos paradigmas do Concílio Vaticano II e da Diocese. Naquele momento, era a Ação Católica que aproximava a juventude (JEC), as mulheres e os camponeses (MEB) das práticas eclesiais.

---

[4] General Golbery do Couto e Silva foi chefe da Casa Civil (1974/1981) nos governos dos generais Ernesto Geisel e João Figueiredo.

Nos anos posteriores ao golpe, chegaram os padres portugueses Jerônimo, Chico, Mamede e Trindade. Padre Jerônimo tinha profunda identidade com os trabalhadores rurais. Com a constituição da Fetaemg, os Sindicatos de Trabalhadores Rurais foram sendo organizados em todos os municípios. Não existia aposentadoria rural para todos, nem políticas públicas para a agricultura familiar, era enorme a população rural analfabeta. A energia elétrica só viria décadas depois. Nem Programa Saúde da Família ou Mais Médicos. A Igreja estimulava as CEBs nas comunidades rurais e a participação nos Sindicatos de Trabalhadores Rurais (STR).

Em 1969 começaram a chegar os padres italianos: Piero, Domingos, Bruno, Sérgio Liota, liderança histórica do movimento popular que começou nas CEBs em 1973.

Como entrei para a clandestinidade em dezembro de 1968, após o AI-5, passei quase oito anos impedido de visitar minha cidade. Clandestinidade significa mudar de nome e cortar relação com a família por razão de segurança, minha e da família. Foram quatro anos e pouco de clandestinidade e três anos e um mês de cárcere. Portanto, durante quase oito anos não tive nenhuma relação com Teófilo Otoni.

Além disso, meu irmão Oldack também tornou-se clandestino, antes mesmo do AI-5 em 1968, quando foi morar no Jaíba com sua então companheira, Solange Nobre, o médico Carlos Melgaço e sua companheira, Loreta, e Betinho Duarte.

Por isso, quando fui procurado no *Jornal dos Bairros* em 1977 pelo padre Giovani Pisa, percebi que estava ali uma pessoa incomum, e ele me convidou para ir a Teófilo Otoni relatar como nós, da esquerda, trabalhávamos com o povo. A reunião foi na União Operária, presidida pelo carteiro José Coimbra. Não conhecia quase ninguém do salão lotado. Só aí me dei conta do que ocorreu na base da sociedade em Teófilo Otoni (e em várias cidades do vale do Mucuri). Em 1977 eu estudava Comunicação na Fafich (Faculdade de Filosofia e Ciências Humanas), da UFMG, estava bastante engajado no *Jornal dos Bairros* e participava em debates e atividades da luta pela democratização do país. CEBs, pastorais sociais, STRs, Comitê Popular, um clima de fermentação na Educação, novas referências na mais importante geração de bispos da história do país, latino-americanismo (saindo do eurocentrismo).

Em 1978, o *Jornal do Brasil* trouxe uma carta pastoral de Dom Quirino com a denúncia: bispo prega luta de classe! Era um documento mimeografado, em que Dom Quirino fazia críticas fortes à ditadura civil-militar e referia-se à disputa entre dois projetos: o do povo trabalhador e outro, da classe dominante, que alimentava e se beneficiava da ditadura. A imprensa tratou do singelo texto como um perigoso exemplo da luta de classes. Na verdade, a carta pastoral mostrava que uma consciência democrática e popular se alastrava por todo o país, no campo e nas periferias urbanas, nas pequenas, médias e grandes cidades. O povo votava na Arena ou MDB, mas amadurecia um projeto de sociedade.

A força da Igreja na oposição ao Golpe de 1964

A chegada do padre Giovani com seu carisma, sua inteligência invulgar, capacidade de articular e empreender, além da sólida cultura, deu uma liderança a dezenas de padres, freiras e leigos, que vinham de um trabalho evangelizador/libertário.

Quando ele foi ao *Jornal dos Bairros* falar comigo, já conhecia meus pais, sabia da nossa participação na resistência à ditadura.

Na reunião da União Operária, que me impactou, reencontrei Maria José Haueisen Freire, minha professora de História, de formação católica conservadora. Revelei minha agradável surpresa de vê-la no coração dos movimentos sociais da cidade: "Você aqui, que coisa boa!". Ela sorriu do seu jeito peculiar, um pouco ruborizada, respondeu: "Vê, meu filho: não sabia? Eu me converti...". Participavam muitas mulheres do meio popular, dirigentes de associações, gente dos morros, lideranças de grupos populares, com alto nível de consciência social e do que se passava no país. Sua "conversão" significava que ela mudou o rumo de vida e sua religiosidade, adotando a opção preferencial pelos pobres.

Em 1979, Maria José projetou-se em todo o vale do Mucuri como liderança maior das históricas greves dos professores de 1979 e 1980, que bateu de frente com a ditadura. Participou da fundação do PT desde os primeiros passos, foi a primeira candidata à Prefeitura pelo PT em 1982. Assumiu mandato de deputada estadual em 1989, na vaga de Chico Ferramenta, eleito prefeito de Ipatinga. Foi reeleita em 2008, tornando-se, com essa trajetória, uma das maiores lideranças políticas da história de Teófilo Otoni e dos vales do Mucuri e Jequitinhonha. Não há cidade, distrito, comunidade que ela não tenha visitado inúmeras vezes. Não houve evento do movimento social, político, cultural, das classes populares e da sua diocese de que ela não tenha participado como protagonista ou testemunha.

Teófilo Otoni teve senadores com laços na cidade, como Alfredo Sá e Tristão da Cunha. Deputados como Castro Pires, Salim Nacur, Fábio Pereira, Kemil Kumaira (que chegou a presidir a Assembleia), Getúlio Neiva, Edson Soares. Maria José foi a primeira a representar CEBs, STRs, sindicatos como o SindUte, associações de jovens, mulheres, moradores. Teve papel importante para a instalação do campus da Universidade Federal dos Vales do Jequtinhonha e Mucuri em Teófilo Otoni.

Padre Giovani pensava ações de curto, médio e longo prazos para o protagonismo popular. O Comitê Popular, não verticalizado, era uma incubadora de associações, grupos, movimento, com respaldo da Igreja, mas laica.

A Casa de Emaús é um centro de formação, de troca de saberes. Percebendo o crescimento do tráfico e do crime organizado no vácuo de políticas para os jovens, do não acesso à capacitação profissional, a Igreja popular criou a APJ – Aprender a Produzir Juntos.

Ante a grave exclusão dos pobres do direito à moradia, vieram os mutirões como Vila Esperança, Taquara, São Benedito. A Casa dos Movimentos Populares tornou-se um porto seguro para os lutadores sociais, abrigando advogados populares, conselhos, plenárias, lugar de integração das pastorais sociais, de formação, debates.

A lendária irmã Zoé, sempre junto com irmã Arcanja, foi à zona boêmia estender a mão para as mulheres em situação de prostituição para acolher os filhos esquecidos em creche, e estimularam o Movimento da Mulher Marginalizada.

No campo, padre Domingos e padre Jerônimo estimulam os STRs, a agricultura familiar, abrindo espaços para as mulheres e jovens. Todos engajados na luta contra a ditadura, lutando por uma alternativa popular-democrática.

A partir da volta dos exilados, Apolo Lisboa trouxe para os vales do Mucuri e Jequitinhonha um projeto inovador de residência médica para cidades sem médico, antes do Sistema Único de Saúde, do PSF (Programa Saúde da Família), e de certo modo precursor do Mais Médicos. Ele, e depois Chico Poté, na coordenação da Residência Médica, espalharam residentes em cidades e comunidades desprovidas de saneamento, energia, acesso a direitos.

Em Teófilo Otoni e região despontaram médicos com formação humanista como Sandino Mendes, Jorge Amado Medina (não por acaso filhos de Petrônio Mendes e de Nestor Medina), José Virgilino, Herman Marx, Ailton, Eustáquio França.

Seguiu o mesmo caminho a velha guarda dos engenheiros progressistas (sempre com a liderança persistente de Gilberto Porto).

Ao mesmo tempo, professores e professoras se organizam em movimento que redundou nas históricas greves de 1979 e 1980, na construção da UTE (hoje SindUte), movimento espalhado pela região e que foi decisivo para a criação da CUT.

Após a anistia (1979), a volta dos exilados, o fim da vigência do AI-5, da censura, das greves de massa – sobretudo dos metalúrgicos e professores –, as derrotas da Arena em 1974 e 1978, o país passou a debater a organização dos partidos políticos.

As lideranças dos movimentos e pastorais de Teófilo Otoni convocaram um encontro regional para fevereiro de 1981 no antigo Orfanato (Tristão da Cunha). Viajei com padre Piero por muitas cidades, convidando lideranças, no fusquinha azul: Vargem da Lapa, Araçuaí, Itinga, Itaobim, Medina, Comercinho, Jequitinhonha, Almenara, Padre Paraíso, Novo Cruzeiro, Pavão, Águas Formosas, Bertópolis, Machacalis, Ouro Verde de Minas, Frei Gaspar, Ataleia, Carlos Chagas, Nanuque, Serra dos Aimorés, Itambacuri, Campanário, Frei Inocêncio, Jampruca.

Convidamos Ignacio Hernandez, ex-padre jesuíta, primeiro presidente do PT em Minas, metalúrgico, para defender a proposta do PT, e Edgar Amorim para defender a proposta do PMDB (defendida também pelo PCB, PCdoB e MR-8). Havia mais de 300 participantes e a quase totalidade optou pela construção do PT.

A nova esquerda espalhou-se pela diocese, com um crescimento lento e sólido, preparando novos personagens para entrar em cena.

Nas prisões em São Paulo, eu já tinha percebido que o novo estava em curso, enquanto as organizações da esquerda revolucionária eram devastadas pelas prisões em massa, pela tortura, pela coação ao exílio, pelos assassinatos e desaparecimentos seletivos, como também pela espada de Dâmocles para os que eram liberados para responder aos processos pela Lei de Segurança Nacional. Vale ressaltar também que um sem-número de militantes saídos das organizações de esquerda dedicaram-se ao trabalho de base nos bairros, no campo, em sindicatos, escolas, creches, grupos e associações ligados ao movimento social e à criação de jornais de bairro.

Como em todo o país, o PT de Teófilo Otoni nasceu da convergência de várias forças sociais. As preponderantes foram as comunidades eclesiais de base ou, mais precisamente, seus integrantes, assim como os das pastorais sociais: padres, leigos, jovens, mulheres, cuja consciência política foi forjada pelo menos em uma década.

Outra força foram os trabalhadores da educação, que realizaram duas greves que se alastraram como fogo no pasto seco por todo o Nordeste mineiro.

E por pessoas que vinham das lutas anteriores ao golpe ou seus herdeiros, como dr. Sandino Mendes, Luiz Precioso, filho de Precioso Barbosa; Mônica Goulart, do grupo que vem da formação da diocese em 1962 e do médico João Virgilino (meu colega no ginásio e colegial). Meus pais filiaram-se ao PT, assim como Vavá, pernambucano de Garanhuns, o cambista Luiz Boa, o filiado número um Joel Rosa, como também bancários, comerciários, pequenos comerciantes.

Em 1981 Lula fez um comício na praça Tiradentes com lideranças da cidade e da região. Ele voltaria várias vezes à cidade, ao Mucuri e ao vale do Jequitinhonha. Tornou-se amigo de dezenas de pessoas, como Maria José, padre Giovani, irmã Zoé, pessoas dos vales.

Em 1982 o PT lançou Maria José candidata a prefeito. Em toda Minas, o PT fez quinze vereadores, e nada menos que oito deles eram dos vales do Mucuri e Jequitinhonha, como Sílvio, presidente do STR de Teófilo Otoni, morador da Lajinha; José Gomes, pequeno agricultor de Padre Paraíso; Osvaldo Ornelas, lavrador de Comercinho; José Maria Rocha e Milton Vaz, em Poté; Antônio Araújo Bastos em Ouro Verde de Minas; Luiz Clemente em Frei Inocêncio e Austin Batista em Jampruca, então município de Campanário.

O lendário Joaquim de Poté teve 5. 436 votos como deputado estadual (o PT só elegeu João Mares Guia como estadual e Luiz Dulci como federal). Apolo Lisboa obteve mais de 15 mil votos, a maioria nos vales, sendo o terceiro mais votado como federal. Nos próximos anos e décadas, o PT elegeria prefeitos em Teófilo Otoni, Pavão, Poté, Crisólita, Bertópolis, Itaipé, Ouro Verde de Minas, Padre Paraíso, Itaobim, Itinga, Araçuaí, Comercinho, Virgem da Lapa, Santo Antônio do Jacinto, Joaíma, Carbonita, Itamarandiba, São Gonçalo do Rio Preto, Datas, Monte Formoso, além de vices de outros partidos. Maria José cumpriu cinco mandatos de deputada estadual e dois de prefeita. Deputados federais, como eu próprio, Leonardo Monteiro, João Magno teríamos votações significativas nos vales. Em 2014 foi eleito Dr. Jean Freire, médico e vereador em Itaobim como deputado estadual.

Em 2004 foi criada a Universidade Federal dos Vales do Jequitinhonha e Mucuri no governo Lula, sonho acalentado por tanta gente por quase quarenta anos. Assim como os institutos federais, prometidos por Lula.

Na eleição de 2016, no auge da demonização do PT, que perdeu metade das prefeituras em Minas e 10 milhões de votos em relação à última eleição municipal, Teófilo Otoni elegeu Daniel Sucupira pelo PT. Ele foi secretário municipal de Agricultura no governo de Maria José e vereador (2012-2016). Mora na Vila Esperança, construída por mutirão. É filho de Jerônimo (morto prematuramente aos cinquenta anos) e da incansável militante social Dos Anjos. Foi guarda-mirim, pegador de frete no mercado, carteiro, *motoboy* informal até se formar em Agronomia pela Universidade Federal de Viçosa. Nasceu depois do surgimento do PT, é fortemente ligado à política e, afetivamente, às CEBs, pastorais sociais, STR, APJ, Casa de Emaús, Casa de Movimentos, agricultura familiar.

O PT fez dois vereadores: Raulino, segundo mandato, presidente do STR, e Tina, reeleita da velha guarda do Comitê Popular da geração de notáveis mulheres do povo.

A UFVJM teve um impacto importante na vida da cidade e da região, trazendo as temáticas do feminismo popular e tradicional da luta contra racismo e pela igualdade social, da causa LGBT.

Nas décadas de 1950 e 1960, Teófilo Otoni era polo educacional com seus internatos masculino e feminino e colégios privados. Atualmente é polo educacional de novo pela UFVJM, Unipac, OOCTUM, faculdades isoladas, pelo ensino técnico e pelas velhas e boas escolas estaduais e municipais.

CAPÍTULO 2.
O MERGULHO NAS TREVAS: O BRASIL DO AI-5

Nós, da esquerda revolucionária, achávamos que a revolução estava batendo às portas. No entanto, o que veio foi a contra-revolução, golpe dentro do golpe com o AI-5, em 13 de dezembro de 1968. O AI-5 instituiu o terror de Estado. A própria Constituição de 1967 foi sobrestada. O *habeas corpus* para "crimes políticos" – leia-se tudo que fosse interpretado como oposição ao governo militar – foi abolido. Ao se conceder dez dias de prazo para um opositor ser apresentado à autoridade judicial-militar, institucionalizou-se a tortura. Na verdade, o prazo de dez dias para interrogatório nunca foi respeitado, e a tortura se estendeu por mais tempo. O governo militar proibiu as entidades estudantis e manifestações. Interveio em sindicatos, instituiu a censura prévia. Cassou mandatos. Aposentou compulsoriamente três ministros do Supremo Tribunal Federal, pela primeira vez em nosso país. Desencadeou repressão sem trégua. Quem poderia imaginar Carlos Lacerda, golpista histórico, preso? Intelectuais, artistas, deputados, jornalistas. Caetano Veloso e Gilberto Gil foram não só presos, como tiveram seus cabelos tosados. Professores universitários foram aposentados compulsoriamente, dentre eles Fernando Henrique Cardoso. Quando o ditador Costa e Silva ficou incapacitado para governar pela doença, seu vice Pedro Aleixo foi impedido de tomar posse, assumindo uma junta militar composta pelos comandantes das três armas.

1968 foi o ápice da luta contra a ditadura. O movimento dos estudantes universitários e a entrada em cena dos secundaristas estenderam-se por todo o país. A marcha dos 100 mil após a morte de Edson Luiz, no Calabouço, Rio, reuniu estudantes, padres, freiras, jornalistas, artistas, intelectuais, gente do povo. Dos prédios vinha papel picado. O Rio de Janeiro era a capital cultural do país, dos grandes jornais como o *Jornal do Brasil*, *Correio da Manhã*, *O Globo*, *Tribuna da Imprensa*, *Última Hora*, Diários Associados, rádios, revistas, TVs. E o Maracanã, de grandes times de futebol, era destino de turistas do mundo todo.

Em São Paulo, o movimento estudantil e a oposição na cultura cresceram, assim como no jornalismo. Em Minas, Pernambuco, Rio Grande do Sul, Bahia, Ceará, Goiás, Distrito Federal, a oposição se disseminou, as Ligas Camponesas, a UNE, as organizações dos cabos e soldados, então vinculado da cultura popular.

Com o AI-5, "os piores anos de nossas vidas de revolucionários"

A ditadura assustou-se com as greves operárias em Contagem e em Osasco. Ao liquidar o Comando Geral dos Trabalhadores, ao intervir em centenas de sindicatos, e quando devastou o PTB e o PCB, o governo militar acreditou ter eliminado a luta dos trabalhadores e que estava de mãos livres para impor a política de superexploração da classe operária e o arrocho salarial.

Consumado o golpe, os mandatos dos parlamentares vinculados à Frente de Mobilização Popular foram cassados, os deputados foram presos ou compelidos ao exílio. Formalmente, o PTB ligado às tradições, tanto do Varguismo como do Janguismo e à ala esquerda, brizolista, só foi extinto com o fim de todos os partidos, após as derrotas dos candidatos da ditadura nas eleições para governador de 1965. O PTB, implacavelmente perseguido, não tinha nada a ver com o que viria depois da anistia, um partido de centro-direita.

A perseguição ao PCB, que já estava legalizado desde 1948, foi ainda maior. Até porque o golpe apoiava-se na retórica anticomunista. Mas também a esquerda nascente foi reprimida com igual furor: PCdoB, AP, Polop, trotskistas, assim como as Ligas Camponesas, as organizações de sargentos, cabos, soldados, marinheiros, fuzileiros navais; a UNE, que teve, inclusive, sua sede incendiada e o CPC (Centro Popular de Cultura); a imprensa popular constituída pelos jornais do PCB, PCdoB, Polop, mas também o *Binômio*, em BH, o *Brasil Urgente*, da esquerda católica e outros nos estados.

E eis que ressurge o movimento operário combativo, insubmisso e que escapou do movimento sindical se articulando em rede contra o arrocho salarial.

A Frente Ampla, reunindo políticos que apoiavam o golpe, como Carlos Lacerda, líder civil mais saliente, surgiu quando os militares canceleram as eleições para a Presidência em 1966, e extinguiram as eleições diretas para governadores, prefeitos de capitais, assim como os partidos políticos. Do mesmo modo, Juscelino Kubitschek havia apoiado o golpe e acreditado que a eleição de 1965 seria mantida. Os dois se uniram ao presidente deposto João Goulart, exilado no Uruguai. A Frente Ampla foi proibida em agosto, mas sua criação mostrou a perda de apoio civil à ditadura.

Jornais que tinham apoiado a ditadura abertamente, como *Correio da Manhã* e *Tribuna da Imprensa*, passaram à oposição, denunciando torturas, arbitrariedades do governo militar. A *Última Hora*, criada para apoiar o trabalhismo na década de 1950, manteve-se na oposição, acirrando suas críticas, e era um jornal popular. Mesmo nas publicações que apoiavam o regime, colunistas e cronistas criticavam abertamente a ditadura. Em 1968 não eram poucos os jornalistas que honravam a profissão.

Nos festivais de música, no teatro, no Cinema Novo, e em grande parte dos poetas e escritores, predominava a oposição à ditadura.

Mesmo na Igreja, que apoiou o golpe através dos cardeais e bispos mais eminentes, cresceu a repulsa ao governo autoritário, sobretudo entre padres e leigos.

O MDB, única oposição tolerada pelos militares, criado para ser bem-comportado, passou a ter deputados aguerridos, como Márcio Moreira Alves, Rubens Paiva, Mário Covas, o mineiro Edgar da Mata Machado, o pernambucano Osvaldo Lima Filho.

Àquela época, pesquisas não eram divulgadas e, por certo, exporiam a impopularidade da ditadura. Já em 1965, no Rio (Negrão de Lima) e em Minas (Israel Pinheiro), mesmo não sendo propriamente opositores, derrotaram os candidatos pró-ditadura.

Na esquerda ilegalizada, semiclandestina, líderes históricos abriram dissidência no PCB – desde 1962 já tinha sido organizado o PCdoB, cindido com o PCB, liderado por Pedro Pomar, Maurício Grabois que atraía dissidentes. Marighella, Joaquim Câmara Ferreira e outras lideranças estudantis como José Dirceu lançaram a Aliança Libertadora Nacional – ALN e a VPR – Vanguarda Popular Revolucionária. Outros nomes totalmente identificados com a história do PCB, como Apolônio de Carvalho, Mário Alves e Jacob Gorender formam o PCBR, pregando a insurreição armada. Surgem dissidentes da Polop e dissidências no Colina e no VB, como a Ala Vermelha, o MRT e a Rede e no movimento estudantil.

Importantes formadores de opinião, como Celso Furtado, Rui Mauro Marini, Caio Prado Júnior, André Gunder Frank, intelectuais da USP, do Rio, falavam da crise estrutural da economia brasileira e da estagnação do processo de desenvolvimento do país.

A esquerda revolucionária de todos os matizes lia assim: as condições objetivas para a revolução estão dadas. Por toda a situação mundial, da América Latina e pelo crescimento da oposição à ditadura no Brasil, as condições subjetivas também estavam dadas. Nós provaríamos na própria carne que essas análises atendiam mais nossos desejos ardentes que a realidade.

Naquelas noites de 13 e 14 de dezembro de 1968, atordoados pela violência do AI-5, nos reunimos apreensivos para avaliar as conquências, na casa do italiano Angelo, estudante de Teologia da PUC, taxista para completar a renda, militante do POC, que morava num imóvel bem isolado, no bairro Jardim América, em BH.

Peri Falcon, baiano dirigente do POC, do MUC – Movimento pela Universidade Crítica, estava pessimista. Analisava que o golpe dentro do golpe, que radicalizada a ditadura, poderia levar a uma matança, a temível Noite de São Bartolomeu. O modo como o AI-5 foi proclamado era por si só assustador.

Foram os piores dias de nossas vidas de jovens revolucionários, e também para os mais experientes.

Para os que propugnavam a luta armada contra a ditadura, o AI-5 e a instituição do terror de Estado confirmavam e fortaleciam a convicção pela opção de ir às armas. Para eles, os caminhos da luta de massas nas entidades estudantis e operárias, a fresta parlamentar, a imprensa, todas as portas haviam sido fechadas. Mais que nunca, era hora do enfrentamento, da crítica das armas.

Nós, do POC, víamos de outro modo. Era hora da defensiva, do recuo organizado. Cada um deveria avaliar em suas instâncias o que fazer. Para uns, o melhor era o refúgio político. No exílio, preservar os mais velhos, os mais experientes. Para os "queimados", que passaram por prisões ou que já tinham processos, era mergulhar na clandestinidade. Alguns já estavam presos na queda do congresso da UNE, em Ibiúna. Os que não eram conhecidos pela repressão deveriam repensar como atuar doravante.

Como tinha sido preso por trinta e dois dias no Dops com dois companheiros, eu estava sendo processado pela Lei de Segurança Nacional.

***

Em outubro de 1968, nós três fomos a uma audiência na Auditoria Militar, em Juiz de Fora. Teríamos que ir para a clandestinidade, o que significava sermos processados à revelia pela injusta e arbitrária Justiça Militar. Isso implicava mudar de cidade, de estado, mudar de aparência, de nome. Afastar-se da família. Dos amigos. Deixar os estudos na Face, Faculdade de Ciências Econômicas, da UFMG (eu já tinha cursado mais da metade do curso de Economia). Deixar para trás os prazeres de conviver, da cultura, do futebol, deixar a namorada e assumir o risco total. Eu e Leovegildo Leal já tínhamos firmado compromisso com a militância revolucionária em qualquer circunstância. Tive certa compaixão por José Benedito Nobre Rabelo, um simpatizante que foi preso conosco. Bené foi para São Paulo e ficou por algumas semanas na casa do famoso arquiteto João Batista Vilanova Artigas, que o hospedou por solidariedade, até ir para o Chile, onde se incorporou ao MIR (Movimento de Isquierda Revolucionaria), em Concepción. Com o golpe no Chile em 11 de setembro de 1973, foi para a Europa, e de lá para Moçambique, até sua volta ao Brasil com a anistia. Felizmente, em livro pós-exílio ele fala com orgulho de sua trajetória.

Cheguei a BH no final de 1964, início de 1965, para estudar e militar numa organização revolucionária. Dos meus amigos próximos, Leovegildo Leal, Edson Soares e Fernando Laender foram para o recém-criado Colégio Universitário da UFMG. Eu, Eduardo Veloso e meu irmão Oldack fomos para o Colégio Estadual Central. Era meu objetivo tornar-me militante da Ação Popular. Estudava à noite. A AP era uma organização política da esquerda católica, que designou Luis Antônio Paixão para conduzir meu recrutamento.

O Estadual Central vivia a ebulição política da reorganização das forças políticas no pós-golpe para o enfrentamento da ditadura. Os principais agrupamentos eram a AP e o PCB. Na AP conhecia como referência Antônio Augusto Prates, Fausto Brito, Luis Antônio Paixão. No PCB os mais salientes eram os irmãos Roberto e Amílcar Martins, ambos grandes debatedores. Havia o PCdoB, sua dissidência, a Ala Vermelha. Uma cultura fervilhante estava presente com escritores, poetas, teatrólogos, cineastas – emergentes e de oposição à ditadura.

Gostava de estar em Belo Horizonte. Conhecíamos muita gente, íamos ao Maletta. A AP participava da articulação pelo lançamento da candidatura do empresário Sebastião Paes de Almeida, pelo PSD, ao governo de Minas. Era ligado a JK. Os militares vetaram sua candidatura, mas admitiam Israel Pinheiro. Na prática, a ditadura queria escolher o candidato da oposição. Passei a defender a opção pelo voto nulo.

Em 1965, Paes de Almeida foi cassado por ato institucional – estávamos certos em apoiá-lo.

Procurei meu amigo Badih Melhem, professor de matemática, companheiro de ideais desde Teófilo Otoni, já vinculado à Polop, que defendia a campanha pelo voto nulo, que melhor expressaria, a nosso ver, a aglutinação das forçs mais consequentes e à esquerda. Ele indicou Dilminha como representante da Polop, estudante no turno da manhã. Era Dilma Rousseff.

A partir desse contado, eu, Leovegildo e Edson resolvemos entrar na Polop, e a primeira tarefa era participar da campanha do voto nulo. Significava distribuir panfletos, lançá-los de prédios, pichar muros e incansável proselitismo.

Israel Pinheiro derrotou o candidato da UDN e foi uma derrota para a ditadura, assim como a vitória de Negrão de Lima no Rio de Janeiro. Foi vitória da oposição. No ano seguinte a ditadura acabou com eleições diretas para presidente, governador e prefeitos de capitais, e extinguiu os partidos criados desde 1946, criando dois partidos, Arena e MDB. Israel Pinheiro filiou-se à Arena.

***

Nossa entrada na Polop se deu após o cumprimento do rito: OPP (organização para-partidária), curso básico de marxismo, conhecimento dos documentos básicos.

Morávamos num quarto grande no porão de uma casa na rua Espírito Santo, esquina com Bias Fortes, transformada em pensão de estudantes. Lá recebemos Guido Rocha (Joaquim), Carlos Alberto Soares Freitas (Fernando), Inês Etienne Romeu (Tânia), principais dirigentes da Polop, que viram em nós militantes de muito potencial. Devoramos os livros indicados dos mestres do marxismo e dos grandes socialistas da Europa e Estados Unidos, dos países latino-americanos.

Queria estudar história ou jornalismo na Fafich. Os dirigentes da Polop convenceram a mim e a Marcos Wilson Spyer a concorrer ao vestibular na Faculdade de Ciências Econômicas (Face/UFMG) para recompor a base da Polop, que tinha contado com Theotônio dos Santos, Vânia Bambirra, Guido Rocha, Carlos Alberto Soares Freitas e outros grandes intelectuais e militantes políticos ceifados pela repressão de 1964, ou que haviam se formado (concluído a graduação). A Polop ficou resumida a Zenon Schueler Reis, já cursando o penúltimo ano. Eu fazia clássico no Estadual, que não tinha matemática, eliminatória no concorrido vestibular da Face. Fomos morar no apartamento de José Antônio Gonçalves Duarte (e de seus irmãos Chico e Luiz), craques em matemática. Lá morava Carlos Augusto Morais, que também almejava a engenharia. Tornamo-nos amigos e companheiros da Polop, POC, OCML-PO. O apartamento da rua Chicago se transformou também lugar de intensas discussões políticas.

O fato é que passamos os dois. Há uma passagem curiosa e até engraçada quando fomos nos matricular. Eu queria ir para o curso de sociologia (no ano seguinte seria transferido para a Fafich com o nome de Ciências Sociais) e Marcos Spyer, para o de economia, e procuramos convencer um ao outro. À noite, disse ao Marcos que acabara me matriculando na economia, como ele defendia. Só que ele matriculou-se... na sociologia, como eu queria. A revolução estava na frente.

O ano de 1966 foi de virada da classe média que apoiava o golpe de 1964 em sua maioria. Havia 100 mil universitários em escolas públicas, para uma população de 60 milhões de habitantes. Éramos uma minoria privilegiada. O marechal ditador Castelo Branco propôs o acordo MEC-Usaid, que elitizava ainda mais o ensino superior, colidindo com o projeto nacional de desenvolvimento econômico, social, político e cultural que vinha de antes do golpe.

O movimento estudantil crescia como principal força de oposição à ditadura. O movimento estudantil ignorou a Lei Suplicy (de Lacerda, ministro da Educação), que propôs o enquadramento das entidades num modelo controlado e despolitizado. Em Belo Horizonte, realizou-se um congresso de reorganizaçãoo da UNE (proibida e com a sede no Rio incendiada no golpe), na igreja de São Francisco, no Carlos Prates. Na verdade, ante o cerco policial, o congresso, como previsto, foi substituído por um acordo de todas as forças políticas. Em Minas (e no país), organizamos a UEE, os DCEs, os DAS sem as imposições do governo civil-militar. E fomos às ruas.

Foi um ano de efervescência cultural, também. O festival da Record, os teatros Opinião e Oficina, o Cinema Novo, a MPB. Em Minas, também a ebulição cultural ia das escolas, como o Estadual Central, o Show Medicina, o DCE Cultural, teatro, CEC e o edifício Maletta. Fiquei muito feliz com Milton Nascimento e Fernando Brant com o sucesso "Travessia". Brant era considerado quase um simpatizante pela sua relação com Leovegildo desde o Colégio Universitário, e depois, na Faculdade de Direito.

Na Face havia restado só Zenon Schueler Reis, da Polop. Porém, com a chegada de Marcos Spyer e a minha, em pouco tempo, tínhamos um grupo com Yara Moreira, Lamartine Sacramento, Antonio Claret e outros.

Mas, sem dúvida, a AP era o grupo hegemônico, constituído por grandes quadros políticos. Em 1965, João Batista Franco Drummond completava o mandato no DA e foi substituído por Luiz Marcos Magalhães Gomes – ambos se destacariam em vários momentos da resistência. Abel Avelar, Dilermano Toni, Betinho Duarte, Gildo Macedo Lacerda (assassinado em outubro de 1979), João Bosco, Scotti, Aluísio Marques e vários outros. Franco Drummond seria assassinado no DOI-Codi SP, quando do massacre da Lapa. Na ocasião, foram igualmente assassinados Ângelo Arroyo e Pedro Pomar, dirigentes do PCdoB.

Aquela geração de ouro, vinda de Teófilo Otoni, destacou-se na resistência à ditadura na Engenharia (Edson Soares, juntamente com José Antonio Gonçalves Duarte e Carlos Morais formavam o grupo da Polop). Na Faculdade de Direito, Leovegildo Leal (Polop), Oldack Miranda e Joaquim Martins (AP). Na Fafich estavam Solange Nobre, Delsy Gonçalves de Paula (Sisse), Doralina Vanda Lacerda, Dalton Godinho, Marisa Barreto, Warner Ribeiro, Almir Tolentino e Badih Melhem, fora outros militantes destacados.

No dia 21 de abril, o governo mineiro, desde 1952, concede medalhas a pessoas que encarnem os ideais libertários de Tiradentes e dos Inconfidentes. Em 1966, o Grande Colar seria concedido ao ministro da Guerra, Costa e Silva, líder do setor favorável ao endurecimento da ditadura. Dias antes, um grupo de oito jovens da esquerda independente, não alinhados às organizações (Chico Brant, Afrânio Andrade, João Domingos, Dinamar, dentre eles, foram presos no edifício Codó, centro de Belo Horizonte, quando estudavam documentos de todas as organizações para se filiarem). A polícia política fez um grande estardalhaço. Temia-se que fossem mantidos detidos como presos da ditadura, para justificar a repressão.

A esquerda decidiu fazer uma missão *kamikaze* em Ouro Preto para denunciar a prisão dos oito do Codó e confrontar Costa e Silva. O DCE alugou um ônibus. José Luís Guedes, Apolo Lisboa, Jorge Nahas, Edson Soares, Marcos Spyer, Leovegildo, e eu estávamos no ônibus.

Tudo combinado com fotógrafos do *Jornal do Brasil*, de *O Globo*, da *Última Hora*, e dos jornais mineiros: quando Costa e Silva fosse falar, os *kamikazes* sairiam de vários pontos da praça repleta de militares e se dirigiriam ao palanque, tirando cartazes escondidos debaixo das camisas, e caminhando com eles de forma bem visível, e os depositaríamos no chão em frente ao palanque. Por certo seríamos todos presos pela ousadia de enfrentar o segundo homem mais poderoso da ditadura. Pega de surpresa, a repressão não agiu, ninguém foi preso. Fomos nos deslocando até o ônibus. No DCE da Gonçalves Dias, centenas de estudantes estavam reunidos. Se fôssemos presos, decidiriam como protestar. Se não, seria um ato de celebração da nossa capacidade de combater a ditadura. No ônibus, articulamos que o orador representando os *kamikazes* seria Marcos Spyer. A partir dali, ele se destacou e teve uma rápida e ascendente trajetória no movimento estudantil, chegando à diretoria da UNE em São Paulo, depois de passar pela UEE.

Foi uma ação unitária que demonstrava disposição de luta, solidariedade aos companheiros, e ela fortaleceu o movimento. Por isso fomos recebidos como heróis.

***

Em 1966 tive o meu primeiro contato com os companheiros do movimento operário de resistência em Contagem. Perto da velha caixa d'água do bairro JK, encontrei-me com o metalúrgico Batista, demitido por perseguição da Mafersa. Ele foi membro do Comitê de Empresa que impediu o fechamento da fábrica de materiais ferroviários na Cidade Industrial. Posteriormente, ele se mudou para Guarulhos, onde militou na resistência operária, chegando a ser eleito vereador, em 1988, pelo PT.

Por meio de Batista, cheguei aos marceneiros Milton Freitas, Alcíades de Oliveira e Otavino Alves. Distribuíamos um jornal mimeografado – *Piquete* – e fazíamos contato com os militantes operários e lideranças perseguidas pela ditadura. Ser deslocado para o "setor operário" ou para a mítica Cidade Industrial era uma distinção para o militante da Polop.

Milton Freitas morava num barracão no novo Eldorado, sem luz, dividido por um guarda-roupa. Tinha um rádio potente para ouvir as emissoras da China, URSS e Cuba. Marxista-leninista convicto, eu o conheci em 1966. Marceneiro primoroso, nunca deixou de lutar um só dia em toda sua vida, inclusive durante o período do AI-5. Quando saí da prisão, em 1976, eu o procurei para participar do *Jornal dos Bairros* e ele aceitou imediatamente.

Manteve a relação com a CML-PO até a fundação do PT. Foi candidato a vice-governador com Sandra Starling, em 1982. Quando fundamos a Casa do Movimento Popular, foi seu presidente.

Alcides Oliveira foi presidente o Sindicato dos Marceneiros antes do golpe, donde veio o apelido de Pagé. O Sindicato tinha o jornal *Serrote* – que chegou a ter Carlos Alberto Soares Freitas como "editor clandestino". Eu o conheci como militante da Polop, depois, do POC e como um dos fundadores do PT. Foi candidato a deputado federal pelo PT, em 1982.

Otalvino Alves escreveu dois livros contando sua bela e rica história, desde Itapetinga, na Bahia, quando foi da mocidade Trabalhista, militante do PCB, até mudar para Belo Horizonte, quando participou da fundação da ORM--Polop. Foi dirigente da Polop, POC, OCML-PO. Foi exilado no Uruguai, onde se casou com Lila e teve duas filhas. De volta ao Brasil, cumpriu pena em Juiz de Fora e retornou à vida legal. Participou do *Jornal dos Bairros*, do PT em Contagem. Nas décadas de 1980-90 voltou à Bahia, em Eunápolis, e há alguns anos radicou-se em Uruguaiana, no Rio Grande do Sul.

Mesmo assim, eu dividia meu tempo entre a Cidade Industrial e o movimento estudantil na Face, priorizando a Cidade Industrial.

Em 1967 participei de uma passeata que, reprimida, incluía a rota de fuga pela rua da Bahia e a ocupação da Faculdade de Direito, que acabou gerando uma foto histórica. Eu, Leovegildo Leal, Edson Soares, Carlos Morais – todos da Polop e Oldack Miranda (AP) atirando pedras da lage da escola nos policiais do Dops. Ceca de 300 a 400 estudantes e as lideranças participaram da ocupação, gerando situação de forte tensão. A repressão (PM e Dops) queria invadir a escola. O diretor, Gerson Boson, e o reitor da UFMG, Aluísio Pimenta, negociaram com o governo mineiro para impedir a invasão policial. A repressão cortou a água e a luz do prédio, o que não abalou a decisão de resistir com paus e pedras. Só às 4 horas da manhã a Faculdade de Direito foi descupada com o compromisso de que ninguém seria preso.

Durante muito tempo escondemos a informação de que nós quatro da Polop tínhamos levados para lá alguns "coquetéis molotv" para resistir à invasão policial. Com o acordo para a desocupação, nós esvaziamos as garrafas.

Quase quarenta anos depois a UNE usou essa foto como fundo da carteira de estudantes, sem saber quem eram os cinco jovens. Num congresso da Justiça de Transição, um *banner* trazia a foto e eu disse aos organizadores quem eram os cinco que atiravam as pedras. Hoje a foto está grafitada no Espaço José Carlos Mata Machado da Fculdade de Direito da UFMG.

Quando cheguei a Belo Horizonte fui morar com Eduardo Veloso (GT) numa pensão na rua Gonçalves Dias, entre avenida Brasil e rua Sergipe, ao lado da praça da Liberdade. Ele era ótima companhia. GT trabalhava no MEB e sabia de tudo o que se passava na cultura. Íamos ao Maletta, no bar Oxalá, do Humberto Campos, que era de Teófilo Otoni. Foi lá que vi Milton Nascimento (Bituca) pela primeira vez, e muitos compositores, violonistas, cantores da MPB.

Depois fui morar com Leovegildo Leal, Edson Soares e Agildo Leal na pensão da Espírito Santo com avenida Bias Fortes, onde nos reuníamos com Guido Rocha, Beto (Carlos Alberto Sores Freitas) para fazer o curso básico da Polop e estudar os documentos. Leovegildo e Edson cantavam bem. Em 1967, eu e Edson fomos morar na rua Paraíba, ao lado da Faculdade de Arquitetura, num pequeno apartamento no térreo e nos fundos. Dona Maria Luiza Meyer era a matriarca, mulher brava e generosa, que criou os filhos sozinha, viúva. Eles vendiam, em BH, os chocolates Garoto, da fábrica do tio, em Vitória (ES). Posteriormente tiveram as Lojas Bakana. Marco Antônio era ativista no Colégio Estadual Central, e nesse ano, 1967, foi eleito presidente do Diretório Estudantil. Marcos Spyer ficava conosco quando estava em BH. Uma certa noite, um carro com terroristas do Comando de Caça aos Comunistas metralhou a Kombi na garagem. Não sabíamos, é claro, a quem eram endereçadas as balas. Se era para Marco Antônio, presidente do DE do principal centro do movimento, se eram para Edson Soares, liderança em ascensão, ou para mim, ou para todos nós.

Naquela mesma noite, eu e Edson nos mudamos para um verdadeiro muquifo, na rua Timbiras com São Pulo, num porão sem portas separando os quartos.

1967 foi um ano de definição das estratégias das organizações que enfrentavam a ditadura no Brasil. O principal partido de esquerda, o PCB, estava rachando. Marighella, Joaquim Câmara Ferreira, dezenas de lideranças regionais e os líderes estudantis mais conhecidos rumaram para a ALN – Ação de Libertação Nacional. Outras lideranças históricas, como Mário Alves, Jacob Gorender, Apolônio de Carvalho, Miguel Batista queriam a ação armada, sem abrir mão do partido e lançaram o PCBR. O MR-8 também vinha das hostes do PCB.

Não sabíamos que o PCdoB estava se organizando no Araguaia para a guerrilha no campo, mas ele também teve suas dissidências: Ala Vermelha, MRT, Rede.

Na Polop houve dissidência mais importante em Minas e a VPR, em São Paulo.

A Ação Popular, ao romper com a tradição de esquerda católica e aderir ao marxismo-leninismo versão maoísta, também teve divisões e rachas, dentre eles o PRT. Pregava a ida dos quadros formados no movimento estudantil ao campo, como camponeses, e às fábricas e periferias.

A "mítica Cidade Industrial" e o início do movimento operário de massa

A luta contra a ditadura teve, em 1967, um momento de acumulação de forças. Em BH, por exemplo, não havia força organizada de direita, tamanha a presença das esquerdas nos movimentos estudantis, operários, de intelectuais, na cultura. A UEE, o DCE, os DAs, os diretórios secundaristas, os sindicatos de metalúrgicos, bancários, professores estavam com as esquerdas.

Em 1968, fui morar com Eleonoa Menicucci e Ricardo Prata, no bairro Carlos Prates, numa casa gostosa em uma tranquila rua de bairro, como se fosse no interior. Ricardo foi fundador e militante da AP e tinha um vasto círculo de influência. Eleonora era militante do PCB no movimento estudantil, referência feminista. Eles tinham identidade com nossa posição na disputa interna da Polop e pela constituição de um partido operário, e agregavam muito ao nosso grupo. Eu vinha de uma sucessão de quartos de pensão ou casas de família. Viver em uma casa era muito agradável. Podia arriscar na cozinha, ótimos discos da MPB, bons livros. Vivia modestamente, comia nos restaurantes da Mendes Pimentel. Ali tinha comida, bebida, quarto confortável, convivência familiar, conversas intermiáveis sobre política, mas não só.

Visto de uma outra época, o ano de 1967 parece ter sido de preparação para o de 1968. Todas as forças de esquerda estavam posicionadas. Colina, Corrente Revolucionária, AP, Polop, PCO, PCdoB, Ala Vermelha. O movimento estudantil já tinha a UNE, os DCEs, os DAs com a esquerda em todo o país. A esquerda tinha poucos, mas estratégicos sindicatos, como os metalúrgicos de BH/Contagem (diretoria combativa, mesmo mutilada em setembro de 1967); bancários de BH; Unsp; APP-MG, Sindipetro-MG. Em São Paulo, a esquerda dirigia os metalúrgicos de Osasco, por exemplo. No Rio Grande do Sul, também metalúrgicos, bancários. A Igreja, que apoiara o golpe de 1964 pela sua cúpula, estava mudando a partir da base das CEBs, de padres e freiras que se distanciavam da ditadura por causa da tortura, do arrocho salarial, da repressão à juventude, pela adesão a valores, princípios do Concílio Vaticano II.

A Frente Ampla unia adversários como Lacerda, JK, Jango. Na imprensa, além da mudança do *Correio da Manhã*, da *Última Hora*, colunistas criticavam a ditadura no *Jornal da Tarde* e *Jornal do Brasil*. Os intelectuais, os artistas, os músicos, compositores, cineastas, teatrólogos, poetas tomaram posições públicas. A morte de Guevara, na Bolívia, a luta dos negros nos EUA, a invasão imperialista no Vietnã, as guerrilhas no continente, as lutas anticoloniais na África, a explosão do pensamento libertário – tudo anunciava o que viria a acontecer.

Mesmo na Câmara dos Deputados, que teve quase 100 parlamentares cassados entre 1964 e 67, havia um grupo de valorosos deputados do MDB denunciando a repressão, as perseguições, a política econômica da ditadura.

No interior de Minas, havia movimento estudantil em Ouro Preto, Itajubá, Juiz de Fora, Uberlândia, Montes Claros, Uberaba.

Na mítica Cidade Industrial circulavam os boletins mimeografados, produzidos clandestinamente. A AP editava o *Companheiro*. A Corrente Revolucionária do PCB, o *1º de Maio*. Da Polop, era o *Piquete*.

Quadros importantes da AP estavam nas fábricas, como o estudante de engenharia Alcides Sales, o arquiteto Renato Godinho, o advogado José Afonso Alencar, o advogado paranaense Edésio Passos, o metalúrgico paulista Nelson Martinez, o padre jesuíta Ignacio Hernandez. Sem falar dos que foram para os bairros de Contagem, do Barreiro, como professores, agentes pastorais ou ativistas.

A Corrente transferiu o jovem revolucionário Élcio Fortes como coordenador da mais importante organização atuando ali. Assim como eu próprio fui deslocado pela Polop e, após a dissidência do Colina, importantes quadros atuavam na Cidade Industrial.

Em abril, o país e a ditadura se surpreenderam com a greve iniciada na Belgo Mineira, que se propagou para a Mannesmann e expandiu-se mesmo para não metalúrgicas, como a Magnesita. A greve nasceu sem assembleia, fora de época de dissídio coletivo e alastrou-se pela Cidade Industrial.

O coronel Jarbas Passarinho, nomeado ministro do Trabalho, veio a Minas e anunciou um abono de 10% para todos os trabalhadores do Brasil! Derrubou assim a barreira dita instransponível do arrocho salarial.

Foi um prenúncio do que viria dez anos depois com as greves de massa no ABC paulista, coração da indústria no Brasil.

* * *

Dias depois do fim da greve que impôs essa derrota à ditadura, a Polop e a Dissidência do PCB no Rio Grande do Sul e no Rio de Janeiro decidiram lançar o Partido Operário Comunista como alternativa à "ordem militarista" da esquerda.

Na noite de 29 para 30 de abril, eu e dois companheiros, Leovegildo Leal e José Benedito Ramelo, fomos à Mannesmann, então a maior empresa do estado, deixar panfletos apoiando a greve e chamando a classe operária para participar e apoiar nosso partido. Fomos presos à uma hora da madrugada pelos meganhas do Dops como se fosse um flagrante, apesar de estarmos a quarenta minutos dos portões da Mannesmann, voltando a pé, na linha do trem. Tínhamos ido de ônibus, que não circulava depois da meia-noite, daí a volta a pé, por uma distância de seis a sete quilômetros. Na viatura dei a versão. Éramos estudantes, tínhamos "pegado umas meninas" na rua Tupis para transar. Eles recolheram panfletos para o flagrante forjado. Chegando ao Dops, após os depoimentos, fomos levados à cela do subsolo, passando por um "corredor polonês" com tapas, soco, chutes. Passamos trinta e dois dias na cela 3, saindo só em 2 de junho, por *habeas corpus* requerido pelo advogado Obregon Gonçalves. Naquele tempo ainda valia *habeas corpus* após trinta dias de detenção.

Aquela prisão teve enorme impacto em nossas vidas. Aberto um processo pela Lei de Segurança Nacional, fui condenado no ano seguinte a três anos de reclusão. O processo foi definitivo para minha decisão de entrar para a clandestinidade. Leovegildo também viveu dez anos na clandestinidade, até a anistia, no Rio de Janeiro. Tudo isso por um panfleto e um flagrante forjado.

Ao ser noticiada de nossa prisão, com forte participação de Dilma Rousseff, a Face fez paralisação por um dia. Eu morava num quarto de pensão com Gildo Macedo Lacerda, na rua Ceará com avenida Afonso Pena (onde hoje é a sede do PPS), logo não podia fornecer o endereço. Disse que morava na rua Rio de Janeiro, 2018, na casa de dona Hélia e Arnaldo Barreiros, anjos da guarda dos revolucionários de Teófilo Otoni. Ela, mulher sem medo, levava comida todos os dias para nós, mas só entregava a marmita pessoalmente a mim, para ver com os próprios olhos que eu estava bem.

No dia 1º de maio, chegou à nossa cela João Batista dos Mares Guia, líder estudantil em ascensão, ligado ao Colina, com um corte na cabeça sangrando depois de confronto com a PM e o Dops, na Secretaria de Saúde, na tentativa, frustrada pela repressão, de comemorar o 1º de maio. Logo depois deu entrada o estudante de medicina, presidente do DA, Robson, que era de Patos de Minas.

Na semana seguinte chegou o militante da AP na Face Betinho Duarte. Foi preso numa passeata em que estava encarregado de proteger nossa Doralina de Teófilo Otoni (na verdade, de Pedra Azul), irmã de Dalva Stela. Ambas foram figuras destacadas na resistência à ditadura. Era 1968 e havia um entra e sai de estudantes presos em manifestações quase diárias.

Um certo dia, fui conduzido ao 12º Regimento de Infantaria, para ser interrogado no IPM do coronel Portela, e tive que dormir numa estranha cela sem piso, de chão, e recebemos a visita de uma comissão da CPI que investigava torturas. Saímos da prisão mais decididos que antes para a militância. Fomos recebidos com exaltação em nossas escolas (Face, Direito e Ciências Sociais).

***

Não havia, de fato, clima para a greve de outubro em Contagem. Em abril, a ditadura foi pega de surpresa, mas, após a greve, havia uma caçada aos líderes anônimos para nós, mas conhecidos pelos cartazes. Foram demitidos, entraram na maldita lista negra. A decisão de fazer a greve na época do dissídio coletivo nasceu de ativistas de esquerda, sobretudo da Polop, da Corrente e de parte da diretoria do Sindicato ligada às esquerdas. O caso de Claret é exemplar. Ele se destacou em abril, liderando a greve na RCA. Em outubro, seu comando para a paralisação não foi eficaz e ele acionou o alarme de incêndio para que os trabalhadores se juntassem no pátio, para que a greve se iniciasse. Mas os seguranças neutralizaram a iniciativa e a Belgo não parou.

As assembleias eram convocadas nas igrejas nos bairros para burlar a repressão. No terceiro dia, a repressão militar cercou o encontro na igreja do bairro Inconfidentes. As lideranças e os ativistas fugiram em direção ao bairro Riacho, por extensa área ainda não habitada. Otavino, cansado pelas noites indormidas do comando de greve, não aguentou correr a partir de certo momento e foi preso. Renato Godinho, dirigente da AP, arquiteto que trabalhava na Pohlig Haeckel, também cansou e foi preso.

Corri até o Riacho e ouvi uma voz de mulher gritar "Gerso", meu nome de guerra. Fui à casa da metalúrgica, descansei na varanda e tomei um providencial café com leite e pão com queijo. Peguei o ônibus Riacho no ponto final e, por sorte, ele não parou quando puxei a campainha. Ia falar com Milton Freitas e Seu Joaquim para saírem da área infestada de polícia. Eles andavam em fila com pessoas de macacão. Na verdade, eram policiais disfarçados e os dois já estavam presos. Fui à casa de Dorinha Teixeira e Tarcísio, descansei, tomei banho e fui para o local de reencontro arranjado por Ricardo Prata. Otavino apareceu após ter sido fichado e solto. Mais tarde, reconhecemos que não havia condições "objetivas" para a greve.

No segundo semestre de 1968, a esquerda acreditava na derrubada da ditadura. O quadro intencional, com a Revolução Cultural na China, era desafiador. No coração do Império a luta dos negros contra o odioso racismo, e dos jovens, intelectuais e artistas contra a guerra imperialista no Vietnã; as revoltas de estudantes e a greve geral na França; o que acontecia na China e as lutas de libertação na África; as revoltas e guerrilhas na América do Sul; as análises da estagnação e crise do capitalismo – tudo isso, mesmo juntando alhos com bugalhos, formava um quadro de possibilidades para a revolução.

E no país, apesar da proibição que juntou adversários históricos (Lacerda-JK-Jango), apareciam divisões nas forças civis que apoiavam o golpe. Mesmo baleado por cassações sucessivas, o MDB ainda tinha deputados corajosos e atuantes. O movimento estudantil preparava a retumbância em 1968.

Não soubemos ler os recados do avanço da linha-dura que desembocou no AI-5.

A saber: proibição da Frente Ampla; a repressão às greves de setembro (bancários) e metalúrgicos (outubro de 1968); a repressão dura aos movimentos de rua; a prisão dos padres franceses no Horto para intimidar a participação crescente da Igreja, das bases na resistência e, sobretudo, a prisão de 800 estudantes no congresso da UNE, em Ibiúna.

1968 terminou numa derrota: o Ato Institucional nº 5 levou ao recrudescimento do pior da ditadura, à concentração do poder no general-presidente. Tudo ficou proibido e criminalizado: as greves, o mínimo de liberdade sindical, o direito à informação e à manifestação.

O Legislativo se enfraqueceu com cassações e com suspensões/fechamentos por decisão do general-presidente, e com a suspensão dos direitos políticos.

O Judiciário ficou ainda mais controlado e silenciado com a cassação inédita de três ministros do STF, aposentados compulsoriamente e com a suspensão do *habeas corpus* para "crimes" políticos.

Mas as sementes ficaram. As megamanifestações eram contra o autoritarismo e a imposição do conservadorismo. Contra a predominância da sociedade agroexportadora.

As sementes que germinaram depois vieram do Cinema Novo, do teatro libertário dos grupos Opinião, Arena, Oficina, da MPB, da libertação da mulher e da crise do machismo; da defesa da universidade pública, do direito ao espaço público. Ao movimento operário não controlado pelo Estado.

Internacionalmente, aumentava o repúdio ao socialismo autoritário (invasão da Tchecoslováquia). Ficou o direito dos povos à soberania, além da condenação da guerra do Vietnã, que sofreu mais de um milhão de mortes, mas derrotou o Império – é possível enfrentar o poder. Ficou a semente da igualdade, da luta dos direitos humanos.

Dez anos depois, o movimento operário de massas que apressou o fim da ditadura estava mais para o estilo de Contagem e Osasco de 1968.

Vinte anos depois, a melhor e mais avançada Constituição que o país já teve, com todas suas incompletudes, dialogava com 1968.

O pretexto para o AI-5 foi a negativa da Câmara em aprovar a licença para a cassação de Márcio Moreira Alves, por um discurso sobre o 7 de Setembro.

Só à frente da conjuntura entendemos que o governo civil-militar estava cooptando um setor da classe média com uma estratégia de consumo seletivo. Delfim Netto, *czar* da Fazenda, estava conseguindo atrair capitais externos com endividamento excessivo. E o intenso arrocho salarial fizera efeito.

Infelizmente, estávamos certos: já no início do ano, caíram os companheiros do Colina e, em seguida, os da Corrente. Os que não foram presos tiveram de buscar refúgio no exílio, ou passaram à clandestinidade em outros estados.

Era difícil viver clandestinamente em BH. A todo momento cruzávamos com algum conhecido, amigo ou inimigo. Por sugestão de Peri Falcon, e depois, por decisão da direção nacional do POC, foi decidido que eu iria para Salvador, no primeiro estágio da clandestinidade. Peri dizia que os quadros mais antigos e preparados tiveram de sair do estado, caçados pela repressão e que ficaram bons companheiros de menor experiência. Eu tinha 21 anos, mas já era tido como quadro experiente, vivido formador de novos quadros. Assim era naquele tempo. No nosso, caiu o grupo de companheiros e amigos fraternos. Edson

Soares já estava preso, caiu em Ibiúna e ficou mais de dois anos preso. Marcos Spyer, José Antônio Gonçalves Duarte também caíram em Ibiúna.

Meu irmão Oldack, militante da AP, com sua companheira, Solange Nobre, mais Carlos Melgaço e sua companheira, Loreta, e meu amigo Betinho Duarte, companheiro de cárcere no Dops em maio de 1968, foram para o Jaíba pela Ação Popular.

Ir para a clandestinidade era um mergulho na incerteza. Não sabíamos quanto tempo ficaríamos afastados da vida comum, da família, da escola, dos amigos. Se sairíamos vivos ou não.

CAPÍTULO 3.
CLANDESTINIDADE, PRISÃO E O BAFO DA MORTE

Quando adveio o golpe dentro do golpe, o AI-5, em 13 de dezembro de 1968, eu já tinha um processo pela Lei de Segurança Nacional (LSN), decorrente da prisão em 30 de abril de 1968, por distribuição de panfleto anunciando o POC.

A clandestinidade, no período de terror de Estado iniciado com o AI-5, era um mergulho na incerteza. O AI-5 tinha validade por dez anos e dava poderes absolutos à ditadura. Mudar de casa, de aparência: óculos diferentes, criar bigode, mudar o penteado, encorpar um pouco mais. Deixar para trás a namorada, Ione Weiss, a legião de amigos. O curso de Economia na Face. A relação com meus pais e irmãos e com Teófilo Otoni. O "buraco" na casa de dona Hélia, o Maletta, cinema, a música, o prazer de viver em Belo Horizonte, mesmo com escassez de dinheiro.

Em compensação, em Salvador teria, em tese, a rede de parentes por parte de meu pai. Minha tia e madrinha Nair, que criava quatro sobrinhos, meus primos. Meu querido tio Ari, a tia Valquíria com filhos com idades próximas à minha. E a repressão ainda não tinha chegado aos extremos de São Paulo, Rio, Recife, Belo Horizonte e Rio Grande do Sul, por exemplo.

Vivi nove meses em Salvador (janeiro a setembro) em 1969. Ivan Braga, exemplo de solidariedade, emprestou-me um apartamento sem mobília na Princesa Izabel. Numa ladeira, o apartamento era no quarto andar para baixo! Um colchão no chão, uma tábua entre duas pilhas de tijolos para a roupa, um ebulidor e a vasilha para esquentar a água, um filtro e nada mais. Pus jornais nas janelas para que não se percebesse que não havia mobília. Por conta de Ivan, comia numa pensão na General Labatut, só almoço. Recebia meio salário mínimo da Organização para cigarro, lanche, ônibus. Um ótimo lugar, praticamente Porto da Barra.

À noite fechava tudo. Eu costumava caminhar até a praça Castro Alves para comer comida baiana num caminhão (feijoada, chinchim, sarapatel ou mocotó com farinha).

Uma vez por mês ia a São Paulo para reunião da direção, antes visitando a célula de Recife. Fiz grandes amigos na Bahia: Victor Meier, Rogério Baiano, João Henrique, família Falcon, Iracema, Maria (namorada, depois esposa de Carlos Tibúrcio), Antônio Carlos, Jaime e, claro, Ivan Lemos.

A célula de Pernambuco era pequena e valorosa, coordenada por Marcos Wilson Spyer após sair da prisão pelo Congresso da UNE em Ibiúna. O ônibus levava umas 12 horas, tinha parte de terra e a travessia do Rio São Francisco era feita de balsa entre Neópolis e Penedo. Passava duas noites e viajava para São Paulo. O pessoal de lá comprava minha passagem e me hospedava.

Certa ocasião, Marcos Wilson me recebeu apreensivo: havia quedas no PCBR que poderiam chegar ao POC. Fiquei aquela noite num apartamento sem água, luz, móveis para sair o mais rápido de Recife. O pessoal estava sem dinheiro. Embarquei no dia seguinte às 12h15 sem comer, sem cigarrros, sem dinheiro para uma viagem de 51 horas. E sem tomar banho. Nas paradas tomava água, discreto para não chamar a atenção. Por sorte, os nordestinos adoram ser solidários. Logo passou por mim um saco de aniagem com uma farofa e uma colher para jogar na mão. Era só uma colherada e uma garrafa térmica com café e leite bem velhos.

Na noite seguinte, faminto e fedendo, dei uma de doido. O ônibus parou no ponto de apoio da Itapemirim na Rio-Bahia, em Teófilo Otoni, para jantar em 40 minutos. Peguei uma Rural Willys táxi e fui à casa de meus pais na Dr. José Antônio. Entrei em casa e pais e irmãos pareceram ver um fantasma. Tomei um banho a jato e troquei de camisa por uma do irmão Sérgio, mãe preparou um prato com arroz, ovo, bife e tomate e pai deu-me um dinheiro significativo. Eu e Oldack – "Daquinho" – éramos foragidos, meu pai tinha sido preso em 1964. Mas não acreditava que vigiassem nossa casa o tempo todo. Quando voltei, o motorista do ônibus já buzinava para que todos embarcassem. Mal deu tempo para comprar cigarro. Em Governador Valadares o ônibus parava na garagem para revisão e troca de motorista e eu tomei uma cerveja. Tínhamos a recomendação de estar sempre alerta para o caso de ser surpreendido por uma *blitz* ou barreira. Dormir o menos possível, com um olho aberto, outro fechado.

Vida clandestina no ABC, "a jóia da coroa da utopia proletária"

Comprei cigarros, comi um pedaço de frango frito. Só uma cerveja para não dar sono e quebrar minha vigilância. Como já vinha de trinta horas de viagem vigilante, comi, bebi, dei uma apagada. Estava sozinho numa poltrona, sem passageiro ao lado. De repente senti uma mão apalpando meu pinto. Acordei de uma vez.

Ele viu um jovem sozinho e resolveu se aventurar. Deve ter encostado em mim apagado. Como não reagi de pronto, o homem se sentiu encorajado. Estava escuro. Eu era machista e de formação homofóbica, de achar homossexual degenerado (a esquerda influenciada pela União Soviética repudiava a homossexualidade como aberração). Não falei alto, mas falei duro: volte para o seu lugar. Foi o que fez sem alarde. E eu voltei à vigilância. Voltei a São Paulo todo feliz por ter visto meus pais e irmãos, mesmo que por breves minutos, por ter escapado ileso do episódio de Recife, por ter saboreado a solidariedade natural dos nordestinos na comprida viagem.

Sabíamos que o lançamento do POC não vingou, por várias razões. Era uma tentativa de dar uma alternativa à vaga que chamávamos de "militarismo", voluntarismo, foquismo. Com todo respeito e admiração às pessoas como Marighella, Mário Alves, Apolônio de Carvalho, Jacob Gorender, Joaquim Câmara Ferreira, ou aos militares como os de Caparaó, Lamarca, achávamos que ante o AI-5 e a melhora na economia e à situação internacional adversa, ou seja, ante conjuntura e correlação adversas, era hora de um recuo organizado, típico das situações de defensiva, e fazer acumulação de forças, a única opção.

O POC não vingou porque não nasceu dos trabalhadores, de suas lutas, lideranças. Nasceu com programa já pronto. Só restava aos trabalhadores aderir, o que não aconteceu. Tinha valorosos quadros operários, mas eram poucos e até pela clandestinidade, afastado das fábricas. O AI-5 levou o POC à clandestinidade, agravando seu afastamento da classe trabalhadora.

O POC também não se fortaleceu como polo aglutinador de outras correntes de esquerda. Pelo contrário, a principal corrente política que se uniu à Polop para criar o POC, a Dissidência Leninista do PCB no Rio, foi atraída para a luta armada ao se aproximar do ERP, facção trotskista argentina.

No meu período na Bahia, percebi que o POC não vingou e já elaborava um caminho de acumulação de forças em prazo mais longo junto à classe operária em seus locais de trabalho e moradia. Da nova classe operária, dos setores modernos das cadeias produtivas automotoras, química, eletroeletrônica, siderúrgica, de alimentos etc.

Saí da Bahia em setembro para São Paulo, tendo ficado dois meses na casa de Éder Sader, sua companheira, Maria Regina Toledo Sader, e o filho André (então com cinco anos). Além da inteligência incomum, da sólida cultura, Éder era muito agradável, gentil e solidário. Foi na sua casa que conheci Emir Sader e o jornalista Renato Pompeu.

Éder morava em Moema, então um bairro residencial sem prédios, só casas de classe média, arborizado, as ruas com nomes de aves. Logo afeiçoei-me ao filho de Éder e Regina, o André. Maria Regina era professora de Geografia na USP. Meu nome era "Francisco", nome tirado de uma carteira de identidade que peguei na Bahia e troquei a fotografia. A carteira de identidade trazia estatura, cor da pele etc. Emir Sader ia frequentemente à casa do irmão. (Até hoje ele me chama de Francisco.) O jornalista Renato Pompeu, já falecido, tinha grande admiração e amizade por Éder e Regina e gostava de conversar com o "Francisco". Era culto e muito bem informado. Também gostava de conversar com ele. De vez em quando, Regina me levava no fusquinha à avenida Indianópolis para tomar chope ou vinho quente – eram os raros momentos de lazer.

Eu preparava o terreno para viver no ABC, maior concentração proletária do continente. Já nos organizávamos para um novo racha, desta vez do POC. Distribuímos e concentramos nossa militância nos polos proletários: ABC, Osasco, Guarulhos, região Sul paulistana, Rio, Salvador, Contagem-BH, Recife, Curitiba, pequenos agrupamentos em vários estados.

Coube-me o ABC. Para ser sincero escolhi o ABC, onde se concentrava a massa de empresas e trabalhadores mais importante do país.

O ABC era a joia da coroa da utopia proletária. Abrigava a maior cadeia industrial do país, da siderurgia, das montadoras de automóveis, autopeças, eletroeletrônica, indústria química, de alimentos, fertilizantes. Todas as organizações e grupos clandestinos da esquerda alojaram-se em Santo André, São Bernardo, Diadema, Mauá. A Ação Popular, que atuava juntamente com as nascentes CEBs, o PCdoB, suas dissidências Ala Vermelha e MRT, a

VAR-Palmares, o PRT (dissidência da AP), o Port (Partido Operário Revolucionário Trotskista), a ALN e sua dissidência Molipo.

No ABC, conheci vários operários espanhóis que fugiam do franquismo, vertente espanhola do fascismo, especialmente do PSOE. Eles não atuavam abertamente por serem refugiados, logo vulneráveis, passíveis de deportação. Mas influenciavam seus companheiros de fábrica. Escolhi Santo André para morar e atuar. Tinha o trem da Fepasa saindo da Estação da Luz e um mar de casas do proletariado, propício para viver na clandestinidade. O POC tinha um metalúrgico da Pirelli, o Bonifácio ("Alberto"). Alugou uma casa na Vila Lídia, quase na divisa com São Bernardo, com três quartos numa rua sem calçamento.

Eu não tinha companheira e deveria ter alguém para viver comigo como se fosse esposa, como uma família. Fui ao Rio conversar com a companheira "Ândrea" (Alice Werner, gaúcha, de descendência alemã, casada com o economista "José Luís", ambos muito ligados a Erich Sachs, o "Ernesto Martins"). Por coincidência e sorte, sua irmã Erika, de dezenove anos, saiu de Porto Alegre para se resguardar de um surto de prisões de estudantes secundaristas. Ela aceitou viver no "aparelho" de Santo André como se fosse minha esposa. Como tinha vida legal, empregou-se numa ótica em São Paulo, perto da Estação da Luz. Oficialmente, Bonifácio morava na casa de sua mãe, mas, de fato, na casa da Vila Lídia. Móveis usados doados ou adquiridos de segunda mão, fogão e geladeira usados, uma velhíssima radiola, o filtro de barro, utensílios de bazar. Colchão de casal no chão. Uma casa como a maioria da classe trabalhadora no final do ano de 1969.

Um fato não previsto teve forte impacto na vida da nossa família: eu, "Maria" e "Alberto". Um companheiro baiano, dissidente do POC, do MCR (Movimento Comunista Revolucionário), adepto da luta armada, pediu-nos para guardar por uma semana uma jovem gaúcha, Eva Pedra, com dois filhos pequenos, Luciana (quatro anos) e Paulo César (dois anos e meio). Tiveram que fugir de Porto Alegre, ante a prisão do marido, Paulo, engenheiro brizolista, do MAR – Movimento Armado Revolucionário. Concordei em alojá-los por uma semana em nossa casa, desde que não soubessem onde estavam, como medida de segurança. Assim, a mãe Eva virou "Ana", como se fosse minha prima, Luciana virou "Suzana" e Paulinho virou "Paulo Sérgio". Foram conduzidos de olhos vendados e não poderiam sair de casa para não localizar o endereço.

Por azar, os companheiros "Gonçalves", o baiano, e Paulo Walter Radtke, do MCR, foram presos ao assaltarem uma agência da Caixa Federal em Porto

Alegre. Visavam a reunir recursos para alojar Eva e as duas crianças em São Paulo, enquanto o marido estivesse preso. Decidimos então que "Ana", "Suzana" e "Paulinho" ficariam conosco como parentes. Em vez de uma semana, por tempo indeterminado. Eva era pessoa admirável, muito amorosa e buscava tornar suportável a vida das crianças, que não podiam contar sobre a prisão do pai. Organizamo-nos para ser uma família feliz.

Nossa casa era frequentada por metalúrgicos de um grupo operário que tinha militado na AP. Seu líder era José Nanci e tornei-me amigo de Cardoso, operário da Lorenzetti e Brasitália (nome da fábrica onde trabalhava) e outros do mesmo grupo. Era orientação do POC (e da OCML-PO que o sucedeu) a aproximação dos GOIs, grupos operários independentes.

Como dirigente da PO, reorganizada a partir do racha do POC, eu ia muito a São Paulo para "pontos" e reuniões, viajava para dar assistência nos estados, mas a atividade principal era no ABC. Tínhamos um bom e valoroso grupo de companheiros no ABC. Newton e Bibiana já atuavam ali antes de nossa chegada, junto ao metalúrgico "Alberto". Jovens da região, como Odair Furtina e Jacinto (irmão de Shizuo Osawa, militante da guerrilha urbana que liderou o sequestro do cônsul japonês em São Paulo). Mantinha contatos com um casal de operários oriundos de Osasco que passava por um processo de forte repressão: Zé Maria Miranda e Rosa (eles abrigaram por alguns meses Luís Marcos Magalhães Gomes e Elza, de BH); conheci Luizinho na Face, era dirigente estudantil e da AP. Lá também conheci Betinho de Souza, que morava clandestinamente no Jardim Zaíra, em Mauá. Mantinha contatos com a amiga de BH, Oroslinda Goulart, dirigente da VAR na região. Cruzava com o médico mineiro José Celso, da AP, que tivera muita atuação no movimento estudantil. Anos depois, nos presídios por onde passei em São Paulo, encontrei-me com militantes de vários partidos e organizações que atuavam no ABC. De nossa parte, OCML-PO, distribuíamos panfletos mimeografados nas fábricas e bairros, trabalhávamos para a criação de uma rede de resistência, ministrávamos cursos de formação política. Sem falar da atuação de militantes não agrupados na organização e partidos clandestinos. Assim como o trabalho das CEBs.

***

Décadas depois, ao assistir ao filme de Roberto Benigni *A vida é bela* (1998), em que ele procurava propiciar ao filho alegria e transcender a barbárie num campo de concentração, não tive como não me remeter ao que fizemos naquela casa modesta da Vila Lídia para as duas crianças cujo pai estava preso longe dali.

A velha radiola, com discos comprados em sebos, a comida feita para comprazer as crianças, a invenção de brincadeiras para entreter e tornar mais suave suas vidas; a contação de histórias, não deixar que a tensão permanente da política repressiva do pior período da ditadura, das prisões em massa, dos assassinatos, da disseminação da tortura, chegasse àquela casa.

Estávamos convictos sobre o caminho ante conjuntura tão adversa. Manter o que chamávamos de recuo organizado com acumulação de forças explorando todas as brechas da "luta legal", e concentrar as melhores energias para as áreas escolhidas junto à classe trabalhadora e a atuação junto às universidades para renovar quadros.

Definimos também a luta por uma frente proletária com aliados como a AP socialista, que não se fundiu com o PCdoB, e com setores da VAR, MR-8, que tiveram posições semelhantes às nossas e com os GOIs.

Acompanhei com sincera tristeza e pesar o massacre da resistência armada. O assassinato de Carlos Marighella provocou um grande abatimento em todos nós. Na noite de 4 de novembro de 1969, viajei para Curitiba sem saber disso. O ônibus da Viação Penha foi parado numa *blitz* na saída de São Paulo. Enfiei a "balinha" na cigarreira do cinzeiro do braço da poltrona e preparei-me para o pior. Um militar com metralhadora ordenou que todos tivessem documentos à mão. Meu documento era precário. Por sorte eles não chegaram ao fundo do ônibus onde eu estava e apenas um nissei foi retirado do ônibus (a versão fantasiosa do Dops, comandado por Fleury, falava de um confronto que não houve e da fuga de guerrilheiros, inclusive de um nissei no assassinato de Marighella). Só de manhã, em Curitiba, vi as manchetes dos jornais anunciando a morte de Marighella e entendi a *blitz*. Para mim, foi um dos momentos mais tristes. Qual de nós não admirava Marighella, não se emocionou com *Por que resisti à prisão*?

No dia 1º de maio de 1970, um operário da indústria química do ABC, Olavo Hansen, da IAP, foi preso pela PM, distribuindo panfletos no estádio da Vila Maria, em São Paulo. Ele participou de movimentos estudantis, sindicais e do Partido Operário Revolucionário Trotskista (Port). Teve prisões de 1963 e 1964 sempre por distribuir panfletos. Levado ao Dops, estava na Cela 2 de onde foi retirado para ser torturado. Por seis horas passou pelo pau de arara, choques elétricos, palmatórias nos pés e mãos, afogamento, queimaduras com cigarros e charutos. Relatou tudo aos companheiros de cela. Que passaram a exigir que fosse assistido por médico por apresentar sinais preocupantes de complicações renais e insensibilidade nas pernas! O médico do Dops, Geraldo Ciscato, "receitou" que ingerisse água, e curativos nos ferimentos. Com o agravamento de seu quadro, os presos políticos passaram a se manifestar, exigindo que fosse realmente assistido. Só no dia 8 de maio, já em estado crítico, foi levado a um hospital. No dia 13 de maio sua família foi informada de que ele teria se suicidado quatro dias antes, ingerindo inseticida (Paration).

Cinicamente o delegado Alcides Cintra Bueno, do Dops, e os legistas Geraldo Rebelo e Paulo Augusto Queiroz Rocha atribuíram em laudo as equimoses e lesões ao "envenenamento". Os presos políticos no Dops acusaram os delegados Ernesto Milton e Josemyr Cuoco e o investigador Sálvio do Monte como responsáveis pela tortura e morte de Olavo Hansen. Cinco federações sindicais, vinte e sete sindicatos, Igreja, intelectuais, estudantes afrontaram os riscos e levaram o caso ao líder do MDB, Oscar Pedro Horta, que, da tribuna, denunciou a farsa da versão oficial e exigiu a apuração. Chegou a haver inquérito, que concluiu que ele se suicidara ingerindo o veneno. A morte de Olavo Hansen, conhecido por todos os sindicalistas do ABC, por todos os militantes desde antes de 1964, repercutiu muito.

Nós da OCML-PO fizemos 10 mil panfletos (à época considerada uma tiragem elevada) para denunciar a tortura e morte do companheiro.

Pedi um carro emprestado ao companheiro Luiz Carlos Almeida, "Tavares", professor de Física na USP, negro, culto, para levar os panfletos em pacotes de mil, para dez pontos em Santo André. Pedi a Victor Meier, companheiro do POC, para conduzir o fusca até os pontos. Por azar, quando passávamos em via paralela ao viaduto da Radial Leste, nosso carro foi abalroado, capotou, e os pacotes abriram e os panfletos se espalharam.

Mandei Victor Meier pegar um táxi e sair imediatamente dali. Meu plano era pôr fogo na gasolina vazada do tanque para queimar o carro, dificultando a identificação do seu dono. Mas logo formou-se um grupo em torno do carro tombado com as rodas para cima, todos com panfletos nas mãos. Poderiam ser feridos. Um garoto apontou para mim e gritou: "Ele é terrorista. Vi ele sair do carro". Saí dali rapidamente e segui de táxi para a casa de Éder Sader e, juntos, fomos até a casa de Luiz Carlos Almeida no bairro Cidade Vargas. Era uma corrida contra o tempo, chegar a ele antes da polícia. Não sabíamos quanto tempo levariam para identificar nome e endereço do dono. Ele tinha ido ao cinema e o esperamos no ponto de ônibus. Chegou sorridente e surpreso ao nos ver. Fui direto: você tem duas opções. Ou denuncia o roubo do carro e sustenta esta versão ou vai conosco, rápido, antes da polícia chegar. Procurei convencê-lo a denunciar o roubo do carro. Ele era professor da USP. Era época de torturas, professor negro com história de movimento estudantil... Ele passou em sua casa, tirou alguns papéis que poderiam vinculá-lo à esquerda e embarcou no carro de Éder Sader. Quando saímos do bairro cruzamos com as viaturas que vinham a toda.

Ele foi viver clandestinamente no ABC e, no ano seguinte, resolveu que iria se refugiar no Chile, de Allende. Em Santiago, casou-se com uma militante baiana, Linovita. Teve intensa atividade no Chile a partir do grupo da OCML-PO lá exilado. Infelizmente ele foi preso após o golpe de 11 de setembro de 1973, que levou à derrubada e morte de Allende. Levado à beira do rio Mapocho, foi fuzilado com dois outros companheiros. Um deles sobreviveu milagrosamente e contou a história.

***

Anos depois, a partir de 1978, o ABC foi o lugar onde a classe trabalhadora se insurgiu contra a ditadura, a proibição da greve, a repressão da ditadura à atividade sindical, revelou o Lula e uma geração de líderes operários de primeira linha. Com certeza, o trabalho anônimo, perigoso, de centenas e centenas de militantes nas fábricas, bairros, CEBs, grupos de resistência, nas escolas, igrejas, tudo aquilo que a OCML-PO, AP, PCB, Ala, VAR, os grupos operários, que chamávamos de acumulação de força, contribuiu para que o ABC se tornasse a expressão maior no país da emergência da classe trabalhadora.

Pena que Olavo Hansen não tenha vivido para se encher de orgulho. Que também não tenha vivido Raimundo Eduardo da Silva, mineiro de Formiga, ativista operário negro, o mais jovem presidente da Sociedade Amigos do Bairro Jardim Zaíra, em Mauá. Ele foi preso na Casa de Saúde Samcil, onde convalescia de ferimento provocado por uma facada que levou ao tentar impedir que um colega de pensão fosse morto em uma briga. Foi torturado até a morte no DOI-Codi de São Paulo e morreu no Hospital Geral do Exército em 5 de janeiro de 1971. Herbert José de Souza, que lá viveu clandestinamente, escreveu uma carta emocionada sobre Raimundinho. Dois assessores de Dom Paulo Evaristo Arns – Yara Spadini e o padre Giulio Vicini – foram presos e torturados por distribuírem boletins denunciando a tortura e morte de Raimundo.

Aderbal Alves Coqueiro, assassinado em 6 de fevereiro de 1971, também viveu em São Bernardo e Diadema como operário e ativista da Ala Vermelha.

Devanir José de Carvalho, assassinado em São Paulo em abril de 1971, também militou na Villares e Toyota e no Sindicato dos Metalúrgicos de São Bernardo do Campo e Diadema antes do golpe de 1964.

Do mesmo modo seus irmãos Joel José e Daniel José de Carvalho, mortos na emboscada armada pelo CIE perto de Foz do Iguaçu. Mineiros de Muriaé, foram metalúrgicos em São Bernardo e Diadema, militaram no PCB, PCdoB e depois na Ala Vermelha.

Nas prisões, conheci muita gente que militou clandestinamente no ABC, uma pequena fração dos que foram presos e condenados por militância na resistência à ditadura.

Desde o final de 1968 não via e nada sabia do meu irmão Oldack. Em 1968 ele, sua companheira, Solange Nobre, Carlos Melgaço e sua companheira, Loreta, e Betinho Duarte tinham se deslocado para o Jaíba, no Norte mineiro. Região tida como fronteira agrícola, tinha um histórico de conflito de terras com expulsão generalizada de posseiros. Quando saíram do Jaíba, foram ele e Solange viver no Maranhão, no Pindaré Mearim, região considerada prioritária pela AP e onde vivia Manoel da Conceição, liderança histórica das lutas sociais do campo no Maranhão. Só reencontrei Oldack em 1972. Minha família (pai, mãe, seis irmãos) havia se mudado para Salvador, no início de 1970. Só a irmã mais velha, Irene, ficou em Teófilo Otoni, casada com Jorge Tomich, fazendeiro em Mangalô, Carlos Chagas. Meu irmão, separado de Solange, que resolveu optar pelo exílio na Europa, estava condenado a seis meses de prisão, mas resolveu assim mesmo ir ao encontro da família em Salvador.

Nossa família morava no Largo da Igreja de Bonfim; pai tinha uma quitanda na avenida Dendezeiros, mãe conseguiu transferir-se para a rede estadual de educação da Bahia e meus irmãos foram todos trabalhar – não havia restrição ao trabalho de adolescentes. Nossa família teve um anjo da guarda, meu xará, o primo Nilmário Freire.

Meu contato com a família era esporádico e dissimulado.

Em 1969, quando morava em Salvador, parava em Teófilo Otoni, e ficava na casa dos amigos Marta Tomich e Edvaldo Ramalho. Pai e mãe me visitavam de modo discreto e eu seguia viagem. Uma única vez fui de surpresa à casa da rua Dr. João Antônio, 68, por 15 minutos, no meio daquela viagem de Recife a São Paulo que enfrentei sem um centavo, sujo e faminto.

Não conheci nem o apartamento do Largo do Bonfim nem o outro, na Dendezeiros. Quando ia a Salvador como tarefa da organização procurava tio Ari, meus pais me visitavam e nem os irmãos ficavam sabendo.

Em dois anos já tinha sido condenado a três anos de reclusão em processo do POC, relacionado com minha prisão por trinta e dois dias no Dops em abril/maio/junho de 1968, como revel. E depois, a dezoito meses também pela Auditoria Militar em Juiz de Fora.

Apesar de ter "mudado" de aparência (cabelo, bigode, óculos diferentes e mais encorpado), era conhecido em Belo Horizonte. Fazia poucas viagens, por tarefas, cercadas de cuidados. Não descia nem embarcava em cidades próximas e só circulava de carro o estritamente necessário. Ficava hospedado em locais seguros. Por exemplo, na casa de Luiz Pompeu, professor da UFMG, e Márcia Spyer. Na casa de Gerusa, professora casada com o amigo e companheiro Carlos Morais, que escapou de prisões e processos. Cheguei a ir em duas ocasiões para tratar de dentes com Edson Dutra, que me atendia no consultório dele, com doutor Zezito, seu pai, na praça São Vicente. Era um consultório popular.

Fiquei chateado com o racha do POC: além dos gaúchos que aprendera a estimar, como Raul Pont, Flávio Koutzii, Marcão Faerman, lastimava a separação de "velhos" companheiros como Eleonora Menicucci e Ricardo Prata. Achava que o POC não tinha "cultura militarista", treinamento para a luta armada. Infelizmente tínhamos razão. Mesmo os grupos que se prepararam para o embate armado foram dizimados, seja pelo enorme aparato militar, pela tortura para chegar às suas organizações e pela infiltração ou atuação dos "cachorros" (nome pejorativo que os porões davam àqueles que cooptavam para infiltrar).

E o que é mais importante: falta de apoio popular. Percebíamos, onde atuávamos, que os trabalhadores submetidos à superexploração, vítimas do processo de crescimento e pobreza, não apoiavam a ditadura, mas era uma rejeição passiva por enquanto.

A propaganda massiva pela TV e pelo rádio sob o manto da censura, o uso político do futebol na Copa de 1970, a criminalização da oposição, a proibição de atividades sindicais, estudantis ou culturais contribuíram para isolar a esquerda.

Depois de nove ou dez meses preso, o marido de Eva Pedra foi solto em Porto Alegre. Pouco antes, fomos forçados a deixar nossa casa na Vila Lídia e desfazer nossa família feliz. Tinha ocorrido uma série de prisões de metalúrgicos no ABC e o próprio Bonifácio ("Alberto") foi detido. Nossa casa estava alugada no nome dele. Embora seu endereço oficial fosse a casa de sua mãe, em Santo André, não podíamos correr riscos. Saímos às pressas. Os pais e irmãos de Eva, que moravam em São Paulo, providenciaram um lugar para ela e as crianças morarem. Maria tinha vida legal, trabalhava em São Paulo e nossa organização achou mais conveniente que eu morasse só, por segurança.

O cerco da repressão, as quedas, a prisão

Paulo, o marido de Eva, quis me encontrar e fui vê-lo perto do Museu de Arte de São Paulo (Masp), na avenida Paulista. Ele agradeceu muito emocionado por termos cuidado da família dele. Havia sido preso por ligação com uma organização de luta armada. Mesmo com a tortura, ele teve comportamento exemplar, nada admitiu que o comprometesse! Nós éramos um grupo de trabalho de massa, portanto vulnerável e mesmo assim acolhemos sua esposa e filhos. Guardamos sua família em um momento perigoso, tenso, dando estabilidade emocional àquela família.

Como retribuição à nossa solidariedade, Paulo me disse que foi encarregado de montar uma lista de presos a serem resgatados, pois a VPR estava organizando um sequestro de um diplomata estrangeiro. Ofereceu-me a indicação de cinco presos da OCDML-PO para serem resgatados. Olhei em seus olhos e lhe disse para se desvincular daquela ação. Os sequestros anteriores dos embaixadores norte-americano e alemão, que resgataram quinze e quarenta presos políticos, redundaram em prisões e quiçá na morte dos guerrilheiros. "Você está saindo da cadeia, se for preso dificilmente vão te preservar. Em segundo lugar, suas crianças e sua companheira sofreram muito com sua prisão. São muito pequenos e não podem passar de novo pelo que passaram." Aconselhei-o a sair do país com a família. Ofereci o respaldo da nossa organização para irem para o Chile, onde viviam milhares de exilados.

No dia seguinte, em novo encontro, ele concordou com minhas ponderações. Com nosso apoio, saíram do país para o Chile.

Eu estava infelizmente certo. Os guerrilheiros autores do sequestro do embaixador suíço foram presos ou mortos. Foram libertados setenta presos, levados ao Chile. Paulo, Eva e as duas crianças viveram no Chile por dois anos e meio, até o golpe de 11 de setembro de 1973. Foram para a embaixada dos Países Baixos e ficaram com 300 em um local onde cabiam trinta por três meses, até saírem para novo exílio, agora na Europa, Holanda. Eva Pedra tornou-se secretária executiva da ONG Pão Para o Mundo e, em 1978, contribuiu para a consecução de doação ao *Jornal dos Bairros*.

Em 1979, quando já se sabia e se sentia que a anistia era irreversível, Paulo disse a Eva que o "Velho", sua referência sempiterna a Leonel Brizola, chamou seus companheiros para se reunirem em Paris, Lisboa e Cidade do México para articularem a volta à pátria, Eva lhe disse "vá", mas que ela não iria. Seus filhos já tinham sofrido tudo que era dado aos filhos naqueles tempos estranhos e que ia ficar com eles. Luciana/"Suzana" virara holandesa, casou-se com um, constituiu família e estava bem. "Paulinho" não conseguiu sua autonomia, seus sonhos não se impuseram, viciou-se, perdeu-se. Paulo foi encontrar o "Velho", encontrou Margô e, com ela, voltou ao Brasil após a anistia. Deu aula na UnB e cuidou de "Paulinho". Eva morreu do coração com escassos cinquenta e poucos anos. Paulo sobreviveu a um AVC e morreu com dignidade no tempo e hora. Ao inventariar, vejo Eva/"Ana", "Suzana"/Luciana, Paulo César/"Paulo Sérgio", Paulo.../Eva, Paulo/Margô como um momento bom da vida, e o bom da vida é isso.

***

No ano de 1977 o país ia de mal a pior. A manipulação do povo, sobretudo pela TV que ganhou o Brasil: televisão moderna, parecia plural, enquanto a tortura, as prisões em massa, as execuções de opositores, a censura à imprensa, às artes, ao cinema, as demissões de opositores, o extermínio de etnias indígenas que embaraçavam os "projetos" militares na Amazônia, Mato Grosso.

Mas nós tínhamos nossa estratégia e táticas em que acreditávamos.

Nesse ano, teve uma repressão no ABC direcionada à AP e à ala da Igreja identificada com a oposição à ditadura, à sua política de arrocho salarial e de repressão a toda forma de oposição e movimentos sociais. Foi nesse contexto que Raimundinho, o operário morador do Jardim Zaíra, em Mauá, foi preso no hospital e torturado até a morte. Houve muitas prisões e detenções. E nosso "Alberto" (o Bonifácio) foi detido, o que nos forçou a sair da casa na Vila Lídia.

Eu fui morar no Bixiga (Bela Vista) em São Paulo, onde era mais fácil alugar quartos em casa de classe média mais pobre, sem necessidade de registro e com minha documentação falsa.

Em outubro de 1971 aconteceu a queda do Setor de Organização da OCML-PO em São Paulo. Um dos mais importantes dirigentes, fundador da DRM-PO, Ceici Kameyama, e mais Jurandir Garçoni, Manoel de Oliveira Pinto e outros companheiros que cuidavam do dinheiro arrecadado com simpatizantes/militantes, da documentação para os clandestinos, da comunicação com todos os núcleos do país, do arquivo, foram presos. Eles conseguiram, mesmo sob torturas, impedir que as prisões se alastrassem. Mesmo assim, a polícia política ficou sabendo que eu vivia no ABC, em Santo André. Como eu já era conhecido pelos sabujos, já fora condenado duas vezes, descarregaram-se sobre minha pessoa muitas informações.

Entrar e sair de Santo André era pelo trem da Fepasa. Era perigoso usar o meio principal de acesso. Não tínhamos carro, e o ônibus vermelho que ia pela rua Vergueiro também era vulnerável. A prisão do pessoal de São Paulo e o conhecimento da minha militância no ABC tornaram impraticável frequentar o lugar a que tanto me afeiçoei.

Morei em vários locais sozinho. Passei a viajar mais para Rio, Bahia, Paraná. Meu amigo fraterno, companheiro de lutas José Antônio Gonçalves Duarte, saiu do cárcere em Minas com pena cumprida e mudou para São Paulo, onde morava sua companheira Talinha (Eutália Gazzoli) e dividimos quartos no Ipiranga e São João Clímaco.

Com a prisão dos companheiros do Setor de Organização, fiquei sem o salário mensal, na verdade, meio salário mínimo, e virei alvo da repressão. Por sorte, a companheira de Jurandir Garçoni, Cecília, assumiu a responsabilidade pela logística junto com remanescentes da infraestrutura e deu-me suporte. Ela visitava seu companheiro e trazia informações do que realmente a repressão sabia sobre nós.

Em dezembro de 1971, eu morava no bairro São João Clímaco, região sudeste de São Paulo. Era um período acabrunhador na clandestinidade – fim de ano, Natal e Ano-Novo. Zé Antônio foi a Minas, fiquei só. Chuva, sapato furado, sem dinheiro, saudade da família. Fui a um bar na Anchieta onde paravam os que desciam para a praia e compravam pizza, pães, bebidas. Tomava um chope e uma dose de conhaque para voltar logo, pois não era recomendável ficar nas ruas depois de 21 horas para não cair em *blitz* policial. Um homem de cerca de cinquenta anos, com blazer, grisalho, mandou servir chope para os que bebiam no balcão, naqueles bancos altos. Depois mandou servir conhaque caro e petiscos. Bebia rápido e percebi que ele era gay e queria me levar com ele para Guarujá. Mostrou que era da Polícia Federal, armado e com muito dinheiro na carteira. Eu fingia que bebia (na verdade descartava a bebida). A certa altura, ele estava embriagado. Ajudei-o a entrar no carro importado e ele apagou. Peguei seu dinheiro, sua arma, documento da PF e afastei-me do local. Consegui não ficar embriagado, peguei um táxi até a rua Maria José onde moravam Cecília Garçoni, Reinoldo Atem e Suely Muniz, em um porão. Fui criticado por ter pegado a arma e o distintivo/carteira do policial federal (a PF participava da repressão política, das torturas). Estavam certos. Reinoldo jogou a arma e os documentos num córrego. As duas companheiras foram a uma cantina italiana, onde nunca íamos pelo preço, trouxeram pizza, pão italiano, salame, garrafão de vinho – uma farra.

Passei muito tempo sem falar desse episódio. Fiquei com um pouco do dinheiro – não era pouco para nós e para a época. Exceto essa fração, o dinheiro foi para a OCML-PO.

Com esse dinheirinho consegui uma passagem até Ipatinga, de lá a Teófilo Otoni, consegui um lugar até Feira de Santana e até Salvador. Através de parentes vi pai e mãe e voltei a São Paulo no dia 31 de dezembro. Passei o *réveillon* viajando.

Em 1971 acompanhei pela imprensa o massacre do MR-8 na Bahia. Iara Iavelberg era uma musa para a esquerda. Zequinha Barreto era forte referência para o novo movimento operário pela greve de Osasco, e eu me alegrara quando Zé Ibrahim saiu no sequestro do norte-americano (posteriormente, na prisão, vim a conhecer Antônio Roberto Espinosa, que me ensinou tudo sobre Osasco). Na Comissão Especial de Mortos e Desaparecidos, passei a conviver com a família Barreto (e a amá-la), de Luiz Antônio Santa Bárbara, da Leonia Alves Cunha. Meu irmão Oldack e Emiliano José, irmão de caminhada, escreveram *Lamarca - O capitão da guerrilha*[5], e ajudaram a imortalizar a saga desse grupo na resistência. O extermínio de Lamarca e dos seus companheiros foi em setembro de 1971. No início de 1972, um companheiro da PO do Rio, baiano, pediu um ponto comigo para pedir que tirássemos do país, pelo nosso esquema, um sobrevivente do extermínio do MR-8 que corria enorme risco de vida: era Juca Ferreira. Não o conhecia senão pelos cartazes de "terroristas procurados" e nada sabia dele.

Nosso esquema de saída era a irmã de Cecília Garçoni, agente de turismo em Foz do Iguaçu, Joia Christi. Não havia ainda Itaipu nem a Ponte da Amizade Brasil-Paraguai. A travessia do rio Paraná era por balsa-barco. Ela conhecia

---

[5] *Lamarca – O capitão da guerrilha*, de Emiliano José e Oldack de Miranda (Editora Global, 2000).

a Polícia Federal e tudo que rolava no dia a dia. Resolvi acompanhar a saída daquele companheiro pela Argentina em direção ao Chile, de Allende. Cecília era vulnerável, marido preso. Fomos a Posadas e, de lá, de ônibus, que cruzou toda a Argentina até Mendoza, viagem de vinte e quatro horas, salvo engano; de lá nos separamos para chegar até ao aeroporto de Santiago. Além de ajudar o companheiro de outro grupo político que elegera uma forma diferente de luta – a luta armada –, queria reatar contato com nossos militantes exilados no Chile: Éder Sader, Luiz Carlos Almeida, o "Tavares", Linovita, sua companheira, Marco Aurélio Garcia e outros. Tinha de colocá-los a par da situação no Brasil, e eles seriam operadores da construção no Chile de uma frente de esquerda baseada no protagonismo do proletariado, crítica do "militarismo-vanguardismo", para constituir um polo aglutinador e alternativo. Era a primeira vez que saía do país, e clandestino. O Chile não exigia passaporte, nem a Argentina.

Fiquei na casa de Luiz Carlos Almeida e Linovita na rua San Pablo. "Tavares" assumiu integralmente a proposta de buscar relação sistemática com AP Socialista, MR-8 e dissidentes de outras vertentes armadas ou não. Fui aconselhado a não transitar onde se reuniam exilados brasileiros, pois havia infiltrados da polícia política brasileira. De todo modo, estava emocionado por estar numa experiência socialista e para onde convergiu a esquerda da América Latina, seus sonhos e esperanças.

Foi a última vez que vi Luiz Carlos Almeida, meu amigo fraterno. "Tavares" foi um dos seis brasileiros assassinados pela repressão de Pinochet.

Ante a prisão do nosso Setor de Organização tivemos que remanejar os companheiros de estado, cidade, locais de atuação. Na verdade, eles não "abriram". Inteligentemente, criaram um personagem, "Ademir", que era o dirigente máximo, faz-tudo, sabe tudo. A Cecília trazia um relatório minucioso do que "eles" sabiam sobre nós.

Carlos Tibúrcio veio do Rio para São Paulo, com a missão de recompor um grupo dirigente comigo e outros. Quanto mais clandestinos, maior o custo de manutenção quando perdíamos o vínculo com os companheiros que financiavam. Aprendemos a fazer nova documentação partindo do zero, criando nova identidade legalizada que permitia que os militantes pudessem trabalhar em nossos lugares prioritários de atuação nos "polos proletários". Isso lhes dava mais segurança e autonomia. Houve companheiros que foram presos com suas novas identidades sem terem sido descobertas suas verdadeiras.

Dividi com Tibúrcio um quarto numa dessas pensões informais, na travessa Brigadeiro Luiz Antônio, que dava para o recém-construído Minhocão.

Em abril de 1972 houve quedas na Bahia, a partir de uma infiltração em Feira de Santana e se estenderam a Salvador. Ninguém sabia a extensão das quedas e, portanto, das suas consequências e desdobramento para outros estados. É sempre bom lembrar que não havia internet, telefone celular. A única comunicação era por telefone fixo. Resolvemos que eu iria a Salvador. Tinha parentes sem vínculo com as esquerdas. Fui para a rodoviária antiga e a Salvador. Viajei tenso, temendo *blitze* inesperadas. Realmente as quedas levaram muitos companheiros à prisão, e outros a se refugiarem fora da Bahia. Voltei abatido, triste com as prisões e confortado por não terem se propagado.

Tinha um ponto de chegada na manhã com Reinoldo Atem. Era um mecanismo de segurança. Precisava me informar se na minha ausência surgira algo sobre qualquer coisa que afetasse minha segurança. Era o dia 1º de maio de 1972. O ponto era no restaurante Gato Que Ri. Reinoldo estava abatido. Foi logo dizendo que provavelmente sua companheira Suely Muniz caiu. Ela saíra do aparelho deles, às 14 horas do dia anterior, domingo, 30 de abril, para uma reunião de OPP, organização para-partidária, estágio para o recrutamento de simpatizantes. As pessoas não contavam a ninguém, nem mesmo ao companheiro, detalhes do que iam fazer por motivo de segurança.

Por azar, Reinoldo tomou leite quente com conhaque por estar gripado e dormiu, apagou. Só pela manhã viu que sua companheira não havia voltado, logo tinha caído. Imediatamente ele saiu de casa do aparelho numa vila do bairro Casa Verde. Vila em São Paulo é como são chamadas ruelas sem saída, com casas semelhantes, pequenas – as vilas operárias da capital. E foi para o Largo do Arouche, no Gato Que Ri, para cobrir meu ponto de chegada. Eram 7 da manhã. Ela poderia estar presa e sob tortura há 15, 16 horas, sem abrir seu endereço.

Reinoldo contou-me que o arquivo da Direção Nacional estava no aparelho e dezenas de pastas. A rigor não conhecia o conteúdo do que guardava. Atas da DN traziam a inicial do nome de guerra de cada membro. Nas mãos da polícia política seriam um verdadeiro roteiro para a tortura, dela e dos que foram presos em outubro de 1971. Decidimos correr o risco e retirar o material, que era verdadeira bomba nas mãos da repressão. Tibúrcio foi à vila, como se procurasse alugar uma das casas geminadas para ver se o imóvel já tinha caído e se havaia a presença de policiais. Ainda não. Tínhamos o fusca do companheiro Celso Passionich para retirar o material e outro carro para receber. Eu e Reinoldo ficamos encarregados de limpar o aparelho.

Infelizmente era muito material sem catalogação. Virou uma "pesca milagrosa". Enchíamos um carro que levava o material e voltava. Já estávamos carregando o carro para a terceira viagem e era meio-dia. Ou seja, quase vinte e quatro horas de tortura. Aí eles chegaram. O próprio Sérgio Fleury comandava seus meganhas. Ainda pude ver o olhar de espanto de Suely na viatura – ela jamais imaginou que tivesse alguém na casa depois de segurar à custa de enorme sofrimento por tanto tempo. E muito menos que lá estivesse o "Mauro". A esta altura eu era o principal dirigente da OCML-PO. Caímos eu, Reinoldo e o carro em nome de Celso Passionich.

***

O primeiro que lhe tomam são os óculos; em seguida o cinto, o cordão do sapato. Melancolicamente olhei para as ruas no caminho para o temível edifício do Dops no Largo General Osório como se estivesse me despedindo da vida.

"Você sabe quem sou eu?" Claro que sabia, mas disse que não. Com aquele cinismo que ostentava, ele recitou: "Sou o Fleury. O que matou Marighella. Que matou Lamarca. Que matou Toledo. Que matou Bacuri".

"Quero saber se você tem ponto e aparelho para mim. Contar história do Brasil só me irrita. É ponto e aparelho. É ponto e aparelho. Se você colaborar será muito bem tratado aqui. Se não, você vai conhecer a sucursal do inferno!"

Mandou-me sentar num pequeno sofá e deu-me o prazo de cinco minutos para começar a entregar os companheiros. Eu já tinha uma história para me agarrar: tentei iniciá-la, mas ele não quis ouvir. Fleury era o homem do Esquadrão da Morte. Ele, sem disfarce, decretou a pena de morte para presos comuns. Foi condenado pela prática de inúmeros assassinatos de presos sob a tutela do Estado. A ditadura fez uma lei, a Lei Fleury, para que não fosse preso, já condenado, nem perdesse a função pública. Era o rei da tortura e da impunidade. Ele e os seus asseclas do Esquadrão da Morte retiravam presos comuns no Presídio Tiradentes para matar sem a preocupação de esconder a autoria.

Ao não aceitar dar os pontos e aparelhos fui conhecer a sucursal do inferno. Conduzido a uma sala à prova de ruídos, foi montado o pau de arara. Tinha um relógio de pulso que foi imediatamente roubado por eles. Minha roupa foi tirada e a "calça americana", como era chamada a calça jeans, também foi roubada. Antes mesmo de ser pendurado, nu, no pau de arara, levei uma porretada com uma raquete pesada que explodiu no ouvido esquerdo. Senti que algo grave aconteceu naquele ouvido (posteriormente soube que perdi a audição ao romper a ligação entre o martelo e a bigorna). Já imaginava que os companheiros sabiam que eu e Reinoldo fôramos presos ao não chegar com o fuscão com os documentos do aparelho. Fui obrigado a beber uma salmoura: o sal ajudava a transmitir o choque elétrico pelo corpo adentro. Todos os dedos foram conectados aos fios que conduziam os choques, menos um, o indicador direito, caso quisesse delatar alguém. Não sabia se ia viver, se ia morrer. Só sabia que não ia abrir nenhum companheiro.

Fleury era conhecido pelo "pau louco" – torturar sem dó, sem parar. Sabia que o tempo era essencial para "os de fora" se colocarem a salvo. Eles deixam um relógio à vista com horário falso para que o torturado perca a noção do tempo. O início do pau de arara deve ter sido por volta de 12h30. Após algumas horas eu levantei o dedo livre. Eles retiraram um bastão com uma flanela enfiado na minha boca, mas não saiu voz de tão ressecada a boca, a língua. Passaram um pano molhado nos meus lábios e gotejaram água na língua. "Quem, quem"? Eu disse "Ademir". Era o personagem inventado por Ceici Kameyama, Jurandir Garçoni e Manuel em outubro de 71 – o número um da PO. "Onde é o ponto?" Em Santo André, na Senador Flaquer, na praça do cinema, respondi. "A que horas"? Às 5 horas, respondi. "Filho da puta! Já são cinco horas, ou seja, eu já estava pendurado há quatro horas ou mais! Disse-lhes que havia um ponto alternativo uma hora depois. Fui apeado e vestido rapidamente, enfiado na viatura com as pernas inertes, frias, insensíveis.

Saíram furando sinais em alta velocidade. Dei o ponto no ABC para respirar, ganhar tempo, local distante da sucursal do inferno. Sabia que eles ficariam ainda mais furiosos quando constatassem que o ponto era furado. Pelo menos ganharia mais umas horas de vida. Ao chegar à praça do cinema, os meganhas viraram casal de namorados, pipoqueiro, bilheteiro, enfim, ocuparam a praça disfarçados. Fui posto sentado na calçada em frente ao cinema, do outro lado da rua, para esperar Ademir. Não sentia as pernas, mas deu-me uma estranha calma.

Às seis em ponto, a praça foi tomada por PMs armados e por viaturas vermelhas e pretas da PM. Eles tinham sido acionados por alguém. A praça estaria tomada por terroristas armados, inclusive com metralhadoras. É que os esbirros do Dops vestiam-se como jovens, tinham barbas, suéteres enrolados no pescoço.

Entraram na praça com sirenes abertas. Quase houve uma troca de tiros entre os PMs e os meganhas disfarçados. Polícia contra polícia. Salvo pelo gongo, divertia-me com a confusão, com a raiva dos donos do país, prepotentes, com licença para torturar, matar. Os agentes do Dops esperaram mais uns quinze minutos já sabendo que a PM havia "queimado" o ponto. Posto na viatura, ouvi o chefe da operação, o tal "Cardoso", relatar pelo rádio a Fleury todo ódio pela trapalhada da PM.

Na própria viatura comecei a desfiar minha história. Que a PO tinha se esfacelado com a prisão de companheiros em outubro de 1971. Que eu fui para a Bahia e me escondi em casa de parentes. Que voltara exatamente neste dia para encontrar-me com "Ademir", que iria dar-me dinheiro e documento frio para sair do país. Disse que tinha pontos alternativos.

Cecília Garçoni, companheira de Jurandir, havia trazido material inserido em peças de artesanato. Eu tinha informações minuciosas de tudo que "eles" sabiam sobre nossa organização e o ardil da invenção de "Ademir", o número um, inclusive com um retrato falado. Eu tinha, portanto, uma história. Com a trapalhada da praça do Cinema, eles não poderiam mais saber o que era verdade ou mentira. Mesmo voltando para o "pau" eu percebi que ia viver e que minha história podia passar.

Ficamos os três, eu, Reinoldo Atem, que apanhou muito, e Suely no fundão do Dops, onde permaneciam os presos que estavam sob tortura. Se não serviam café da manhã ou almoço era sinal de que haveria tortura. Fui levado a dois pontos que inventei com "Ademir", mas nem eles mesmos esperavam encontrá-lo.

Pelo interrogatório percebi que eles sabiam que perderam o *timing* para estender as quedas. Suely, tanto em meus depoimentos como no de Reinoldo, ficou como esposa de Reinoldo, sem militância, e não foi mais brutalizada como no primeiro dia. Reinoldo foi bastante torturado. Era o responsável pelo aparelho, mas, por sorte, o material mais perigoso já tinha sido salvo nas primeiras viagens do fusca antes de sermos apanhados. O pai dele era desembargador no Tribunal de Justiça do Paraná e insistia em vê-lo. Ser filho de desembargador, militar, mesmo senador pela Arena (caso de Felipe Lindoso, filho do senador Lindoso – Arena do Amazonas), não impedia torturas, mas de algum modo garantia pelo menos a vida.

Outro fato nos "ajudou". Tommaso Buscetta, líder da máfia italiana, foi preso no Paraguai. Sua mulher estava presa no fundão e Fleury saiu desabalado para chegar na frente. Prisão de *capo* mafioso dava dinheiro e prestígio.

Ouvi muitas histórias de corrupção de Fleury, mas ele era intocável por saber demais e pela utilidade para a ditadura.

No Dops fiquei sabendo o que levou às nossas quedas. Suely era assistente de uma OPP – organização para-partidária. Na OPP tinha companheiros vinculados à FBT – Fração Bolchevique Trotskista (que depois formaria a Convergência Socialista). Houve um processo de prisões na FBT que levou até à reunião onde Suely foi presa. No fundão estava José Luiz Moreira Brum, que veio a se tornar um bom amigo e militante da PO (faleceu em 2016). No X3 do Dops e no Presídio Tiradentes, conheci bons companheiros da FBT, como Júlio Tavares, Sérgio Jovelevski, Paulo Sérgio, Arnaldo Schreiner.

Tão logo ocorreu minha prisão, a companheira Cecília Garçoni, por meio de informações obtidas com Zé Antônio Gonçalves Duarte e Talinha, e do próprio Tibúrcio, conseguiu avisar minha mãe da minha prisão e da importância de ela ir urgentemente para São Paulo, e ela foi. Como não dava para saber onde eu estava sendo torturado, mãe ia para o DOI-Codi na rua Tutoia e para o Dops na General Osório. Ia da porta do Dops para o DOI-Codi. Quando ficou sabendo que eu estava no Dops ela se plantou na porta do prédio e disse que só sairia de lá depois de me ver. As mães são assim. Não têm medo. Fato é que Fleury permitiu que ela me visse por cinco minutos na sua sala, na presença dele. Fiquei relativamente longe dela. Eu tinha hematomas e dificuldade de locomoção, com pernas afetadas pela dificuldade circulatória originada por longos períodos de pau de arara. Ela me perguntou: "Você está bem, filho?" Eu respondi: "Mãe, aqui é o lugar em que o pau quebra, onde o filho chora e mãe não ouve". Ela olhava aflita, temendo que eu estivesse provocando Fleury – o que poderia redundar em mais tortura. Fazia gestos para que parasse de falar. Depois ela contou para meus amigos que se estivesse perto me daria um beliscão...

Ser transferido do fundão para o X3 foi um sinal de que o pior da tortura havia passado. Os interrogatórios prosseguiram, mas nossa vitória foi não ter entregado companheiros, ter estancado as quedas e ter desinformado os torturadores. Não ter fornecido senão o que eles já sabiam, sem informações novas.

Havia no X3 um coletivo com militantes de diversas organizações. Tudo era dividido: cigarro, pedaços de chocolate, algum biscoito ou bolachas, bananas. Havia debates e rodas de conversa diárias. Manter o espírito de luta, compreender o que se passava no país. Os companheiros de Port (Partido Operário Revolucionário Trotskista da IV Internacional) sabiam todas as canções revolucionárias de todos os cantos: da Guerra Civil Espanhola, da resistência aos nazistas na Itália, França. Da revolução russa. Dos revolucionários do Uruguai, Argentina, México. Dos guerrilheiros dos países da América Central. Toda noite se cantava o "Boa Noite" que encerrava com a "Internacional". A rotatividade era alta, pois os presos iam para presídios, ou para outros centros de detenção e tortura em outros estados ou saíam para responder processos em liberdade, ou apenas para dar lugar a outros. Havia companheiros da AP, Molipo, ALN, PCdoB, POC, PO, Fração Bolchevique Trotskista, dos movimentos estudantil e operário.

Fui conduzido ao DOI-Codi para ser interrogado lá, onde quem reinava era a repressão do Exército. Eu era um preso do Dops, onde os que reinavam eram Fleury, Tucunduva, Tuma, Alcides Singilo e outros – todos delegados da Polícia Civil. Eles cooperavam entre si e, ao mesmo tempo, competiam: quem prendia mais, torturava mais.

Fui levado também ao Rio, mais precisamente ao Dops do Rio e a Niterói. No período grosso da tortura, eles diziam "não é possível que você não tenha nenhum aparelho para entregar". Daí fui identificar um apartamento em Niterói, onde morou um companheiro da Bahia (Aderbal Caetano Burgos). Na verdade, ele tinha morado lá muito tempo antes, e eu sabia disso, e Aderbal já era identificado pela repressão, condenado pela LSN. Era uma maneira de ganhar tempo.

Fui interrogado no Dops pelo Cenimar (Centro de Informações da Marinha).

As celas eram no subsolo daquele prédio enorme, onde hoje é a Pinacoteca do Estado de São Paulo. As celas agora compõem o Memorial da Resistência.

Puseram no X3 um preso chamado Hugo Farias Ramos, estudante secundarista pernambucano do processo da AP. Já era, àquela altura, um colaborador deles. Eu não sabia, mas logo desconfiei. Procurava puxar minha língua falando da amizade que tinha com os secundaristas mineiros militantes da AP, POC/PO ou de outras vertentes. Fiquei no Dops por quarenta e dois dias. Foi uma bela e rica experiência da vida, de solidariedade revolucionária, de aprendizado.

Um certo dia, foi empurrado para dentro da cela um negro visivelmente pobre, com roupa laranja de gari, com o nome da empresa gravado no uniforme. Estava literalmente apavorado, em estado de choque em virtude das torturas, do pau de arara, dos choques elétricos, do espancamento. Ele alojou-se na parte baixa, ao rés do chão de um dos beliches, mudo. Um dos companheiros de cela,

Fábio, do Port, era médico e pediu aos carcereiros material para tratar de feridas do gari Osvaldo, feridas anteriores à prisão e dos hematomas decorrentes da tortura. Tinha nas pernas o que em Teófilo Otoni chamávamos de perebas. Ele não sabia onde estava, que lugar infernal era aquele. Não sabia quem éramos e por que estávamos ali. Fábio pacientemente tratou de suas feridas, ensinando como lidar com elas quando saísse. Ele mal respondia, apesar de agradecido. Lá pelo terceiro dia, seus olhos brilharam quando nos viu jogar dominó, que fabricamos com massa de pão velho, que ficava dura quando amassada com água e com cinzas de cigarro para numerar as peças. Nós o convidamos para jogar dominó e ele se integrou ao grupo, àquele coletivo extraordinário.

Contou que morava em Cumbica, município de Guarulhos, onde depois foi construído o Aeroporto Internacional. Que nesse bairro fora morto um policial federal por um Osvaldo negro. Ele já era o terceiro ou quarto Osvaldo negro preso e torturado para ver se era quem matou o policial federal. Passava dezenas e dezenas de vezes em frente ao Dops, pois por ali havia a rodoviária, as estações da Luz e Júlio Prestes, terminais de ônibus. Nunca podia imaginar que atrás daquelas paredes funcionava a sucursal do inferno. Ficou ali no X3 o tempo suficiente para os hematomas, feridas decorrentes da tortura, como queimaduras, se dissipassem. Quando lhe avisaram que seria solto, fez uma despedida emocionada. Nunca esperou conviver com pessoas como aquelas (nós): pessoas cultas, médico, engenheiro, professor, jornalista, gente solidária, num lugar como aquele. Todos nós estávamos convidados a conhecer sua casa. Em Guarulhos, devíamos pegar ônibus para Cumbica, descer no ponto final e, no armazém do japonês, perguntar pela casa de Osvaldo "Bonitinho". Disse tudo isso com a voz embargada. Por certo o apelido "Bonitinho" vinha do cabelo alisado a ferro. Ficamos tocados e emocionados pela simplicidade ingênua de um negro que vivia na pobreza, analfabeto, orgulhoso de ser gari, de ter seu uniforme de trabalho que o envaidecia e de sua emoção por ter partilhado momentos que pareceram uma eternidade com tanta gente boa na senzala.

De certo modo, vivi a emoção de sair daquele lugar depois de 142 dias. Lugar de dor, onde a dor de um é a dor de todos. Lugar de pessoas iluminadas pela solidariedade, amizades construídas na resistência, nas trevas.

Ser transferido para o RPT – Recolhimento de Presos Tiradentes – era como sair do inferno para o purgatório.

No Dops, fui levado a um parlatório para falar com "meu" advogado. Chamava-se Virgílio Egydio Lopes Enei. Eu não tinha um centavo, não conhecia advogado em São Paulo. Ele disse que era de um coletivo de advogados que trabalhavam com presos políticos da Comissão Justiça e Paz, a convite de Dom Paulo Evaristo Arns.

Foi minha chegada nos direitos humanos. Eu identificava direitos humanos com *Seleções Reader's Digest*, publicação de propaganda do imperialismo norte-americano na Guerra Fria contra a URSS. Agora, nos porões das torturas, comecei a ver que direitos humanos salvam vidas, sobretudo nas ditaduras.

Sem um centavo, eu tinha advogados, grandes advogados que nem me conheciam.

Não sei quantas vezes doutor Virgílio foi detido. Homem sem medo, de certo modo desaforado como sói. Era casado à época com outra grande advogada: Rosa Cardoso. Eram muitos e trabalhavam juntos. Em todos os estados havia advogadas e advogados valentes, abnegados. Enquanto isso a OAB bajulava os ditadores, apoiou o golpe, não se opôs ao AI-5 que cancelou *habeas corpus* para "crimes políticos". Só em 1977 a OAB entrou, como instituição, na luta pela democratização do país.

No Tiradentes pedi para ficar no X5, cela onde estavam os companheiros da OCML-PO, presos em outubro de 1971, sob o pretexto de estar com os companheiros do mesmo processo judicial para trabalhar minha defesa. Na verdade, era uma célula da OCML-PO.

O Tiradentes era uma construção antiga, do século XIX. Tinha dois pavilhões masculinos, I e II, e um feminino, a "Torre das Donzelas", separado por um muro, sem comunicação com os dois.

O X5 ficava no pavilhão I. Ceici Kameyama e Jurandir Garçoni eram pessoas de quem eu gostava muito. Tinha pouca convivência anterior com Manuel. O outro co-habitante era um gaúcho simpático, jovem ligado à Fração Bolchevique Trotskista: Sérgio Jovelevski. Minha moradia, meu mocó, era a parte inferior do beliche com Manuel. Uma cortina tornava o mocó um espaço seu, individual, privativo. Herdei do coletivo um radinho de pilha de uma faixa só, vermelhinho e uma minivitrola azul. Na velha cela tínhamos vários esconderijos para nossos segredos, documentos políticos. O soalho era de pranchões que, levantados, poderiam esconder documentos protegidos da umidade. Como todos que chegavam, fiz um relatório de tudo que vi e ouvi no Dops e onde estive, o DOI-Codi. Quem torturou quem; que presos estavam ou estiveram no Dops, que informações tinha dos que foram mortos. Tudo escrito em letras minúsculas em papel vegetal embrulhado até virar uma "balinha".

"Balinhas" eram escondidas também nos pés de sustentação dos beliches, por dentro.

Tínhamos uma biblioteca clandestina, com livros de capa dura, cujo miolo era retirado a partir da página 10, por exemplo, e substituído por um livro proibido, colado de tal maneira que os carcereiros que faziam revistas de surpresa não conseguiam perceber.

Aprendia a fazer artesanato de couro com os companheiros de cela: cintos, bolsas, medalhões, tamancos; tudo muito bem feito. No dia de visitas (sábados), os companheiros que tinham visitas trocavam um cinto, uma bolsa, o medalhão, com a visita que entrava com "documentos" e saíam com documentos. Com um pirógrafo fazia-se um oco no salto do tamanco. Preenchia o oco com pó de serragem. Tampava com cola e depois aplicava o solado. Os relatos sobre torturas, mortes, desaparecimentos, torturadores eram remetidos inclusive para o exterior, onde a rede de denúncias divulgava, denunciava os crimes da ditadura.

De uma masmorra a outra, a vida na cadeia

Aos sábados, os presos recebiam visitas de parentes, companheiras, pais, autorizadas pelas auditorias da Brigadeiro Luiz Antônio. Eu tive poucas visitas: meus pais estavam em Salvador; meus irmãos, mesmo os menores de dezoito, trabalhavam; estavam todos empobrecidos. Meu irmão mais velho, Oldack, cumpriu pena no presídio de Juiz de Fora (em Linhares) e, quando saiu, veio me visitar. Minha irmã Irene e o marido Jorge Tomich vieram uma vez. De todo modo, os sábados eram dias especiais. As visitas traziam comidas e alimentos para cozinhar na cela. Depois jogávamos baralho até tarde. Nos dias de semana havia uma disciplina férrea: ginástica, trabalhos manuais, estudo, leitura, conversas que eram verdadeiros cursos, troca de conhecimentos. À tarde, de segunda a sexta-feira, havia uma hora de sol em uma gaiola gigante entre os dois pavilhões. Como não era permitido descer senão para falar com advogado, a saída para o sol era o grande momento de conversas peripatéticas com os companheiros de outras celas, de outras organizações. Mesmo os que estavam ali há mais tempo queriam conversar e conhecer os companheiros que chegavam, como era o meu caso.

Pessoas que conhecíamos por livros, líderes de organizações armadas ou não, líderes sindicais, estudantes, professores famosos. As prisões eram o único lugar do país em que se podia discutir o que quiséssemos. A liberdade de expressão em sua plenitude, sem o risco de ser preso. Falar com Rafael Martinelli, ferroviário que foi presidente do CGT! Com Carlos Franklin Paixão Araújo, o "Comandante Max" da VAR-Palmares! Com os companheiros da Ala Vermelha, AP, PCB, POC, PRT, com os companheiros de Minas! Com os mais requisitados tinha que marcar com uma semana de antecedência, porque todos os banhos de sol estavam tomados, agendados.

Com alguns carcereiros era possível pedir que nos levassem até outra cela, para fazer uma discussão política. Tinha um, Ditinho, que tinha sido carcereiro de Caio Prado Júnior no Estado Novo e agora, de novo, em outra ditadura. Ele trazia livros proibidos para nós – que eram encaixados em outro livro inocente.

Não tínhamos contato com os presos comuns, que ficavam no andar inferior ao nosso. Em anos anteriores, quando o Esquadrão da Morte, comandado pelo carrasco corrupto Sérgio Fleury vinha buscar seus "presuntos", como eram denominados os seres humanos que eles matavam, os presos políticos faziam um escarcéu. Mas ninguém ouvia. Passavam a notícia para fora através de advogados e parentes, mas havia a censura rigorosa. À minha época, de 1972 em diante, Fleury já fora condenado no célebre processo movido por Hélio Bicudo. Não foi preso porque fizeram a Lei Fleury.

Tínhamos muita literatura nas celas. Cada preso que saía doava seus livros para os coletivos. Na clandestinidade eu quase não lia. Nas pensões e aparelhos não dava para ter livros que te pudessem identificar como esquerda, subversivo, "terrorista". Muito menos nas longas viagens.

Ficávamos vinte e três horas por dia trancados, exceto pela hora do banho de sol. Aos sábados e domingos, exceto para os que tinham visita aos sábados, eram vinte e quatro horas por dia de tranca.

A leitura tornou-se companheira inseparável. Não conhecia a literatura latino-americana. Sempre fomos polarizados pelas culturas francesa e norte-americana. Foi lá que descobri a riqueza da literatura de nossa América Latina.

Nunca lera ou mesmo nem conhecia Eduardo Galeano, Gabriel García Márquez, Cortázar, Augusto Roa Bastos, Vargas Llosa. Lia diariamente autores brasileiros que desvendavam a história do país, rompendo com os limites da ortodoxia soviética e do stalinismo e reinterpretando o Brasil Colônia, escravagismo, a relação império-escravagismo, a velha república oligárquica, a Revolução de 30, a história da classe operária, o modelo de urbanização. Lia os marxistas de todos os matizes e literatura nacional, latina, internacional. Ouvia muito, expandia minhas reflexões. Nossa cela, a X5, para muitos companheiros tornou-se uma referência pela disciplina, seriedade. Fazíamos ginástica para manter a moral, o corpo, gastar energia, não nos deixarmos levar pela lassidão.

Havia um pequeno fogão elétrico de uma trempe, que usávamos para cozinhar, fazer chá, esquentar pão, reciclar a comida.

Ganhei uma pequena vitrola azul. Foi nela que ouvi os álbuns do *Clube da Esquina* e o *Expresso 2222*, de Gil; a música "Agnus Sei" de João Bosco; o elepê *Mujeres Argentinas* com Mercedes Sosa e todos os nossos.

Eu tinha uma gastrite que me amolava muito na clandestinidade. Nos últimos dois anos comia mal em bares e restaurantes de comida barata. Consegui acabar com a gastrite ao me alimentar regularmente.

Fui forçado a abandonar a Faculdade de Ciências Econômicas, com dois anos e meio de curso. Confesso que não me empenhava muito, era um aluno regular – guerra era fazer a revolução. Também Economia não era o curso dos meus sonhos. Fui estimulado pelos dirigentes da Polop para estudar na Face com Marcos Wilson para recompor a base da Polop. Por aquela faculdade haviam passado pessoas brilhantes, ligadas à tradição da Polop, e após o golpe foram todos afastados, para o exílio, para a clandestinidade, tinham se formado.

Sem afetação, dizia que o Presídio Tiradentes era minha universidade. Lá comecei a encarar o estudo sistemático, a literatura, a disciplina intelectual, a capacidade de ouvir e aprender pela primeira vez.

José Mariane Ferreira Alves era cabo do Exército no Quartel de Quitaúna, em Osasco, quando saiu de lá com Lamarca e outros com fuzis, outras armas para lutar na revolução. Foi preso perto de Nanuque, quando procurava área para guerrilha rural. Passou pela cadeia de Teófilo Otoni já sob torturas, e ficou sete meses em instalações do Exército em São Paulo. Foi barbaramente torturado e ficou com sequelas no braço esquerdo. No segundo semestre de 1972, pediu para ficar em nossa cela, a X5, porque queria estudar, queria se aperfeiçoar teoricamente. Fizemos uma boa e forte amizade. Ele foi torturado em plena Auditoria Militar na avenida Brigadeiro Luiz Antônio. Depondo perante o juiz Nelson, negou-se a acusar o teatrólogo Isaías do Vale Almada e a cantora Marília Medalha. Foi levado à sala onde ficavam os presos que iram depor e foi torturado ali, em plena "justiça militar". Felizmente, em dezembro de 1972, foi liberado, e eu pedi à OCML-PO que o ajudasse a deixar o país, e assim foi feito. José Mariane foi para o Chile. Após o golpe de Pinochet, asilou-se na embaixada da Bélgica e, nesse país, estudou Economia. Após a Anistia, voltou ao Brasil. Infelizmente morreu num acidente de carro no Mato Grosso, onde estava residindo.

***

Em dezembro de 1972, dezenas de presos foram soltos para responder seus processos em liberdade. Havia uma intensa campanha mundial de denúncias das torturas, execuções extrajudiciais e desaparecimentos forçados de opositores políticos no Brasil. O Tribunal Russell, na França, a Anistia Internacional, o Conselho Mundial das Igrejas, intelectuais, juristas, nas universidades, inclusive nos Estados Unidos. Havia milhares de exilados brasileiros, e os que saíram trocados por diplomatas. Era tão forte e disseminada a denúncia das torturas no Brasil, que a ditadura resolveu, no final de 1972, reduzir o número de presos. As pessoas eram soltas, mas continuavam os processos pela justiça de exceção – ou seja, estavam sob vigilância, com uma ameaça latente sobre suas cabeças. Por exemplo: foram soltos Ceici Kameyama, Jurandir Garçoni e Manuel do X5. Só eu fiquei, tido como um dos líderes da OCML-PO.

Em 1972, houve pelo menos duas audiências do processo do POC na Auditoria Militar da avenida Brigadeiro Luiz Antônio e tive oportunidade de rever Eleonora Menicucci e Dilma Rousseff, que estavam no pavilhão feminino, assim como companheiros que vieram escoltados de prisões em outros estados e outros que já respondiam o processo em liberdade. Éramos transportados nos "tatuzões", carros blindados maciços, com enorme aparato, como se fôssemos perigosos terroristas. A Brigadeiro era isolada. A sala de audiência ficava lotada e era a hora de reencontrar amigos e companheiros muito caros. Em meio à azáfama, um homem magro, pequeno, com um cachecol no pescoço, chamou a atenção de todos e fez-se silêncio. Era Hélio Bicudo, procurador de Justiça, nomeado advogado ex-officio para o suposto revel Luiz Eduardo da Rocha Merlino. Ele disse que não reconhecia o Conselho de Sentença, composto por quatro militares e um juiz togado aliado da ditadura, como órgão legítimo judicial, e sim como justiça de exceção, do arbítrio. E que Luiz Eduardo Merlino não era revel e, sim, um jornalista e opositor assassinado pela ditadura.

Os grandes advogados da Comissão Justiça e Paz de São Paulo estavam lá, tantos eram os militantes processados: Mário Simas, Belisário dos Santos, Virgílio Lopes Enei, Rosa Cardoso, José Carlos Dias, César Vieira (Idibal Piveta),

Luiz Eduardo Greenhalgh e outros destes advogados valentes, destemidos, numa época tão difícil e tenebrosa.

Com a saída dos companheiros da PO, fui transferido para a X3, cela grande que já reunira até quarenta presos na época das prisões massivas. Agora abrigava em média quinze apenas. Tinha uma biblioteca diversificada, muito material para artesanato, dois fogões de uma trempe, elétricos, muito mocó para esconder o que fosse preciso. Tinha discos, rádios de pilha. Minha mãe dizia: "Quem guarda o que não presta, tem o que precisa". A X3 era o melhor exemplo disso. Os presos saíam ou eram transferidos e deixavam seus pertences para o coletivo. Por isso, a X3 tinha de tudo.

Pelo Tiradentes passaram centenas, senão milhares de pessoas nessa ditadura, na anterior, mas também recebeu presos ao longo do século: anarquistas, sindicalistas, camponeses, estudantes, lutadores sociais.

No início de 1973, em janeiro, fomos comunicados que o velho Presídio Tiradentes seria demolido para a construção de uma estação do metrô. De fato, em fevereiro, numa operação de guerra, nós que tínhamos ficado lá após a soltura de mais da metade dos 150 presos fomos levados ao Carandiru.

A história do Tiradentes foi contada no livro coletivo *Tiradentes, um presídio da ditadura*, produzido por Alípio Freire e Granville Ponce. A editora do MST Expressão Popular reeditou o livro. O Tiradentes foi um lugar de muita luta e resistência. Desde a gritaria dos presos políticos quando o Esquadrão da Morte ia retirar presos comuns para serem assassinados, até as greves de fome.

O Tiradentes era um presídio político controlado pela Auditoria Militar, e só ela poderia autorizar ou não visitas. Havia revistas de surpresa para capturar materiais políticos. Só eles autorizavam livros. A preocupação era o controle político.

O Carandiru era um megapresídio de presos comuns. Eram 6.200 presos onde cabiam 2.300. Os presos políticos, 150, ficavam numa ala, metade de um andar do pavilhão 5. Não davam trabalho ao presídio, porque não escondiam facas, não fabricavam chuços, não lidavam com drogas. Presos políticos são organizados para exigir direitos.

Lá os dirigentes não se preocupavam com papéis, livros, conversas. Todos tínhamos que usar uniforme: calça azul de mescla, camiseta azul-escura, gandola (uma blusa), cabelo cortado à la "Príncipe Danilo", nada de barbas.

Em compensação, todos desciam nas visitas, mesmo não tendo visita, como era meu caso. As celas eram para dois. Nada de reciclar comida. As celas eram abertas às 7 horas e fechadas às 17.

Havia uma divisão entre os presos. Os companheiros que acreditavam na luta armada, muito organizados, eram jocosamente denominados "bundas-duras". Eram da ALN, Molipo, remanescentes de organizações da luta armada.

A outra metade era composta de militantes de organizações que não defendiam a luta armada ou tinham, agora, posições críticas à luta armada, como Ala Vermelha, PRT, OCML-PO (eu), pessoas que militavam na VPR, VAR. Eram os "bundas-moles". (Duas décadas depois, quando assumi a luta pelo reconhecimento dos crimes de Estado contra os opositores, armados ou não, tornei-me amigo de todos eles). Estávamos em 1973 e havia companheiros presos desde 1969.

Dividi a cela com Paulo Walter Radtke e tornei-me amigo dele. Fora do POC, da dissidência MCR. Convivemos ali por um ano, com respeito mútuo, conversas intermináveis; não me lembro de conflitos. Fiz grandes amizades com Alípio Freire, Antônio Marcelo, Carlos Takaoka, Hélio Cabral, Vicente Roig – o "Vicente Espanhol", Renato Tapajós e todos da Ala Vermelha. Com Altino Dantas, ex-presidente da UNE e ex-PRT, e boas relações com todos, como é do meu feitio e história.

Como havia espaço no corredor amplo, fazia muita ginástica. Tomávamos sol junto com os presos comuns, que nos respeitavam, assim como nós os respeitávamos. Minha cela era muito procurada por presos comuns para pegar livros emprestados. Fiz amizade com um preso comum chamado Batista. Tinha seus quarenta anos (eu com vinte e seis), inteligente, de certo modo culto, assaltara bancos. Tinha uma ética: nunca roubou de pessoas mais pobres que ele, não praticava crimes violentos, repudiava alcaguetes ("bandido é bandido, polícia é polícia"). Não se metia com "vagabundos pés de chinelo", sem amor próprio. Pessoas como ele poderiam ter outra vida, outro projeto de vida.

***

Certa ocasião eu e outros três quisemos assistir a um campeonato de futebol no famoso pavilhão 9. A maioria não quis ir, não se interessou, depois entendi. Estava vendo o jogo e, de repente, um acerto de contas. Eles transformavam esquadrias das janelas em chuços, verdadeiros espadins amarrados ao pulso por couro. Logo, um corpo no chão. Um corre-corre, outro morto. Os guardas faziam de conta que não viam.

Aquele modelo de sistema penitenciário já estava fadado ao fracasso. Primeiro pelo gigantismo e pela superlotação, que inviabilizavam a ressocialização. Trabalho só para poucos presos, basicamente costura de bolas de futebol com pagamento em maços de cigarro Kent, a moeda do Carandiru, e serviços de limpeza. Estudo nem pensar. A maioria não tinha acesso a defensores e nem dinheiro para pagar advogados.

A comida era ruim, de má qualidade e mal preparada. Não era permitido ter fogão elétrico para reciclar. Eu colocava o prato de plástico adernado no "boi" – a privada turca, sem vaso, e espremia limão para neutralizar o excesso de gordura. Também não nos era permitido ter ferramentas indispensáveis para o artesanato em couro. Não era permitido o uso dos aparelhos de rádio, nem as pequenas vitrolas que tínhamos no Tiradentes. O que era vedado aos mais de 6 mil presos comuns, também era vedado aos presos políticos.

No pavilhão 5 havia um serviço de alto-falantes bem na direção da minha cela e tocava música brega, repetindo a mesma música à exaustão, às vezes por um mês inteiro. Certo dia celebramos a entrada de uma fita com música de Paulinho da Viola. Só que quando repetiu pela trigésima vez....

O melhor momento do Carandiru eram as visitas. Estar com gente boa: mãe, pai, irmãos, filhos, amigos dos presos que moravam em São Paulo, jornalistas, artistas, era um refrigério. Sabia que era difícil e caro receber visitas de minha família. Pai, mãe e sete irmãos moravam em Salvador. Tinham que trabalhar ganhando pouco. A viagem de ônibus levava vinte e seis horas. Por isso eu lhes escrevia cartas e mais cartas, assim como as recebia.

Através das visitas dos companheiros, dentre as quais jornalistas, professores, intelectuais, gente ligada à cultura, recebíamos muita informação sobre o que se passava, ainda que só de São Paulo.

Em outubro de 1973 fui levado do Carandiru ao DOI-Codi para ser acareado com dois advogados mineiros que participavam da minha defesa: Joaquim Martins e Anatólio Aranha. Joaquim era de Teófilo Otoni, tendo participado de atividades de pastorais sociais. Em Belo Horizonte, ele e Anatólio estudavam na Faculdade de Direito da UFMG, participando da Ação Popular, juntamente com meu irmão Oldack e o principal líder dos estudantes de Direito: José Carlos da Mata Machado.

Anatólio veio de Rubim (Vale do Jequitinhonha), estudou em Teófilo Otoni. Uma família engajada: o padre Felipe Aranha, educador, ligado à pedagogia de Paulo Freire e da Teologia da Libertação, paraplégico; Idalísio Aranha, ativista estudantil, vinculou-se ao PCdoB e está entre os desaparecidos da Guerrilha do Araguaia; Antônia Aranha, a educadora que presidiu o PCdoB em Minas.

A liberdade e a autonomia dos advogados, sobretudo na defesa ante o arbítrio do Estado, são um dos principais indicadores da democracia. E lá estava eu sendo acareado com meus advogados presos!

No DOI-Codi estava presa também Madalena Prata Soares, minha amiga, irmã de Ricardo Prata e companheira de José Carlos da Mata Machado. Ele foi preso na fronteira de São Paulo e Minas, levado ao Recife, onde foi barbaramente torturado e morto (junto com Gildo Macedo Lacerda, também militante da AP, também meu amigo) depois de ter se encontrado com os dois advogados. Meu irmão Oldack morava em Salvador depois de voltar da clandestinidade e do cumprimento de pena na Penitenciária de Linhares, em Juiz de Fora. Não estava militando na AP, dava apoio aos seus amigos Zé Carlos e Gildo, em solidariedade a dois ex-colegas caçados pela ditadura. Também foi preso, torturado em Salvador e Recife, escapando com vida. Preso no Carandiru, eu não sabia o que se passava, prisões e quedas de outra organização, censura na imprensa. Além dos laços familiares, tinha como defensores os dois advogados mineiros.

Os companheiros da OCML-PO, ao saberem que fui levado ao DOI-Codi, pediram que minha mãe fosse a São Paulo. Não se sabia por que fui levado, nem o que acontecia comigo lá – era a terceira vez que eu era levado ao DOI-Codi desde minha prisão um ano e meio antes, e o DOI-Codi era um centro de detenção e tortura. Dessa vez, conheci Hamilton Pereira, o Pedro Tierra, de quem me tornei amigo fraterno.

Minha mãe foi de ônibus de Salvador, vinte e seis horas de viagem e aflição. Para sua surpresa, boa surpresa, encontra-me no Carandiru. Contou-me que o apartamento em que morava nossa família na Dendezeiros fora invadido pela polícia política com todo o aparato e estupidez. Que meu irmão Oldack estava desaparecido havia várias semanas. Não se sabia quem o prendeu, nem onde estava, nem se estava vivo. Que meu irmão Sérgio foi preso no Rio para onde fora com sua companheira, Telma (eram vinculados à OCML-PO), e que pai foi para o Rio procurar o velho advogado Sobral Pinto para impetrar *habeas corpus* para ele. Era, sem dúvida, o mais conhecido e respeitado advogado brasileiro. Aconselhou-o a ir a São Paulo à minha procura. Não pensou duas vezes. Agradeci mil vezes sua vinda, tê-la visto, mas que voltasse imediatamente a Salvador para procurar seu filho Oldack.

Tive pena, dó, compaixão dela. Sempre tive dificuldade para chorar. Deixando-a após a visita, chorei por ela. Mãe era assim: serena, aqueles olhinhos azuis comoventes, como toda a coragem das mães. Depois fiquei sabendo que amigos nossos pagaram as passagens dela e de pai ao Rio e a São Paulo para socorrer os filhos da leoa.

Certo dia, depois do jantar às 16h30, já com as celas fechadas (após as 17 horas), chegou como um turbilhão de alegria, de bom humor, o companheiro "Geraldo", da Guerrilha do Araguaia, que eu não conhecia. Era o José Genoíno. Um dos poucos sobreviventes da guerrilha, estava preso havia meses, jogado de centro de tortura para outro, sem contato com pessoas humanas íntegras, só com torturadores, carcereiros e interrogadores.

Bem-humorado, brincalhão, voz alta, passou de cela em cela, falando com cada um pela janelinha das portas maciças. Ele se relacionava bem com todos, das duas bandas, "dura" e "mole", como deve ser, sem preconceitos. Sua alegria era contagiante e sua chegada fez bem a todos, sobretudo a ele, saindo do inferno para um "ambiente saudável", de pessoas generosas e solidárias, como ele próprio.

No início de 1974, fui comunicado que uma viatura do Dops me esperava para ser conduzido até lá, para ser solto. Tinha cumprido as duas penas de São Paulo, por militância na OCML-PO. Na verdade, eram condenações por "pregar a luta de classes" e organização ilegal, coisas comezinhas numa democracia: a liberdade de expressão e de participação política. A Lei de Segurança Nacional na ditadura criminalizou a divergência, a dissidência política.

Os companheiros do Carandiru ensaiaram uma festa para mim e eu lhes pedi que não o fizessem. Não ia dizer ao Tarcísio, agente do Dops que transportava presos. Mas eu sabia que quando chegasse ao Dops, eles saberiam que eu estava condenado duas vezes em Minas. Mas não cabia a mim dizer isso.

Quando cheguei à viatura, lá estava uma amiga querida, que nunca mais vira: Valderez, de Nanuque, que conheci em Teófilo Otoni. Ela acabou se ligando à ALN e ao companheiro e amigo José Júlio, de Belo Horizonte, ativista do Sindicato dos Bancários, assassinado pela ditadura. Ela ficou feliz por me reencontrar exatamente no dia em que seríamos soltos. Não podia dizer a ela, na vista do agente Tarcísio, que não seria solto.

No Dops estavam presos trabalhadores e militantes da Oposição Sindical dos Metalúrgicos de São Paulo: meu amigo Alcides Salles, Flores, Waldemar Rossi.

No dia seguinte, o próprio agente Tarcísio veio me comunicar que eu não seria solto, e fui conduzido ao presídio do Hipódromo para aguardar a transferência para o cumprimento das penas em meu estado.

O Hipódromo era um presídio esquisito. Salvo engano, abrigava uns 600 presos comuns, em sua maioria do lumpemproletariado no ver da esquerda, dos marginalizados. A lembrança que me fica é de um lugar sujo, barulhento. Não tínhamos contato com os presos comuns. Ficávamos no último andar. Havia um espaço para o banho de sol lá no andar mesmo. As celas ficavam abertas, a tranca era do espaço todo. Uma cela grande ficou como cozinha e lugar de lavar panelas, pratos, roupa. Creio que Elane Tomich visitou-me uma vez.

Lá estava Tibúrcio, com quem dividi a pensão quando fui preso, e já durante nossa militância na OCML-PO tornamo-nos grandes amigos. Lá estiveram companheiros da APML Osvaldo, dentista goiano, e Alcides Salles, mineiro, bom amigo. Joel Rufino dos Santos, a quem admirava pela *História Nova do Brasil*, que nos convencia da importância para a esquerda de assumir a questão racial, conhecer a história da África, do escravagismo e do racismo. Era bom de bola, fazia bola de meia para brincar no banho de sol no pátio sempre sujo de poeira e fuligem. Um velho camponês chamado Irineu, a quem me afeiçoei, grande, barbudo.

Nelson Bargas Martinez era do meu querido ABC, metalúrgico, da AP, viveu um período em Belo Horizonte, trabalhando na Mannesmann, como tarefa. Antônio Pereira Neto, o "Barbosinha", grande liderança estudantil da Faculdade de Direito pela AP e depois PCdoB, mineiro do Sul de Minas. Monir Tahan Sab, mineiro, irmão do advogado de presos políticos em Minas, doutor Fahid. Levou um tiro na garganta. Marco Antônio, jornalista, veterano dirigente do PCB.

Havia uma cela bem apartada do nosso coletivo onde ficavam pessoas que discriminávamos como "desbundadas" (que se afastaram da revolução) e homossexuais. Boa parte da esquerda tinha fortes preconceitos e tratava a homossexualidade como degeneração, seguindo a visão stalinista e cubana.

A comida vinha em latões tampados da Penitenciária Central. Feita para milhares, em cozinha industrial. Péssima comida. O arroz povo – unido-jamais-será-vencido – vinha em placas; o feijão trazia o cheiro da ureia, conservante e brochante, segundo a lenda. Os legumes eram cozinhados inteiros, com casca. A carne vinha mergulhada em gordura de aspecto pouco saudável. Tínhamos uma trempe elétrica. Posso dizer que foi ali que desenvolvi minhas habilidades de cozinheiro. Trocava as tarefas de limpeza, lavar panelas, latões, chão, pela cozinha no rodízio do coletivo. Recuperar aquela comida dos latões, dourar a pílula. Untava a mão de óleo para reparar o arroz para ter forma de arroz, tirar o cheiro forte da ureia do feijão, fazê-lo virar tutu; desfiar o frango, descartando a gordura; fazer de carne nadando no óleo outra coisa, com aparência de comida decente. Tínhamos cebola, alho, limão, cheiro verde para retemperar.

No Hipódromo podíamos ter o radinho de pilha. Cartas para receber e enviar passavam pelo crivo da Auditoria Militar, assim como as visitas precisavam de autorização deles; tive uma visita de Sigrid Tomich, que veio lá de Carlos Chagas, perto de Teófilo Otoni.

Exercitava-me todos os dias.

Já tinha cumprido dois anos e um mês de prisão em São Paulo, somando as quatro passagens pelo Dops, as três passagens pelo DOI-Codi, os períodos do Tiradentes, Carandiru, Hipódromo. Numa noite de inverno, às 23 horas, um carcereiro avisou que Nelson Martins, Monir Tahan Sab, Antônio Barbosa Neto e eu íamos ser removidos. Não falou para onde. Doamos o que tínhamos para o coletivo e ficamos com a roupa do corpo e escova de dente. Na manhã fria, agasalhados, fomos embarcados no "chiqueirinho" da viatura, algemados um no outro. Eu, Monir e Nelson tínhamos mais de um metro e oitenta. Barbosinha era baixinho. Não foi fácil nos acomodar no espaço exíguo, dois de frente para os outros dois. Na viagem exalava um cheiro forte e nauseante de gasolina. Barbosinha vomitou no cubículo fechado; a única ventilação eram os respiradores do "chiqueirinho", que não permitiam ver por onde íamos. Horas depois, começou a fazer calor e não podíamos tirar os agasalhos em virtude das algemas. Depois de umas seis a sete horas de viagem a viatura parou, os meganhas desceram. Chutamos a porta, que abria na traseira, fizemos um escarcéu e um militar, um oficial, abriu a traseira e, pela primeira vez, fomos informados que ali era a 4ª Região Militar.

Nelson e Barbosinha iriam ser inquiridos no dia seguinte e reconduzidos ao presídio em São Paulo (os dois já faleceram). Eu e Monir estávamos transferidos para a Penitenciária Regional de Linhares. Finalmente, seis anos depois, estava de volta à minha casa, a Minas.

Fomos levados a uma galeria de triagem, no andar superior, já no começo da noite. Foi-nos servida uma caneca de café adoçado com rapadura e um pão de sal seco. Monir foi posto numa cela separada por duas outras – na galeria só estávamos nós dois. Comecei a rir e gritei pra Monir: "Estamos em Minas! Café com rapadura". Havia guardas nas muralhas – policiais militares, em casinhas nas pontas, e me diverti com a conversa deles, com sotaque mineiro. Foi uma viagem penosa: cheirando gasolina, vômito, sete horas com as pernas dobradas, muito calor, sem poder tirar os agasalhos. Estava aliviado. Pelo menos, longe do Dops e do DOI-Codi.

Nas eleições de 1974, a maior derrota da ditadura

Dois dias depois fomos levados à Galeria B de presos comuns e três prisioneiros políticos. Na Galeria C ficavam só presos políticos e nós dois sentimo-nos frustrados. Jorge Antônio Pimenta era o "Jorge Preto" e Jorge Ricardo, carioca, era o "Jorge Branco". Ambos jovens (eu não me incluí nesta categoria, era um veterano... de vinte e seis anos. Eles tinham seus vinte e um e eram da AP). O outro era mineiro e vivia no Rio: Ney Pires de Azevedo. Não pertencia a nenhuma organização, foi condenado à revelia, não sabia que estava sendo processado e levou uma pena esdrúxula de cinco anos! Ótima pessoa, bem-humorado. Nós quatro formalizamos ao diretor da penitenciária, um sargento reformado do Exército, homem autoritário e tosco, como veríamos, nossa intenção de ir para a Galeria C, dos presos políticos. Ele disse que a decisão seria do Exército, que estávamos sob a jurisdição da 4ª RM.

Dias depois fui levado à presença do major Newton Miranda. Ele me disse que era de Barbacena, que tinha um parentesco com minha mãe e me aconselhou a desistir da transferência para a Galeria C, dos "terroristas", comandados por Gilney Amorim Viana, condenado a penas a perder de vista, por isso, "sem nada a perder". Ficar na Galeria B poderia abreviar minha permanência no cárcere, facilitaria a concessão de liberdade condicional. Educadamente agradeci seu interesse, mas mantinha meu pedido de transferência para a Galeria C e acreditava que essa era a opinião dos outros três companheiros.

No dia seguinte, quando voltávamos do banho de sol para nossas celas, o sargento, em tom ameaçador, ordenou que cada um de nós quatro fizéssemos serviços de limpeza. Fulano: lavar os banheiros; sicrano: varrer o pátio; outro: lavar o corredor. Nós já lhe tínhamos comunicado que, como prisioneiros políticos, não aceitávamos tarefas determinadas por eles e que só aceitávamos trabalhos decididos por nós e nossos coletivos. Furibundo, o sargento Waldelar Mendonça decretou nossa punição por quinze dias de isolamento por desobediência. Foram confiscados nossos cigarros, isqueiro, papel, caneta. Fomos postos em celas não contínuas, colchão no chão, coberta diminuta, toalha de banho e só! Bom, pelo menos tinha uma vista para além dos muros. Um laguinho, a horta trabalhada por presos comuns, plantação de mandioca e morros. O banho era a cada dois dias, gelado, era junho ou julho. No mesmo dia descemos a "tereza" para o pátio do banho de sol e Ney passou para cada um cigarro, isqueiro, papel, lápis e espelhinho para a comunicação entre nós. Fomos recebidos em festa pela companheirada da Galeria C. Eu só conhecia Gilney, como estudante de Medicina, bancário do BDMG e militante da Corrente Revolucionária. Incorporou-se à ALN e estava condenado a mais de sessenta anos. Não me lembro de todos: da Corrente, estavam Zé Adão, de Governador Valadares, bem míope, virou livreiro; Zé Alfredo, negro também, operário, corria comigo no pátio; Délio Fantini, depois formou-se em Medicina; Cléber Maia era da AP, foi liderança secundarista, da UBES. Carlos Alberto Fanta, da VAR-Palmares. Gilson era preso condenado por crime não político que aderiu ao coletivo dos presos políticos. Antônio Pereira Matos foi cobrador de ônibus no Rio e era de processo do Colina, com penas elevadas, criava aranhas na cela, cada qual com seu nome de mulher, em teias.

As celas eram individuais, eram abertas às 7 horas, após o café, e fechadas às 17 horas, após o jantar às 16h30. Havia um pátio onde corríamos, fazíamos ginástica e até batíamos bola. Uma cela de artesanato com aulas de política e onde se reunia o coletivo. Não entravam livros de esquerda. O Jorge carioca conseguiu com a família uma assinatura do *Jornal do Brasil*, mas o sargento fazia sua própria censura. O jornal vinha todo tesourado. Era possível ter um radinho de pilha de uma faixa só e ouvíamos as duas emissoras de Juiz de Fora, a Difusora e a Industrial. Foi lá que li José Eli da Veiga, Autran Dourado, muito Carlos Drummond de Andrade, Manuel Bandeira, Onestaldo de Penaforte, Sérgio Sant'Anna, Pedro Nava, Eduardo Frieiro.

Tive poucas visitas naquele ano: de novo Irene e Jorge Tomich e Sérgio, meu irmão.

Nosso laço com a esquerda e com o mundo era a boa e valente Efigênia de Oliveira, companheira de Gilney, que levava nosso artesanato de couro e trazia cigarros baratos, divididos irmãmente, dava sete a oito cigarros por pessoa. A comida era bem razoável, feita pelos presos, havia a horta.

Às vezes, de surpresa, havia uma batida policial, truculenta. Chegavam antes do amanhecer, todos pra fora das celas, nus, voltados para a parede. Ali nem os livros com capa trocada funcionavam.

Antônio Pereira Matos zanzava pelo pátio pegando moscas para suas aranhas. Fingia ser estátua e dava um bote para pegar as moscas. E inventou um pequeno "jardim" num canto do pátio da C, de pedra pé de moleque. Naquele canto houve acumulação de terra e ele, laboriosamente, molhava seu "jardim da fantasia". Um daqueles guardas da muralha denunciou que a caça às moscas inocente e o pequeno jardim seriam um ardil para um plano de fuga!

Certa manhã, antes de amanhecer, os guardas, com cães, fizeram uma daquelas batidas especialmente truculentas, as teias e as aranhas do Matos foram implacavelmente destruídas, como operação militar. Quando saímos ao pátio, outra surpresa: o "jardim da fantasia" foi esmagado e passavam uma camada de cimento grosso naquele canto encostado na muralha. Que ironia! Passado algum tempo o cimento rachou, choveu e umas florzinhas de sempre-viva apontaram ali. Matos venceu!

Em julho ou agosto tomamos um susto. Maria José Feres, professora da Universidade Federal de Juiz de Fora, militante do PCdoB, presidente do MDB local (não a conhecia), na abertura do programa eleitoral gratuito, denunciou a ditadura, a tortura, a censura, as cassações de mandatos de pessoas eleitas pelo povo, as perseguições a professores, artistas, intelectuais.

Ficamos estupefatos. Não sabíamos o que se passava no interior da ditadura. Desconfiávamos de que a substituição de Médici por Geisel não alterava nada. Em Linhares ficávamos muito sem notícias. Daí a surpresa. O prefeito da cidade, Itamar Franco, renunciou ao cargo para concorrer ao Senado. No ano anterior, Ulysses Guimarães lançou-se anticandidato e rodou o país, quixotescamente. Havia sinais de esgotamento do "milagre brasileiro".

Nosso coletivo avaliou que não devíamos continuar com a sequência de campanhas do voto nulo iniciada por mim em 1965, quando entrei na Polop. Fizemos campanha de voto nulo, contra a farsa eleitoral em 1966, 1968, 1970, 1972. Recebemos sinais, informações de articulações progressistas no MDB em vários estados, sobretudo nas candidaturas ao Senado. Decidimos que era correto o "apoio crítico" ao MDB. Escrevemos nossa posição, passamos para fora clandestinamente através de Efigênia. Nosso documento circulou entre DCEs ligados à esquerda.

Fahid Tahan Sab era meu advogado e toda vez que visitava o irmão falava comigo. Disse-me que a Cecília Garçoni, de quem se tornara amigo, mandou o recado de que a posição da OCML-PO sobre as eleições de 1974 era o voto nulo.

No dia seguinte, pedi reunião com nosso coletivo e disse que não representava a PO mais. Expliquei que discordava do voto nulo naquele momento e que mantinha a posição de apoio crítico ao MDB. Portanto, depois de nove anos, eu me considerei desligado da OCML-PO, da tradição Polop-POC-PO. 1974 foi a maior derrota da ditadura desde o golpe, dez anos antes. Dos vinte e um estados, o MDB ganhou em dezesseis para o Senado e cresceu na Câmara Federal, fortalecendo a "ala autêntica", mais combativa.

Entrei na Polop para votar nulo em 1965. Vim de Teófilo Otoni para fazer o vestibular e a revolução. Era simpatizante da AP e estava sendo testado e preparado para ser militante. Meu assistente/orientador era Luiz Antônio Paixão. O PSD juscelinista apresentava o nome de Sebastião Paes de Almeida. As oposições de centro (PTB, PSD) e de esquerda (PCB e AP, os dois agrupamentos mais fortes) apoiariam o empresário. Sua candidatura foi vetada pelos militares. A ditadura aceitaria Israel Pinheiro. Era uma pessoa correta, engenheiro, participou da construção de Brasília. Mas, para mim, apoiar candidato permitido pela ditadura era inaceitável. Percebi que a AP tendia a apoiar Israel, como fez. Israel venceu. A ditadura, em represália às vitórias de candidatos da oposição em Minas e Rio de Janeiro, editou o AI-2, extinguiu os partidos que vinham se consolidando e criou dois partidos, Arena e MDB. Israel filou-se à Arena, partido de sustentação da ditadura, que cancelou as eleições diretas para presidente e para governador.

Eu não apoiaria um candidato escolhido pela ditadura. Procurei Badih Melhem, professor de Matemática no Colégio Estadual que tinha se vinculado à Polop, que me indicou Dilma Rousseff – entrei na ORM-Polop juntamente com Edson Soares e Leovegildo Leal. Fizemos pichações noturnas e distribuímos panfletos pelo voto nulo, de protesto. Em 1966, 1968, 1970, 1972 já defendíamos o voto nulo, contra a farsa eleitoral. A partir de 1969 já nem podia votar por viver na clandestinidade. Na primeira condenação, a três anos de reclusão, estava incluída a suspensão dos direitos políticos.

Sentindo de novo o cheiro, o bafo da morte

Nove anos depois, prisioneiro político desde 1º de maio de 1972, saio da OCML-PO, herdeiro da ORM-Polop, para não votar nulo. Entrei na Polop para votar nulo, saí da Polop para não votar nulo. A OCML-PO manteria a posição de voto nulo em 1976 (eleições municipais) e na eleição de 1978, importantíssima para o fortalecimento da luta pela democracia.

Na verdade, já desacreditava do projeto político da PO. E já iniciava a reflexão sobre a democracia como valor e como conquista da luta dos trabalhadores. No Dops, Tiradentes, Carandiru, Hipódromo e Linhares eu me colocava como representante da OCML-PO, articulava a aliança de um polo político proletário, para criar um partido revolucionário de trabalhadores constituído pela junção de grupos de vanguarda. Saindo da PO, eu abri minha cabeça para questionar essa matriz teórica doutrinarista, não democrática. Pela primeira vez, aos vinte e sete anos, eu me sentia livre para pensar outro caminho.

A OCML-PO foi um renascimento da antiga Polop em condições de declínio das esquerdas, das lutas de massa, da defensiva histórica. Nós éramos minoria do POC, que já era um grupo relativamente pequeno. Estávamos certos ao criticar as concessões do POC-Combate (era como quiseram ser conhecidos) ao militarismo, que tinha na ALN a principal vertente. Conhecíamos o amadorismo do POC, que não era uma OPM (organização político-militar), como se queria, com os assassinatos de Marighella, Joaquim Câmara Ferreira e dos seus jovens sucessores. Carlos Lamarca torna-se o fio de esperança, era uma liderança da luta armada. Mas ele é morto em setembro de 1971.

1975, enfim a liberdade

A OCML-PO acertou ao propor um recuo organizado, em sobreviver junto às classes trabalhadoras e buscar quadros no movimento estudantil. Mas éramos uma organização atada ao doutrinarismo e ao obreirismo, incapazes de ter um papel impulsionador das massas operárias.

Quando resolvi sair da PO, no cárcere de Linhares, vi na proposta de voto nulo em 1974 sua incapacidade de avaliar conjuntura – a análise concreta de uma situação concreta, a correlação de forças! Vi também a estreiteza da PO em não entender a necessidade de compreender a luta democrática, o que a conduzia ao isolamento político.

Por fim, nosso sonho de constituir uma aliança do polo proletário com a AP socialista e com o MR-8, que se autocriticava pelo militarismo, ficou distante com o enfraquecimento da PO pelas quedas em Pernambuco, Salvador e do próprio grupo dirigente em São Paulo.

O golpe no Chile também desfez minha expectativa da aproximação que ali tentávamos com a APML e o MR-8.

Crescia em mim a ideia de uma mudança de rumo em relação ao papel daquelas organizações sobreviventes, incapazes de se aliarem. No Carandiru fiquei impressionado com a forte crítica e autocrítica da Ala Vermelha em relação à luta armada voluntarista, isolada do povo. Mas a própria Ala estava se dissolvendo como organização partidária.

Sempre nutri repugnância por torturas e torturadores. A crueldade dos colonizadores espanhóis e portugueses com os povos originários no Brasil e América Latina e com as pessoas escravizadas trazidas por traficantes da África. Com os rebeldes e insurretos de todos os tempos e lugares. Tinha um sonho recorrente: via-me participando do fuzilamento do "Capitão Ubirajara" do DOI-Codi (era o delegado Calandra, da Polícia Civil de São Paulo). Condensava meu ódio e ressentimento em dois torturadores, pessoas desprezíveis: Fleury, não só por ter ordenado a tortura sobre meu corpo, mas também por manifestar prazer na tortura e execução de tanta gente. E esse "Ubirajara". Mas também testemunhara a frieza e maldade do então major Carlos Alberto Brilhante Ustra, no DOI-Codi. Lia muito sobre a saga de revolucionários e a resistência ao nazismo, franquismo, salazarismo, Estado Novo.

Um belo dia, em Linhares, acordei com uma visão clara, serena, lúcida, que não iria me guiar pelo ódio, ressentimento, desejo de vingança, de matar ou ver morto os torturadores. Ainda não conhecia o livro de Hannah Arendt sobre a banalização do mal e de Eduardo Galeano. Senti-me livre. Tirei a tortura de minha alma. Eu era maior e melhor que aqueles perversos, e eu os expulsaria de mim.

Num dia de semana, cerca de dez dias depois da histórica eleição de 1974 que mostrou a maciça rejeição do povo à ditadura, fui chamado por um funcionário para descer à carceragem. As celas eram fechadas após o jantar. Desci com uma benfazeja expectativa. Aguardava decisão administrativa do Superior Tribunal Militar da unificação de penas. Das quatro a que fora condenado, as de detenção, unificadas, contariam pela metade. A de reclusão fora reduzida e eu poderia sair, ser libertado. Ao passar pelo corredor, os companheiros me saudavam pelas portinholas pela boa-nova que receberia. Ledo e doloroso engano. Na carceragem, vi homens de farda militar, viatura militar, metralhadoras. Posto na sombria caminhonete, enfiaram-me um capuz. Após dois anos e meio de prisão a gente relaxa, acha que a tortura ficou pra trás. Fui conduzido para não sei onde em Juiz de Fora, até porque estava encapuzado. Eu estava *sub judice*, ainda que sob a jurisdição da Auditoria Militar, mas submetido a um juiz togado, Mauro Seixas Telles.

Perguntaram-me se eu tinha uma esposa chamada Maria. Neguei. Se conhecia dois operários gráficos em Santo André. Neguei. Não dava para saber por que eu estava ali, o que teria acontecido. Havia militares de Juiz de Fora e dois homens ao fundo observando. Depois de confabularem, os dois do fundo me conduziram encapuzado à viatura deles para uma viagem sinistra.

O capuz foi retirado no DOI-Codi de São Paulo bem tarde da noite, talvez na madrugada. Fui levado direto à cadeira do dragão, invenção diabólica, eletrificada, você toma choques por toda parte do corpo, pobre corpo.

Só mais tarde fui acareado com um ex-militante do Molipo, aquele que estava com Monir quando levou o tiro na garganta. Tinha virado "cachorro", como eles próprios tratavam quem mudou de lado. Ao mostrar serviço, identificou-me num álbum de "subversivos" como Augusto do ABC, marido de Maria, moça loura bonita, que conhecia dois operários gráficos de Santo André, Floriano e seu filho. Os porões estavam com ódio de Geisel/Golbery por terem permitido as eleições de 1974 que redundaram em derrota para a ditadura e enfraquecimento político dos porões, da linha-dura. Ouvi suas imprecações sobre Geisel/Golbery. Queriam provar vínculos do PCB com o MDB e descobrir a gráfica do *Voz Operária*, jornal do PCB clandestino.

Admiti que tivera uma companheira no ABC, mas não sabia seu nome real nem conhecera os gráficos. E que nos separamos quando houve prisões no ABC e que eu me retirei da organização após as prisões de outubro de 1971 – retomando minha narrativa nos interrogatórios em 1972.

De novo senti o cheiro, o bafo da morte. Eu fora sequestrado na Penitenciária de Linhares e estava novamente à mercê de torturadores. De novo decidi que não cederia. Eu sabia dos gráficos e sabia que Maria se chamava Erika, mas não diria. Percebi também que eles não tinham muita coisa. O clima no DOI-Codi era terrível. Os meganhas pareciam ensandecidos. Eles estavam prendendo, torturando todos que podiam encontrar do velho Partidão. Vi um negro, forte, portuário de Santos, pendurado pelas algemas com os pés acima do chão. Posto numa cela (eram seis, cada metade de um lado da parede separatória). Um senhor com o dobro da minha idade foi posto lá. Era mineiro, profissionalizado pelo PCB, gráfico de dedos grossos, chamava-se José Dib (era tio de Fued Dib que seria eleito deputado federal da ala progressista do PMDB), de Ituiutaba. Apanhou muito. Procurei massageá-lo, confortá-lo e o aconselhei a não abrir, a ficar numa história que inventasse. Se começasse a abrir, a entregar o que queriam, iam torturá-lo ainda mais para entregar mais. Nos dois próximos dias ele chegava na cela, chorava dizendo que não estava resistindo a tanto sofrimento e que estava abrindo o esquema da fronteira do PCB. Tive pena dele, parei de dar conselho e só procurei distrair, falar sobre Minas e coisa parecida. As portas abriam e fechavam com o estrondo do bater de ferros e ferrolhos.

Depois do Zé Dib, passou pela cela Jurandir Celso do Amaral Guimarães, dono da Livraria Científica, que importava livros da Iugoslávia e Tchecoslováquia. Baixinho, inteligente, foi quadro conhecido do PCB na legalidade até 1948 e na semilegalidade. Negou tudo que lhe queriam imputar.

Passou um adolescente, aluno de uma escola de segundo grau no bairro Vila Maria. Ele e vários outros rapazes foram presos e torturados pela distribuição de boletins contra um professor de Matemática bem antipatizado pelos alunos. "Que lugar é este?", queria saber. Não imaginava que em sua cidade, em seu país, existisse um lugar como aquele.

Quando fui retirado de Linhares estava de chinelo, calça de amarrar, camisa sem gola, alguns cigarros e só. Passei onze dias sem escovar dentes, sem banho. Formou-se uma ferida atrás das orelhas de pura falta de banho. Os companheiros haviam feito de tudo para denunciar meu sumiço. Voltei. Voltei sujo, fedendo, barbado, magro, depauperado.

O que é pior: nada aconteceu no STM apesar dos esforços do Dr. Fahid e da advogada Beth Diniz, nosso anjo da guarda em Brasília, na segunda instância no STM, que também representava sem receber nada, enobrecendo sua profissão como sempre fez, vida que segue, o importante é a dignidade em não abaixar a cabeça. E, diante da família, minimizar o ocorrido, não causar ainda aflição e sofrimento a pai e mãe.

Só saí de Linhares após cumprir o último dia de todas as penas, no dia 1º de junho de 1975, três anos e um mês após a prisão.

Minha amiga de infância Tércia Mendes foi me buscar junto com Pedro, cunhado de Marco "Foguetão", num fusquinha. Era um domingo. E ao meio-dia seria posto do portão do presídio para fora. Tércia era novel motorista e dirigia cuidadosamente, a sessenta quilômetros por hora. Pedi para parar umas duas vezes para tomar uma cerveja e uma guia de conhaque. Em Conselheiro Lafaiete o pneu furou. Nem eu nem Pedro jamais tínhamos trocado pneu. Nem Tércia. Tivemos que pedir ajuda. Chegamos à casa de Marco "Foguetão" e "Dodora" já à noite, na rua Padre Rolim, no São Lucas. Havia um grupo razoável me esperando para celebrar minha volta. Há um ano não cortava o cabelo: não havia condição mínima de higiene para cortar cabelo em Linhares. Portão, cabeludo, bem-humorado, sequioso de viver e lutar. Sem saber como, onde ia viver.

Todos riram muito quando contamos que levamos cerca de sete horas de Juiz de Fora a Belo Horizonte. Devo ter sido o preso que teve menos pressa para chegar no destino pós-cadeia: fusca a 60 km/hora!

Ao sair de Linhares minha disposição era recomeçar em outras bases. Queria retomar os laços com as classes trabalhadoras. Não mais só a classe operária industrial. Queria entender melhor as chamadas classes populares.

Novos movimentos sociais. Queria me abrir para aprender, reaprender, viver de novo em sociedade. Três anos de ginástica quase diária, de corridas, deixaram-me quase um atleta. Ótima saúde mental. Soube tirar proveito do período de prisão: boas amizades, estudos e leitura cotidianas, aprendi com os mais velhos. Vinte e quatro horas por dia de política, de resistência. Não foi fácil minha adesão à democracia, mas foi definitiva. O golpe de 1964 me pegou com dezesseis anos e atingiu minha família, as famílias de meus companheiros, meus sonhos, minhas convicções em formação! Aos dezoito entrei na Polop, que considerava a democracia o regime de governo da burguesia e do mercado. Ao romper com a trajetória de voto nulo da Polop-POC-PO em 1974 em Linhares e apoiar o voto crítico no MDB – decisão corretíssima –, fiquei desimpedido para mudar. Queria mergulhar na vida, vivê-la.

Fui para Teófilo Otoni encontrar os meus pais, meus irmãos Niltinho, Andrea, Irene/Jorge e seus filhos, rever minha cidade, meus amigos. Tinha que recuperar minha identidade. Tirar certidão de idade, carteira de trabalho, título de eleitor, CPF, carteira de identidade. Eu não fui jurar bandeira para receber o Certificado Militar porque já estava foragido.

Meu pai tinha um bar/restaurante rústico à beira da Rio-Bahia na Vila Ramos, no trevo para Poté: o Mineirão. Um lugar delicioso, com um muro de rosa-graxeira, ao lado de um pequeno córrego. Pai já estava às 6 horas no mercado para comprar carne de sol, carnes, verduras, batata, mandioca etc. A comida do Mineirão era ótima: feijão-tropeiro, mandioca de primeira, costelinha, língua. As aparas de carne de sol iam para um panelão de guisado com batatas. Aos domingos, o Mineirão lotava para o bolinho de bacalhau. Na época certa, havia moqueca de cascudo. Minha presença atraía muitas pessoas que não eram fregueses habituais. Meu pai ia embora e eu e Niltinho ficávamos até tarde com a nova clientela. Correram boatos a meu respeito. Pessoas teriam me visto assaltando um banco de arma na mão no Rio, era como se fosse alguém que chegou da guerra.

Rodei a cidade toda a pé ou de bicicleta. Quantas vezes sonhei em voltar. Reaqueci minha amizade com Elísio Simões – exímio violonista, e com as famílias "alemãs", melhores amigas de minha mãe. Minha irmã Andrea com seus dezesseis anos estava envolvida com um grupo de teatro que encenou *Morte e vida severina* e ela e seus amigos e amigas sentiam-se enfrentando o dragão da maldade, a ditadura.

Estava em dúvida para onde ir. Linhares me isolara de informações sobre a conjuntura, sobretudo sobre as disputas internas na ditadura. Ter sido praticamente "sequestrado" em Linhares para voltar à tortura no DOI-Codi de São Paulo me deixou confuso sobre como voltar à vida civil. Cada vez que alguém for preso e torturado e falar algo sobre mim, serei novamente preso? Não iria deixar o país – já era decisão e também iria continuar na resistência no país em outras bases.

Cheguei a ir a Vitória sondar as possibilidades de morar lá e não deu certo (foi bom ter ido. Foi lá que decidi parar de fumar, em julho de 1975). Meus irmãos queriam que eu fosse para Salvador, onde estavam Oldack, Sérgio, Marcelo, Amarílis e Isnaia.

Meu pai queria que eu ficasse em Teófilo Otoni "até passar a ditadura". Temia por nova prisão, pela minha vida. Minha mãe me dizia que escolhesse o que fosse melhor para mim. Fiz uma visita ao ex-prefeito, médico, amigo da família, doutor Petrônio Mendes de Souza. Perguntou-me o que planejava para minha vida e respondi que queria estudar e continuar na resistência. Ele falou o mesmo que meu pai: "Fica por aqui. Seu pai não tem um restaurante? Trabalhe com ele e espere passar a ditadura".

Pai ofereceu-me sociedade no Mineirão. Ele ficaria até as 17 horas, deixaria tudo arrumado e eu ficaria até a hora que quisesse, porque o Mineirão era um novo *point*, por certo pela minha presença, pela minha volta. Na cultura de Teófilo Otoni, você pode ir onde quiser, para onde a vida o levar, mas o importante é poder voltar.

Certa ocasião, em viagem a Belo Horizonte, onde buscava meu certificado militar, do qual dependia o acesso a outros documentos pessoais, fui convidado por João Batista dos Mares Guia para almoçar em sua bela e agradável casa, na rua Carangola, em frente da Copasa (infelizmente foi demolida para dar lugar a um prédio). Ele convidou Fernando Pimentel para o almoço. Os dois queriam saber dos meus planos. Abri o jogo. Disse-lhes que queria estudar na UFMG de novo e do plano de fazer um jornal popular na Cidade Industrial, gratuito, sustentado por publicidade, retomando o trabalho interrompido pela minha prisão em 1968 e pelo AI-5, pelo mergulho na clandestinidade. Também relatei meu temor de ficar à mão da polícia política.

Eles me disseram que a partir do governo Geisel, iniciado em 1974, começou o processo de abertura lenta, gradual, controlada. Que havia uma disputa com os "porões", com a linha-dura, com os grupos da tortura, dos assassinatos, do desaparecimento. Ou seja, que a ditadura praticava a diástole, na imagem de Golbery. Um argumento importante: a UFMG aceitava a rematrícula dos que tinham sido compelidos a deixar seus cursos. Era como se fosse uma anistia.

Por fim, que ambos poderiam ajudar na implantação do *Jornal dos Bairros*, o projeto político que me encantava. Eles dois concordavam que era um ótimo projeto e ajudariam a implantá-lo. Foi a partir dessa conversa e desse bendito almoço que comecei a me decidir pela volta para Belo Horizonte e para a Cidade Industrial.

Fernando Pimentel fora preso em Porto Alegre, condenado no processo da Vanguarda Popular Revolucionária, cumpriu pena na Ilha do Presídio no Sul, na Penitenciária de Linhares em Juiz de Fora e no Dops em Belo Horizonte, no semiaberto, o que lhe permitiu cursar Economia na PUC. Estava trabalhando na Belorizonte Couros, tradicional e importante loja na avenida Paraná, 100, e seu pai, Miguel Damata, era um dos quatro sócios. Fernando estava assumindo o lugar do pai, que ia para uma justa aposentadoria. Iniciamos ali uma grande amizade.

Conheci João Batista dos Mares Guia em maio de 1968 na cadeia, no Dops da Afonso Pena. Ele passou alguns dias na "nossa" cela, a X3, onde eu, Leovegildo Leal e José Benedito Nobre Rabelo ficamos por trinta e dois dias. Foi preso no Congresso da UNE em Ibiúna – outubro de 1968 e nas quedas do Colina. Viveu no exílio no Chile e voltou para Belo Horizonte. Seu irmão Walfrido era sócio do Colégio Pitágoras, onde João Batista lecionava. Participava do jornal *Movimento*, era ligado à Democracia Socialista.

Fiz a rematrícula na UFMG, só que, em vez de voltar ao curso de Economia que deixei pela metade em 1968, após o AI-5, optei pelo curso de Jornalismo, começando do zero, já na perspectiva de me dedicar ao jornalismo popular.

Dali fui à sala do jornal *Movimento* a convite de Betinho Duarte, gerente comercial. Ficamos ligados por uma grande amizade após compartilharmos a cela X3 do Dops em maio de 1968. O *Movimento* nasceu do *Opinião* e padecia de violenta censura. Era preciso escrever o conteúdo de três jornais para imprimir um. Não recebia publicidade. Dependia de venda avulsa e a maioria das bancas temia vendê-lo. Ter assinaturas era indispensável à sua sobrevivência. Betinho sabia que eu não tinha documentos nem profissão. Só entre o período de clandestinidade e prisão passaram-se os oito últimos anos dos meus vinte e oito. Ele propôs que eu vendesse as assinaturas para ter 25% de seu valor como comissão. E se eu aceitasse viajar, garantiria as despesas básicas. E apresentou-me uma jovem bonita de cabeleira vermelha que trabalhava como voluntária nas assinaturas. Era a pessoa com quem viria a passar o resto da minha vida: Stael. De quebra, ela falou que seu pai, Fausto Santana, era vereador em Belo Horizonte pelo MDB e, com certeza, poderia resolver o aceso ao certificado militar, meu pesadelo. De fato, em poucos dias o documento estava em minhas mãos.

O papel do acaso na vida da gente: em quarenta e oito horas decidi que iria viver em Belo Horizonte, teria apoio para articular a volta à classe operária da Cidade Industrial organizando o *Jornal dos Bairros*, tinha uma proposta para um homem sem profissão ter sua renda ajudando a sustentar o *Movimento* e conheci a mulher que seria a minha companheira de vida.

A hierarquia da Igreja Católica apoiou o golpe civil-militar de 1º de abril de 1964. A própria CNBB, pelo discurso ou pelo silêncio, apoiou o golpe que se apregoava democrático, que afastaria a ameaça comunista e faria as eleições em 1965, devolvendo o poder aos civis. Os cardeais Dom Carlos Carmelo Mota, Agnelo Rossi, Vicente Scherer, Avelar Brandão, Eugênio Salles, Jayme Câmara, João Resende Costa, de maior ou menor escala, apoiaram o golpe. Quando a ditadura mostrou as unhas, cancelou as eleições diretas para presidente e governador, extinguiu os partidos, cassou, demitiu, censurou e, sobretudo, com as torturas e perseguições, inclusive a leigos e padres, com a deportação do padre Gauthier, a cúpula conservadora foi perdendo força e legitimidade.

Mesmo após o AI-5, após os atentados na casa de Dom Hélder, a morte brutal do padre Antônio Henrique Pereira Neto, em julho de 1969, por 135 a 60 votos, a frente conservadora ganhou a CNBB. Mas em setembro Dom Aloísio Lorscheider tornou-se secretário-geral. Os bispos se dividiram quanto à convivência ou enfrentamento do terror de Estado.

Em outubro de 1970, Dom Paulo Evaristo Arns foi nomeado para a maior e mais importante arquidiocese do país: São Paulo, no lugar de Agnelo Rossi, complacente. Paulo VI condenou as torturas e Aloísio Lorscheider foi eleito presidente da CNBB por 165 a 65. Entrava em ação a melhor geração de bispos da história do país.

Pedro Casaldáliga, Moacyr Grechi, José Maria Pires, Dom Quirino Adolfo Schmitz, Mauro Morelli, Waldir Calheiros, Luciano Mendes de Almeida, Aloísio e Ivo Lorscheider, Cândido Padim, José Brandão, Antônio Fragoso, Tomaz Balduíno, Angélico Sândalo Bernardino, José Gomes, José Pedro, Hélder Câmara, Evaristo Arns, Cláudio Hummes e dezenas de outros. Milhares de comunidades eclesiais de base se espalharam do Oiapoque ao Chuí, nas cidades e nos campos. As pastorais sociais se enraizaram e espraiaram. Quando começamos o *Jornal dos Bairros*, em 1976, fomos saber, sentir, trabalhar junto com essa nova e promissora realidade.

Ao retomar a luta contra a ditadura em 1975/1976, a esquerda que resistiu pelas armas foi dizimada, a guerrilha urbana e rural sucumbiu ante a desproporção entre suas forças e o forte aparato estatal e do escasso apoio popular. Não existiam mais ALN/Molipo; VPR, VAR, Ala Vermelha, Rede, MRT, MNR, MAR, PCBR, FAL, FALN, POC-Combate, MCR. O PCdoB, mesmo perdendo dirigentes e quadros, se reorganizou para enfrentar a ditadura em outras bases. As organizações que não aderiram ao que chamávamos de militarismo sofreram perdas como as guerrilheiras e também se reorganizaram. O MR-8, derrotado como luta armada, se reorganizava com seus jornais, corrente estudantil e sindical. A AP também se atirava no movimento estudantil, na imprensa alternativa e nas lutas democráticas.

A OCML-PO sofreu novas dissidências. Manteve-se como organização obreirista, sem se incorporar às lutas democráticas. O PCB nunca voltou a ter a importância que tivera, mas seus valorosos quadros, antigos e novos, não pararam nunca de lutar.

Os trotskistas do velho Port mantiveram-se como corrente pequena, mas com forte militância. Novas correntes trotskistas ganharam relevo. Centenas e centenas de militantes desgarrados das organizações derrotadas pela ditadura se reorganizam em imprensas alternativas, ONGs, como intelectuais, professores, sindicalistas. Como eu, meus irmãos, meus amigos.

A terceira fase do regime militar, em tese, teria se iniciado com a posse de Geisel, tendo como "primeiro-ministro" Golbery, anunciando uma distensão lenta, gradual, segura. Mas só em 1975, após o brutal assassinato do jornalista Wladimir Herzog, que provocou uma reação da sociedade civil, da Igreja, dos jornalistas, dos juristas democráticos, do mundo universitário paulista, é que a "abertura" se fez notar. Meses depois, o DOI-Codi intocável da rua Tutoia matou, após tortura, o operário Manoel Fiel Filho, e Geisel exonerou o comandante do II Exército, general Ednardo D'Ávila Mello, expoente da linha-dura que não aceitava sequer a diástole de Geisel. Aniquilada a resistência armada, a máquina repressiva se voltou contra a resistência não armada. O PCB, que se opôs à luta armada, teve seu Comitê Central dizimado. O PCdoB, após ter seus guerrilheiros no Araguaia transformados em desaparecidos políticos, sofreu o Massacre da Lapa, com a execução de parte de seu Comitê Central.

A censura saiu do jornal *O Estado de S. Paulo*, mas seguiu implacável para a imprensa alternativa. Em 1977 o governo Geisel fechou o Congresso para impor o Pacote de Abril – criando a figura do senador biônico e impondo regras que mantivessem a Arena majoritária, mesmo que tivesse menos votos que o MDB, como acabou acontecendo em 1978. Sem maioria, poderia ser aprovada uma anistia geral, ampla e irrestrita.

De todo modo, a terceira fase da ditadura se dava ao mesmo tempo em que eu iniciava uma nova fase da minha vida. Continuei fazendo a luta pelo país em que acreditava vinte e quatro horas por dia, sem a tensão permanente, sem clandestinidade, vivendo a vida e celebrando-a a cada dia.

CAPÍTULO 4.
ENFIM, FORA DA PRISÃO. E AGORA?

Voltar à Universidade Federal

de Minas Gerais aos vinte e oito anos, e oito depois de tê-la deixado para sair num rabo de foguete me fez lembrar da música de Violeta Parra: "Volver a los diecisiete, después de viver um siglo...".

O curso básico da Fafich na rua Carangola tinha Sociologia, Filosofia, Economia, Política. Todos os cursos faziam o básico de Humanas e só depois iam para seus cursos de graduação. Fui selecionado como monitor, o que me garantia uma modesta remuneração por doze meses e uma boa participação político-pedagógica. Era para mim também a oportunidade de ler, ouvir, falar, debater velhos e novos autores sobre o momento histórico, a economia da ditadura posta em questão, a miséria da política e da situação internacional; atualizar as leituras do pensamento crítico. Havia também a efervescência cultural e uma saudável inquietude política. No período em que estudei Jornalismo entre 1976 e 1979 as correntes de esquerda eram combativas e criativas.

Fernando Pimentel e eu sentávamos no famoso "murinho" da Fafich e comentávamos com bom humor o buliçoso mundo da escola.

Lia avidamente livros, revistas, documentos, análises sobre a nova conjuntura. Estava clareando a visão de que a situação estava em mudança para uma nova fase da ditadura. Chegaram muitos textos e revistas dos exilados na Europa. Nossos exilados tinham passado pela experiência chilena, que foi da tentativa de uma revolução democrática para a matança de Pinochet[6] e a imposição do ultraliberalismo sob Milton Friedman[7]. De modo geral, exceto pelas organizações como a OCML-PO, que não se abriam para uma avaliação crítica (a autocrítica era muito pobre, fazia-se a expiação de erros laterais para reafirmar a tese central, o erro maior), a esmagadora maioria dos que saíam das prisões no país e no exílio e os novos agrupamentos achavam que devíamos trabalhar nas brechas da ditadura. Os exilados aos quais era permitido voltar ao país também se incorporavam à grande frente democrático-popular que estava em constituição a partir dos vãos da ditadura, de suas violentas disputas internas.

O MDB[8] fortaleceu-se nas eleições de 1974 com a eleição de dezesseis dos vinte e um senadores dos estados brasileiros. Os atuais estados de Rondônia, Roraima e Amapá eram territórios e seus governos eram nomeados. Não existiam o Mato Grosso do Sul nem Tocantins, e o Distrito Federal não tinha autonomia política e administrativa.

Ao ser permitido o acesso ao rádio e à TV, o MDB canalizou a insatisfação popular proibida de se manifestar e teve 60% dos votos para o Senado. Na Câmara dos Deputados o único partido de oposição permitido tinha oitenta e sete deputados, depois de levas de cassação de mandatos e saltou para 165 deputados, enquanto a Arena caiu de 223 para 199 deputados federais.

A Arena só fez senadores na Bahia de ACM[9]; Alagoas, Maranhão de José Sarney; Mato Grosso, Pará de Jarbas Passarinho[10]; e Piauí. Em Minas, foi eleito

---

[6] O general Augusto Pinochet (1915-2006) liderou o golpe militar contra o presidente Salvador Allende no Chile em 1973 e presidiu uma das mais violentas ditaduras da história humana, com mais de 80 mil pessoas presas, 30 mil torturadas e mais de 3 mil assassinadas. A ditadura pinochetista implantou um programa econômico ultraliberal, com radical privatização e a extinção do sistema público de previdência, propugnado por Milton Friedman.

[7] Milton Friedman (1912-2006) dirigiu a Escola de Economia de Chicago e foi o principal responsável por políticas econômicas que defendem o Estado Mínimo, livre mercadismo e ausência de regulação. O Chile, com o golpe de 1973, foi o país que mais radicalmente empregou as ideias ultraliberais de Friedman.

[8] O Movimento Democrático Brasileiro foi criado como agremiação oposicionista em 1966 pelo Ato Institucional n. 2 (1965), que extinguiu os partidos políticos existentes e implantou o bipartidarismo, um artifício para garantir maioria parlamentar à ditadura. O outro partido criado pelo AI-2 foi a Arena – Aliança Renovadora Nacional, à qual cabia a defesa da ditadura civil-militar e seus desmandos.

[9] Antônio Carlos Magalhães (1927-2007) foi um político baiano que governou a Bahia por três vezes, duas delas nomeado pela ditadura civil-militar. Foi também ministro e senador. A truculência com que exerceu a atividade política deu-lhe ares de "coronel", alcunha de chefetes políticos da República Velha, e o apelido de "Toninho Malvadeza", como era tratado pelos opositores políticos.

[10] Jarbas Passarinho (1920-2016) fez sua carreira política integralmente com o golpe de 1964. Militar de carreira, chegou indiretamente ao governo do Pará escolhido pela força da ditadura e por largo período tornou-se poderoso coronel político, elegendo-se senador por três vezes, sempre em defesa da ditadura civil-militar. Ocupou vários ministérios do regime militar e foi ministro da Justiça no governo Collor.

Itamar Franco; no Rio, Roberto Saturnino; em São Paulo Orestes Quércia; no Rio Grande do Sul, Paulo Brossard; em Pernambuco, Marcos Freire. Os outros estados foram Acre, Amazonas, Ceará, Rio Grande do Norte, Paraíba, Goiás, Espírito Santo, Paraná e Santa Catarina. Em seis Assembleias Legislativas o MDB fez maioria. Elas elegiam o governador, já que eleições diretas para governos estaduais só voltaram em 1982.

A opção pelo jornalismo, a imprensa alternativa, o *Jornal dos Bairros*

Em 1970, no auge do período do terror de estado sob Médici, o MDB logrou eleger uma "ala autêntica" de deputados combativos, que denunciavam a repressão implacável em todas as dimensões opressivas. Lysâneas Maciel, mineiro de Patos de Minas, eleito pela Guanabara onde advogava, foi reeleito em 1974 e teve seu mandato cassado em 1977 por Geisel. Chico Pinto, baiano arretado, também foi reeleito em 1974 e fazia uma dura e corajosa oposição aos generais, e também teve seu mandato cassado por Geisel. Assim como Fernando Lyra (PE), Freitas Nobre, Fernando Cunha, Francisco Amaral, Amaury Müller, Nadyr Rossetti, Jackson Barreto, Paes de Andrade, Pedroso Horta. A presença deles no período da repressão e a anticanditadura de Ulysses Guimarães e do vice Barbosa Lima Sobrinho em 1973 despertaram no povo o papel do Parlamento esvaziado pelo fechamento do Congresso após o AI-5, pelas cassações para avassalar o Congresso e pela massacrante maioria arenista cúmplice de todo arbítrio.

Não se pode olvidar que a abertura lenta, gradual, segura, era uma estratégia para manter a ditadura e não para acabar com ela. Golbery, o idealizador da estratégia da abertura, usava a metáfora da diástole em oposição à sístole para designá-la.

Em seus cinco anos à frente da ditadura, o número de desaparecidos políticos foi muito grande: quarenta lutadores, além dos mortos oficialmente admitidos com versões falseadas. O governo Geisel optou pelo desaparecimento forçado que não reconhece as prisões das vítimas e as enterra ou atira às represas para escapar à vigorosa denúncia mundial.

Desde 1970 a ditadura cassou e matou opositores no exterior. Mas foi com Geisel que o Brasil ingressou na tenebrosa Operação Condor em aliança com ditadores da Argentina, Chile, Uruguai, Paraguai e Bolívia, rompendo a tradição de acolher e proteger asilados estrangeiros. A repressão no Brasil entregou militantes argentinos para serem torturados e mortos em seu país, e a repressão na Argentina e Chile torturava e matava opositores brasileiros. Poucos tiveram a sorte de sobreviver como Flávia Schilling, filha do respeitado oposicionista gaúcho Paulo Schilling, que só escapou graças à campanha feita no Brasil e no exterior que denunciou sua prisão no Uruguai. Ou como Lilian Celiberti e Universindo Diaz, socialistas uruguaios sequestrados pela polícia política (Dops) em Porto Alegre e entregues à ditadura no Uruguai. Só sobreviveram graças à campanha de denúncias no Brasil e no mundo.

O recado das urnas em 1974 mostrava um país cansado da ditadura e o esgotamento do discurso do "milagre brasileiro" na economia. A própria mídia cúmplice foi forçada a abrir espaço para jornalistas sérios que repudiavam o autoritarismo, a censura, a repressão nos jornalões e revistas. Surgiram também os jornais alternativos como *Pasquim, Opinião, Movimento, Coojornal*, os alternativos nos estados e os "temáticos" (com a pauta das mulheres, negros, LGBT, por exemplo).

Na sociedade civil se agigantavam a CNBB (Conferência Nacional dos Bispos do Brasil), amparada na maioria progressista de bispos e na força da Arquidiocese de São Paulo, sob a liderança forte de Dom Paulo Evaristo Arns, e de Dom Hélder Câmara, em Pernambuco. Como também no trabalho de formiguinha de centenas de padres e freiras que davam consistência às pastorais sociais e às milhares de CEBs (Comunidades Eclesiais de Base).

A Associação Brasileira de Imprensa com Barbosa Lima Sobrinho e vozes respeitadas, como Alceu de Amoroso Lima, sobressaíam. A SBPC (Sociedade Brasileira para o Progresso da Ciência), entidade dos cientistas brasileiros, denunciou a perseguição a cientistas nas universidades (a expulsão dos pesquisadores de Manguinhos não foi um caso isolado).

A partir de 1975, surge o Movimento Feminino pela Anistia, constituído por mães, esposas, filhas, irmãs de mortos, desaparecidos, torturados, banidos, que ninguém conseguia calar e impedir, que cresceu e desaguou no Comitê Brasileiro pela Anistia, o qual, após o 1º Congresso pela anistia em 1978, transformou-se em movimento social.

Em vários momentos, mesmo nos piores, estouravam protestos contra a bestialidade da repressão, como no assassinato do padre Henrique Neto em 1969 no Recife, e na morte de Alexandre Vannuchi, jovem estudante de Medicina, em 1973, em São Paulo.

Mas o assassinato sob torturas e a versão ignóbil de suicídio de Wladimir Herzog no DOI-Codi da rua Tutoia, em São Paulo, tornou-se um divisor de águas. Chefe de jornalismo na TV Cultura de São Paulo no governo Paulo Egydio, Herzog apresentou-se no DOI-Codi e dez horas depois estava morto. A prisão de vários outros jornalistas como Paulo Markun e sua mulher Diléa Frate, Rodolfo Konder e Anthony Christo, produziu uma onda de indignação que repercutiu em São Paulo, no Brasil e nos Estados Unidos e Europa. A missa de sétimo dia na Catedral da Sé, celebrada por Dom Evaristo Arns, pelo reverendo Jaime Wright e pelo rabino Henry Sobel levou 10 mil pessoas à praça da Sé, apesar do impressionante cerco policial.

Três meses depois, no mesmo centro de torturas na rua Tutoia, o operário Manuel Fiel Filho, acusado de ler o *Voz Operária*, jornal do PCB, sucumbiu ao suplício que lhe foi infligido. Geisel demite o poderoso general Ednardo D'Ávila Mello, a quem o DOI-Codi estava subordinado. Pela primeira vez os porões podres da tortura tinham sua inviolabilidade posta em questão. Iriam continuar com sua tarefa sinistra, mas perderam sua autonomia absoluta.

A morte de Herzog traz à cena política os sindicatos dos Jornalistas de São Paulo, Minas Gerais, Rio de Janeiro, Rio Grande do Sul. Do mesmo modo, o Clube de Engenharia do Rio de Janeiro e os sindicatos de Engenheiros, assim como sindicatos de médicos, apareciam como protagonistas na frente democrática. Os estudantes mostravam a cara como sempre fizeram nos momentos de encruzilhada no país. Em todos os estados, DAs e UEEs se rearticularam, surgiram, brotaram novas lideranças e já em 1977 tentaram reorganizar a UNE no 3º ENE em Belo Horizonte. Um fortíssimo cerco policial nas rodovias e em torno da Faculdade de Medicina da UFMG só fez adiar a volta da UNE para dois anos depois em Salvador.

Fazer o 3º ENE em Minas já era um reconhecimento da importância do movimento estudantil mineiro. Faltava a classe trabalhadora onde pontificavam os sindicatos pelegos, sindicalistas domésticados que aceitavam transformar sindicatos em agências paraestatais, assistencialistas, fugindo dos dissídios coletivos; apareceram as oposições sindicais organizadas a partir das empresas. Em outros sindicatos, como o dos Metalúrgicos de São Bernardo do Campo, em 1975, Lula tornou-se presidente, e já em 1978 explodia a greve na Scania como um anúncio do que viria a acontecer nos anos seguintes. A entrada em cena dos trabalhadores das maiores empresas do país, dos trabalhadores das estatais, dos bancos, abalou a ditadura.

E a grande novidade foi o surgimento de uma miríade de associações comunitárias, creches, movimentos por transporte público decente, movimentos contra a carestia. À época, eu e muitos os chamávamos de luta pela cidadania, o direito à cidade. Depois o conceito de cidadania ganharia sentido ampliado. Eram os trabalhadores lutando com suas mulheres em seus bairros contra os danos da metropolização perversa do capitalismo selvagem, dos loteamentos clandestinos, das demandas pelo direito à educação e à saúde. Do mesmo modo, as mulheres lutavam pelas suas famílias. O processo era parecido: loteamentos clandestinos, o moto-contínuo da formação de novas periferias, a ocupação dos fundos de vale, e áreas de alta declividade, o crescimento das favelas.

O fim da longeva ditadura salazarista, a Revolução dos Cravos em 1974 e a independência de Angola, Moçambique, Guiné-Bissau, Cabo Verde, São Tomé e Príncipe e do Timor Leste (logo invadido pela Indonésia) repercutiram muito positivamente no Brasil, nas esquerdas e forças progressistas, entre intelectuais e artistas. Eu sabia de cor os nomes dos movimentos de libertação nacional e de seus líderes. Tinha grande admiração por Amílcar Cabral, Samora Machel, Agostinho Neto, pelo MPLA. Em Linhares tínhamos vários companheiros de origem pobre que não puderam estudar. Como havia uma censura mesquinha sobre livros, eu e Gilney usávamos publicações do tipo *Almanaque Mundial* e recorríamos à memória para nossos cursos na cadeia. Eu falava da luta heroica dos povos africanos com prazer (nas décadas seguintes participei ativamente de movimentos e redes internacionais pela independência do Timor Leste e do apoio à CPLP – Comunidade de Povos de Língua Portuguesa).

Conheci muitos exilados brasileiros que foram para Angola e Moçambique como voluntários para participar da reconstrução das ex-colônias como médicos, alfabetizadores, em projetos sociais com crianças, cooperativismo, projetos agrícolas – destino do espírito da solidariedade internacional.

O *Jornal dos Bairros* era o meu grande projeto, mas sabia que teria que ser com construção coletiva e plural, sem dogmas a defender com unhas e dentes. Tinha sido formado na tradição leninista do jornal como organizador coletivo. Agora não seria assim.

A minha experiência política era a do doutrinarismo. A Polop tinha um programa socialista, documentos básicos, estratégias e táticas prontas e acabadas. Íamos às fábricas, bairros, escolas, em disciplinado e intenso proselitismo, a mais das vezes individual. Éramos obreiristas. Queríamos chegar à classe revolucionária, os operários industriais, em especial os metalúrgicos das grandes empresas onde estava o proletariado moderno, inteiramente separado dos meios de produção e que não tivesse nada a perder senão seus grilhões. Por certo contribuímos para a formação de consciência da classe trabalhadora.

O *Jornal dos Bairros* não poderia ser um divulgador de ideias prontas. Seria um modo novo de fazer política, superando o método das organizações e partidos de esquerda tradicionais, que heroicamente enfrentaram a ditadura, sobretudo após o AI-5. A dialética aprender-ensinar-aprender implicava a busca de um jornalismo inovador para uma população sem hábito de leitura. E o grupo teria que incorporar o pluralismo, a diversidade e a permanente reinvenção da política. Se é verdade que a gratidão é a memória do coração, ali foi minha família ampliada, meu novo ponto de partida que não teria acontecido se não fosse aquele grupo, o casamento e as amizades.

A prática política daqueles anos fez-me refletir e abrir-me para novas dimensões, como o feminismo, o feminismo no meio popular, a homofobia na esquerda e na sociedade. A questão étnico-racial. E até o produtivismo e o companheirismo.

As fábricas da principal concentração industrial de Minas eram ambientes opressivos vigiados, fosse para não repetir as históricas greves de 1968, fosse para manter um regime de superexploração do trabalho mediante um sistema de força.

Nosso objetivo era nos pôr a serviço das classes populares dos trabalhadores e trabalhadoras, fabris ou não, incluindo os trabalhadores dos serviços, do comércio, os autônomos, as trabalhadoras domésticas. A média das classes trabalhadoras era de baixa escolaridade quando não o analfabetismo ou semianalfabetismo. Na região toda havia poucas bancas de jornais simplesmente porque o povo não comprava nem lia jornais. O mais lido era o *Diário da Tarde*, sobretudo o de segunda-feira, em virtude da cobertura do futebol e dos crimes. O meio de comunicação básico era o rádio e, em segundo lugar, a TV.

***

Após as greves de abril e outubro de 1968, a Cidade Industrial era área de segurança nacional. Havia uma odiosa lista negra. As pessoas cujos nomes nela constavam não podiam ser admitidas nas empresas. As lideranças e ativistas tiveram que deixar suas profissões, seus saberes para trabalhar onde pudessem ou montar oficinas, pequenas empresas quase artesanais.

A chegada da Fiat e das companhias dessa cadeia produtiva adensou a região industrial. A FMB, a Krupp e dezenas de empresas completaram a mudança. Aquela Contagem das Abóboras tornou-se um retrato na parede, tendo Ibirité como cidade-dormitório.

Os terrenos não ocupados da Cidade Industrial de Contagem viraram favelas. Com elas as indústrias não precisavam remunerar a moradia ou o transporte de seus operários com salários baixos. Quando os terrenos se valorizaram, a prefeitura cuidou de transferi-los para conjuntos populares como Parque São João e depois Nova Contagem, nas vilas/favelas em fundos de vale com enchentes periódicas.

A maior empresa da região do Barreiro, em BH, a Mannesmann, despejava continuamente uma fumaça pesada, carregada de resíduos, que afetava plantas, roupas a secar, animais e humanos. Em Contagem era a fábrica de cimento Itaú que vertia toneladas de fumaça com resíduos causadores de doenças e que enfeavam casas e plantas.

O transporte de passageiros era todo feito por ônibus, por empresas que monopolizavam os serviços. Em Contagem, a São Gonçalo; em Betim, a Santa Edwiges; em Belo Horizonte, a Barreiro de Cima. Elas determinavam o preço das passagens e a frequência (ou infrequência) dos horários.

Nos bairros subjugados à lógica da formação de periferias ou loteamentos clandestinos ou precários, faltavam asfalto/calçamento, iluminação pública, serviços de saúde, policiamento. Mesmos as escolas eram em número insuficiente; nada de creches (seriam as comunitárias, fruto da luta popular) nem ensino infantil. O trabalho de crianças e adolescentes conduzia à forte evasão escolar a partir da sétima ou oitava série. A única escola técnica era o Cefet (Centro Federal de Educação Tecnológica de Minas Gerais). Ensino superior, nenhum; nem público, nem privado.

A não ser os campos de futebol que foram sugados pela especulação imobiliária, quase não havia lazer, nem cinemas, nem teatro.

O jornal *Movimento* teve importância muito expressiva na articulação democrático-popular naqueles anos. Reuniu um amplo espectro de intelectuais, jornalistas, deputados autênticos. A sucursal de Minas, dirigida por Betinho Duarte, chegou a ter 500 colaboradores. Criado em 1975, o *Movimento* teve, até 8 de junho de 1978, 3.093 artigos censurados, vetados, 450 mil linhas parcialmente cortadas e 3.162 desenhos humorísticos vetados.

O número 18 foi apreendido. A edição 46, sobre a mulher, foi proibida, assim como a 116, sobre Assembleia Constitutinte.

Em 1977, um grupo do jornal saiu para fundar o *Em Tempo*. O *Movimento* seguiu até 1981. Chegou a imprimir 21 mil exemplares. Ajudou a defender pelo país o exemplo do Movimento Contra a Carestia (MCC). Noticiava a volta do movimento sindical de massas. Apoiava e estimulava a luta pela anistia ampla, geral e irrestrita. Dava voz aos intelectuais, artistas. Trazia as críticas de economistas progressistas e de esquerda à política econômica da ditadura. Cumpriu um grande papel.

O racha que levou ao *Em Tempo* refletia a pluralidade e as posições mais à esquerda. No *Movimento* a posição majoritária era de intelectuais, militantes e jornalistas ligados ao PCdoB.

Os jornais alternativos tiveram grande significado para a luta contra a ditadura. Sua contribuição ao pensamento e à organização popular foi combatida com a inclemente censura oficial e o terror do submundo da repressão, que promoveu recorrentes atentados a bancas, o que levou à queda das vendas. Mas o que causou o esgotamento do *Movimento* e, depois, do próprio *Em Tempo* e da imprensa alternativa e do próprio *Jornal dos Bairros* e seus congêneres foram:

1 – a emergência do movimento operário-sindical combativo, de massas, sequioso de autonomia, que vinha com lideranças, Lula à frente, que galvanizavam movimentos sociais e populares;

2 – a conquista da anistia, mesmo com suas contradições (anistiar tortura/torturadores), trouxe de volta lideranças impedidas de entrar no país, mas não suas ideias;

3 – a emergência de novos personagens, sobretudo dos movimentos sociais urbanos, das CEBs, pastorais sociais querendo participar e abraçar um projeto para o país;

4 – os sindicatos combativos tinham sua própria imprensa.

Vender assinaturas do jornal *Movimento* foi uma bela experiência. Juiz de Fora, cidade em que vivi um ano no presídio político. Linhares foi a primeira cidade que escolhi. Queria conhecer a cidade em que passei um ano sem conhecê-la. Uberlândia, Uberaba, Ituiutaba, Divinópolis, Diamantina, Ouro Preto, Teófilo Otoni, Nova Lima.

Era muito mais que ganhar o dinheiro indispensável para me dedicar integralmente à montagem do *Jornal dos Bairros*. Era também um modo de participar da resistência à ditadura, de articulação da rede democrática. Em Divinópolis estive durante a clandestinidade, por meio de Frei Cristóvão, para levar a defesa da rebelião contra a ditadura a um grupo de jovens que se engajariam na esquerda, no movimento estudantil, sindical. Lá travei amizade com Celso Aquino, ex-preso político, militante da anistia, da reorganização do movimento sindical e estudantil. E outros de quem me tornaria amigo nas décadas seguintes, como Pedro Ernesto, José Maria Cesário, Mandioca (Enilton Simões de Moura), Rui Tavares. O metalúrgico Lulu e tantos outros. Em todos os lugares, criando amigos, ajudando a tecer a trama e procurando entender Minas, as muitas Minas.

A partir de Fernando Miranda, jornalista de esquerda, apresentado por João Batista dos Mares Guia, conheci o grupo inicial do *Diário do Comércio*. Tilden Santiago vinha da esquerda, das prisões. Foi padre operário, passou por Roma, pelos *kibutzim*, pelas fábricas em São Paulo e Pernambuco, pelo morro em Vitória. Após a prisão, casou-se com a tecelã Maria José. Tornou-se jornalista no *Diário do Comércio*. Compondo a equipe do *Jornal dos Bairros* decidiu morar no Novo Eldorado, em Contagem. Foi presidente do Sindicato dos Jornalistas de Minas em 1981, deputado federal nos anos 1990, embaixador em Cuba no primeiro governo Lula. Edson Fernandes Martins, jornalista respeitado, foi editor do *Jornal dos Bairros*, foi professor na Comunicação da PUC. Sua companheira Dione Dutra, excelente diagramadora, José Amaro Siqueira, "Zinho", fotógrafo de primeira, redator, criativo nas manchetes e capas. Todos eles tinham passado pelo *De Fato*. Zinho Siqueira também fez carreira brilhante.

Márcia Portela Antunes também compôs o núcleo de redação e era moradora do bairro JK, em Contagem. Marco Antônio Campos (que trabalhava no *Diário do Comércio* e também era da equipe do *De Fato*), Lester Moreira e o professor de Comunicação da UFMG Paulo Saturnino, já profissionais, também eram membros da equipe.

A esse grupo juntaram-se estudantes de Jornalismo, muitos dos quais foram meus colegas e tornar-se-iam referências. Ricardo "Batata" Amaral, Patrícia Duarte, Sandra Freitas, Ângela Faria, Paulo Lúcio Camargos, Aloísio Gonçalves, Márcio Godinho, Sérgio Aspahan, Paulo Barcala, Helena Costa, Lu Aroeira, Isa Moreira, Wanir Araújo, Arnóbio Andrade, Charles Magno Borges, Nilton Eustáquio, este, morador da região.

O *Jornal dos Bairros* reuniu grandes cartunistas/desenhistas, como Edson Ricardo, Nilson, Mário Lúcio e revelou artistas gráficos como Rômulo Garcias, Berzé, Jovane Deni, Adimir, Ronaldinho Pimentel.

Mana Coelho era faz-tudo e revelou-se fotógrafa de carreira. Gonçalo Abreu foi fotógrafo, distribuidor e, depois, presidente do Sinttel e vereador em Belo Horizonte. (Sua companheira, Rosa Chagas, também atuou no grupo e nos bairros.) O engenheiro Ênio Dutra, que mais tarde foi presidente do Sindicato dos Eletricitários de Minas. Os médicos Itamar Sardinha (oriundo de Teófilo Otoni) e sua companheira, Consuelo, e Marílio Malaguth, ativista sindical e militantes da corrente sanitarista, ambos do campo do PCdoB.

Da tradição da Polop, POC, PO vieram companheiros como o engenheiro e amigo Carlos Morais (e sua então companheira Gerusa Borges), Elô Santos, Ione Weiss, Hervê Cordovil. Meu amigo, irmão, camarada Jorge Antônio Pimenta, sociólogo e depois psicanalista, companheiro de cárcere em Linhares, participou do jornal e morou no Eldorado. Elizabeth Marques, professora universitária, de sólida formação teórica, contribuiu muito na formação política do grupo, além da atuação nos bairros. Assim como o psicólogo Eduardo Mourão Vasconcelos, articulador político e importante na reflexão de nossa experiência.

Os psicólogos Sérgio Godinho e sua então companheira Ângela Mourão, minha amiga de infância Tércia Mendes e a amiga inseparável Ceres Prado e Marlene Assis; as também inseparáveis Helta Yedda e Raquel. Da própria região foram se agrupando pessoas como José Leal, Almir Benigno, Ruth Telles, Nicolau Abreu, Isabel Chiodi, Cleo Ferreira, Eulália Batista, Lino, Ivani.

Gilberto Arinos praticamente morava na casa-sede do *Jornal dos Bairros*, que administrava, ajudado por Stael Santana, Nilton Mário, Ronaldo Godinho, Ana Márcia.

Com seu poder de atração, o grupo do *Jornal dos Bairros* teve as irmãs Fátima e Lalu Castanheira, Thais Cristófaro, Ivani Dutra, Judith Reis, Leda Lacerda, Patrícia Fonseca, Liliane Torres. Todos também tinham laços com os bairros.

Dezenas de apoiadores, que já atuavam nas suas cidades: Contagem, BH-Barreiro, Betim, Ibirité, BH-Cabana articulavam-se e distribuíam o jornal e influíam no seu conteúdo. Em Ibirité, o médico Paulo Telles, ex-líder estudantil, preso político, militante da AP, liderava um importante grupo (nos anos seguintes foi prefeito e, em 2016, eleito vice-prefeito).

Em Betim, a professora Maria do Carmo Lara liderava o Centro de Direitos Humanos. Nos anos seguintes, foi fundadora do Sind-UTE, prefeita em duas ocasiões, deputada federal e presidente do PT-MG e também participou do *Jornal dos Bairros*. À Cabana o jornal chegou pelo psicólogo William Castilho, que se tornou especialista na formação de líderes populares.

Reencontrei companheiros de 1968, como "seu" Joaquim de Oliveira, os irmãos metalúrgicos Brito e Ciro Patrício, João dos Reis – o "Canela"; Antônio Santana, a família Oliveira (Efigênia, "Tonhão", Eustáquio, Vicente, "Bel"), do Jatobá, os velhos camaradas Otavino Alves, Milton Freitas, Alcides Oliveira.

Era raro um bairro, uma favela, que não tivesse um padre, uma comunidade eclesial de base, um grupo de jovens. A criação do *Jornal dos Bairros* na região industrial não foi um movimento isolado.

Os companheiros da Democracia Socialista (DS), conhecida como Centelha no movimento estudantil, que agrupou grandes lideranças, montaram o Centro de Estudos do Trabalho – CET no Barreiro. Produziam cadernos em quadrinhos voltados para o mundo do trabalho mostrando, devassando os mecanismos da exploração capitalista. Companheiros da DS participavam do *Jornal dos Bairros*, como Luís Henrique Cunha e jovens moradores da região, como Gilson e depois Carlos Calazans (oriundo da Juventude Operária Católica). Nos anos seguintes foi presidente do Sindicato dos Marceneiros e presidente da CUT.

Na mesma rua José Zuquim onde funcionava o *Jornal dos Bairros*, bairro Santa Margarida, foi instalado o Getec, dedicado à educação popular. Era liderado pelo ex-padre Felipe Aranha, cadeirante, já falecido. Eu o conheci como padre em Araçuaí em 1964, quando fizemos a Caravana pela Estrada de Ferro Bahia-Minas pela Universidade do Nordeste Mineiro. O bispo era Dom José Maria Pires, apelidado anos depois "Dom Zumbi", que capitaneou a luta na Igreja Católica pelo perdão da Igreja por ter sido cúmplice da escravização de milhares de africanos no Brasil.

Ampliando a visão, aprendendo outras dimensões da luta

Felipe era irmão de Idalísio Aranha, guerrilheiro no Araguaia, desaparecido político. De Anatólio Aranha, advogado que atuou com Joaquim Martins como meu advogado. Foram presos em 1970 por apoiarem José Carlos da Mata Machado, colega de escola de ambos. De Antônia Aranha, professora da UFMG, da Faculdade de Educação, que anos depois seria presidente do PCdoB em BH. Uma família negra, oriunda de Rubim (Vale do Jequitinhonha), com marcante contribuição à luta do povo brasileiro.

Outro grupo que se organizou na Vila São Paulo foi o Centro Cultural Operário (CCO), liderado por Mário "Bigode", metalúrgico, morador do bairro Milionários, no Barreiro de Cima.

A casa da rua José Zuquim desapareceu com a construção do Viaduto do Barreiro e da avenida Tereza Cristina. Marcou nossa vida. Na velha casa circularam centenas de lutadores sociais, um grande coletivo de utópicos. Perto do jornal havia o bar do Araújo, verdadeira sucursal.

Até o número 16 (abril de 1977), o jornal era gratuito, quinzenal, com 10 mil exemplares, sustentado por anúncios e pela Bolsa de Empregos. Apesar de todos serem voluntários, bancando inclusive a gasolina de seus próprios carros, o jornal estava se inviabilizando. Por isso, a partir de abril de 1977 passou a ser vendido por um cruzeiro. Na verdade, eu passei a preferir que fosse vendido. Comprar é um ato de vontade. Distribuíamos de casa em casa, de comércio em comércio. Mesmo grande para os padrões da época, 10 mil exemplares era uma tiragem limitada. Não queria ver nosso precioso jornal ser usado como papel de embrulho ou para forrar o chão.

A engenharia para produzir o jornal era incrível. Não conseguíamos rodá--lo em Minas, seja pelo preço, seja por obra de alguma mão invisível. Àquela época não havia a informatização, era tudo manual. Zinho, Ronaldinho, Dione e Mana fechavam toda a arte do jornal e um dos três primeiros a levava para a gráfica no Rio ou São Paulo. Por um período também foi levada a arte do *Posição*, alternativo de Vitória, editado por nosso amigo Jô Amado.

O jornal chegava por transporte terrestre no sábado à tarde, quando o separávamos em lotes para os distribuidores. Alguns já começavam a distribuição no próprio sábado. Mas era no domingo que nossos companheiros pegavam para entregar aos colaboradores nos bairros ou para distribuí-los diretamente nas casas, igrejas, feiras. Em geral, em duplas. Todos voltavam à sede. Nossos companheiros traziam as novidades, sugestões de pauta. Eu preparava um panelao de galinhada, vaca atolada, feijão tropeiro etc.

Na parte da tarde, fazíamos a nossa assembleia de pauta com participação de moradores com sugestões, uma exaustiva reunião com muita gente em espaço exíguo. No fim de semana seguinte era a fase de fechamento da edição.

Eu coordenava a distribuição de todos e distribuía diretamente na segunda--feira no comércio local no Barreiro e Jardim Industrial. Havia também, fora da sede, nas casas, a formação política dos nossos companheiros do *JdB*.

***

Em 1975, meu pai teve um infarto em Teófilo Otoni. Tivemos que levá-lo a São Paulo. Ainda era cirurgia de alto risco. Sozinho ou com Stael e nossas meninas íamos frequentemente a Teófilo Otoni. Mas só em 1977 descobri a rica vida da resistência popular, depois da visita ao *JdB* do Padre Giovani Lisa e o convite para (re)conhecer o pessoal de Teófilo Otoni.

Minhas meninas Renata e Fernanda ligaram-se à minha família em Teófilo Otoni, à minha mãe, ao meu pai, a Niltinho e à minha irmã mais velha, Irene (e Xuxa), e aos seus filhos. Stael e elas tornaram-se gente de Teófilo Otoni. Passamos férias inesquecíveis em Mangalô, terra dos Tomich, em Alcobaça e em Salvador, onde se radicaram Oldack, Sérgio, Marcelo, Amarílis, Isnaia e Andrea. Minha família as assumiu do mesmo modo como elas assumiram minha família.

Em 1977, com Edson e Dione, passamos férias inesquecíveis em Salvador. Em 1979 fomos com elas a Alcobaça. Nos anos seguintes, já com Vítor, fomos por quase duas décadas passar férias em Alcobaça.

Renata disse à minha mãe, com a sinceridade singela de criança: "Vó, quando você morrer você me dá sua pulseira?". Era uma pulseira antiga, com placas largas de prata. Quando minha mãe em 2004 se despedia desta vida, ela disse a Niltinho (salvo engano): "Essa pulseira é para Renata. Prometi a ela quando tinha sete anos".

Companheiros do cárcere vinham nos visitar no Eldorado, amizades imorredouras, queriam matar saudades e conhecer o *Jornal dos Bairros*, trocar ideias. Altino Dantas Jr., companheiro inesquecível, veio com Jôse, pessoa admirável, anjo da guarda dos prisioneiros políticos com quem se casou. Olhou para as meninas e disse que Fernanda era parecida comigo e me puxou, e Renata mais parecida com a mãe. As duas trocaram olhares cúmplices.

Stael teve Renata aos dezessete anos, e Fernanda, aos vinte e um. Separou-se de Eduardo Salles em 1974. Na adolescência já militava no movimento estudantil do famoso Colégio Estadual Central e bebia as palavras do tio Guido Rocha, dirigente da Polop-MG. Seu campo político era o da Ação Popular.

Seu ex-marido, Eduardo Salles, era irmão de Alcides Salles, estudante de Engenharia, militante da AP que largou a escola para trabalhar na Mannesmann. Após o AI-5 radicou-se em São Mateus, zona leste de São Paulo, com sua companheira, Bete. Católico, ligado às CEBs e pastorais sociais, ajudava a articular a Oposição Sindical de São Paulo. Estive com ele no Dops-SP quando foi preso com Waldemar Rossi, Flores e Vitor Gianotti. E depois no presídio do Hipódromo em 1974. Certa ocasião Stael foi visitá-lo na prisão. Os presos só podiam descer se tivessem visita e não a conheci. Ele vinha com frequência ao *Jornal dos Bairros* e era superlativo no elogio ao trabalho político feito pelo grupo. Infelizmente morreu atropelado por uma Kombi no cruzamento da Carijós com Afonso Pena, em Belo Horizonte.

Eu conheci Stael como voluntária do jornal *Movimento*, em 1975: cuidava das assinaturas. Abraçou o projeto do *Jornal dos Bairros* quando ainda era uma ideia. Namoramos em 1976 e, no ano seguinte, passamos a dividir casa, cuidar das duas crianças, construir o *JdB*, montar o grupo, dividir sonhos e o projeto de vida comum.

Nos primeiros anos ela arcou com a maior parte da sustentação da família. Era professora universitária na UFMG até se aposentar em 2003. Era formada em História na PUC. Mas dedicou-se à Sociologia. Por toda Minas sempre aparece alguém que se refere a ela com carinho e gratidão, seus ex-alunos.

Eu vendi assinaturas do *Movimento* em 1975 (último quadrimestre e primeiro semestre de 1976). Em 1976/77 recebia salário mínimo como monitor. Estudava jornalismo (1976/1979). Àquela época só havia turno diurno, só dava para fazer "bicos". E me dedicava como atividade predominante ao *Jornal dos Bairros* como voluntário. Após a formatura e o registro, trabalhei por sete meses no Sindicato dos Bancários, sendo demitido após a intervenção que retirou Arlindo Ramos da presidência depois de uma greve que não pegou inteiramente. De 1980 a fevereiro de 1983 fui jornalista do Sindicato dos Metalúrgicos de Betim, e desde 1980 tive uma bolsa para o mestrado de Ciência Política.

Na verdade, entre 1976 e 1979, Stael assumiu a maior parte e quase a totalidade da manutenção da família prazerosamente. Em agosto de 1977, decidimos morar juntos, na rua dos Jatobás, no bairro Eldorado. Perto moravam Sálvio Penna e Ana, com seus filhos Rodrigo e Marcelo. Ele fora metalúrgico na Belgo-Mineira, e ela, professora no ensino público do estado. Ligados à AP, foram presos com ela saindo do parto de Rodrigo com apenas três dias de nascido. Ele passou os primeiros quarenta dias de vida na prisão com a mãe, tendo sido usado para tentar obter confissões do pai e da mãe para delatar companheiros. Ela ficou detida no Hospital Militar; e ele, por quatro meses, no Dops, sendo depois transferido para a Penitenciária de Linhares, em Juiz de Fora, onde cumpriu pena.

À mesma rua dos Jatobás moravam Marcelo Brito e Eliana Farah, ele engenheiro na Magnesita, ela assistente social. Marcelo fazia parte de um grupo de engenheiros que mantinha um curso de mão de obra no Eldorado, onde também se fazia conscientização de trabalhadores. Nossa casa tinha um quintal. A rua era de acesso local. Por becos passava-se à rua dos Ingás, praça da Glória, muito agradável. As ruas eram traçadas como uma ferradura – nasciam e terminavam na avenida Norte-Sul.

Na praça da Glória, onde vivemos por longo período, moravam William Castilho e Maninha (e o irmão dela padre Nereu) e seus três filhos; Cléber Maia, Carminha e o casal de filhos (ele foi companheiro de cárcere em Juiz de Fora), Ignacio Hernandez (ex-padre jesuíta que se tornou metalúrgico), Adélia Batista (de uma família de operários com destacada militância) e, em épocas distintas, Jorge Pimenta e Sara (ele também companheiro de cárcere); Pedro Ernesto e Heloisa (conhecido desde Divinópolis, daquele grupo de jovens assistido por frei Cristóvão que conheci na clandestinidade) e de outras famílias que fomos conhecendo.

Em outros lugares do Eldorado viviam companheiros que, cada um a seu modo, faziam trabalho de base, via Igreja, sala de aula, grupos de compra coletiva, como mães/pais de alunos, escolinhas onde se tecia o amanhã.

Nós éramos vigiados, mas ninguém se intimidava com isso. "Eles" não sabiam como lidar conosco, com os novos movimentos sociais, com as CEBs, com as pastorais sociais, com nossas entidades legais, com o *Jornal dos Bairros*. Ou seja, com a nova esquerda que trabalhava na legalidade, nas brechas legais, buscando alargá-las.

Antes da mudança para o Eldorado, a casa de Stael na Nova Suíça (rua Marcelo Dias) teve um simulacro de assalto em que os supostos ladrões não levaram nada, reviraram papéis e pastas. Além da minha presença, no barracão de fundo morava a companheira Tereza Vilaça, pernambucana, que passou por um longo período pelo PCBR e que enfrentou torturas.

No bairro vizinho, JK, conjunto popular antigo, moravam Milton Santos, "Cabide", também ex-companheiro de cárcere no presídio de Linhares, sua companheira Célia, seu irmão Sebastião e um grupo de militantes sociais, que se articulavam com o *Jornal dos Bairros* e faziam parte da rede de relações sociais conosco.

No próprio Eldorado havia uma rede de militantes cristãos que trabalhavam com o povo, como Luly e Volanda; Etevaldo e Zenaide; Louzada e Stela; Tadeu e Iara (da mesma rede de moradores do Riacho). No Novo Eldorado estavam Tilden e Maria; Edson Martins e Dione; Jardel Lopes, veterinário e Alice. Ali moravam os marceneiros da velha Polop Milton Freitas (com sua prole e Mariinha), Alcides Oliveira e dona Maria com sua prole. Gildo Scalco e Vitória eram militantes da OCML-PO que lá também se radicaram. Como também Jorge Luiz Andrade e Maria, seu cunhado Ciris, professor querido.

O mergulho na vida do povo era novo para mim. A semiclandestinidade entre 1965 e 1968, exceto pela vivência universitária e cultural; e a clandestinidade desde o AI-5 em dezembro de 1968 na Bahia, no ABC e em São Paulo nos impunham a exigência de isolamento para sobreviver com codinomes ao impiedoso cerco repressivo. E depois o período do cárcere. Agora, com o *Jornal dos Bairros* que chegou a circular por sessenta e quatro bairros, vilas e favelas, com a mudança para Contagem, com o casamento, com as amizades, com a vida universitária e o amplo círculo de militantes do enfrentamento da ditadura, fui aprendendo outras dimensões. Tais como:

1 – o respeito às diferenças. O *Jornal dos Bairros* era acolhedor, pluralista. Fazíamos a crítica do "centralismo democrático" das organizações de esquerda e acolhíamos marxistas, católicos, evangélicos, trotskistas, progressistas de vários matizes, companheiros que vinham da luta armada ou não;

2 – as novas gerações rechaçavam o machismo e o patriarcalismo e buscavam superá-los na prática. O enfrentamento da homofobia e do racismo "naturalizado";

3 – agir como seres dialogais ("bom mestre é o que, de repente, aprende" – Guimarães Rosa);

4 – a arte da convivência, da amizade, da fome de beleza e alegria;

5 – a (re)descoberta da espiritualidade. Na minha adolescência, através de Teilhard de Chardin, já distinguia espiritualidade e religião, não raramente antagônicas;

6 – o papel da cultura libertária e da educação emancipatória;

7 – a construção da cidadania. Inicialmente via a cidadania como direito à cidade – que norteava o *Jornal dos Bairros*. Fomos evoluindo para cidadania como projeto histórico. As classes populares deixando de ser massas excluídas para serem sujeitos históricos, com reflexão, organização, consciência social,

direito à participação para construir direitos. Movimentos surgem sem pedir autorização, ciosos de sua autonomia.

Buscava superar o obreirismo que, por importante que tenha sido, não sofria toda a realidade social e cultural. A realidade com que nós do jornal e os companheiros do CET e Getec nos deparamos era, guardadas as diferenças, a mesma do país. Um movimento sindical em reorganização em novas bases, fincado nos locais de trabalho. Tínhamos clareza de que, quando a classe trabalhadora entrasse na cena política, iria abalar a ditadura. Mas também víamos o novo, o emergente e plural movimento social urbano com forte presença das mulheres. Os freis Betto e Leonardo Boff estimavam a existência de 100 mil CEBs no país.

A frente democrática teria que incorporar o povo e o novo.

***

O general-presidente sentiu o crescimento da oposição ao regime civil-militar e decretou o fechamento do Congresso por noventa dias e, na reabertura, fez a dócil maioria arenista aprovar o "Pacote de Abril".

Em uma frase, o objetivo do "Pacote" foi fazer com que a Arena mantivesse a maioria de deputados de senadores mesmo que tivesse menos votos que o MDB em 1978 (o que acabou acontecendo). A expressão casuísmo – legislar por medida de exceção só para beneficiar o poder discricionário. O "Pacote de Abril" foi a comprovação definitiva (exceto para os áulicos) de que a abertura lenta, gradual, segura visava à continuidade da ditadura, e não conduzir à democratização do país.

O MDB cresceu em 1974, elegendo dezesseis dos vinte e um cargos de senadores. O "Pacote" criou os senadores biônicos, eleitos indiretamente por Assembleias Legislativas, o que por si só impediu a aprovação de emendas constitucionais. Na Câmara dos Deputados, o MDB saltou de oitenta e sete para 165 deputados e a Arena caiu de 226 para 203 parlamentares. Em 1978, o risco de o MDB fazer maioria era real. Por isso o número de deputados aumentou nos pequenos estados, dependentes da União, e estancou nos maiores, além de mudar os critérios de quociente eleitoral. Desse modo, o MDB não teria maioria para emendas constitucionais, que exigem dois terços dos votos.

Assim como não poderia votar na anistia ampla e geral para todos os perseguidos políticos, nem aprovar a punição dos torturadores e carrascos da ditadura, assim como seus mandantes. E o "Pacote de Abril" aboliu o acesso dos candidatos ao rádio e à TV com voz e argumentos.

Em 1977 houve a primeira missa operária no 1º de Maio na praça da Cemig, em Contagem, reunindo pessoas de toda a região industrial e proletária metropolitana. Com bispo e todos os padres, mostrando unidade e vontade (e continuaría nas próximas décadas): ela empoderava os milhares de homens e mulheres despertados pelas CEBs para lutar por justiça, melhores condições de trabalho e de vida. Era uma região cercada de favelas: vila Itaú, Santo Antônio, São Nicodemos, Barraginha, São Vicente. O Eldorado, bairro com infraestrutura e planejamento, desembocava na Vila dos Marimbondos. Do JK descia-se para o bairro PTB. Contagem chegou a ter 125 favelas!

As chuvas ansiadas traziam também as tragédias das enchentes. O *Jornal dos Bairros* deu na capa inteira uma foto dos estragos das cheias.

O movimento estudantil cresceu tanto em BH (inclusive em outras cidades, como Viçosa, Ouro Preto, Juiz de Fora, Uberlândia, Uberaba), via o fortalecimento dos diretórios acadêmicos e dos DCEs, que levou à escolha de Minas para sediar o 3º Encontro Nacional de Estudantes. Era óbvio que o objetivo era reorganizar a histórica União Nacional dos Estudantes. Um gigantesco aparato repressivo foi acionado para impedir a realização do 3º ENE.

Mas também ficou claro que a recriação da UNE era um caminho sem volta (dois anos depois ela voltaria após encontro de 10 mil estudantes em Salvador).

Também em 1977, a Sociedade Brasileira para o Progresso da Ciência fez um congresso grande e representativo e pediu a democracia. Não só pela demissão de treze dos maiores cientistas do país e de renome internacional do Instituto Manguinhos (hoje Fiocruz). Foram disputados pelas universidades e academias dos Estados Unidos e Europa, dado o alto conhecimento, saber acumulado. O episódio ficou como símbolo do obscurantismo. A ciência e os cientistas também foram cerceados por meio da vigilância e intimidação nas universidades.

Por outro lado, a repressão ao 3º ENE revelou uma mulher sem medo, sem história de esquerda, farmacêutica pacata que se enfureceu com a estupidez dos repressores e assumiu a luta dos filhos seus e de todas as mães: Helena Greco. A partir dali não haveria luta por justiça que não tivesse sua presença altiva e brava.

Uma importante geração de jovens estudantes construiu e reconstruiu espaços de liberdade: Virgílio Guimarães, Jésus Santiago, Jânio Bragança, Américo Antunes, Samira Zaidan, Lívia Fraga Vieira, João Machado – o "João Campeão"–, Ana Rita, Reinaldo Maia Muniz, Murilo Valadares, Muíca, Ernesto Andrade, Juca Amorim, Flávio Andrade e Virgínia Pinheiro, João Antônio de Paula e tantos outros.

Com a opressão asfixiante nas fábricas, sindicatos como o dos jornalistas, médicos, servidores do DER e petroleiros, assumiram as bandeiras da liberdade de organização e denúncia do arrocho salarial. Daí vêm nomes com os gigantes Célio de Castro e Dídimo Paiva.

Mesmo sendo vendido a um cruzeiro a partir do número 16 (abril de 1977), mesmo com o esforço enorme para termos inserções publicitárias e até, nos últimos anos, com assinaturas de apoio, mesmo tendo o trabalho voluntário de dezenas de pessoas, o que o *Jornal dos Bairros* arrecadava era insuficiente para a sua manutenção.

A intervalos regulares fazíamos a famosa festa do *Jornal dos Bairros* que atraía centenas de pessoas ao Clube Comercial do Barreiro. Foi numa dessas festas que Patrus Ananias e Verinha Victer se conheceram, namoraram e casaram. Ela veio de São Paulo trazendo a experiência de creches comunitárias e teve uma sala no jornal para a articulação com as valorosas mulheres das creches que fundaram o histórico MLPC –Movimento de Luta Pró-Creches.

Eduardo Mourão trouxe então a proposta de um projeto para uma ONG holandesa denominada Pão Para o Mundo. Por uma feliz coincidência a secretária-executiva era a exilada gaúcha Eva Pedra. A mãe de Paulinho e Luciana, as duas crianças que eu, "Alberto", e " Maria" acolhemos em nossa casa em Santo André, quando seu marido Paulo estava preso em Porto Alegre. Com a soltura dele, foram para o Chile no período de Allende e novamente se exilaram com suas duas crianças na Holanda.

A ONG Pão Para o Mundo doou a fortuna de 50 mil dólares que ajudou a manter o *Jornal dos Bairros* nos anos seguintes.

***

Em 1978 tivemos eleições sob a vigência do "Pacote de Abril" que asseguraria à Arena a maioria parlamentar (mesmo que o MDB tivesse mais votos, como teve) para garantir que o novo general-presidente fosse confirmado pelo Congresso, já que a escolha verdadeira se dava nos quartéis, e para impedir a aprovação de uma anistia ampla, geral e irrestrita.

Em dezembro, o AI-5 encerraria seu ciclo de terror de Estado, deixaria de existir. Sem ele a ditadura perderia o instrumento mais importante do arbítrio, como cassar mandatos, advindos do voto popular. Podia afastar militares democratas, aposentar compulsoriamente catedráticos, juízes, servidores civis, intervir em sindicatos, editar leis sem passar pelo Parlamento, impor políticas econômicas, censurar jornais, revistas, livros, TV, rádio, teatro, cinema, músicas. Sem falar da volta do *habeas corpus*. A anistia entraria na agenda para reparar as vítimas do AI-5 e dos outros atos institucionais. Enfim, o país poderia correr o "risco" de cair numa democracia!

Daí a importância do "Pacote de Abril" para impedir um Parlamento realmente representativo da Lei de Segurança Nacional, de leis que permitissem o controle dos sindicatos pelo Estado.

Em 1978 nós tínhamos um grupo importante, influente, politizado, plural e democrático. Abrimos um debate do pessoal do jornal com vários candidatos a deputado estadual e federal progressistas, de centro-esquerda e de esquerda. Ouvimos Edgar Amorim (federal) e Cássio Gonçalves (estadual) conjuntamente; Ronan Araújo (estadual), Tarcísio Delgado (federal), Humberto Rezende (estadual).

Já conhecia Edgard Amorim e Cássio Gonçalves. Na Editora Vega, Antônio Faria Lopes e Maza promoviam debates e encontros. Edgar da Mata Machado era referência do grupo, do qual também participava Patrus Ananias, todos com fortes vínculos com os católicos progressistas. Resolvi votar na dobradinha Edgar/Cássio. Ambos foram eleitos e senti-me representado.

Votei nulo em 1965, primeira vez depois do golpe, por não ver em Israel Pinheiro uma pessoa de oposição. No ano seguinte, eleito, filiou-se à Arena. Hoje vejo que deveria ter votado em Edgar da Mata Machado como deputado federal em 1966, mas a Polop defendeu o voto nulo. Em 1968 houve eleições municipais e a ditadura havia proibido as eleições diretas para prefeitos das captiais, e nós fizemos campanha pelo voto nulo.

Em 1970, já sob o AI-5, de novo pregamos o voto nulo (a história mostrou a importância dos autênticos do MDB eleitos neste ano). Eu já vivia na clandestinidade, foragido, condenado a três anos de reclusão e com os direitos políticos suspensos por cinco anos. Em 1972 estava preso. Em 1974, preso, participei do documento dos presos de Linhares que propunha o voto crítico no MDB. Em

1976, já com título de eleitor de novo, votei em Fausto Santana, meu sogro, fundador do MDB, para vereador (prefeito de BH era indicado pelo governador até 1985). De certo modo, era como se eu fosse votar pela primeira vez em 1978.

No grupo do jornal, cada um escolheu seus candidatos, desde que oponente da ditadura.

Em 1978 foi lançada a Chapa 2, Peão, de oposição para o Sindicato dos Metalúrgicos de BH e Contagem, dirigido por João Silveira. Ele tinha o apoio dos aposentados e controle sobre a lista dos filiados votantes e derrotou a Chapa 2, mas foi uma derrota com sabor de vitória.

Havia um grupo de apoio: Virgílio Guimarães, economista, chefiou o importante Dieese, principal entidade de assessoramento aos sindicatos do país; Patrus Ananias, advogado, conhecedor do Direito do Trabalho e eu, como assessor de comunicação.

Nosso pessoal do *Jornal dos Bairros* fez um belíssimo jornal para a Chapa 2, Zinho Siqueira à frente. Nosso pessoal trabalhou nos "seus" redutos, juntamente com as lideranças locais, fazendo uma busca ativa de votantes nos bairros, vilas e favelas de BH (região industrial), Ibirité, Betim e Contagem inteira aonde o jornal chegava.

Apoiar chapas de oposição sindical era parte integrante do nosso trabalho e o fizemos com petroleiros, telefônicos, bancários, tecelões, indústria de alimentos, borracheiros, do DER, motoristas, empregados do comércio, da construção.

Nesse mesmo 1978, o general escolhido pelo grupo hegemônico da ditadura civil-militar foi eleito por 355 votos de deputados e senadores contra 226 dados ao general Euler Bentes. O "Pacote de Abril" funcionou: a Arena teve 13 milhões de votos, e o MDB, 17 milhões.

A Arena ficou com 231 deputados ante 189 do MDB, devido à desproporcionalidade entre os estados de menor eleitorado com os maiores na definição do tamanho das bancadas. A Arena também se tornou maioria no Senado, graças aos biônicos e à regra casuística que permitia que um estado com 300 mil eleitores tivesse três senadores, assim como os maiores.

Como em todos os países que sofreram longos períodos de autoritarismo, quando perdem força relativa, quando se forma uma maioria contrária, ocorrem verdadeiras explosões libertárias, tal como se deu em Portugal a partir de 1974, e na Espanha após a morte de Franco, em 1975.

Sem o AI-5, sem a censura, já em 1978 ocorreu a greve na Scania, com o papel catalisador do Sindicato dos Metalúrgicos de São Bernardo do Campo e a liderança de Lula. Ressurgia o movimento sindical independente do controle estatal, denominado sindicalismo autêntico.

Os sindicatos pelegos priorizavam o litígio individual em vez do coletivo. Assumiam funções de saúde e educação, que deveriam ser papel do Estado, e atividades esportivas e recreativas. Os autênticos voltavam-se para reivindicações coletivas, massificavam a participação, criavam jornais para conscientizar os trabalhadores de seus direitos e escolhiam advogados e economistas para as negociações coletivas.

Surgiram fóruns e articulações intersindicais. Se as federações e confederações da estrutura oficial não se abriam a novas práticas, eram deixadas de lado.

Enquanto isso, os trabalhadores passaram a atuar nos bairros, vilas e favelas com suas mulheres que iam à luta pelas creches, escolas públicas, ensino profissional e técnico. Pelo acesso à saúde, à água tratada, ao saneamento. Homens e mulheres queriam calçamento das ruas, locais de lazer e recreação. Todos almejavam transporte digno.

Os movimentos sociais no Brasil sempre encantaram intelectuais, humanistas e socialistas do mundo desde aos anos 1950. O surgimento das Ligas Camponesas no Nordeste, Goiás, Minas; do Master no Rio Grande do Sul (antecessor do MST), do movimento de alfabetização dos camponeses MEB, da sindicalização rural e da organização da Confederação Nacional dos Trabalhadores na Agricultura – Contag, nos anos 1960, era alentador para as massas excluídas de direitos básicos. Nas áreas denominadas fronteiras agrícolas e onde o capitalismo entrava com a violência inerente surgiam movimentos de resistência de posseiros e de extrativistas por todo o país.

Nas seis primeiras décadas do século XX os sindicatos de trabalhadores expandiram-se por todo o país, nos moldes brasileiros, com imposto sindical e sem unicidade. A história registra as grandes greves, desde o início do século até a de 1968, do 13º salário, a que levou à antecipação do plebiscito para enterrar o parlamentarismo casuístico de 1961 para 6 de janeiro de 1963 (estava previsto para 1965), restituindo o poder legitimamente a João Goulart e dando vez às reformas de base.

E crescia o movimento estudantil, que defendia o acesso universal à educação em todos os níveis.

O golpe civil-militar de 1964 visou ao movimento sindical que se fortaleceu com a greve de 1962 e com a organização do CGT (Comando Geral dos Trabalhadores) e que afetava diretamente o capital e os interesses do imperialismo norte-americano. E visava ao movimento camponês, que rompia a inércia secular do campo brasileiro.

A pressão pela ditadura visou ao movimento sindical, estudantil, militares nacionalistas e democráticos, o nascente movimento camponês. O povo brasileiro se reorganizou no movimento estudantil renovado, na cultura, na chamada nova esquerda e, em menor escala, no próprio Parlamento.

A anistia e o início da criação de um partido dirigido pelos trabalhadores

A ditadura reagiu com o AI-5, recrudescendo a repressão, devastou a esquerda, armada ou não. O projeto Brasil: Nunca Mais analisou quase 800 inquéritos policiais-militares envolvendo uma gama enorme de oposicionistas perseguidos, presos, torturados, mortos, desaparecidos, exilados, jogados na clandestinidade.

Quando organizamos o *Jornal dos Bairros*, deparamo-nos com uma rede enorme, multifacetada, capilarizada, que se reorganizava ou se organizava por todo lado, como em todo o país. Os dez anos do AI-5 concedendo poderes sem precedentes aos generais-presidentes Médici e Geisel não foi capaz de erradicar a luta de classes inerente ao capitalismo.

No período pós-ditadura, em depoimento ao Cepdoc (Centro de Pesquisa e Documentação de História Contemporânea do Brasil) da Fundação Getúlio Vargas, Geisel justificou a tortura, assumindo-a indiretamente como prática. Ele detestava Zuzu Angel, a estilista famosa e de famosos no Brasil e Estados Unidos. Seu filho Stuart Edgar Angel Jones foi morto num quartel da Aeronáutica, após sequência bárbara de torturas, que incluiu ser arrastado por um jipe militar sendo obrigado a respirar fumaça tóxica. Passara pelo "telefone", pau de arara, cadeira do dragão, afogamento, choques elétricos, câmara frigorífica.

Um companheiro da mesma organização, Alex Polari, sobreviveu e relatou tudo a Zuzu Angel. Ela passou os anos seguintes denunciando o martírio de Stuart no Brasil e nos Estados Unidos a diplomatas, jornalistas, artistas, políticos e até num desfile de modas em Nova Iorque.

Em 1976, no dia 14 de abril, seu carro, um Karmann Ghia, foi fechado à uma hora da madrugada na saída do túnel Dois Irmãos, no Rio, por um jipe verde e forçado a despencar na Estrada da Gávea (tudo está relatado em *Dos filhos deste solo*, com base nos trabalhos da Comissão Especial dos Mortos e Desaparecidos Políticos (CEMDP) do Ministério da Justiça). Zuzu foi morta pelo "Código 12 das organizações militares de repressão: assassinato simulando acidente, atropelamento, queda no poço do elevador, envenenamento".

Inicialmente a CEMDP indeferiu o requerimento apresentado por Hildegard Angel, filha e irmã, por 5 a 2 contra, meu voto e o de Suzana Lisboa. Ante provas irrefutáveis, o caso foi reapreciado e aprovado por 6 a 1, ficando comprovada a responsabilidade do Estado.

Foi durante o governo Geisel que se deu a morte suspeita de Juscelino Kubitschek em acidente de carro em outubro de 1976. Com diferença de poucos meses, João Goulart morreu em sua fazenda no Uruguai durante o exílio em condições igualmente suspeitas. Em ambos os casos, há dificuldades de provas. Em seguida deu-se a morte de Carlos Lacerda. Os três haviam criado a Frente Ampla contra a ditadura, proibida em 1968.

Sob a ordem de Geisel foi realizada a Operação Radar que dizimou o Comitê Central do Partido Comunista Brasileiro, que se opunha à luta armada contra a ditadura e nem remotamente poderia ser enquadrado na "luta contra o terrorismo".

Como também o "Massacre da Lapa", que levou à morte dos dirigentes do PCdoB Pedro Pomar, Ângelo Arroyo e João Batista Franco Drummond (este no DOI-Codi da rua Tutoia). No governo Geisel, Dom Adriano Hipólito, bispo de Nova Iguaçu, foi sequestrado, espancado, deixado nu pintado de vermelho em uma rua de Jacarepaguá, no Rio de Janeiro. Seu carro foi explodido à porta da CNBB, no Rio, em 22 de setembro de 1976. Os terroristas ficaram impunes.

No mesmo ano, em 11 de outubro, o padre João Bosco Penido Burnier foi executado por policiais militares ao lado do bispo Pedro Casaldáliga, da Prelazia de São Félix do Araguaia, no Mato Grosso. Cito esses casos entre dezenas de outros.

Também sob a ordem de Geisel, o Brasil formalizou a participação na sinistra Operação Condor, aliança entre as ditaduras da Argentina, Chile, Uruguai, Bolívia, Paraguai e Brasil para caçar e eliminar dissidentes políticos asilados/exilados. Já era usada a prática de capturar e eliminar oposicionistas brasileiros em outros países. Mas a Operação Condor é uma orquestração entre ditaduras.

Em novembro de 2017, a Itália começou a julgar à revelia três coronéis brasileiros – João Osvaldo Job, Carlos Alberto Ponzi e Átila Rohrsetzer e o delegado Marco Aurélio Silva, do Dops gaúcho, pelo sequestro e desaparecimento do ítalo-argentino Lorenzo Ismael Viñas. Graças à anistia a torturadores no Brasil, não foram julgados aqui, mas não escaparam da justiça internacional, que não reconhece a prescrição de crimes contra a humanidade.

O ano de 1979 foi de inflexão. Sem o AI-5, sem a censura, com a volta do *habeas-corpus*, a luta pela anistia ampla, geral e irrestrita tornou-se uma pauta unificadora e ganhou foros de movimento social. A classe trabalhadora entrou em cena com greves de extensão nunca vistas no ABC, projetando a liderança de Lula, e em dezenas de cidades pelo país. Os sindicatos de oposição se articularam.

Milhares de brasileiros viviam exilados em países como México, Estados Unidos, Portugal, Espanha, França, Países Baixos, Suécia, Itália e em países africanos de língua portuguesa.

O *Jornal dos Bairros* avançava com o avanço da luta do povo. Passou a cobrir movimento sindical, greves, a luta pela anistia.

Para que o povo da periferia entendesse a anistia, contávamos as perseguições sofridas por líderes, como Ênio Seabra, Mário Bento, Imaculada Conceição, João Anunciato dos Reis, o "Canela", Antônio Santana, Ciro Patrício e Brito – todos da região, e de Cabo Cecílio, Sinval Bambirra e outros.

Fizemos campanha pela libertação de Flávia Schilling, brasileira, gaúcha, presa pela ditadura uruguaia.

Eu, Mana Coelho e Fernando Miranda fomos a Poços de Caldas entrevistar Lula num Congresso Nacional de Metalúrgicos, com a presença de sindicalistas de outras categorias, onde assisti pela primeira vez à defesa da criação de um partido dirigido pelos próprios trabalhadores.

O pessoal do jornal tudo debatia, e atuava simultaneamente nas organizações sindicais ou associativas de suas próprias categorias: jornalistas, assistentes sociais, psicólogos, médicos, engenheiros, telefônicos, professores públicos ou da educação não pública.

Os chamados porões, as centenas de torturadores e seus funcionários, sem o respaldo do AI-5, passam a usar do terrorismo como forma de ação, protegidos pela impunidade. Betinho Duarte publicou em 2016, e a Comissão da Verdade de Minas Gerais também sistematizou, livro em que relata trinta e oito atentados em residências (como nas casas de Helena Greco e Célio de Castro), sindicatos (como o dos jornalistas), bancas de jornais que vendiam publicações de esquerda. Nos anos seguintes, os atentados terroristas chegaram à OAB no Rio, com a morte de Lyda Monteiro em carta-bomba endereçada ao presidente da entidade, Seabra Fagundes, e o atentado ao Riocentro, que poderia ter sido o maior da história brasileira.

No dia 1º de maio de 1979, depois da missa operária, na praça da Cemig, em Contagem, com milhares de participantes, a maior parte dirigiu-se à praça do Trabalhador, a 500 metros dali, para um ato público. No alto do trio elétrico, Virgílio Guimarães me informou que o carrasco e corrupto delegado Sérgio Paranhos Fleury, responsável pela minha prisão e tortura exatamente havia sete anos, morreu num acidente, bêbado num suposto tombo, batendo a cabeça na lateral do seu barco.

Eu tinha acabado de lembrar às pessoas no caminhão que no 1º de maio de 1972 eu fora preso. Quando fomos para o jornal, vimos que a casa na rua José Zuquim fora saqueada. Um caminhão parou na madrugada e levou tudo: máquinas de escrever, mesas, cadeiras, bancos, nossa geladeira e fogão velhos, telefone fixo, lâmpadas, garrafa térmica, garfos, facas, pratos, copos, pastas, arquivos, colchão, travesseiro, panos de prato. Tudo da casa. Fizeram o mesmo no Getec, CET e CCO.

Imediatamente iniciamos a edição de número extra do *Jornal dos Bairros*, denunciando o assalto às nossas entidades. Passamos a receber doações repondo o que foi roubado e, no domingo seguinte, pusemos em circulação o número extra do jornal, com oito páginas, repudiando a ação dos terroristas.

Os colaboradores de todos os cantos de bairros, vilas e favelas, conjuntos populares, acorreram à sede, trazendo solidariedade e expressando indignação. Nenhuma das pessoas de nosso coletivo se intimidou. Pelo contrário, produziu o efeito inverso, como todos reafirmando o apoio e repudiando o assalto.

Nossas crianças tiveram uma infância feliz na rua dos Jatobás, rua Inglaterra no Conjunto Glória/Eldorado e, sobretudo, no casarão da praça da Glória, na rua dos Ingás. Em nossas casas não se fechavam portões e portas. As crianças circulavam de uma casa a outra. Até uma escola comunitária foi instalada ali, a Pés no Chão.

A praça da Glória era um ponto de referência. Aos sábados jogávamos futebol de salão. Bebíamos cerveja e/ou gim-tônica, fazíamos (eu fazia, geralmente) comida. Houve muitos casamentos, acasalamentos. Aniversários eram momentos de celebração da amizade entre nós.

Em certa ocasião eu, Stael e Fernanda, a amada "Fefé", fomos visitar os amigos presos políticos no presídio Frei Caneca, no Rio. A visita era para Gilney Amorim, companheiro de cárcere em Linhares que já ia para o oitavo ano de prisão. Dessa visita iniciou-se uma amizade profunda com Zé Roberto Rezende e Perly Cipriano.

"Fefé" tinha cinco anos e perguntou ao Zé Roberto quanto tempo ele ainda ficaria preso – já estava havia oito ou nove anos. Ele respondeu que estava condenado a duas prisões perpétuas e mais uns sessenta anos. "Fefé" quis entender. "Então você vai ficar até morrer, depois fica de novo até morrer, depois fica de novo por mais sessenta anos?" Zé Roberto deu risada e disse: "É isso mesmo...".

Depois dessa visita não tive mais permissão para voltar, mas Stael fez outras visitas. Lá estavam Nelson Rodrigues Filho, o "Barba"; meu companheiro de cárcere em Linhares Antônio Pereira Matos e vários outros, como Alex Polari. Em 1979 eles fariam a histórica greve de fome que emocionou o país às vésperas da votação da Lei da Anistia.

***

As oposições se unificaram na luta pela anistia ampla, geral e irrestrita. Inclusive o relator, senador Teotônio Vilela, eleito pela Arena, usineiro, percorreu o país e se encantou em notável conversão, ganhando uma música bonita de Fernando Brant e Milton Nascimento, "Menestrel das Alagoas". Visitou os presos políticos, disse que viu patriotas melhores que nas elites, e liderou uma dissidência pró-anistia ampla, geral e irrestrita. A ditadura queria autoanistia e exclusão dos "crimes de sangue". Elis Regina tornou-se a porta estandarte da anistia ao imortalizar a música "O bêbado e a equilibrista" de Aldir Blanc e João Bosco, que virou o hino do movimento. Em um show no Palácio das Artes lotado, o público acompanhou a interpretação emocionada da cantora, o que se repetiu por todo o país.

Enquanto os presos políticos faziam greve de fome, as caravanas do Comitê Brasileiro pela Anistia tomaram o Congresso Nacional. No entanto, mais uma vez, a conciliação derrotou o povo brasileiro. Por apenas oito votos, o relatório de Teotônio Vilela foi derrotado. O texto aprovado nem tocava nos mortos e desaparecidos políticos e, com a maldita expressão "crimes conexos", excluiu o julgamento dos torturadores e seus mandantes. Mais uma vez, como em 1824 (Dom Pedro I fecha a Constituinte), 1840 (maioridade de Pedro II com catorze anos para manter o império autocrático e o escravagismo), 1888 (abolição sem direitos e reparação para os milhões de pessoas escravizadas), 1889 (revolução sem povo), 1961 (parlamentarismo casuístico para manter o poder com o Congresso de maioria das oligarquias), o Congresso com biônicos e as regras do "Pacote de Abril" impôs a conciliação a molde da aliança civil-militar.

De todo modo, a anistia foi um divisor de águas, mesmo com a derrota do projeto do povo. A escassa maioria arenista se comprometeu a soltar todos os presos políticos que fizeram luta armada, modificando a Lei da Segurança Nacional, e milhares de asilados/exilados voltam ao país, inclusive os 130 banidos que tinham perdido a cidadania brasileira com o cancelamento de seus passaportes.

Leonel Brizola, Miguel Arraes, João Amazonas, Luís Carlos Prestes, Betinho Souza, Apolônio de Carvalho retornaram ao país de cabeça erguida para resgatarem seus espaços legítimos.

Para mim, foi importante a volta de Éder Sader, Marco Aurélio Garcia, líderes da vertente da Polop/POC/PO com reflexões que reforçavam o caminho que eu e tantos outros escolhemos.

Em Minas celebramos a volta de José Maria Rabello e sua família; Apolo Lisboa, Jorge Nahas, Marco Antônio Meyer (na casa de quem morei em 1967), de Gilney Amorim (de quem me tornei amigo, irmão, camarada na prisão); Sinval Bambirra; Carmela Pezutti sem o filho Ângelo, que morreu no exílio; Afonso Celso Lana Leite. Eu e Stael fomos ao Rio buscar Guido Rocha, irmão de sua mãe, o Joaquim que "ministrou" o curso básico da Polop para mim, Leovegildo Leal, Edson Soares, Carlos Morais, quando entramos na Organização Revolucionária Marxista Política Operária. Padre Lage, Arutana Cobério, nosso querido Zé Roberto Rezende, Inês Etienne Romeu, única sobrevivente da Casa da Morte de Petrópolis, a metalúrgica Imaculada Conceição. A volta dos líderes estudantis Zé Dirceu, Wladimir Palmeira, Daniel Aarão Reis, de artistas, intelectuais, jornalistas.

A anistia trazia essa dicotomia e a alegria pela volta dos que estavam impedidos de viver em sua própria pátria, a tristeza da autoanistia aos torturadores e a pedra de dez toneladas sobre os mortos e desaparecidos políticos. A organização de partidos políticos tornava-se irreversível e já perpassava a luta pela anistia.

Nosso grupo do jornal, ampliado, iniciou o debate sobre as propostas partidárias.

Havia companheiros que acreditavam que já existiam partidos que os representavam, como o MR-8, PCB e PCdoB que defendiam a manutenção do PMDB como uma frentona, o tal partido-ônibus que incluiria liberais e esquerdistas.

Alguns simpatizaram com a proposta de um partido popular que unisse os parlamentares da esquerda/centro-esquerda do MDB com o movimento sindical popular.

E a maioria que se identificava com a proposta de um partido organizado e dirigido pelos próprios trabalhadores.

Pesou na minha decisão também o que aconteceu em Teófilo Otoni, vales do Mucuri e Jequitinhonha. Produzimos um encontro de mais de 500 lideranças da região. Fiz uma viagem inesquecível num fusquinha azul com padre Piero por dezenas de cidades, convidando pessoas: Itinga (Taquaral), Araçuaí, Itaobim, Comercinho, Medina, Cachoeira do Pajeú, Padre Paraíso, Novo Cruzeiro, Caraí, Itaipé, Poté, Pavão, Águas Formosas, Bertópolis, Machacalis, Nanuque, Serra dos Aimorés, Ouro Verde, Jampruca, Frei Inocêncio, Ataleia e outras cidades que devem ter acorrido.

Ignacio Hernandez defendeu a organização do PT, e o deputado federal Edgar Amorim fez a defesa de um partido popular que acabou não se efetivando. Seria a junção da esquerda do MDB com o sindicalismo combativo e os movimentos sociais.

Deu quase unanimidade a opção pelo PT. Dirigentes de STRs, pastorais sociais, CEBs, professores, remanescentes das esquerdas. Em 1979, houve a greve do pessoal da educação pública em Minas, que reuniu 170 mil trabalhadores em educação e criou a UTE (hoje Sind-UTE), padres, freiras, seminaristas.

Nosso grupo não tinha qualquer tipo de disciplina, de centralismo. Também no grupo do jornal prevaleceu a opção pelo PT. O grupo ligado ao jornal em Ibirité, liderado pelo médico Paulo Telles, casado com Irene Weiss, optou pelo PMDB acompanhando o "grupo Edgar da Mata Machado", deputados Edgar Amorim e Cássio Gonçalves, pelo advogado Antônio Faria Lopes, ex-presidente dos bancários, ex-preso político, dono da Editora Vega, que seria eleito deputado estadual em 1982, Otávio Elísio, eleito depois deputado federal constituinte. Eles defendiam a manutenção do PMDB até a retirada dos militares do poder.

Em alguns bairros, como Sol Nascente e Palmares, onde havia forte influência da Pastoral Operária e do padre Rogério Cunha, a escolha foi pelo PT. Em Betim, prevaleceu a escolha pelo PT, onde a professora Maria do Carmo Lara se projetou pelo trabalho no Centro de Direitos Humanos e pela projeção com a greve dos trabalhadores da educação, assim como no grupo de metalúrgicos. Na região do Barreiro, que englobava vários bairros, também prevaleceu a escolha do PT, exceto por um grupo vinculado ao MR-8, atuante no Lindeia, que preferiu manter o PMDB.

Em Contagem, a opção pelo projeto do PT foi hegemônica. Metalúrgicos, petroleiros, bancários, professores estaduais, CEBs, grupos de jovens, padres, seminaristas, pessoal das creches, militantes de vilas e favelas, dirigentes de associações e movimentos populares, toda a rede sob influência do pessoal do *Jornal dos Bairros*. A Convergência Socialista, desde 1979, defendia a organização do PT. Assim como os militantes/simpatizantes da Polop, PRC, Libelu, O Trabalho, DS.

Na fase de organização do PT havia uma disputa: o PT seria uma frente de organizações políticas preexistentes, como a Frente Sandinista da Nicarágua ou Farabundo Martí em El Salvador? Ou seria um partido dirigido pelos próprios trabalhadores?

Esse debate deu-se em todo o país. No Primeiro Encontro Nacional do PT, realizado no Instituto Sedes Sapientiae, em São Paulo, por maioria (cerca de 70%) decidiu-se pela proposta de partido e não frente. Com a evolução do trabalho de construção do PT, surgiu uma novidade: o direito à organização de tendências internas, desde que não agissem como frações com disciplina própria.

Desse modo, o PMDB ficou como a maior força política, com Tancredo, Newton Cardoso, Itamar Franco, os políticos de centro-esquerda até a esquerda com partidos, como o PCB, PCdoB, MR-8.

O PDT brizolista com Theotônio dos Santos (fundador da Polop, professor, teórico brilhante), Vânia Bambirra, José Maria Rabello, Padre Lage.

O PT reuniu STRs, sindicalistas e ativistas metalúrgicos, bancários, professores, petroleiros, eletricitários, servidores públicos, estudantes e militantes da DS (maior grupo), PRC, O Trabalho, Libelu, Convergência, Polop, Port, grupos autonomistas (como nós).

Em 1979, eu me formei em Jornalismo e, nos dois anos seguintes, fiz mestrado em Ciência Política (sem apresentar dissertação). Em 1979 fui convidado para fazer assessoria de imprensa por Arlindo Ramos. Montamos um núcleo com o ótimo desenhista/chargista Mário Lúcio e com o estagiário Itaborahy, que depois fundaria a longeva *Folha de Ponte Nova*. Não durou muito: após uma greve em setembro a Delegacia Regional do Trabalho (Onésimo Viana era o delegado) destituiu Arlindo Ramos, e eu fui demitido após sete meses. Mas foi uma boa experiência.

Nos anos seguintes trabalhei no Sindicato dos Metalúrgicos de Betim, com a vitória da chapa de oposição, José Onofre à frente. Enquanto isso, o *Jornal dos Bairros* começava a mostrar sinais de esgotamento com o surgimento de jornais sindicais com a vitória de chapas de oposição e com o surgimento de jornais de partidos, como o *Tribuna da Luta Operária* (PCdoB), *Voz Operária* (PCB), *Hora do Povo* (MR-8).

A própria mídia criou espaços na TV, jornais e rádios para cobrir o movimento comunitário. Nossos ativistas dividiam seu tempo com os sindicatos e associações de tipo sindical em suas categorias profissionais.

O companheiro Jorge Pimenta escreveu um texto quando comemoramos os quarenta anos de lançamento do primeiro número do *Jornal dos Bairros*, em setembro de 1976, que vale a pena publicar.

Jornal dos Bairros – *uma experiência de imprensa popular!*

Imprensa popular, sim! Não simplesmente um jornal alternativo, imprensa independente ou jornal nanico como se dizia na época! Época marcada por um momento importantíssimo de nossa História, a retomada das Liberdades Democráticas! Últimos anos da Ditadura Militar!
Estávamos construindo uma alternativa contra-hegemônica ao lado da retomada das lutas sociais: luta pela criação de associações de moradores de bairros e favelas, luta contra a poluição que afetava a saúde dos moradores da região industrial, fortalecimento das oposições sindicais que se articulavam para retomar a luta sindical autêntica contra os interventores e sindicalistas pelegos impostos pela Ditadura Militar – luta dos metalúrgicos, dos tecelões, dos bancários, dos professores e outros setores de trabalhadores que já se impunham como protagonistas na cena social e política. Época em que, forjadas na luta popular, começavam a surgir suas lideranças.
O que era o Jornal dos Bairros? Um veículo de apoio à luta pela melhoria dos transportes públicos, pela moradia popular, pelo saneamento dos bairros e vilas, pela urbanização das favelas, contra despejo de populações da periferia, apoio às grandes mobilizações que se iniciavam, como a greve dos pedreiros de 1977, pois os trabalhadores da construção civil desceram dos morros para o centro da cidade lutando por melhorias de condições de vida e de trabalho, também apoio à luta dos professores e sua memorável greve de 1979. Apoio ao grande movimento emergente de lutas para criação de creches.
Essas eram as pautas reivindicativas e políticas importantíssimas que contaram, em algum momento, com o trabalho combinado com outros jornais.

Criando o PT, as primeiras candidaturas

Um destaque nesse sentido foi a cobertura dos movimentos grevistas com uma grande matéria sobre "Os 10 anos da greve de Contagem" (1968-1978), matéria pautada no Jornal dos Bairros *e no jornal* De Fato.
Outro destaque foi a cobertura das eleições de 1978 com apoio aos candidatos populares: Ronan Araújo, Cássio Gonçalves, Humberto Resende, candidatos a Deputados Estaduais e Edgar Amorim, candidato a Deputado Federal.
Também pautamos a Anistia, a luta pela Anistia Ampla, Geral e Irrestrita! Quem integrava o jornal? Quase duas centenas de pessoas que se reuniam para a cobertura, entrevistas e distribuição do jornal que chegava aos bairros de periferia de Belo Horizonte, próximos da Cidade Industrial, a toda a região do Barreiro, chegando até Ibirité e todos os bairros de Contagem. A maioria dos envolvidos no jornal eram jovens universitários e secundaristas dispostos a conhecer a vida do povo e apoiá-lo em suas lutas – o que significou um engajamento e um percurso de abertura para a política popular e democrática –, mas também participavam professores e alguns líderes populares. Desse contingente, um pequeno número de integrantes do jornal eram pessoas formadas politicamente com uma militância na esquerda revolucionária. Uns pouco haviam passado pela prisão e tortura! Conhecer, destacar e apoiar as oposições sindicais, as lideranças populares, articular ações conjuntas com a Pastoral Operária, CET – Centro de Estudos sobre o Trabalho, o GETEC – Grupo de Estudo e Trabalho e Educação Comunitária, Cursos de Formação Operária – tudo isso resultou num caldo de cultura política que levará alguns companheiros a iniciar uma militância política, tanto em sindicatos como na política partidária, já que abrimos essa perspectiva! Foi um movimento pedagógico-político de grande expressão!
O jornal traz estampado na primeira página da edição número zero, na segunda quinzena de setembro de 1976, o seguinte texto: "Você [leitor] pertence a esta comunidade humana que vai ler o Jornal dos Bairros *de 15 em 15 dias. Um jornal que vai retratar o que existe no seu bairro, na sua rua, no seu comércio, no esporte amador, no futebol de várzea, na vida enfim da região".*
Dois fatores importantes foram utilizados para aproximação do jornal com seus leitores. Um primeiro foi a linguagem, utilizada de uma forma

quase coloquial, com textos curtos que facilitavam um diálogo direto com o leitor, sem o rebuscamento da linguagem formal. Outro instrumento utilizado para essa aproximação com o leitor, em sua maioria operários e suas famílias residentes na região industrial, foi o símbolo do jornal que já aparece na primeira página ao lado do nome do jornal e que acompanha a numeração das páginas: a imagem da escultura "Trabalhador Anônimo", obra do artista plástico José Amâncio de Carvalho. Esta escultura se encontrava na praça da Cemig, local que representa o centro da Cidade Industrial Juventino Dias e é uma homenagem ao operário. Popularmente a escultura era conhecida como "Estátua do Salário-Mínimo", isso porque ela é representada por um homem muito magro.

O trabalho do Jornal dos Bairros *foi também na formação de pessoas que se engajaram para construir o PT – Partido dos Trabalhadores, participando das Coordenações Políticas regionais e depois dos núcleos do Partido, descobrindo uma forma nova de fazer política pela base, nucleando lideranças sociais que podiam agora militar num partido sem patrões, sem políticos tradicionais: colocando sua luta, sua vez, sua voz! Uma utopia fantástica! Um resgate da verdadeira luta socialista e democrática!*
Nilmário Miranda, o idealizador e dirigente do Projeto do Jornal dos Bairros, *teve a ideia de sua realização depois de passar pelos horrores da prisão política. Para mim a maturação dessa ideia partiu de uma decisão política importantíssima: uma autocrítica do papel da esquerda e sua vanguarda, uma ampla reflexão sobre a forma de fazer política centrada na valorização da militância e na liderança do movimento operário e popular. Nilmário, que viera da esquerda revolucionária – da POLOP, POC e depois OCML-PO –, que participara da memorável greve de 1968 em Contagem e que depois esteve anos num trabalho clandestino, pôde propor a outros ex-militantes de outras organizações revolucionárias (APML, PC do B, PC) que viessem construir essa experiência à luz do dia e sem as amarras do que era, principalmente, o centralismo democrático e as propostas táticas e estratégicas da esquerda. Ele que encontrou alguns companheiros de esquerda e já com experiência jornalística que o ajudaram na formatação do jornal. Sim, a proposta foi formatada com precisão e profissionalismo, embora o jornal não remunerasse ninguém e contasse com o apoio de pouquíssimos anunciantes. A parte mais importante de apoio para impressão e divulgação do jornal viria logo em seguida com*

aportes de agências internacionais de apoio a projetos populares do Terceiro Mundo e depois se criou uma gráfica, a SEGRAC, mas esta é outra história...
Valeu muito a pena participar desse projeto que formou muitas pessoas também para a vida!

Aliás, ao longo dessas décadas, inúmeras teses e TCCs foram publicadas avaliando a experiência e o papel do *Jornal dos Bairros*.

Nos anos seguinte ainda iríamos assistir a tentativas da ditadura de estender seu domínio por tempo indefinido, apesar do seu esvaziamento político. Já sem os instrumentos do arbítrio (AI-5, censura, cassações, torturas, mortes e desaparecimentos políticos), ela queria se manter, atrasando o sonho de um projeto de nação desenvolvida, justa, democrática.

A ditadura é um monstrengo inerte, mas tenaz.

O povo brasileiro iria às ruas.

CAPÍTULO 5.
DE VOLTA À VIDA NORMAL, DA ANISTIA AO PACTO CONSTITUINTE

Tive de comprar uma motocicleta para dar conta do que fazia no ano inaugural da década de 1980. Ia duas vezes ao dia do Eldorado ao Sindicato dos Metalúrgicos de Betim. Fazia um boletim diário – *Acorda Peão* – distribuído nas fábricas, especialmente na Fiat, FMB e Krupp e um jornal mensal, o *Solidariedade*. Gostava de trabalhar lá, dava-me bem com a diretoria, os ativistas, os funcionários e os advogados – Afonso Cruz, Orlando Alcântara (hoje é juiz) e Márcio Santiago.

Ia à Fafich para o curso de Mestrado no Departamento de Ciência Política. Tive grandes mestres, como Fábio Wanderley, Marcos Coimbra, René Dreifuss, Bernardo Sorj, Antônio Mitre, Malori Pompermeyer. Conversava muito com Michel Le Ven.

E rodava os bairros do Barreiro e de Contagem fazendo matérias para o *Jornal dos Bairros*. E cuidava das meninas enquanto Stael dava aulas na UFMG. Rodava pelo menos 80 quilômetros por dia, prazerosamente.

Havia uma intensa vida política: debates, oficinas, seminários, lançamentos de livros. Os retornados, asilados, banidos e os que saíram das prisões estavam sequiosos.

Entre os muitos entulhos autoritários da ditadura estava a lei eleitoral/partidária, feita para dificultar partidos democratizados e participativos.

Para legalizar o PT segundo as regras burocráticas, tivemos que fazer comissões provisórias em 146 municípios (um quinto do total). Tudo submetido ao

Tribunal Regional Eleitoral que tinha observadores (fiscais) para comprovar o que estava nas atas. Após a legalização provisória vinha a definitiva. Transformar as 146 CMPs em diretórios municipais com um número mínimo de filiados por município. No caso do PT, tínhamos que arcar com despesas de viagens, de alimentação, combustível, e dormir nas casas de companheiros.

Eu me dava como dever a participacão na construção do partido em Contagem, na região do Barreiro, Ibirité, em Betim (onde trabalhava) e nos vales do Jequitinhonha e Mucuri. Quando foi realizado o 1º Festivale – Festival de Música dos Vales, que projetou sua cultura para o país, fomos para lá eu, o veterinário Jardel Lopes e o professor da UTE José Antônio Lage. O festival foi organizado por companheiros que faziam o jornal *Geraes*, amigos do pessoal do *Jornal dos Bairros*. De Itaobim fomos às cidades de participantes do festival fazer comissões provisórias.

Jardel Lopes, morador do Novo Eldorado, tinha uma empresa que fazia projetos para financiamento rural. Tinha carro, conhecia muita gente e bancava as despesas do automóvel. José Antônio Lage era da UTE, conhecia quem participou da histórica greve de 1979. Eu tinha rodado pelas cidades convidando pessoas para o famoso Encontro de Movimentos Populares no ex-Orfanato (Escola Tristão da Cunha) em Teófilo Otoni e era amigo da turma de esquerda que fazia o *Geraes*.

Quando chegamos com vinte e seis Comissões Municipais Provisórias à sede estadual do PT na rua Bernardo Guimarães foi uma festa. Não era fácil organizar um partido como o PT, fora do controle e em oposição às elites locais.

A ditadura, sob a atuação direta de Golbery e do senador Petrônio Portela, criou o voto vinculado. O eleitor era obrigado a votar para vereador, prefeito (exceto nas capitais que não elegiam prefeitos – eram nomeados pelo governador), deputado estadual e federal e senador do mesmo partido. Ora, o PDS, sucessor da Arena, não se dividiu. Se quisessem existir, PT e PDT teriam que lançar candidatos, e o PMDB era o grande partido da oposição. Tancredo Neves estava organizando um partido mais conservador que o PMDB, mas ante a manobra do voto vinculado, voltou ao PMDB para anular os intentos da dupla de bruxos.

O PTB foi roubado dos trabalhistas e entregue a Ivete Vargas, que não honrava o sobrenome. A maior expressão trabalhista era Leonel Brizola, que teve que fundar o PDT, com lideranças extraordinárias, como Darcy Ribeiro, Bocaiúva Cunha, Neiva Moreira, Vivaldo Barbosa, Luiz Salomão,

Nilo Batista. Em Minas, com José Maria Rabelo, Padre Lage, Theotônio dos Santos, Vânia Bambirra.

No caso do PT, não partimos de estrutura preexistentes. Não tínhamos vereadores, prefeitos, deputados estaduais, federais, senador. Queríamos e tivemos que fazer tudo de baixo para cima.

Para não ficarmos amarrados à estrutura oficial, não democrática, fizemos os núcleos de base. Em Contagem tínhamos núcleos no Petrolândia, Riacho, Industrial, Eldorado, Novo Eldorado, JK, Água Branca, entre outros bairros.

Para participar da eleição de 1982, sua primeira vez, o PT precisaria ter candidato a prefeito, a vice-prefeito e pelo menos um candidato a vereador em no mínimo 140 municípios.

Muitas, dezenas de chapas, foram constituídas por militantes do PT em BH e nas grandes cidades, mas que tinham título eleitoral em suas cidades de origem.

Vencemos todos os obstáculos e conseguimos lançar Sandra Starling como candidata ao governo. Advogada, professora da UFMG, ex-sindicalista cassada do Sindipetro, excelente oradora. Seu senador foi nosso velho e bom Joaquim de Oliveira, metalúrgico do sindicato e das greves de 1968, natural de São Pedro dos Ferros, chagásico, sábio iletrado, negro. O candidato a vice foi Milton Freitas, o marceneiro da Polop, POC, depois PO. Colaborador do *Jornal dos Bairros*, companheiro de dona Mariinha, guerreira, incansável nas lutas do bairro Novo Eldorado. Dois pés de chinelo, sem escolaridade, mas com enorme sabedoria.

Eu me preparei para ser candidato a vereador por Contagem. Era relativamente conhecido pela capilaridade do *Jornal dos Bairros*, pelo trabalho como jornalista dos sindicatos dos bancários e metalúrgicos de Betim, pela militância iniciada em 1968 e retomada em 1976. Havia outros nomes bem representativos, como o professor Círis Teixeira.

Faltando poucos meses para a eleição, fui procurado por Aluísio Rodrigues Coelho, o "Neco", que foi meu colega na Faculdade de Ciências Econômicas em 1967/1968 e viveu como exilado no Chile e na Europa. Era integrante do CEU (Comitê Eleitoral Unificado) do PT. Disse-me que o PT precisava de dez candidatos a deputado federal a mais do que tinha. Daí, eu e o veterano Alcides Oliveira, marceneiro, ex-presidente do sindicato afastado pelo golpe de 1964, ex-militante da Polop, viramos candidatos para colaborar, somar votos para alcançar o coeficiente eleitoral para eleger um deputado federal.

Iria apoiar Apolo Lisboa, mas não tinha como recusar o chamado do PT. Apolo Lisboa era apoiado pelo PT em Teófilo Otoni, vales do Mucuri e Jequitinhonha. Coordenava o Internato Rural que levava médicos da fase de residência para cidades e comunidades sem médicos e sem luz, água tratada, esgoto. Como seria o Mais Médicos décadas depois. Viveu no exílio por quase uma década. Teve 15.833 votos e ficou em terceiro lugar. As cidades onde foi apoiado pelo PT tinham baixa densidade eleitoral, muitos analfabetos e muita fraude, como o mapismo.

As Diretas Já e a conciliação das elites

O CEU fez o certo. Sem os votos dados a mim, ao Alcides e outros que entraram para somar votos não teríamos elegido Luiz Dulci. O PT obteve 105 mil votos para os federais e o quociente era de 101 mil. Dulci foi a grande liderança das greves de 1979 e 1980, fundador e primeiro presidente da UTE. O segundo colocado foi Virgílio Guimarães, presidente do DCE em pleno governo Médici, economista.

O ano de 1982 marcou minha vida para sempre. No dia 12 de janeiro, à meia-noite e um minuto, nasceu Vitor Santana de Miranda, no mesmo hospital São Lucas em que eu nasci trinta e cinco anos antes. Foi registrado em Contagem, onde morávamos, e lá não havia maternidade. Aroldo Fernando Camargo, casado com Maria das Graças, irmã de Stael, médico extraordinário, fez o parto. Mana Coelho esperou comigo no hospital o nascimento. Seu nome foi escolhido pelas irmãs Renata e Fernanda.

Em 1983 e 1984, eu e Sálvio Penna éramos assessores de Mares Guia, deputado estadual, com a tarefa de visitarmos duas centenas de cidades para formar diretórios reais. Em 1982 cerca de setenta cidades tinham o PT cartorial, para atingir as 146 cidades, condição *sine qua non* para disputar a primeira eleição. Era nossa obrigação, eu como secretário de Organização e Sálvio como vice-presidente, era evitar que o partido caísse em mãos erradas. Não havia internet, celular. Levantamos todas as informações possíveis e fomos a uma por uma. Deu certo. Isso implicava um número de viagens impressionante. Tínhamos o AL-12, carro destinado à liderança. Não havia impedimentos éticos ou legais.

Vitor adorava viajar comigo. Levava até mamadeira e os apetrechos para trocar de roupa e tratar dele. Os motoristas ajudavam a cuidar. Todos, em todos os lugares, eram solidários. Anos depois ele anotava num caderno o nome de cada cidade que conheceu: chegou a contar mais de oitenta! Ia aos Jequitinhonha Festivales nas férias, Stael também. Ia conhecer cada cantor, compositor, instrumentista. Em entrevista em 2017 à Rádio Inconfidência, Vitor associou sua decisão de tornar-se músico como projeto de vida às suas viagens – onde a música, a festa, a dança, a cultura, estavam sempre presentes. E às campanhas eleitorais em que fui candidato a deputado estadual (1986/1990; 1990/1994), 1998 como federal e a prefeito de Contagem em 1988 e 1992 (tinha seis e dez anos) e à campanha de Lula em 1989, quando a música e a cultura eram tão importantes quanto o discurso político. Aos nove anos já tinha ganhado seu primeiro violão. E nosso casarão na praça da Glória era frequentado por uma legião de artistas.

Fernanda, quando tinha oito ou nove anos, viajou comigo para Pirapora com uma máquina fotográfica Xereta para conhecer a caatinga, campo e cerrado e fazer sua redação de Geografia.

***

O PT nasceu em Minas (como em todo o país, guardadas as diferenças regionais) da confluência de várias vertentes:

1 – do movimento sindical, das greves dos trabalhadores, das oposições sindicais ou dos sindicatos autênticos;

2 – do movimento social urbano, que tinha como força maior o pessoal das CEBs e das pastorais sociais das periferias;

3 – de organizações políticas de esquerda preexistentes e que não queriam se impor como vanguardas autonomcadas;

4 – da miríade de militantes de esquerda desgarrados dos grupos originários e que faziam trabalho de base ou que se juntaram como nós do *Jornal dos Bairros*.

Em Minas, em 1979/1980 houve greves de metalúrgicos (sem a força ainda do ABC – isso viria depois); de bancários; de tecelões; de servidores da Saúde; a famosa revolta dos peões da construção civil. Mas foi a greve de quarenta e um dias de quase 200 mil professores, serventes faxineiros, cantineiras da Educação em 400 cidades que teve um forte impacto na organização do PT (o primeiro deputado federal, Luiz Dulci, foi projetado como a liderança mais conhecida).

Também a capilaridade dos STRs, que muitas vezes se confundia com a atuação das CEBs, da Comissão Pastoral da Terra, das pastorais sociais.

Em 1983 e 1984 a equipe que atuava com Mares Guia e sobretudo ele próprio empenharam-se muito na estimulação da campanha das Diretas Já, quando poucos viam o papel dela. O primeiro ato da campanha em Minas foi um evento marcante com a presença de Eduardo Suplicy no Instituto de Educação, ainda em 1983, após o comício na praça Charles Miller, em São Paulo, com 10 mil pessoas.

João Mares Guia – eu o acompanhei – fez viagem a Viçosa, Ouro Preto, São Sebastião do Paraíso, Divinópolis, Vale do Aço, Governador Valadares e Teófilo Otoni, pelo menos.

As eleições de 1982 foram uma derrota para a ditadura, mesmo com o voto vinculado e a proibição da fala dos candidatos no rádio e TV. A oposição elegeu os governadores dos maiores estados como São Paulo (Franco Montoro), Minas Gerais (Tancredo Neves) e Rio de Janeiro. Naquele estado, Brizola teve que derrotar Moreira Franco, a Rede Globo e a fantástica fraude articulada por eles – o escândalo Proconsult. Em Minas, Tancredo uniu o velho PSD e a UDN que o derrotara em 1960, trazendo Hélio Garcia como vice.

Mesmo com a derrota eleitoral, a ditadura não dava sinais de querer deixar o poder, ao contrário. A anistia tinha garantido a impunidade dos militares, da Polícia Federal e das polícias políticas estaduais; o Poder Judiciário, que conviveu docilmente com o arbítrio até quando três ministros do Supremo Tribunal Federal foram compulsoriamente aposentados após o AI-5, criou a jurisprudência sobre a impunidade da tortura e da corrupção nos governos autoritários; um extremo poder foi concedido à Rede Globo e seus tentáculos estaduais. Mesmo com tudo isso e, ainda, por arte dos casuísmos, garantiu a maioria no Senado e, na Câmara, a ditadura ainda queria se autorreformar para permanecer.

Em 1983 iniciou-se o movimento pelas Diretas Já, com o comício puxado pelo PT em São Paulo, com 10 mil pessoas na praça Charles Miller, e ganhou o país como uma bola de neve, sobretudo quando Ulysses Guimarães tomou a frente, provocando o maior movimento de massas da história do país.

Uma bandeira simples e unificadora. Tancredo demorou, escolheu a hora, e Belo Horizonte teve comício com 100 mil na praça da Rodoviária que, àquela época, era o lugar dos atos maiores. Brizola também escolheu sua hora e a Candelária recebeu 1 milhão de pessoas.

A TV Globo teve uma posição vergonhosa de cobrir a Diretas Já apenas nos jornais locais, e só entrou quando não noticiar era tapar o sol com peneira e quando seus artistas participavam dos atos e as massas gritavam "o povo não é bobo, abaixo a Rede Globo". Enquanto isso, a TV Manchete crescia cobrindo as megamanifestações.

Mesmo assim, a Emenda Dante de Oliveira, que estabelecia a eleição direta para presidente, foi derrotada por vinte e dois votos no Congresso Nacional. De todo modo, a conciliação das elites derrotou o povo, mas decidiu que o próximo presidente seria eleito por um Colégio Eleitoral composto pelos senadores, deputados federais e seis deputados estaduais por unidade da Federação. Ou seja, os seis do pequeno Amapá valeriam o mesmo que os seis de São Paulo, com população cinquenta vezes maior.

Os cientistas políticos cunharam a expressão "transição transada pelo alto". Ou seja, os civis e militares que impuseram a ditadura mais longa da história ditariam a transição.

De novo um Congresso sem negros e mulheres, sem camponeses e operários, decidiria pelo povo. O PT decidiu não participar do Colégio Eleitoral em respeito aos milhões que foram às ruas. No entanto, três dos seus oito deputados resolveram participar do Colégio Eleitoral: Aírton Soares (nosso valente advogado de presos políticos), Beth Mendes (artista notável, de esquerda) e José Eudes (carioca que vinha da AP).

A ex-Arena, agora PDS, dividiu-se entre duas candidaturas: Paulo Maluf, que derrotou o coronel Mário Andreazza, e acabou derrotado por Tancredo Neves, que teve como vice José Sarney, que dirigia a Arena e passou a fazer parte do PDMB. Como se vê, o primeiro presidente pós-ditadura seria um militar, como em 1946, se Andreazza vencesse. Depois do Estado Novo, o primeiro presidente da democracia recém-inaugurada foi o general Dutra, que jogou sua mão de ferro sobre o movimento sindical e, com o beneplácito do STF, tornou ilegal o PCB, partido em ascensão, tirando-lhe o registro por uma questiúncula jurídica.

O PT mineiro saiu fortalecido da primeira eleição de que participou. Elegemos nosso primeiro deputado federal, Luiz Dulci. Ele liderou um grupo de professores que fundou a UTE (hoje Sind-UTE) e que dirigiu greve de 200 mil professores, serventes, cantineiras e faxineiras por quarenta e um dias em 400 cidades – a maior greve da história mineira. Ele e outros foram presos pelo

Dops, o que só fez aumentar sua projeção. Ganhou uma rouquidão crônica de tanto usar a voz como tribuno. Participou desde a primeira comissão provisória da direção nacional do PT. Em 1983 foi eleito presidente do PT mineiro (eu fui escolhido como secretário de Organização). Tinha vinte e seis anos, lecionava Língua Portuguesa, teve 23.524 votos.

João Batista Mares Guia, primeiro deputado estadual eleito com 12.721 votos aos trinta e quatro anos, era sociólogo e professor, foi preso como liderança estudantil em 1968 e como militante do Colina em 1969, passou pelo exílio no Chile. Era um bom tribuno. Como líder tinha assento na Executiva. Sálvio Penna, segundo suplente, teve 7.059 votos, era metalúrgico, vizinho em Contagem, ex-preso político, ficou como vice-presidente. Helena Greco, Patrus Ananias (secretário-geral) e vários outros companheiros integravam a Executiva do PT-MG.

Aos 39 anos, eleito deputado federal (a primeira eleição a gente nunca esquece)

Em 1982 tivemos a única eleição de vereador a governador. Os mandatos de vereador e prefeitos forma ampliados para seis anos, e deputados e senadores, de quatro.

Em Minas elegemos dezesseis vereadores dos 117 eleitos pelo PT no país. Foram dois em BH: Helena Greco e Renê Trindade. Dois em Poté: José Maria da Rocha e Milton Vaz Soares. O metalúrgico de João Monlevade Wilson Bastiere; Dario Vitolo em Barão de Cocais; Gaspar dos Reis (Botelhos), Balduíno Simões da Rocha (Cataguases), Maria do Carmo Araújo (Sabará), Walter Amorim (Santos Dumont). Contando os dois de Poté, nove dos dezesseis vereadores eram dos vales do Mucuri e Jequitinhonha. José Gomes (Padre Paraíso), Osvaldo Ornelas (Comercinho), Sílvio da Lajinha (Teófilo Otoni), Antônio Araújo Bastos (Ouro Verde de Minas), Austin Batista (Jampruca) e Luiz Clemente (Frei Inocêncio), refletindo a força dos movimentos populares dos STRs, da Igreja da Teologia da Libertação e das CEBs.

Novas lideranças foram projetadas ou cresceram. Dentre os candidatos a deputado federal não eleitos estavam Virgílio Guimarães, Apolo Lisboa, Paulo Delgado, Fabrício Soares, Vicente Nica, Orlando Rezende. Edson Nunes, jornalista, primeiro candidato LGBT, teve a coragem de disputar e obteve 1.318 votos.

Dentre os candidatos a deputado estadual não eleitos estavam Ignacio Hernandez (8.182 votos), Sálvio Penna, Américo Antunes, Élcio Reis, Joaquim de Poté, José Antônio Lages, Flávio Checker, Vicentão Gonçalves, Humberto Rezende, Paulo Tadeu, Tarcísio Ferreira, Celso Aquino, Carlão Pereira e outros que, à frente, seriam eleitos vereadores, prefeitos, deputados, lideranças sociais e ou partidárias.

Ter tido uma boa votação, 9.660 votos, mudou minha vida. Tinha feito curso de especialização em comunicação popular no Equador pelo Ciespar, órgão vinculado à ONU. Com a experiência adquirida no *Jornal dos Bairros*, como jornalista dos bancários e metalúrgicos de Betim, iria avançar na carreira de jornalista de sindicatos autênticos. Do *Jornal dos Bairros* nasceu a Segrac Editora e Gráfica, como ferramenta pra ancorar novas publicações de comunicação popular.

João Batista dos Mares Guia, com quem fiz campanha (minhas dobradinhas foram especialmente entre ele e Sálvio) convidou-me para ser seu chefe de gabinete e, juntamente com Sálvio, dedicar esforços para a reorganização e fortalecimento do PT em Minas. Conversei com o pessoal do *Jornal dos Bairros*, com o grupo que apoiou minha candidatura, com lideranças populares e decidi aceitar o novo desafio. Após, é óbvio, consultar Stael e filhas.

Escrevi quatro livros, dentre eles *Memória essencial*, em 2003, pela Segrac, em que relato a trajetória de crescimento eleitoral do PT em Minas de 1982 a 2002. Hoje lamento não ter feito nova edição ou mesmo a reimpressão quando os 2 mil exemplares se esgotaram. Escolhi dois episódios que denotam o que chamo de fase heroica. Joaquim Oliveira, metalúrgico, portador da doença de Chagas, sábio iletrado, vivia pobremente. Foi preso nas greves de 1968, demitido, destituído do Sindicato dos Metalúrgicos, figurava nas listas negras para impedi-lo de exercer sua profissão.

Durante a campanha, ele foi convidado para um debate na Federação das Indústrias do Estado de Minas Gerais (Fiemg), então presidida por Nansen Araújo, na avenida Carandaí. Os dois assessores, César Lima e Tales Chagas, já estavam aflitos porque "seu" Joaquim não chegava (ele era pontualíssimo). Finamente os dois o avistam, suado e esbaforido. Viera a pé da Cidade Industrial com sua inseparável capanguinha, vendendo temperos, e se atrasou. A distância percorrida a pé foi de aproximadamente cinco quilômetros.

Houve um debate entre candidatos a vice-governador na TV Alterosa, mediado por Jarbas Medeiros. Lá estavam Hélio Garcia (vice de Tancredo), Bias Fortes (vice de Eliseu Resende), Maria Letícia (vice de Theotônio) e

Milton Freitas. Ao se apresentar, Milton disse que participava daquelas eleições burguesas para difundir socialismo e que só acreditava em mudanças efetivas através da revolução socialista. Assim era Milton Freitas.

Nossos slogans eram: "Trabalhador vota em trabalhador" e "Vote três, o resto é burguês". Só depois o PT adotaria o 13.

Nacionalmente o PT elegeu oito deputados federais, treze deputados estaduais, 117 vereadores e dois prefeitos.

Participei do encontro de fundação do PT no Instituto Sedes Sapientiae, em São Paulo. Impressionante ver ali Apolônio de Carvalho, ligado aos PCs da Terceira Internacional até fundar o PCBR, ao lado de Mário Pedrosa, militante histórico do trotskismo. Ver e ouvir Antônio Cândido e Sérgio Buarque de Holanda, fundadores do PSB em 1947. Líderes da tentativa de fundar o PRT, como Vinícius Caldeira Brant.

O pessoal que veio da ALN, do Molipo, da Ala Vermelha, do PRC, da Polop-POC-PO, da Libelu, Convergência Socialista, a esquerda católica, Perseu e Lélia Abramo. De Teófilo Otoni vieram Maria José e o padre Giovanni Lisa. Mas quem dava a última palavra eram os sindicalistas, os trabalhadores.

O grupo do *Jornal dos Bairros* conseguiu financiamento de um programa belga para montar a Segrac – Sociedade Editora e Gráfica de Ação Comunitária como início de um projeto maior de comunicação popular. Montamos a produção de milhares e milhares de camisetas "Presidente quem escolhe é a gente".

O diretório estadual do PT decidiu investir na campanha. Depois do ato no Instituto de Educação com Eduardo Suplicy, seguiram-se atos, reuniões, assembleias, debates, comícios. Íamos de escola em escola, nas fábricas, nas igrejas. Panfletagens nas ruas, na praça da Rodoviária, praça Sete, nos bares, teatros. Na UFMG, PUC, nas universidades do interior. Na luta pelas Diretas Já discutíamos o Brasil, um projeto democrático-popular para o país.

Quando Tancredo resolveu entrar na campanha, foi convocado o ato na praça da Rodoviária. Do palanque não era possível enxergar o fim da concentração ao longo da avenida Afonso Pena, que começa na praça. Vieram todos os políticos, artistas, Osmar Santos – locutor dos atos. Ulysses Guimarães, o "Sr. Diretas".

No dia 26 de abril de 1984 a Emenda Dante de Oliveira foi derrotada no Congresso Nacional, com o prédio e as galerias tomados pelo povo. Por vinte e dois votos a emenda foi derrotada. Houve 298 votos "Sim", sessenta e cinco votos "Não", e 113 parlamentas vergonhosamente se ausentaram.

A escolha do presidente no ano seguinte foi transferida para o Colégio Eleitoral com 686 delegados: sessenta e nove senadores, 479 deputados federais e 138 deputados estaduais indicados pelas Assembleias Legislativas, seis por estado. O movimento pela anistia, iniciado em 1975 por mulheres de presos políticos, exilados, banidos, evoluiu para o Comitê Brasileiro pela Anistia, com um processo nacional de mobilização, com forte adesão de personalidades, grupos organizados da sociedade civil, com comitês em todos os estados. Abrangia todos os condenados por razões políticas.

Com a campanha pela anistia o povo cantava o Hino Nacional de novo nas ruas e atos contra a ditadura. Teotônio Vilela, senador alagoano dissidente da Arena, visitou presos políticos, peregrinou pelo país, foi homenageado pela belíssima música de Fernando Brant e Milton Nascimento, "Menestrel das Alagoas". A música de João Bosco e Aldir Blanc "O bêbado e a equilibrista" emocionou o país na voz de Elis Regina. Foi um grande movimento de caráter nacional e inaugurou a democratização da esfera pública brasileira. Foi uma grande vitória.

A saída das prisões era uma festa, ainda maior nos aeroportos com a chegada dos banidos, exilados, com faixas, amigos, familiares. Poucos se rebelaram contra a anistia aos torturadores e corruptos da ditadura civil--militar. Os próprios torturados, pelas circunstâncias, por estar o país ainda sob a ditadura, viam-se compelidos a não se rebelar de novo.

Na verdade, apesar da diferença de apenas oito votos na derrota do projeto do povo em 28 de agosto de 1979, prevaleceu a conciliação das elites: Arena e moderados do MDB não queriam o julgamento de torturadores nem anistia para "crimes de sangue".

O movimento pelas Diretas Já foi a retomada, ampliada com a inclusão de milhões de pessoas, desse alargamento da esfera pública. Para os petistas, pelo menos em sua maioria, a luta pela democracia era para garantir a livre organização dos trabalhadores em todos os níveis, a democracia tem valor permanente e só será democracia de fato aquela que incluir e tirar da marginalização os milhões de brasileiros que não tinham acesso à riqueza que construíam.

De novo um movimento nacional juntou partidos de esquerda a partidos de centro, associações do movimento popular, sindicatos, intelectuais, artistas, padres, mulheres, movimento estudantil, jornalistas, parlamentares, governadores. Oitenta por cento dos brasileiros esperavam a vitória das Diretas já. Ganhou mais uma vez a conciliação. Tancredo passou a articular com o setor do PDS que fundou o PFL, negociou com os militares, dando-lhes garantia de não punição. Sarney, que articulou a derrota das Diretas Já, filiou-se ao PMDB para ser vice de Tancredo.

Em 5 de janeiro de 1985 Tancredo foi eleito com 480 votos (aí incluídos os votos do PCB, PCdoB, MR-8). Por artes do destino, Tancredo morreu antes de tomar posse e Sarney, ex-presidente da Arena, tornou-se o primeiro presidente civil do que eles próprios denominaram a Nova República.

Em 1983, houve a fundação da CUT (Central Única dos Trabalhadores). Foi antecedida pela Anampos (Articulação Nacional dos Movimentos Populares e Sindicais), por fóruns intersindicais.

Com o fim do regime militar foram convocadas eleições diretas para vinte e cinco capitais, dezesseis estâncias hidrominerais e 105 municípios considerados áreas de segurança nacional, novos municípios e onze cidades de ex-territórios. O PT concorreu em vinte e três capitais e quarenta e cinco municípios. Em Minas, o PT concorreu em BH, Poços de Caldas (com José Isalino) e Araxá (com Juarez França).

Em BH, houve disputa na forma de prévia entre João Batista dos Mares Guia, deputado estadual com o qual trabalhava, e Virgílio Guimarães. Foi uma disputa acirrada, com mais de 2 mil votantes, e Virgílio ganhou com uma pequena diferença. Virgílio era da DS, maior corrente interna e foi apoiado pelo PRC, O Trabalho, Convergência Socialista, remanescentes da Polop.

Nós compúnhamos o "PT de Massas", corrente interna ligada aos 113, precursora da Articulação. Cometemos o erro de não aceitar o resultado. Virgílio disputou a eleição em BH e ficou em terceiro lugar, com 8,04% dos votos (64.057). Sérgio Ferrara (PMDB) teve 443.153 votos (55,68%) e Maurício Campos (PFL) teve 170.436 votos. Sandra Starling foi a vice de Virgílio. Em quarto lugar ficou Carone Filho (vice, José Maria Rabelo) pelo PDT com 5,4%, e em quinto Arutana Cobério pelo Partido Comunista Brasileiro (Armando Ziller como vice), com 5,18%.

O *Jornal do Brasil* de 17 de novembro de 1985 registrou: "O PT é uma estrela em ascensão". Elegeu Maria Luiza Fontenelle prefeita de Fortaleza e, em Goiânia, Darci Accorsi ganhou e não levou, vítima de fraude eleitoral. Em São Paulo, Suplicy alcançou 25% dos votos; Vítor Buaiz fez 26% dos votos em Vitória; Marcelo Deda surpreendeu com 17% em Aracaju. Em Manaus, o PT alcançou 12%; 8,6% em Belém; 5,5% em Salvador e ainda registrou bons resultados em Porto Alegre e Florianópolis (o meu livro *Memória essencial* traz esses resultados).

Já tínhamos disputado em 1983 e ganhado a direção estadual, elegendo Luiz Dulci presidente, Patrus secretário-geral, Sálvio Penna vice, eu como secretário de Organização (Helena Greco também fez parte da Executiva estadual). A disputa em BH e a não aceitação do resultado aprofundaram a divisão interna.

João Batista dos Mares Guia optou pela saída do PT, filiando-se ao PMDB (seu irmão Walfrido era secretário de Ciência e Tecnologia e articulador político do governador Hélio Garcia). Eu e Sálvio não concordamos com o desligamento dele. Saímos do seu gabinete na Assembleia Legislativa. Nunca cogitamos sair do PT.

A direção nacional mediou o conflito interno no PT mineiro através de Marco Aurélio Garcia. Fizemos o famoso, à época, "Acordo de Minas", uma trégua no radicalizado conflito interno para disputar a eleição de 1986, quando seriam eleitos deputados e senadores para a Assembleia Nacional Constituinte. O "Acordo de Minas" valeu por décadas, estabelecendo a convivência respeitosa entre as correntes internas.

Tendo saído do gabinete de João Mares Guia, ficamos desempregados eu e Sávio Penna. Mesmo assim, resolvi disputar para deputado estadual em 1986. Um grupo de amigos contribuía mensalmente: Laura Veiga, Mercês Somarriba, Malori Pompermayer, Sérgio Azevedo, Flávio Saliba, Fernando Pimentel, Celina Albano, Otávio Dulci, Berenice, todos professores universitários.

A volta das eleições diretas para presidente

Coordenei o Movimento Pró-Participação Popular na Constituinte, organizado em todo o país, que estimulava emendas populares à Constituinte. Junto com Tilden Santiago, Dazinho, Carlos Morais e a Ação Social Arquidiocesana (ASA) e outros percorríamos escolas, seminários, reuniões da CEBs, sindicatos, difundindo o significado histórico da Constituinte, mesmo congressual.

Fernando Cabral, dirigente da UTE, teve 212.508 votos (3,4%) para governador, um crescimento em relação a Santa Starling em 1982, que teve 113.950 votos.

O PT teve dois candidatos ao Senado. O ex-deputado operário cassado em 1964 pela própria Assembleia José Dazinho obteve 432.874 votos e teve como suplentes Lindalva Macedo e Milton Freitas. Élcio Reis, que disputou a outra vaga, teve 300.863 votos (suplentes: Jorge Nahas e Aluísio Coelho, "Neco").

Em 1982, "Seu" Joaquim teve 107.099 votos. A esquerda teve vários candidatos ao Senado: Padre Lage e João Luzia pelo PDT; Maria Carajá pelo PSB; Sérgio Miranda pelo PCdoB e Maurício Paiva pelo PS.

O PT elegeu três deputados federais: Paulo Delgado, Virgílio Guimarães e João Paulo Vasconcelos. Os três teriam relevante participação na Constituinte. Luiz Dulci, Tilden Santiago, Joaquim de Poté, o escritor e psicólogo Halley Bessa, Juarez França, o metalúrgico José Maria Almeida, Celso Aquino, Edmo da Cunha Pereira e outros companheiros conseguiram juntos 338 mil votos, o triplo de 1982.

O PT fez cinco deputados estaduais, que obtiveram 342 mil votos, cerca de 3,5 vezes mais que em 1982. Foram eleitos: Chico Ferramenta, jovem metalúrgico de Ipatinga, teve 50.100 votos. Sandra Starling, 22.529 votos. Raul Messias, de Caeté, 12.921 votos; Nilmário Miranda, 10.616 votos e o bancário de Juiz de Fora Agostinho Valente com 10.007 votos.

Maria José, minha ex-professora de História no Colégio Estadual Alfredo Sá em Teófilo Otoni, ficou como primeira suplente. Em 1989, Chico Ferramenta foi eleito prefeito de Ipatinga e ela assumiu como deputada estadual. Tiveram bom desempenho Celeste Semião, de Monlevade; Roberto Carvalho, Fabiano Viotti, militante da esquerda nos anos 1960, Apolo Lisboa, Rogério Correia, Tomaz da Mata Machado, Salvador, de Patos de Minas; Maria do Carmo Lara e tantos outros que se tornariam prefeitos, vereadores, deputados nos anos vindouros.

O PT elegeu dezesseis deputados federais para a Assembleia Nacional Constituinte, entre eles o mais votado do país, Lula, com 651.763 votos e outros que marcaram a história do país, como Olívio Dutra, Paulo Paim, Benedita da Silva, Wladimir Palmeira, Florestan Fernandes, José Genoino, Eduardo Jorge, Plínio Arruda Sampaio, Luiz Gushiken, Irma Passoni, Gumercindo Milhomem e os três mineiros.

Nossos deputados estaduais saltaram de treze para trinta e nove em treze estados.

O PT aliou-se à CNBB, CUT, OAB, ABI, intelectuais, juristas e a milhares de lideranças populares para apresentar as emendas populares. O regimento interno da Constituinte permitia que com 30 mil assinaturas de eleitores a emenda popular seria obrigatoriamente analisada. A sociedade civil e os movimentos populares apresentaram nada menos que 30 milhões de assinaturas. Cinco milhões de assinaturas para dar às crianças e adolescentes o reconhecimento de sujeitos de direitos pela primeira vez na história brasileira. Cerca de 1,2 milhão pediram a reforma agrária. As mulheres levaram 1,5 milhão de assinaturas da emenda popular pela igualdade de direitos. Do mesmo modo foram apresentadas emendas pela saúde, educação, assistência social, democratização da comunicação, igualdade racial.

Apesar da inferioridade numérica, a esquerda, respaldada na contínua e intensa mobilização popular do Oiapoque ao Chuí, resistiu à contraofensiva conservadora do Centrão. A Constituição de 1988 tornou-se um pacto político e social, ainda que não tivéssemos pleno conhecimento disso naquele momento.

Na verdade, só em 2016, com o golpe parlamentar, é que veríamos que os pilares da Constituição de 1988 foram atacados/derrotados pela aliança das elites.

Com todos os seus limites, omissões, paradoxos, a CF-88 permitiu o mais longo período democrático do país, o avanço dos direitos humanos. Ela permitiu que um operário com quatro anos de escolaridade e uma mulher, ex-guerrilheira, fossem eleitos presidentes e levassem milhões de excluídos a ter sua cidadania efetivada.

***

Meu pai foi à minha posse em 1º de fevereiro de 1987, e eu vi seus olhos marejados e sua enorme emoção. Estava feliz e emocionado por ver um filho seu tomar posse como deputado estadual aos trinta e nove anos, e que nunca deixou um único dia de sua vida de cumprir o que jurou na noite de 1º de abril de 1964, no sótão da casa de Leovegildo Leal em Teófilo Otoni: combater a ditadura iniciada naquele dia e dedicar-se por inteiro ao exercício da ética pública que reúne a probidade, a luta pela justiça social e a participação ativa do povo.

Stael, Renata, Fernanda, Vitor e mãe estavam lá para acompanhar a posse daquele que usou pela primeira vez em sua vida terno e gravata para jurar cumprir a Constituição.

Meu sogro, Fausto Santana, tinha disputado as eleições de 1976 até 1982 como candidato a vereador ou deputado estadual. Em 1986, ele me disse, olhando-me nos olhos, que não iria disputar, apesar de convidado pelo seu partido, o PMDB, para me apoiar e não dividir a família. Também vi a emoção dele e de D. Glorinha.

Foi uma campanha difícil por falta de recursos. Gilberto Porto emprestou-me um Panorama. Meu motorista, Félix, não era um profissional. Na reta final, o carro sofreu uma batida em Caeté, com Dazinho e Tilden dentro, o que afetou a coluna do carro, que teve que ir para a oficina até depois da eleição. O irmão de Betinho Duarte, Duca, arranjou-me um Fiat 147 bastante usado para chegar ao fim da campanha. O comitê era em um prédio da rua Aarão Reis, e no andar inferior funcionava o comitê de Tilden, que era candidato a deputado federal. Como sempre, 99% dos apoiadores eram voluntários. As campanhas eram mais baratas e mais livres. Eu entrava nas salas da Fafich, Letras e outros da UFMG, se o professor permitisse e os alunos concordassem, e dava um recado rápido, de no máximo cinco minutos, a não ser que os próprios alunos quisessem falar, perguntar, criticar. Rodava a PUC, o Loyola, Santo Antônio, Marista, Arnaldo, as escolas de Contagem. Campanha saudável, politizada, olho no olho. Ia às portas de fábrica às 5, 6 horas da manhã, no horário de almoço, na saída e troca de turnos. Ia às garagens de ônibus às 4 da manhã.

Nas pequenas cidades dos vales do Mucuri e Jequitinhonha iam 100 pessoas na reunião e depois eu tinha trinta a quarenta votos. A maioria era analfabeta ou semialfabetizada e não havia o voto eletrônico. Havia muita fraude com o mapismo. Quando não tínhamos fiscal na apuração, o mesário "cantava" para o que anotava no mapa o que quisesse.

Nos últimos dias, chegou um convite de dona Tozinha do STR para reunião em Jordânia. Levaria, no mínimo, três dias. De ônibus até Teófilo Otoni; baldeação para um ônibus mais velho pela estrada de terra até Almenara e nova baldeação para chegar a Jordânia, estrada de terra, mais 100 quilômetros. Sálvio Penna me representou – tive doze preciosos votos.

Uma vez levei o Vitor para uma reunião na velha fazenda de Socorro e Caio de Guanhães, mas a comunidade era de Sabinópolis fomos eu e o Luis Dulci. Não tinha luz elétrica, a reunião era no terreiro em volta da fogueira, enquanto Vitor jogava uma pelada à luz da lua cheia. Resolvi voltar a BH às 23 horas e cheguei com ele sujo, com bicho de pé, dois dias sem banho – tinha quatro anos e meio. Ele era bom de bola.

Eram dezenas de reuniões nas casas, nos terreiros, tudo transparente. O lado pedagógico das eleições me motivava. Não tinha trio elétrico, *outdoor*, nem cabos eleitorais remunerados – era militância, voluntariado.

Joaquim, de Perdigão, pequena cidade do Centro-Oeste, era um dirigente da Fetaemg que tinha um velho companheiro de Poté, Joaquim, como federal. Ele me disse que eu teria oito votos naquela cidade. Apurados os votos, não tive nenhum. Ele não mentiu: não tinha fiscal e os votos sumiram.

Eu havia participado da reorganização do PT em mais de 200 cidades, feito campanha pelas Diretas Já em outras tantas, participado de debates, seminários, encontros. Nossa tática eleitoral era lançar o máximo de candidatos permitidos para capilarizar, projetar lideranças e somar votos para o quociente eleitoral. Não era vedado fazer campanha em todo canto, mas era bom respeitar os candidatos que eu próprio tinha incentivado.

Comemorei os 10.616 votos como se fossem o dobro ou o triplo. O que me importava depois de eleito era fazer um bom mandato.

O PMDB elegeu governador (Newton Cardoso, e Júnia Marise como vice), os dois senadores, Ronan Tito e Alfredo Campos, fez quarenta e um dos setenta e sete deputados estaduais. No Brasil fez vinte e três dos vinte e quatro governadores, 315 deputados federais, maioria no Senado. Newton Cardoso derrotou Itamar Franco, que se filiara ao PL.

Nossa bancada era muito boa e diversa: Chico Ferramenta era uma jovem liderança na Usiminas, liderou a Chapa 2 Ferramenta, foi perseguido e cresceu e foi eleito com 50 mil votos. Vinha com a visão do novo sindicalismo, classista e de massas. Sandra Starling era professora universitária, advogada, demitida da Petrobras (Regap) – no golpe, ligada à DS, maior e mais estruturada corrente petista, com quadros mais bem formados. Raul Messias vinha de um movimento católico do Leste mineiro (Mobon) de base popular e trazia a temática do meio ambiente, da agricultura familiar, da sustentatibilidade, temática que o PT ainda não tinha incorporado. Agostinho Valente era bancário de Juiz de Fora, Zona da Mata. Eu vinha da história recente do movimento social urbano e do novo sindicalismo.

Para mim não estava claro o papel dos deputados estaduais na sociedade, suas prerrogativas e tarefas – antes da Constituinte estadual que viria em 1989. Tive longas e boa conversas com o cientista político Otávio Dulci. Ele fez um paralelo com o Partido Revolucionário Institucional (PRI) mexicano, que detinha o poder real, restando ao Parlamento o papel homologatório e de revelar lideranças políticas sem ter prerrogativas consistentes (depois isso iria mudar no México e, no Brasil, pela Constituição de 1988).

As definições mais decisivas sobre política econômica, tributária, sistema jurídico, direito penal, civil e administrativo passavam pelo Congresso, e o dia a dia do povo ia para as Câmaras de Vereadores. A CF-88 manteve o Senado como câmara revisora e podia ainda ter a iniciativa legislativa sem ter o critério da proporcionalidade. O PT não defendeu isso, queria o Senado como representação da Federação.

Nosso papel era fazer política. O governador, com quarenta e um deputados de seu partido em 1977, não precisava negociar, o que combinava com seu estilo truculento. Abriu guerra com o conservador jornal *Estado de Minas*, confrontou servidores públicos, inclusive os da Educação, confrontou com a inteligência ao lidar canhestramente com a Fundação de Amparo à Pesquisa de Minas Gerais (Fapemig). Fizemos uma oposição dura ao governo de Newton Cardoso e ao seu partido, o PMDB. Na prática tínhamos uma aliança com o velho e rançoso PFL, com o nascente PSDB e... com o *Estado de Minas*.

Só na Constituinte dialogamos com importantes deputados do PMDB, como Felipe Nery, Luiz Carlos Gambogi, Armando Costa, Anderson Adauto. O PSDB era a costela progressista e ética do PMDB a quem nos aliamos na Constituinte Federal. Tinha uma ala progressista (Edgar Amorim, Antônio Faria Lopes, Cássio Gonçalves, Otávio Elísio, Luiz Vicente Calicchio, Pedro Gustin e nacionalmente a liderança de Mário Covas.

***

Só depois da eleição de FHC, em 1994, o PSDB começou uma guinada neoliberal. Sandra cuidava do processo legislativo mais que todos; Chico, do movimento dos trabalhadores; Raul, do campo; Agostinho, da guerrilha do plenário; e eu, dos movimentos populares.

Tinha ótima assessoria e José Roberto Rezende era assessor da bancada para o contencioso como advogado. Passou praticamente dez anos no cárcere da ditadura e não tinha medo, o que muito me valia nos conflitos sociais urbanos. Eduardo Lima ("Peixe"), Beth Marques, Antonia Puertas, funcionários de carreira como Sãozinha, Lúcia Melo, Maurício e um adolescente da Assprom (Associação Profissionalizante do Menor) que, depois, iria se ligar à minha família, meus mandatos pelas próximas décadas, Mardem Motta. E tive ótimos motoristas, como Zé Rodrigues, Antônio "Crente" e Nelson "Pé de vaca".

No meio do mandato, Betinho Duarte veio com sua história na esquerda, anistia, "Movimento".

Em 1989, Chico Ferramenta foi eleito prefeito de Ipatinga, com Maria José Haueisen Freire assumindo o mandato a partir de 1º de janeiro de 1990. Duas vitórias simultâneas: ter uma prefeitura de corte socialista e democrática num lugar de predominância da classe trabalhadora, o Vale do Aço, e trazer para a Assembleia uma representante e que representante (!) dos vales do Mucuri e Jequitinhonha.

Na eleição de 1988, decidimos pelas candidaturas Nilmário/Tilden à prefeitura de Contagem. Era a segunda eleição municipal de que o PT participaria (os mandatos de prefeitos e vereadores de 1982 tiveram seis anos). O PT havia decidido nacionalizar o debate político, e conferir caráter plebiscitário à disputa com o poderoso bloco que governava o país e que comandava a transição, de tal sorte, que bloqueava a verdadeira democratização do país.

No dia 4 de novembro, a seis dias das eleições, tropas do Exército invadiram a Companhia Siderúrgica Nacional (CSN) em Volta Redonda para reprimir uma greve de metalúrgicos com pauta comum: reposição salarial e redução da jornada no sistema de rodízio de turnos. Três metalúrgicos foram mortos e trinta e oito foram feridos. O fato comoveu o país.

O PT já era um partido nacional, de tipo novo, fincado nas classes trabalhadoras, o processo constituinte foi politizador e o partido já tinha quadros de sólida formação. Luiza Erundina, assistente social, paraibana, vereadora combativa em São Paulo, ganhou a prefeitura. Olívio Dutra, deputado constituinte, fundador do PT, trajetória sindical nos bancários (que fez a famosa greve nacional de 1979), tornou-se vitorioso em Porto Alegre, e Vítor Buaiz, também constituinte, médico da geração sanitarista que levaria ao Sistema Único de Saúde (SUS), ganhou em Vitória. Mas não só. O sindicalista Jacó Bittar em Campinas; Celso Daniel em Santo André, tendo o metalúrgico José Cicotte como vice; Dr. Maurício Soares, advogado sindical, em São Bernardo; Telma de Souza em Santos; Chico Ferramenta em Ipatinga; Geraldo Nascimento, metalúrgico, em Timóteo; Leonardo Diniz em João Monlevade – também sindicalista metalúrgico.

Em Minas, Zezão, do STR, venceu na pequena Ilicínea, onde os boias-frias eram a maioria na cidade. Em BH, a chapa Virgílio-Carlão perdeu por margem pequena para os tucanos Pimenta da Veiga-Azeredo.

Em Contagem, mesmo com uma eleição polarizada entre Ademir Lucas e Athair Oliveira (candidato do governador Newton Cardoso), eu e Tilden tivemos 19% dos votos, e o PT elegeu cinco vereadores: o metalúrgico Paulo Moura, o professor Durval Ângelo, os médicos Rubens Campos e Eustáquio Roberto, e a jovem negra de movimentos de moradia, Lúcia Helena Hilário.

O PT formou bancadas parlamentares em Juiz de Fora (dois), Betim (dois). Em BH o PT fez nove vereadores: Patrus Ananias, Helena Greco, Neusinha Santos, Fernando Cabral, padre Lage, Roberto Carvalho, João Bosco Senra, Tomás da Mata Machado.

Entrava em cena um novo personagem – o modo petista de governar, com Orçamento Participativo, inversão de prioridades, políticas sociais inclusivas.

Em 1987, o PT definiu uma linha no Encontro Nacional de Guarapari. Descartou o recurso à violência para chegar ao poder. Definiu a estratégia democrático-popular, ou seja, o compromisso com a democracia como valor e a acumulação de forças, construção da hegemonia em torno de um projeto de nação, do socialismo sem ditadura do proletariado.

Foi a posição com a qual me perfilei. Internamente associei-me à Articulação, sucessora dos 113 e, no nosso caso, do PT de Massas.

A candidatura de Lula à Presidência em 1989 tornou-se uma opção praticamente natural. José Dirceu, presidente do PT, passou a trabalhar com a constituição da Frente Brasil Popular, sobretudo com o PSB e o PCdoB – uma vez que Brizola havia legitimamente definido sua candidatura.

Em 1989 teríamos a volta da eleição direta em "eleição solteira". Eleição de governador/senador, deputados federal e estadual seria em 1990. E com dois turnos. A tendência nacional era cada partido ter sua candidatura em torno de seu projeto. E assim foi.

A TV Globo assumiu a candidatura do aventureiro Fernando Collor de Mello, por um partido inexpressivo.

O PMDB lançou Ulysses Guimarães; o PSDB, Mário Covas: o PDS, Paulo Maluf; o PFL, Aureliano Chaves; o PCB, Roberto Freire; o PSD, dos ruralistas da União Democrática Ruralista (UDR), Ronaldo Caiado; a burguesia comercial, através do Partido Liberal, Guilherme Afif Domingos. Doze outros candidatos se inscreveram como franco-atiradores: Afonso Camargos, Enéas Carneiro, Paulo Gontijo, Zamir José Teixeira, Lívia Maria, Eudes Mattar, Fernando Gabeira, Celso Brant, Manoel Horta e Armando Corrêa.

Fui escolhido líder da bancada do PT após Chico Ferramenta (1987), Sandra Starling (1988). Caberia a mim ser líder durante a Constituinte Estadual e a campanha de Lula.

Em Minas o PT estava unificado. Possuía uma executiva representativa e plural. Era um partido em crescimento. O PCdoB tinha o excelente vereador Sérgio Miranda em BH. O PSB, o médico e deputado Célio de Castro. Tínhamos o apoio da maioria dos sindicatos urbanos e rurais, da maioria dos estudantes e dos movimentos sociais urbanos. O programa da Frente Brasil Popular unificava as esquerdas, e o vice, senador José Paulo Bisol, era do PSB.

Como líder da bancada do PT na Constituinte Estadual, fui procurado inúmeras vezes para encaminhar as emendas populares que precisavam de 15 mil assinaturas de eleitores. Cabia-me encaminhar e pedir apoio um atrás do outro para essas emendas, além de nossas emendas. Havia um restaurante dentro da Assembleia e eu nunca tinha sentado a uma mesa com deputado do PMDB nem entrava em seus gabinetes. Eram relações praticamente antagônicas. Foi aí que "descobri" que ali não havia inimigos a destruir, mas adversários. Até porque para aprovar qualquer emenda popular ou nossa seria preciso o voto deles... Passei a conversar mais com eles, sentar no restaurante, tomar um cafezinho, conhecer o que pensavam, a história de cada um.

Para a Constituinte, eu trouxe um advogado, ótimo assessor, hoje promotor, Celso Pena, que negociava com os demais assessores, inclusive do PMDB.

Aprendi muito sobre Minas Gerais. Em 1968, o BDMG fez um diagnóstico sobre a economia mineira muito completo e pertinente que permitiu que o estado planejasse seu crescimento. Havia também o Centro de Desenvolvimento e Planejamento Regional de Minas Gerais (Cedeplar), vinculado à Faculdade de Economia da UFMG, a Fundação João Pinheiro, o Instituto de Desenvolvimento Industrial, ligado à Cemig. Ademais, Minas tem importantes universidades federais além da UFMG, como as de Viçosa, Lavras, Juiz de Fora, Uberaba, Uberlândia, Ouro Preto.

Analisava o quanto Minas perdeu com a não duplicação da Fernão Dias, quando a Fiat se instalou em Betim, em 1976, para desenvolver a cadeia produtiva naquele eixo. O quanto perdeu com a não duplicação da 381 até o Vale do Aço. Como perdemos para o Paraná o polo de fertilizantes que Minas queria no Triângulo.

Criticamos fortemente o suposto vazio de desenvolvimento no norte e semiárido e no Alto Jequitinhonha a ser preenchido com os maciços florestais de eucalipto ou com projetos caros, como o Jaíba, e a expulsão de posseiros por esses projetos.

Vi e combati a degradação em poucos anos do mítico rio Jequitinhonha pela exploração com dragas no Alto Jequitinhonha, comprometendo todo o rio por centenas de quilômetros, assim como o depauperamento dos rios Mucuri e Doce. Participei ativamente da CPI das Barragens, e fui a todas com o deputado Péricles Ferreira em Salinas, Taiobeiras, Águas Vermelhas e Francisco Badaró, protestando e denunciando a perversa política de expulsar os atingidos por barragens com indenizações irrisórias, apesar dos ouvidos moucos do governo. Mas conseguimos juntamente com os movimentos sociais, pelo menos, abrir mesas de negociações da Cemig com os atingidos. Quando veio a construção de Irapé, o governo e a Cemig começaram a negociação.

Na Constituinte lutamos muito, sobretudo Sandra e eu, para que a Fundação de Amparo à Pesquisa (Fapemig) tivesse uma dotação obrigatória, e para que a Unimontes e a Universidade Estadual do Estado de Minas Gerais (Uemg), a ser criada, tivessem um mínimo no orçamento. E fazer com que o lado Minas olhasse para o Gerais.

No começo do mandato, mobilizado pelo deputado Raul Messias, fomos a Itacarambi conhecer e denunciar o massacre dos xacriabás com o assassinato do cacique Rosalino, padre José e Manoel e lutamos para que o fazendeiro Amaro Xisto fosse condenado, como foi, e pedimos a homologação da Terra Indígena Xacriabá no hoje município de São João das Missões.

Acompanhei o empenho de Geralda Soares pela homologação da Terra Indígena Maxacali em Bertópolis e Santa Helena, mesmo que fosse o gueto desmatado e sem rio que lhes foi concedido.

Em 1989, fiz um discurso sobre Teófilo Benedito Ottoni (e quase vinte anos depois escrevi *Teófilo Ottoni, a república e a utopia do Mucuri*).

Com os advogados, José Roberto Resende e Fred, do Sind-UTE, acompanhamos *pari passu* à primeira ocupação do MST em Minas, na Fazenda Aruega, em Novo Cruzeiro, para impedir a reintegração de posse.

Com eles, acompanhei a maior ocupação de sem-tetos até então, em Santa Luzia, no terreno da Frimisa, sem conseguir impedir o despejo, mas sem a violência que acompanha os processos de reintegração.

A chegada da deputada Maria José, em 1989, ampliou a participação da bancada no apoio aos atingidos por barragens, posseiros, sem-terra, e mostrou que "a questão social não é questão de polícia".

Gilney Amorim Viana, após cumprir mais de nove anos de prisão, e de concluir, no Mato Grosso, seu curso de Medicina interrompido pelo AI-5, voltou a Minas para recuperar seu emprego no BDMG com base no certificado de anistiado político. Sua companheira, Iara Xavier, havia perdido o companheiro Arnaldo Cardoso Rocha, assassinado pela ditadura, assim como os irmãos Alex e Iuri Xavier, guerrilheiros da ALN assassinados também. Ela e familiares de centenas de mortos e desaparecidos políticos se organizaram para evitar que seus casos fossem para debaixo do tapete da história.

Tinha convicção firmada de que não podia aceitar que a tortura, que Helena Greco dizia ser o mal absoluto, e a execução extrajudicial e o desaparecimento forçado de pessoas são crimes contra a humanidade, e incorporei essas bandeiras de luta.

Meu pai morreu em 1987, aos setenta e um anos. Foi embora antes da hora, dói mais. Estava com Vitor no Mineirão assistindo a um jogo eletrizante entre Atlético e Flamengo e o alto-falante pediu minha presença na administração. Fui de táxi para o Prontocor na rua Sergipe, em BH, onde ele estava em tratamento. Teve um AVC, entrou em coma. Pedi ao taxista para deixar Vitor em casa, no bairro Luxemburgo. Pai durou pouco e o levamos de volta para Teófilo Otoni. Era a sua cidade. Ele a conheceu solteiro em 1942. Escolheu a cidade para viver em 1947 com mãe e três filhos. Em Teófilo Otoni nasceram outros seis. Saiu em 1970, quebrado, com dois filhos clandestinos, para Salvador. Três anos depois retornou e, agora, voltava para ter o corpo enterrado onde escolheu viver com dignidade, ética, respeito.

Mãe não queria ficar na casa de ninguém. Sua casa ficava na rua Mário Campos, que poucos sabiam que já teve o apelido de rua dos Velhacos. Tinha uma subida íngreme e lá em cima uma casa da Legião da Boa Vontade. Descia para cair no Morro do Cemitério. Era alugada da família Hinkelmann. Toda tarde, ela punha uma mesa farta com café, leite, suco, pão de sal quentinho, broa, geleia, recebia as visitas, e cada visita trazia alguma coisa, um mingau, um curau, um queijo cozido, um bolo, uma rosca. A mesa ficava posta por quatro a cinco horas, renovando o café e esquentando o leite. As paredes eram decoradas com pratos e um painel com fotos recortadas dos filhos, noras, genros, netos, sobretudo netos. Ela fazia aplicações em tênis Conga, bordava, lia sempre algum romance, via TV, tinha suas plantas. Por um tempo, recebeu adolescentes que vinham de Mangalô, das fazendas dos Tomich. As famílias dos trabalhadores gostavam de mandar suas filhas para trabalhar com mãe e poder estudar na cidade.

Nós a convencemos de que, mesmo com o desejo da família, o trabalho infantil doméstico era injusto. Não havia jornada, contrato, hora extra, férias – e era trabalho infantil. Passou então a ter sempre uma empregada doméstica com carteira assinada, salário mínimo, com os direitos previstos em lei. Nós nos responsabilizamos pelo custeio. Irene morava em Teófilo Otoni e Niltinho resolveu ir para lá com Berenice depois da morte de pai – para estar perto de mãe. Era ela que reunia a família, e todos os irmãos íamos àquela casa com aquela aura.

Vitor aniversaria no dia 12 de janeiro. Ele passou dezenove aniversários em Alcobaça, litoral da Bahia, com sua avó sempre presente. Renata conversava com ela como se fosse uma amiga da mesma idade, e mãe e Fernanda se amavam. Ela fazia tudo que Vitor queria, especialmente um bife de filé e massa cabelo de anjo. Ele sempre disse que jamais comeu filé melhor que aquele.

***

Em 1989, Collor e Lula foram para o segundo turno. Gabeira e o próprio Brizola teve 15,45% dos votos válidos, Lula, 16,08%, e Collor 28,51% no primeiro turno. Mário Covas (10,78%), Ulysses Guimarães (4,43%), Roberto Freire (1,06%) e Gabeira (0,12%) declararam apoio ao metalúrgico no segundo turno.

A TV Globo teve um comportamento vergonhoso. Fez uma edição cretina e manipuladora do último debate e, na véspera da eleição, mostrou os sequestradores de Abílio Diniz vestidos com camiseta da campanha de Lula.

Foi uma campanha que uniu as grandes lideranças dos trabalhadores da cidade e do campo, os intelectuais, artistas, a esquerda e centro-esquerda, as igrejas progressistas. Os comícios lembravam os das Diretas Já. No último comício em BH, sob chuva, na praça da Estação, convidei Reinaldo Lima, ídolo do futebol que, desde a ditadura, comemorava seus belos gols com o punho erguido, a entrar no PT e ele aceitou. Stael, Fernanda, Vitor com sete anos e Zinha, nossa politizada empregada, presentes.

No segundo turno, listamos na Executiva as cidades e regiões em Minas onde Lula teve os piores resultados no primeiro turno e fiz uma minicaravana. Consegui um trio elétrico com Sebastião Drummond, industrial de Contagem que apoiou Brizola no primeiro turno, com motorista e operador de som, e toda a despesa paga por ele. Viajei com meu Fiat Uno dirigido por Zé Rodrigues com Luiz Henrique Cunha para dar suporte. Fomos a Passos, onde Osorinho Lemos teve desempenho surpreendente em 1988 como candidato a prefeito, com o vereador negro petista Dércio Andrade, e rodava a cidade com o caminhão. Em Itaú de Minas, os trabalhadores da fábrica de cimento Itaú ficaram de costas para o caminhão de som, como se não estivessem escutando para escapar a uma retaliação patronal. Em Pratápolis, dois cavaleiros encostaram no caminhão e agressivamente rasgaram os cartazes. Em Delfinópolis, escolhi passar com o carro de som num conjunto de casas populares com predomínio de negros e fomos recebidos friamente. Dirigi-me a um casal à janela e ele me deu uma banana. Em São Sebastião do Paraíso, uma moça bonita com duas filhinhas pediu para subir no caminhão: era a professora Cyntia Carneiro, que depois seria uma militante ativa. Fomos a Monte Santo, Arceburgo, subimos para Nova Resende, segunda cidade mais alta de Minas, com um café excepcional. Na volta a BH entramos em Capitólio, Piumhi, Pimenta, Pains, Formiga.

No meu Fiat Uno com uma caixinha de som e o "Lulalá" ligeiramente adiantado, fui com Zé Rodrigues a Porteirinha, no norte do estado, produtor de algodão. Lá o prefeito apoiou Collor e teve votação sofrível. Era sábado pela manhã, o mercado municipal estava lotado. Meus companheiros me esperavam com uma Kombi e queriam fazer uma carreata pelas ruas vazias. Eu lhes disse: "O povo está no mercado". "É, mas Wilson Cunha, o prefeito, que comprava todo o algodão dos produtores, não permite!". Insisti e fomos ao mercado, do lado de fora, ao fundo. Aos poucos as pessoas se aproximavam da Kombi com o microfone... de costas, como na fábrica Itaú no Sudoeste. Era como se não estivessem participando, mas estavam. Os outros, prudentemente, não falavam, só eu.

Fazia quase 38 graus. Um calor forte, e observei Zé Rodrigues com o casaco de couro preto, sinal de que fora ao carro e pegou seu revólver falando com duas pessoas que gritavam alguma coisa que eu não entendia. Depois ele me relatou que os dois ameaçavam me calar, e ele deu uma dura e os dois valentões se escafederam.

Deputado federal e as "novas" pautas na Câmara

Como se vê, o medo ainda vigiava por trás das janelas. Aquela campanha memorável fez o povo perder o medo.

Menos de uma década depois, nossa Fernanda casou-se e foi morar em Passos, onde nasceram Malu, Lucas e Joaquim e o pai, Fabian, é um médico obstetra respeitado.

O PT governou ou governava Nova Resende, Cássia, Ibiraci, Capitólio, Formiga, das cidades por onde passei em 1989, e também governaria Porteirinha. (Wilson Cunha, o prefeito temido, foi deputado federal e nos tornamos bons conhecidos.)

Ainda não era a hora de o PT dirigir o país. O próprio Lula disse inúmeras vezes que ainda não estava preparado, nem o PT, para governar. Teve 31.070.734, 46,97% dos votos. Collor fez um governo desastroso. Foi uma derrota com sabor de vitória. Em Alcobaça pendurei uma bandeira vermelha na cumeeira da casa que alugamos por oito anos seguidos nos alegres e felizes verões que lá passamos. Stael conhecia todo mundo, as meninas também e sempre levavam uma amiga. Vinha um irmão de Salvador. Mãe adorava Alcobaça.

Edson Martins e Dione; Zé Roberto Resende e Bia Vargas; Sálvio Penna e Ana Lúcia com os dois filhos; Aroldo Camargos e Gagaça e os dois meninos. Irene e Xuxa tinham casa lá com seus filhos, Vitor passava o ano esperando as férias em Alcobaça.

Pedi ao Betinho Duarte (que esteve afastado do PT desde que optou por permanecer no gabinete de João Mares Guia, quando este saiu do PT por não aceitar o resultado da prévia em 1985), que ouvisse as pessoas que se referenciavam em meu mandato e em minha postura no PT e na política para ouvir todos sobre 1990. Minha equipe ouviu 320 pessoas. Ele anotou, na sua letra peculiar, cada opinião num caderno grosso. Cerca de dois terços opinavam que eu deveria disputar mandato na Câmara Federal e um terço, com argumentos sólidos, queria que eu disputasse a reeleição para deputado estadual.

Quem consulta deve respeitar a consulta. Na Semana Santa de 1990, com Stael e Vitor, fiz uma viagem ao Sudoeste. Sem eles rodei os vales do Mucuri e Jequitinhonha. Na era pré-celular e pré-internet liguei para dezenas e dezenas. Não era uma decisão fácil. Eu estava em bom momento, sem arrogância nem vaidade. Depois da campanha de 1989, víamos a disputa de dois projetos para o país, e após a Constituinte de 1988, o Parlamento nacional cresceu como centro de decisão e disputa de projetos. Por fim, decidi sair candidato a deputado federal.

A vitória de Collor foi um triunfo do Consenso de Washington, do Estado Mínimo, idolatria do mercado, precarização de direitos, privatização e ausência de um projeto de desenvolvimento.

Em 1990, não elegemos governos estaduais, só um senador: Eduardo Suplicy por São Paulo. Ficou claro que a disputa pela hegemonia é lenta, não unívoca, não linear. Saltamos dos dezesseis constituintes para trinta e cinco deputados federais, e de trinta e nove para oitenta e um deputados estaduais.

Mais uma vez houve uma disputa sobre o candidato ao governo. Virgílio ganhou de João Paulo Pires, candidato que eu apoiava, junto com a Articulação. Mas aprendi que quem disputa deve aceitar o resultado. Estávamos amadurecendo: para evitar a divisão face à frustração de metade dos delegados, escolhemos Patrus como candidato ao Senado sem disputa. O vice de Virgílio foi indicado pelo PCdoB, o respeitado médico Roberto Assis, da tradição dos grandes médicos sanitaristas. Para a suplência de Patrus escolhemos o advogado Hildebrando Pontes (PSB) e José Luiz Guedes (PCdoB).

O resultado foi bom. Virgílio triplicou a votação para governador de 3,5% para 11%. Patrus ficou em segundo lugar para o Senado, mas venceu por 260 mil votos em Belo Horizonte. Dobramos a bancada federal, de três para seis, e a estadual, de cinco para dez deputados. Para o governo, Hélio Garcia teve quase 40%; Hélio Costa, quase 18%; Pimenta da Veiga, 15,6%; Virgílio, 11,4%

e Ronan Tito, 8,7%. No segundo turno, Hélio Garcia derrotou Hélio Costa por 51,2% a 48,7%. Para o Senado, Júnia Marise teve 30% e Patrus 22,3%.

Para deputado federal, o PT reelegeu Paulo Delgado e João Paulo Pires Vasconcelos e elegeu Tilden Santiago, Sandra Starling, Agostinho Valente e eu.

Para estadual elegeu Adelmo Leão, Fuzatto, Carlão Pereira, Gilmar Machado, Ivo José, Reinaldo Lima, Maria José Haueisen, Marcos Heleno, Raul Messias, Roberto Carvalho.

Uberaba, São João del-Rei, BH, Vale do Aço, Uberlândia, Teófilo Otoni, Governador Valadares, Caeté estavam representadas na Assembleia. Dentre os federais, Zona da Mata, Vale do Aço, Contagem, BH. O PT é plural, distribuiu-se pelos territórios.

São Paulo era o celeiro maior: Suplicy senador. Zé Dirceu, presidente nacional, estrategista, José Genoino, Florestan Fernandes, Eduardo Jorge, Ernesto Gradella, José Cicotte, Hélio Bicudo, Luiz Gushiken, Irma Passoni, Aloizio Mercadante. Nada menos que dez federais.

Minas era a segunda bancada, com seis deputados. Os gaúchos elegeram quatro pesos pesados (Paulo Paim, José Fortunati, Raul Pont, Adão Preto). O Rio fez três: Benedita da Silva, Vladimir Palmeira e o ferroviário Carlos Santana. Três paranaenses (Paulo Bernardo, Pedro Tonelli e Edésio Passos). Dois paraenses – Valdir Ganzer e Paulo Rocha, dois baianos, dois do Distrito Federal, um do Amazonas, Amapá e de Santa Catarina.

Metalúrgicos, bancários, professores, sem-terra, sindicalistas, juristas, intelectuais, jornalistas, trazendo a regionalidade. Os deputados estaduais saltam de trinta e nove para oitenta e um, de treze para vinte e cinco estados. Quadros de alto gabarito intelectual, representatividade, dez mulheres entre os oitenta e um eleitos, povos negros, diversidade ideológica.

***

Eu morava em Contagem, na praça da Glória, família feliz, partido em crescimento. Fizemos a Casa de Movimentos Populares para ser um centro de formação política de lideranças populares, de comunicação, lançamos a *Folha Popular*, "pensava" em rádio e TV quando se abrisse a oportunidade. Tínhamos a Segrac. No campo popular tínhamos os maiores sindicatos do estado: metalúrgicos de BH/Contagem e de Betim, Santa Luzia, Timóteo; bancários de BH, Juiz de Fora e Vale do Aço; Sind-UTE com mais de 50 mil filiados por toda Minas Gerais, petroleiros, várias categorias de servidores, dezenas de STRs. O PT com prefeituras como Ipatinga, Timóteo, João Monlevade, Ilicínea – sete prefeituras e 240 vereadores.

A eleição de 1989 ampliou a base social e popular do nosso projeto democrático-popular.

Meus votos em 1990 para deputado federal (27 mil) eram quase o triplo de 1986 para estadual, 10.616. Um terço vinha dos vales do Mucuri e Jequitinhonha, um terço de BH, Contagem e região metropolitana e um terço de 300 municípios.

Aos quarenta e três anos, com vinte e oito de militância, sentia-me preparado para Brasília, dois anos depois da promulgação da Constituição. Levava um projeto político respaldado em movimentos populares e sindical e com o que me comprometi quando pedi o voto:

– com o movimento social urbano, especialmente com o movimento dos sem-casa;

– com a luta pelo Estatuto da Cidade, baseado nos artigos de reforma urbana da CF;

– com o compromisso com as famílias de mortos e desaparecidos políticos e o enfrentamento da tortura;

– com a democratização da mídia;

– com a reforma agrária e o combate à desigualdade regional;

– com o programa da Frente Brasil Popular, enfim.

CAPÍTULO 6.
A DÉCADA DE OURO DOS DIREITOS HUMANOS

Com duas a três semanas de exercício de mandato como deputado federal, recebi em meu gabinete telefonema de um assessor do presidente da Câmara dos Deputados, deputado Ibsen Pinheiro, recém-eleito. Pedia que eu fosse ao gabinete de Ibsen naquele instante. Por que o presidente convocava um deputado desconhecido, recém-chegado?

Ao entrar no gabinete dele fiquei deveras surpreso. Lá estavam os cardeais do PMDB e do Congresso. Além do presidente, deputado gaúcho, estavam Ulysses Guimarães, presidente da Constituinte; Nelson Jobim, relator da Constituinte; Luiz Henrique, deputado catarinense, presidente nacional do PMDB. Senti-me como um noviço perante um arcebispo e cardeais.

Nelson Jobim foi direto ao assunto: "Você desarquivou uma CPI sobre Mortos e Desaparecidos Políticos. (CPIs ficaram muito poderosas depois da Constituição.) Podem convocar pessoas e trazê-las sob vara para depor. E podem requisitar documentos. Uma CPI com esse objeto, mortos após torturas e desaparecimento, logo ocultação de cadáveres, é daquelas que se sabe como começa, mas não sabemos como termina... Exemplo: aprova-se um requerimento convocando um general acusado de participação nesses crimes. No dia seguinte podemos ter tanques cercando o Congresso e voos rasantes sobre essa Casa. Essa CPI é daquelas que cutuca a onça com vara curta!"

Ulysses Guimarães e Luiz Henrique nada disseram. A presença muda deles, se era para causar impressão, deu certo. Eu estava realmente impressionado.

Nelson Jobim disse ainda que o PMDB, maior partido da Câmara, teria dificuldade em indicar os componentes da CPI e, por certo, outros partidos, como o PFL, segunda maior bancada, poderiam fazer o mesmo, e logo a CPI ficaria inviabilizada de fato.

Na legislatura anterior os deputados Luiz Eduardo Greenhalgh e Sigmaringa Seixas haviam coletado as 171 assinaturas necessárias entre abril e dezembro. Greenhalgh, brilhante advogado, presidiu o Comitê Brasileiro pela Anistia, defendeu presos políticos, assumiu o mandato após a renúncia de Plínio Arruda Sampaio, indicado pelo PT candidato ao governo de São Paulo – por isso renunciou. Sigmaringa Seixas foi advogado de presos políticos na segunda instância perante o Superior Tribunal Militar. Como a CPI não foi instalada ao término da legislatura, foi arquivada. Ao tomar posse, requeri o desarquivamento da CPI sobre Mortos e Desaparecidos Políticos, cumprindo compromisso feito com os familiares mineiros.

Disse aos deputados que esse era um compromisso que assumi ao me candidatar e que considerava o tema um dos maiores desafios da democracia no Brasil. O presidente da Câmara, Ibsen Pinheiro, deixou claro que o tema era legítimo, importante, mas a CPI era inviável e que tinha uma proposta.

O regimento previa um instrumento denominado Comissão Externa, temporária, para fato determinado. Deu um exemplo fictício: "Luiz Henrique requere uma Comissão Externa para verificar os danos de uma enchente em Santa Catarina. Apresenta um relatório propondo providências e a Comissão Externa se extingue por ter cumprido a finalidade. Você pode requerer uma Comissão Externa para apoiar familiares de mortos e desaparecidos e comprometo-me a autorizá-la, com uma estrutura mínima, sem prazo determinado. Será um caso único, sem precedentes. Não tem o poder de convocar (só convidar) pessoas, nem de requisitar documentos (só solicitar). Desse modo, você pode cumprir seu compromisso. Nossa democracia é muito recente, não está totalmente consolidada".

Aceitei a proposta que ia ter impacto significativo no que denomino "a década de ouro dos direitos humanos".

Eu fui para Brasília, mas mantinha um olho no peixe, outro no gato. A prioridade era o mandato federal e não descuidava de Minas. Construímos a Casa do Movimento Popular na avenida David Sarnoff, quase com a avenida João César de Oliveira, em Contagem, onde funcionava a Segrac, curso pré-vestibular gratuito, cursos de formação política, auditório para todo tipo de reunião dos movimentos sociais. Lançamos o jornal *Folha Popular*, editado por Edson Martins e com os jovens repórteres Hamilton Reis, Vilma Silveira e Lucas Figueiredo que, à frente, seria um dos mais conceituados jornalistas investigativos do país. Acompanhava de perto os movimentos dos sem-casa, a Associação de Usuários do Transportes na região metropolitana e, como sempre, os vales do Mucuri e Jequitinhonha.

Eu e Tilden lançamos a Frente Parlamentar pela Democratização da Comunicação. Antes mesmo da posse, fomos ao Congresso da Federação Nacional dos Jornalistas (Fenaj), em Florianópolis. Nunca me afastei dessa luta que teve poucas vitórias. Durante todo o período democrático, a grande mídia (TVs, rádios de alcance nacional, jornais, revistas) foi controlada por um pequeno grupo familiar que não enche os dez dedos da mão, estreitamente ligado ao capital financeiro, nacional e internacional, às maiores empresas do país e aos chamados ruralistas.

Em São Paulo os dois maiores momentos de luta pela moradia, a União Nacional de Luta pela Moradia e o Movimento Nacional de Luta pela Moradia, mais o padre Ticão, apoiado pelos urbanistas e gestores do governo Erundina e pelo Fórum Nacional da Reforma Urbana, tiveram a ousadia de propor o primeiro projeto de iniciativa popular para criar um Fundo Nacional de Moradia Popular. Fui várias vezes a São Paulo e mantinha contatos estreitos com esses movimentos em Brasília, Minas, Goiás, Rio.

Tinha tudo a ver com a trajetória do *Jornal dos Bairros*, da relação entre os sem-casa como deputado estadual, com as emendas populares à Constituinte para a reforma urbana. Na bancada de trinta e cinco deputados, era eu quem tinha maior relação com os movimentos sociais urbanos. Por isso, abracei o projeto de iniciativa popular e rodei o país estimulando a coleta organizada de assinaturas de eleitores. Era necessário um percentual de eleitores por estado em nove estados. Fui ao Rio Grande do Sul, Santa Catarina, Paraná, Goiás, Espírito Santo, Bahia, Sergipe, Piauí, Pernambuco, Paraíba, Rio Grande do Norte, Ceará e Pará. Estimulava nossos deputados federais a apoiar o projeto de iniciativa popular em seus estados.

Participei ativamente da CPI do FGTS para instituir formas de controle social e interno sobre o uso de seus recursos, que eram dos trabalhadores, e para que fosse gerador de recursos para o financiamento da moradia aos pobres que viviam à margem das políticas habitacionais voltadas para o mercado.

Também começamos a construir uma proposta para o Estatuto da Cidade.

Eu dividia o apartamento funcional com Edésio Passos, advogado trabalhista paranaense, ex-preso político que chegou a trabalhar na Mannesmann com outro nome, como militante da AP. A nossa querida empregada Zinha, a quem Vitor adorava, foi trabalhar em nosso apartamento em Brasília inúmeras vezes. Vitor foi a Brasília: fez amizades com Vladimir Palmeira, Agostinho Valente, com os meus assessores e funcionários. Já tocava violão, cantava Raul Seixas, Cazuza, Legião Urbana e todos os gaúchos. Nosso apartamento era visitado pelos deputados que curtiam nossas comidas.

Tinha uma boa assessora de imprensa, Sulamita Esteliam, que tinha afinidade com as pautas que abracei: democratização da comunicação; resgate dos direitos dos mortos e desaparecidos políticos; reforma urbana. E uma boa equipe em Minas, dirigida por Antonia Puertas. Escrevia para jornais no Ceará, Rio Grande do Sul, Pernambuco, Brasília, Rio e Minas sobre esses temas.

A Comissão Externa em apoio às famílias de mortos e desaparecidos políticos aos poucos cumpria seu objetivo. Meu grande parceiro foi Roberto Valadão, deputado do PDMB pelo Espírito Santo, meu vizinho de frente no Bloco B da SQN 302. Seu irmão, Arildo Valadão, e sua companheira, Áurea Elisa Valadão, eram desaparecidos políticos da Guerrilha do Araguaia. Sigmaringa Seixas, Haroldo Lima e Aldo Arantes, ambos do PCdoB, Sidney de Miguel (PDT-RJ) e, esporadicamente, José Dirceu e José Genoino participavam das discussões.

Em uma mesma viagem eu me reunia com familiares, com os sem-casa para o projeto de iniciativa popular, com urbanistas e arquitetos para discutir o Estatuto das Cidades, com jornalistas, professores e alunos de Comunicação para articular a agenda pela democratização da comunicação, e com os petistas para os temas do partido.

Nossa bancada era muito boa. Havia sete metalúrgicos, sindicalistas bancários (um), gráfico (um), vigilante (um). Quatro professores de ensino médio e três professores universitários. Quatro deputados representando reforma agrária e agricultura familiar, dois jornalistas, um médico articulador do SUS, cinco deputados negros, dois juristas, um intelectual como Florestan Fernandes, economistas.

A primeira vez que vi articulações sobre quilombolas foi com Alcides Modesto, ex-padre, natural de Januária (MG), deputado pela Bahia. Lutava para regulamentar "áreas remanescentes de quilombos". Os deputados da educação organizavam frentes para regulamentar a Lei de Diretrizes e Bases (LDB).

De modo geral, as tarefas eram a positivação dos direitos elencados na Constituição. Princípio constitucional – lei infraconstitucional – política pública.

Grandes articuladores políticos, como José Dirceu, José Genoino, Jaques Wagner, Luiz Gushiken, Aloizio Mercadante e Vladimir Palmeira, faziam os embates com o desastroso governo de Fernando Collor. Foi o tempo das grandes CPIs, como a da violência contra a mulher, sobre FGTS, sobre os "Anões do Orçamento". CPI apontava rumos, proposta, não era só para aparecer na mídia.

Nessa década, adveio o Estatuto da Criança e do Adolescente que, pela primeira vez na história do país, reconhecia crianças e adolescentes como sujeitos de direitos em condição peculiar, de seu desenvolvimento. O Estatuto da Criança e do Adolescente (ECA) foi debatido exaustivamente nas comissões, no plenário, em audiências públicas, com especialistas. Na Constituição, emendas populares, duas com 5 milhões de assinaturas, levaram aos três artigos que resultaram no ECA.

O SUS, saúde como direito de todos e dever do Estado, também veio com uma longa discussão envolvendo uma geração de grandes médicos em todo o Brasil, de trabalhadores na saúde do país, de gestores, das universidades, dos sindicatos, associações, ONGs, de centenas de audiências, marchas, plenárias. Do mesmo modo, a LDB, que teve um embate entre educação como direito e educação como mercadoria.

Num país que teve quase quatro séculos de escravagismo, da enorme degradação da dignidade no trabalho humano, o princípio do trabalho decente era fundador na discussão de um projeto de nação. O PT, o PCdoB, o PSB, o PDT, e mesmo alas do PMDB e PSDB conformaram uma grande aliança para enfrentar a fétida e poderosa "casa grande".

O primeiro presidente da Comissão de Direitos Humanos da Câmara dos Deputados

O próprio PT só tinha cinco mulheres na valente bancada de trinta e cinco deputados. Elas souberam se aliar com todas de todos os partidos. Na bancada do PT só havia cinco negros, dentre os trinta e cinco: Paulo Paim, Ricardo Morais, Carlos Santana, Benedita da Silva, Chico Vigilante. Mas todos eram como eu: feministas e militantes da igualdade racial.

Outras conquistas demoraram mais: tipificar o crime da tortura, regular a função social da propriedade rural e urbana, reconhecer a responsabilidade do Estado nas mortes e desaparecimentos políticos, os direitos culturais, a assistência social cidadã.

E os que nunca conseguimos: a justiça tributária, democratização da comunicação, reforma do Judiciário classista, machista, homofóbico. Criamos também alguns monstros, como o poder concedido ao Ministério Público Federal, que só o tempo vai mostrar. E não conseguimos avançar no modelo de segurança pública.

Em 1992, concorri de novo à Prefeitura de Contagem. Em 1988, foi uma derrota eleitoral com vitória política: eleição de cinco vereadores, resultado eleitoral acima do esperado. Em 1992 não soubemos lidar com a disputa interna e ficamos de fora do segundo turno.

No Brasil o resultado foi positivo. Elegemos prefeitos em quatro capitais: Belo Horizonte, Goiânia, Porto Alegre e Rio Branco, fomos de trinta e seis para cinquenta e quatro prefeituras e de 1.007 para 1.110 vereadores, com as prefeituras já atingindo dezessete estados. Minas liderou, com treze prefeituras, São Paulo com doze, Rio Grande do Sul com sete, Rondônia com três, Pernambuco, Pará, Ceará, Mato Grosso, Bahia, Amapá – todos com duas prefeituras – e Acre, Alagoas, Espírito Santo, Goiás, Maranhão, Paraná, Rio de Janeiro e Rio Grande do Norte com uma prefeitura em cada estado.

Em Minas fomos de sete para treze. Além de BH, tivemos uma vitória empolgante em Betim, e as reeleições em Ipatinga e Ilicínea (com candidatos diferentes porque não havia reeleição de prefeito), e cidades como Lagoa da Prata, Três Marias, Caxambu, Resende Costa, Mutum, Alvarenga, Buenópolis, e as duas nos vales: Itinga e Pavão, além de fazer quatro vices com prefeitos de outros partidos.

A eleição de Patrus, com Célio de Castro como vice, e com as políticas que implementaria (Orçamento Participativo, políticas sociais inclusivas, avanços na saúde, cultura, políticas urbanas nas favelas e periferias, ética na administração pública), dava muita visibilidade ao projeto democrático-popular.

Para mim, a derrota em Contagem foi derrota eleitoral e política. As derrotas ensinam mais que as vitórias.

O *impeachment* de Collor produziu mobilizações de massas que lembravam as Diretas Já e o segundo turno Collor x Lula. A atuação da bancada petista na Câmara e a de nosso único senador, Eduardo Suplicy, foram operosas e coerentes, projetando a esquerda e o PT.

Em 1994 Lula fez as primeiras caravanas. Foi de Pernambuco, seu estado natal, até São Paulo. Em Minas, passou por Medina, Araçuaí, Itinga, Teófilo Otoni, Frei Inocêncio, Governador Valadares, Caratinga, Manhuaçu, Muriaé, Leopoldina e Além Paraíba.

Tudo indicava que Lula poderia ser eleito em 1994. Mas nesse ano, em 1º de julho, foi lançado o Plano Real. Lula fez outra caravana em Minas, saindo da Serra da Canastra, passou por São Roque de Minas, Piumhi, Formiga, Arcos, Lagoa da Prata, Bom Despacho, Martinho Campos, Pompéu, Curvelo, Pirapora, Montes Claros, Jaíba, Itacambira e Januária.

Mas o casuísmo proibiu, na TV, imagens externas, o que implicava a não veiculação das imagens das caravanas. E o Plano Real alavancou Fernando Henrique Cardoso, que ganhou no primeiro turno por 44% a 22%. Em Minas, o resultado foi pior para o PT: 51,3% a 17,3%.

A coligação Frente Minas Popular, com sete partidos (PT, PCdoB, PSB, PPS, PV, PSTU e PCB), obteve um resultado modesto, 9,7% para a chapa Carlão-Roberto de Assis. Para o Senado, Virgílio perdeu a segunda vaga para Arlindo Porto por 50 mil votos. A primeira vaga ficou com Francelino Pereira. Jô Morais obteve 6,85%.

No país, o PT faz seus primeiros governadores: Cristovam Buarque, no Distrito Federal, e Vitor Buaiz, no Espírito Santo. Passou de um para cinco senadores, com a eleição de Marina Silva (AC), José Eduardo Dutra (SE), Lauro Campos (DF) e Benedita da Silva (RJ).

Passamos de trinta e cinco para sessenta deputados federais. Em Minas, o PT repetiu seis federais (Chico Ferramenta, Paulo Delgado, Tilden Santiago, Nilmário Miranda e João Fassarela) e Sérgio Miranda (PCdoB) foi eleito na mesma chapa. Nos estaduais, passamos de dez para oito e, no país, elegemos noventa e três estaduais.

Alcançamos 1.300 milhão assinaturas para o Projeto de Lei de Iniciativa Popular para instituir o Fundo Nacional de Moradia Popular. A maioria da Câmara condena o primeiro projeto dessa natureza a uma tramitação lentíssima, de tal forma que só catorze anos depois, no governo Lula, ele foi aprovado, gerando o programa Minha Casa, Minha Vida.

O Estatuto das Cidades também passou por uma tramitação lenta, bloqueado pelo capital imobiliário – só seria aprovado com a vitória de Lula e quando o PT dirigiu a Câmara.

A Comissão Externa para os Mortos e Desaparecidos conseguiu seu objetivo maior: trazer para a agenda nacional e dar voz ao movimento nacional das famílias. Rodamos o país debatendo, dando entrevistas, animando as famílias. De movo geral, os movimentos de direitos humanos de todo o país abraçaram essa causa justa.

Conseguimos tirar o sigilo de relatórios confidenciais do Exército, Marinha e Aeronáutica, sobretudo da Marinha, que trazia a informação, ainda que insuficiente, de que, pelo menos, vinte e um dos guerrilheiros do Araguaia foram presos e executados depois. E o relatório da Aeronáutica divulgou duas informações até então desconhecidas: um sargento do Exército, Marival Chaves do Canto, que serviu no DOI-Codi de São Paulo e no Centro de Informação do Exército, revelou como foram mortos dirigentes do PCB na Operação Radar e se tornaram desaparecidos; e informações sobre a Casa da Morte de Petrópolis e do extermínio do grupo de Onofre Pinto, perto do Parque Nacional de Foz do Iguaçu, mesmo que inexatas.

De todo modo, Marival foi o primeiro membro da repressão sangrenta na ditadura que trouxe revelações. Eu e Roberto Valadão fomos ao Chile e Argentina, em 1993, para incluir nomes de brasileiros que não estavam citados no Relatório Rettig, e em Buenos Aires, conseguimos informação ainda não conhecida de brasileiros executados pela ditadura na Argentina.

Em sessão sigilosa, ouvimos o relato de Gilberto Prata sobre sua traição/infiltração, que levou à morte e desaparecimento de militantes da AP, direta ou indiretamente (José Carlos da Mata Machado, Gildo Lacerda, Fernando Santa Cruz, Honestino Guimarães, Umberto Câmara Neto, Paulo Stuart Wright e Eduardo Collier Filho).

Fizemos diligências para localizar restos mortais de Arno Preis, em Paraíso de Tocantins, e de Ruy Berbert, em Natividade (à época Goiás, hoje Tocantins). Em São Paulo, durante o governo de Erundina, foi aberta a Vala de Perus, o que permitiu o resgate de restos mortais e de histórias ocultadas.

Antes da eleição de 1994, os familiares conseguiram o compromisso formal de Fernando Henrique e de Lula de que, se eleitos, enfrentariam o resgate da verdade e da reparação ao odioso silêncio e injustiça.

Ao encerrar a legislatura e a vigência da Comissão Externa, propusemos a criação de uma Comissão Permanente de Direitos Humanos pela Câmara dos Deputados.

Em 1987 a deputada Benedita da Silva tentou pela primeira vez criar uma Comissão de Direitos Humanos na Câmara dos Deputados, apresentando um projeto de resolução que a Mesa Diretora arquivou. Em 1991, tornou a apresentar projeto de resolução e a Mesa Diretora de novo arquivou.

Como ela foi eleita senadora, tomei a iniciativa de apresentar de novo o projeto de resolução criando a CDH. No penúltimo dia da legislatura, procurei o presidente da Casa que encerrava o mandato, Inocêncio de Oliveira, e o deputado que seria eleito para a nova legislatura, Luiz Eduardo Magalhães. Inocêncio resolveu colocar o projeto em votação no dia 31 de janeiro de 1995, último dia do seu mandato. Mantivemos a sessão por várias horas, dezenas de deputados do PT, PCdoB, PDT e até do PMDB se revezaram no pinga-fogo, até que o 257º deputado desse o quórum, e a primeira Comissão de Direitos Humanos da história do país foi aprovada na Câmara dos Deputados.

Esse fato provocaria grandes consequências à consolidação dos direitos humanos, num país em que radialistas e a direita chamavam os militantes de "defensores de bandidos".

Em janeiro de 1992 eu era pré-candidato à Prefeitura de Contagem, e aproveitava o recesso parlamentar para fazer articulações políticas. Resolvi passar em casa na praça da Glória para tomar um banho e trocar de roupa. Ouvi vozes estranhas, abri a porta e um bandido apontou uma arma para mim e enrolou um pano em minha cabeça para que não o reconhecesse.

Na cozinha, Stael, Renata, Fernanda, Vitor e um garoto vizinho, Fernando, doze anos, estavam já amarrados, no chão, com as cabeças cobertas. Três bandidos armados e tensos. Queriam armas, dinheiro, jóias – não tínhamos nada disso em casa. Temi que fosse um falso assalto para encobrir um atentado político. Foram quase duas horas de puro terror. Minha Renata, considerada medrosa, teve a calma de dizer aos bandidos que tinha dois casacos de couro com gola de carneiro trazidos dos Estados Unidos que valiam mil dólares cada um. Até então eles já haviam recolhido objetos sem valor de troca, de roupas, calçados, equipamentos de som etc. O que aumentava o risco de violência.

Encheram o carro de Stael com o butim e se foram, para nosso alívio, e meu em particular. Temia também que algum vizinho percebesse o assalto e chamasse a polícia e virássemos reféns. Pedi a Fernanda, ao meu lado, que puxasse o pano do meu rosto com a boca para avaliar como sair daquela situação. Braços e pernas dormentes pela falta de circulação de sangue. Um deles havia dado uma coronhada na minha coluna e percebi que aquilo ia ter sequela. Enquanto esperava Fernanda tirar o pano, Vitor (dez anos) e Fernando (doze), com uma faca de cozinha, cortaram os fios de telefone que amarravam fortemente seus braços e pernas.

"Ué, meu filho, como vocês dois conseguiram se soltar?" E ele: "MacGyver, né pai!". Eles estavam amarrados perto do local das panelas, facas, debaixo da pia, e levaram no máximo dois minutos para se soltar....

Stael demorou a entender por que eu estava tão calmo. É que realmente temi por um atentado que liquidasse minha família e fiquei aliviado por serem apenas ladrões. Exceto pela minha coluna, ninguém estava ferido. Temi pelas minhas meninas, lindas adolescentes. Pelas duas crianças.

Tempos depois, saindo de casa para dar voltas na praça, uma pessoa me esperava: "Penduramos um cara que participou do assalto à sua casa e ele confessou a participação. O senhor quer ir reconhecê-lo?". Agradeci, disse a ele que já tinha recomposto o que perdemos. Ele não sabia que eu era um tenaz guerreiro contra a tortura.

O carro de Stael foi abandonado no dia seguinte com painéis danificados, depois reparados. Passei a ter dores fortes na coluna e me encharcava de relaxantes musculares e anti-inflamatórios. Um dia, em maio, voltando de uma viagem por terra com Suzana Lisboa e Hamilton Pereira a Natividade para resgatar a história do guerrilheiro Ruy Berbert e de volta a BH, não consegui levantar da poltrona do avião. Depois que todos saíram, os tripulantes me alçaram de uma vez.

Stael teve de alugar uma dessas camas de hospital ajustável para minimizar a dor. Fiquei dezessete dias entrevado, até ela me levar ao acupunturista Paulo Noleto que, com suas agulhas mágicas e com as massagens que aprendeu na China, me devolveu à condição de *homo erectus*. Aprendi a conviver com a hérnia de disco na quarta lombar.

***

O Ministério Público Federal, que não tinha a atual sede espelhada no Distrito Federal, abrigou uma reunião regular de uma articulação denominada Fórum contra a Violência no Campo, que reunia CPT, Contag, gestores do Ministério do Trabalho, entidades nacionais como o Movimento Nacional dos Direitos Humanos, Comissão Teotônio Vilela, entidades defensoras da reforma agrária, deputados, CNBB, Organização Internacional do Trabalho (OIT) e outros. Além de agir em casos concretos, esse fórum buscava um consenso sobre uma agenda comum. Participei desse fórum.

Outra articulação importante foi a de um grupo de trabalho que se reunia no Ministério da Justiça quando Maurício Corrêa era ministro e encarregou Roberto Ramos de acompanhar as reuniões do "pós-Viena". É que em 1993 houve a 2ª Conferência Internacional da ONU, em Viena. Dessa conferência saíram vários consensos, tais como: não aceitar a separação entre o Pacto dos Direitos Civis e Políticos e o Pacto dos Direitos Econômicos, Sociais e Culturais. Os países do bloco capitalista aderiram ao Pacto dos Direitos Civis e Políticos e não ao do PDESC. E na direção inversa, o bloco socialista não aderiu ao PDCP. A partir de Viena o novo consenso, pós-queda do muro de Berlim em 1989, não admitia a separação entre esses direitos nem a primazia de uns sobre os outros. Era a era da indivisibilidade dos direitos.

A conferência mundial recomendava que países com períodos longos de autoritarismo construíssem planos nacionais de direitos humanos para propiciar atuação sistêmica, interinstitucional, fazendo os poderes interagirem. É o que denominávamos agenda pós-Viena.

No período da Comissão Externa, mantive diálogo estreito com Maurício Corrêa sobre a importância de ações efetivas para enfrentar com coragem a questão dos mortos e desaparecidos políticos. Maurício Corrêa teve atuação importante na luta contra a ditadura à frente da OAB do Distrito Federal e queria, de fato, enfrentar o desafio.

Tomou a iniciativa de pedir ao Exército, à Marinha e Aeronáutica que informassem o que tivessem sobre a relação dos mortos e desaparecido constantes do Dossiê dos Familiares. (O Exército fez um papel ridículo ao apresentar notícias de jornais que relatavam as ignóbeis versões oficiais apresentadas ao longo da ditadura; os falsos suicídios, os tiroteios que não aconteceram.) A Aeronáutica teve, pelo menos, o cuidado de apresentar relatos do Centro de Informações da Aeronáutica (Cisa) sem, contudo, responder ao que lhes cabia. Só a Marinha trouxe informações que, ainda que menores, acrescentaram conhecimento.

Maurício Corrêa chegou a preparar uma minuta de um projeto de lei sobre o reconhecimento da responsabilidade do Estado sobre mortes e desaparecimentos baseado na experiência chilena a que tive acesso. Porém, Itamar Franco, presidente após o *impeachment* de Collor, de quem era vice, interditou o prosseguimento da importante e louvável iniciativa de Maurício Corrêa. Pelo que me foi informado à época, o argumento era o mesmo: cutucar onça com vara curta, medo da reação dos militares, sobretudo dos que se envolveram na tortura, execução e desaparecimentos de militantes.

Como presidente da Comissão Externa visitei todos os ministros militares dos governos Collor e Itamar para dialogar sobre a importância de as Forças Armadas reconhecerem as graves violações de direitos humanos praticadas durante a ditadura civil-militar, sobretudo entre 1964 e 1979, no sentido de uma reconciliação do país após a Constituição democrática de 1988, para desvincular a busca da verdade e da reparação de qualquer forma de revanchismo e de enfrentamento ideológico. Ainda não existia o Ministério da Defesa, cada força tinha seu ministro e eu lhes pedia que abrissem os documentos, os arquivos.

No dia 29 de agosto de 1991, eu e Sigmaringa requeremos e fizemos uma sessão especial da Câmara dos Deputados para lembrar os doze anos da anistia com as conquistas e frustrações. Deputados de todos os partidos fizeram uso da palavra, cada um com sua posição. Estavam presentes a prefeita de São Paulo, Luiza Erundina, e os três familiares da comissão que ela criou a partir da abertura da Vala de Perus: Ivan Seixas, Suzana Lisboa e Amelinha Teles. Foi um momento importante, com o plenário cheio. Nos anos seguintes sempre fizemos uma sessão especial sobre a anistia no dia 29 de agosto.

Desse modo, a questão dos mortos e desaparecidos políticos e a saga dos familiares foram ganhando espaço público e tornando irreversível seu enfrentamento. Tínhamos aliados importantes em todos os veículos, jornalistas sérios que cobravam do que o Estado brasileiro assumisse sua responsabilidade.

Fazíamos também um encontro mensal com conselheiros de embaixadas encarregados pelos direitos humanos. Em certos momentos, nos reuníamos nas embaixadas da França, Suécia, Espanha, Canadá, Países Baixos e outros que viam com simpatia a luta pelos mortos e desaparecidos, a luta contra a tortura.

***

Naqueles anos, 1993/1994, o PT dirigiu a Comissão de Trabalho da Câmara. Em 1993, salvo engano, foi presidida pelo deputado Paulo Paim e foi criada uma Subcomissão para a Erradicação do Trabalho Escravo. Havia pouco apoio aos auditores fiscais do trabalho e pouquíssima visibilidade para as denúncias sobre essa prática infame. Fizemos pelos menos duas diligências, com os deputados sindicalistas Paulo Rocha e José Cicotte, produzindo informes e audiências na Comissão do Trabalho.

Foi criado um Fórum Nacional para a Erradicação do Trabalho Infantil. Mais de 20 milhões de crianças e adolescentes eram submetidos a sórdidas formas de exploração do trabalho, com danos irreversíveis ao seu desenvolvimento físico e espiritual, ao direito à educação, ao direito à infância! O fórum agrupava pessoas do MPF, dos MPs estaduais, organizações de servidores do Ministério do Trabalho, da OIT, dos movimentos de direitos humanos, OAB, CNBB, parlamentares.

Dessa articulação, nasceu o Programa de Erradicação do Trabalho Infantil (Peti), que assegurava à família da criança resgatada de trabalho degradante uma bolsa, mesmo que pequena, que permitisse a volta à escola. Crianças mutiladas por acidente de trabalho na cana-de-açúcar, carvoarias, colheitas com uso de produtos tóxicos, crianças que morriam em acidentes, explosões na fabricação de fogos de artifício, que trabalhavam em pedreiras e outras formas de trabalho infantil erradicadas em outros países no século XIX, mas que estavam disseminadas e naturalizadas no Brasil.

A exploração da criança no trabalho infantil em escala dantesca, o trabalho em condições análogas à escravidão, o extermínio sistemático de indígenas para a formação de latifúndios e assalto às florestas, o uso sistemático da tortura e execuções sumárias por policiais corruptos eram práticas correntes e acobertadas pela ditadura e naturalizadas. Nesse começo da década de 1990 era importante não deixar intocadas e invisíveis essas formas graves de violações de direitos humanos.

Foi também a emergência de ONGs e entidades importantes como a Fase, Ibase, MNDH, Movimento Nacional de Meninos e Meninas de Rua, CPT, Cimi, Polis, como também a atuação da OIT, Unicef e da Anistia Internacional, da ONU, Conen, das grandes entidades nacionais de mulheres e da CUT que, desde o começo, assumiu a luta nas dimensões de gênero e raça.

Eleito para um segundo mandato de deputado federal, deparei com um bom dilema. A aprovação do projeto de resolução criando a Comissão de Direitos Humanos, e tendo sido eleito seu primeiro presidente, fui levado a ocupar essa função de modo prioritário, ainda que não exclusivo. No primeiro mandato, a minha prioridade interna era a Comissão de Desenvolvimento Urbano e Transporte, à qual cabia os temas da reforma urbana, direito à moradia, Lei Nacional de Saneamento (fui o relator no primeiro mandato), inclusão do Vale do Jequitinhonha na área da Superintendência de Desenvolvimento do Nordeste (Sudene), até porque as reuniões eram simultâneas.

O PT saltou de trinta e cinco para cinquenta deputados e tínhamos um time maior de defensores de direitos humanos: Pedro Wilson Guimarães, de Goiás, foi coordenador e fundador do Movimento Nacional de Direitos Humanos; Domingos Dutra, maranhense, advogado, negro; Gilney Amorim Viana, mineiro eleito pelo Mato Grosso, ex-preso político, vinculado à luta dos familiares de mortos e desaparecidos políticos; Marta Suplicy, que levou a luta da comunidade LGBT para a Câmara; Hélio Bicudo, segundo mandato, o homem que enfrentou os esquadrões da morte, a violência policial; padre Roque, paraense.

O jornalista da bancada do PT há quase dez anos, Márcio Araújo, veio para a CDH como secretário executivo. Augustino Veit, ativista gaúcho, advogado de boas brigas, vinculado ao Movimento de Meninos e Meninas de Rua, veio para a CDH a meu convite. Terezinha Dulci e Clotilde, funcionárias da Casa, também escolheram a CDH. Formamos uma equipe muito boa, vocacionada, dedicada. Pedi aos partidos maiores – PMDB, PSDB, PFL, PDT, PSB – que indicassem deputados igualmente vocacionados.

FHC indicou Nelson Jobim como ministro da Justiça, a quem estava vinculada a Secretaria Nacional de Direitos Humanos, ocupada por José Gregori, com trajetória reconhecida e admirada nos direitos humanos.

A primeira audiência da Comissão de Direitos Humanos teve o ministro Nelson Jobim como convidado e apresentamos nossa agenda:

Ponto 1 – Prioridade absoluta: o Estado brasileiro reconhece sua responsabilidade nas mortes e desaparecimentos dos opositores da ditadura.

Ponto 2 – Tipificação do crime de tortura, Inciso 42 do Artigo Quinto. Pela primeira vez em séculos, a tortura era reconhecida como crime imprescritível e inafiançável, mas dependia de lei que a tipificasse.

Ponto 3 – O trabalho em condições análogas à escravidão.

Ponto 4 – Inversão no rito da reforma agrária, impedindo que contestação judicial impedisse a desapropriação.

Ponto 5 – Combate à ação dos esquadrões da morte, grupos de extermínio formados por policiais, da ativa ou reformados.

Ponto 6 – Assinatura e homologação dos pactos e tratados internacionais de direitos humanos e que fosse reconhecida a jurisdição do Sistema Americano de DH (Corte Interamericana e Comissão Interamericana).

Ponto 7 – Fim da competência da Justiça Militar para julgamento de policiais militares pela prática de crimes dolosos.

Ponto 8 – Erradicação do trabalho infantil.

Combatendo a hegemonia tucana e a privataria

Não me recordo dos demais pontos, mas essa aí era uma agenda e tanto!
O vice-presidente era o Hélio Bicudo, que, além de propor a retirada da competência da Justiça Militar para julgar crimes dolosos contra a vida, apresentou um projeto completo de reforma do Poder Judiciário.

Pedro Wilson foi coordenador do MNDH que agruparia quase 500 organizações de direitos humanos. Foi o sucessor do Comitê Brasileiro da Anistia, que fez em 1982 seu último congresso.

Domingos Dutra, Padre Roque, Fernando Gabeira, Gilney Amorim Viana tiveram atuação destacada. A criação da CDH na Câmara dos Deputados estimulou comissões semelhantes nas Assembleias Legislativas e em Câmaras de Vereadores de capitais.

Em 1991 surgiram as primeiras coordenadorias de direitos humanos nas prefeituras. Em BH, administração Patrus Ananias, com dona Helena Greco, e em Maceió, prefeitura de Ronaldo Lessa, com Pedro Montenegro.

Os movimentos de direitos humanos nasceram na luta dura contra a tortura e execuções na ditadura, contra a violência do latifúndio e do Estado contra posseiros, sem-terra, advogados, padres, militantes de direitos humanos. A novidade era fincar, no Parlamento nacional, uma trincheira de defesa dos lutadores.

Em todos os estados surgiam referências parlamentares para dar voz a quem não tinha. Wilson Moura no Acre e sua luta incansável; Mário Mamede no Ceará (depois vem João Alfredo e outros); padre Luiz Couto na Paraíba (depois chegaria à presidente da CDH da Câmara dos Deputados), Nelson Pelegrino, Yulo Oiticica e Moema Gramacho, na Bahia. Em Minas, o deputado João Leite, do PSDB, dirigiu a CDH por vários anos (mas mudou de rumo); Durval Ângelo manteve a CDH da ALMG de pé e altiva, mesmo nos piores momentos; Marcos Rolim e, depois, Maria do Rosário, gaúchos que se projetaram nacionalmente; Cláudio Vereza e Bruno Bragato no Espírito Santo; Edmilson Rodrigues e Babá, no Pará; Heloneida Studart no Rio; Renato Simões em São Paulo; Ben-Hur Ferreira no Mato Grosso do Sul.

A aproximação com José Alencar, a construção da chapa com Lula

Em 1995, José Gregori encarregou o Núcleo de Estados da Violência, dirigido por Paulo Sérgio Pinheiro, para preparar um Plano Nacional de Direitos Humanos. Em comum acordo, convocamos a 1ª Conferência Nacional de Direitos Humanos para aprovar o PNDH1. Travamos uma campanha nacional – "Sem

Direitos Sociais Não Há Direitos Humanos" – para incorporar os direitos sociais ao PNDH.

A cada ano avaliávamos as prioridades. Por exemplo, os grupos de extermínio que matavam a rodo no Amazonas (A Firma), em Pernambuco (Homicídios SA). No Rio Grande do Norte estava incrustado na própria Secretaria de Segurança. No Espírito Santo a perigosa Scuderie Le Coq. Na divisa da Paraíba com Pernambuco, de um lado a cidade chamava Itambé, do outro, Pedras de Fogo – a área era para criar uma zona de impunidade.

O epicentro das mortes e violência no campo também se deslocava. O Paraná, sob o governo de Jaime Lerner, liberou a violência policial contra o MST. Com toucas ninja, com a identificação obrigatória retirada, um grupo de PMs agia ao arrepio da lei. Fazia despejos sem negociar, em horários proibidos. Eu admirava o trabalho de Lerner como prefeito de Curitiba, e me espantava de como permitia que as questões sociais fossem tratadas como crime, como problemas policiais. Junto com Fernando Gabeira e Flávio Arns fomos ao Tribunal de Justiça pedir que houvesse uma vara agrária, ao Ministério Público, de quem cobrávamos o controle externo da atividade policial, à Assembleia Legislativa; dávamos entrevista cobrando que os assassinatos de líderes sem-terra fossem apurados.

Em agosto de 1995, estávamos em uma reunião ordinária da CDH quando chegou a notícia de um massacre de camponeses sem-terra em Corumbiara, Rondônia. Conseguimos um avião da FAB e saímos para lá, eu e padre Roque. Na viagem, impressionou-me a turbulência causada pelos incêndios, pelas queimadas. O capitalismo selvagem, com o seu desprezo pelas florestas, pelos animais, já era um tapa na cara.

Em visita ao local do massacre, vimos a inverossimilidade da versão da Polícia do que ocorreu. Na manhã do dia seguinte, fomos ao Instituto Médico Legal de Pimenta Bueno para ver o trabalho dos peritos sobre os corpos. O médico que fazia a perícia descreveu o ocorrido de modo delirante: os sem-terra eram descritos como guerrilheiros que atacaram a PM do alto de árvores e que a PM reagiu. Não havia PMs feridos.

Disse-lhe que ele não agia como perito, mas como criador de versões e pedi ao governador e ao secretário de Segurança que interrompessem os trabalhos periciais e solicitei peritos profissionais isentos. A Polícia Militar queimou o acampamento de tal modo que era impossível reconstituir a verdade. Não era a polícia da cidadania, do respeito à lei e, sim, gendarmes do latifúndio. Fizemos um relatório e o encaminhamos ao Conselho de Defesa dos Direitos da Pessoa Humana (CDDPH), ao Ministério Público do Trabalho, ao Ministério da Justiça, ao procurador-geral de Justiça de Rondônia.

Em 1995, primeiro ano da CDH da Câmara, foi criado o Grupo Móvel de Fiscalização dos Auditores Fiscais do Trabalho do Ministério do Trabalho para o enfrentamento do trabalho em condições análogas ao trabalho escravo. Uma mineira baixinha, magra, brava, Ruth Beatriz, comandava o grupo, foi um avanço. Fazíamos audiência pública para apoiar essas ações e para dar visibilidade ao trabalho deles.

O PT fazia oposição firme à privataria tucana, ao modo como foi feito o processo de privatização; batíamos forte nas reformas neoliberais através das PECs no Congresso e, ao mesmo tempo, nos aliamos ao governo no campo dos direitos humanos. Por exemplo, só em 1997 conseguimos levar a voto a regulamentação necessária para a tipificação do crime de tortura. No plenário, o tucano Almino Afonso foi o relator pela Comissão de Constituição e Justiça, e eu, pela Comissão de Direitos Humanos. Na sessão em que foi votada, o deputado Jair Bolsonaro, que defendia a tortura na ditadura e na democracia, apontou o dedo para mim, Genoino e José Dirceu e disse que o erro da ditadura foi ter nos deixado vivos.

Nesse mesmo ano, Aloysio Nunes pela CCO e eu pela CDH defendemos conjuntamente a lei para imigrantes refugiados. Hélio Bicudo negociou exaustivamente a exclusão, do foro privilegiado da Justiça Militar, de crimes dolosos cometidos contra a vida. O PT atuava em todas as frentes na positivação dos direitos previstos na Constituição.

Em agosto, o governo FHC, por intermédio do ministro Nelson Jobim e do secretário de Direitos Humanos, enviou ao Congresso o projeto de lei que resultou na Lei 9.140/95. Toda e qualquer emenda foi rejeitada – esse era o acordo não revelado entre o governo e os militares. Nelson Jobim me disse que, um dia, revelaria tudo que aconteceu até chegar àquele texto.

O PL 9.140 trazia um anexo com 136 nomes de desaparecidos políticos publicados no dossiê organizado pelos familiares. Previa uma indenização de R$ 100 mil às famílias que apresentassem requerimento. Dava como certo que era incontestável que as 136 pessoas eram vítimas do desaparecimento forçado e que o Estado tinha a responsabilidade objetiva. Ou seja, os familiares não precisavam comprovar.

Quanto aos mortos oficialmente admitidos nas notas publicadas pela imprensa, ou por constarem de documentos das forças repressivas, o PL trazia condicionantes perversas. Só seriam reconhecidos como responsabilidade do Estado os opositores mortos em dependências policiais ou assemelhadas. Caberia aos familiares apresentar as provas. Ora, os militares não forneciam as informações que tinham em seus arquivos ou negavam que tivessem as informações. Como os familiares obteriam as provas?

Para localizar os corpos dos desaparecidos políticos, ou dos mortos quando os restos mortais não foram devolvidos às famílias, caberia às famílias indicar o local, e só aí o Estado se incumbiria de diligenciar. A perversidade estava em que desaparecido era desaparecido exatamente porque houve deliberada ocultação dos restos mortais.

A Comissão de Familiares reuniu-se com Nelson Jobim e José Gregori pela primeira vez antes do envio do PL 914. Reafirmou a carta compromisso recebida e assinada por FHC antes de ser eleito com dez pontos, entre eles:

– reconhecimento público pelo Estado de sua responsabilidade pela prisão, tortura, desaparecimento dos opositores políticos;

– instituir comissão de investigação e reparação integrada pelo Ministério Público, pelo Legislativo, pela OAB e por familiares com poderes de investigação, convocação de testemunhas, requisição de arquivos e documentos, exumação de cadáveres.

A Comissão de Familiares exigia ainda, e corretamente, a abertura de todos os arquivos da repressão. E a lei tipificando o crime de tortura prevista pelo Art. 5, parágrafo 3 da Constituição. E ainda a desmilitarização das Polícias Militares. Retirar da Justiça Militar a competência de julgar crimes praticados contra civis. Desmantelamento de todos os órgãos de repressão política e a revogação da doutrina de segurança nacional.

Os familiares tinham a garantia nos diálogos intermediados por Belisário dos Santos, advogado de presos políticos e então, em 1995, secretário de Justiça de São Paulo, que novos casos não constantes no dossiê pudessem ser incluídos.

O PL atendeu só parcialmente: não deu poderes à Comissão Especial sobre Mortos e Desaparecidos Políticos para investigar as circunstâncias das mortes e acesso aos arquivos. Não foi acolhida a proposta de o Estado garantir a ampla divulgação para a sociedade para que as famílias de mortos e desaparecidos que não tivessem contato com a Comissão de Familiares nem conhecimento do decreto a peticionar fossem mobilizadas.

Os grupos Tortura Nunca Mais e a Comissão de Direitos Humanos da Câmara dos Deputados fizeram o possível para localizar familiares. Percorri todo o país me reunindo com familiares e GTNM, com OAB, grupos de direitos humanos, dava entrevistas para divulgar a PL 9.140 e a CEMDP.

Nas negociações com os militares, José Gregori disse que o brigadeiro Mauro Gandra, ministro da Aeronáutica, e o general Tamoyo Pereira das Neves contribuíram muito para que o projeto fosse aceito pelas Forças Armadas.

As famílias protestaram publicamente no processo de votação do PL 9.140 contra a inversão do ônus da prova – caberia às famílias buscar provas sonegadas pelos militares e órgãos estaduais que detinham as informações.

Como deputado, aprendi que leis avançam mais ou menos, a depender da correlação de forças. Todas as emendas ao PL 9.140 apresentadas por Gilney Amorim Viana, deputado pelo Mato Grosso, representando as demandas das famílias, foram derrotadas por larga maioria pelos votos dos partidos de centro e de direita.

A CEMDP teve a primeira reunião em 8 de janeiro de 1996. Por decisão de FHC, seu presidente foi Miguel Reale Jr., e indicou ainda Eunice Paiva (viúva do ex-deputado Rubens Paiva), João Grandino Rodas (pelo vínculo com o Ministério das Relações Exteriores), Paulo Gustavo Gonet Branco (MPF), o general Osvaldo Pereira Gomes representando as Forças Armadas. Os familiares indicaram Suzana Lisboa, e a Comissão de Diretos Humanos da Câmara indicou-me.

O apartamento funcional de Gilney Viana virou o QG das famílias sob a batuta de sua companheira Yara Xavier, viúva de Arnaldo Cardoso Rocha e irmã de Alex e Iuri Xavier, todos vítimas da repressão política. O Grupo Tortura Nunca Mais do Rio não concordou com a Lei 9.140, nem com as indenizações e defendia que as famílias e os movimentos de direitos humanos concentrassem os esforços na mudança da lei de anistia que concedia a autoanistia aos torturadores.

Os demais GTNMs e toda a rede de direitos humanos pelo país procuraram divulgar, mobilizar, apoiar a Comissão de Familiares na CEMDP.

As famílias devassaram os documentos nos arquivos estaduais dos Dops já abertos em São Paulo, Pernambuco, Rio de Janeiro. Conseguiram fotos de corpos nos IMLs. A Polícia Federal também se recusou a fornecer informações à CEMDP, e a lei não previa a obrigatoriedade.

Em meu livro com a parceria de Carlos Tibúrcio, *Dos filhos deste solo*, tratamos de todos os casos analisados pela CEMDP, sobretudo na segunda edição, que incorporou outros casos incluídos e revistos do excelente livro *Direito à memória e à verdade*, publicado pelo governo Lula, fruto de um trabalho primoroso de Paulo Vannuchi, que foi ministro dos Direitos Humanos. Infelizmente esse belo livro teve tiragem pequena e não foi reimpresso.

Em minha reflexão após vinte anos, considero que o primeiro caso que deu embate e fez avançar os limites da lei foi o do "Massacre da Lapa", julgado em fevereiro de 1996. Fui relator das execuções de Ângelo Arroyo e Pedro Pomar na casa onde foram cercados, que era aparelho do PCdoB na rua Pio XI, no dia 12 de dezembro de 1976. No julgamento da execução de Ângelo Arroyo, o meu parecer foi aprovado por 4x3. Eu, Suzana, João Grandino Rodas, Paulo Gonet votamos a favor, e Miguel Reale Jr., Eunice Paiva e o general Osvaldo Gomes votaram contra.

Tratava-se de uma reunião do Comitê Central do PCdoB, delatada por um dirigente que mudou de lado secretamente. Vários membros saíram na véspera e foram presos. Um deles foi levado ao DOI-Codi e assassinado após torturas – João Batista Franco Drummond.

Ficaram no imóvel Ângelo Arroyo, Pedro Pomar e a caseira Maria Trindade. Dez viaturas do Exército, quarenta agentes policiais e militares cercaram a casa e fuzilaram Ângelo Arroyo e Pedro Pomar. Provamos que os dois já estavam sitiados e a repressão aguardava o momento certo para matá-los. Tanto é verdade que, na véspera, deixaram a casa e foram presos Aldo Arantes, Haroldo Lima, Wladimir Pomar e Elza Monnerat. Dois outros membros do Comitê Central não foram presos: Jover Telles, o infiltrado, ou "cachorro", como eram designados pelos porões, e José Novaes, que saiu junto com Jover Telles e por isso não foi preso.

O que levou Miguel Reale Jr. e Eunice Paiva a votarem contra? Uma interpretação restritiva do termo "assemelhada" à dependência policial. Eunice Paiva também se posicionou tecnicamente. Ante a repercussão do caso, preferiu não permanecer na CEMDP. Ela se portou com coragem e grandeza quando seu marido, o ex-deputado Rubens Paiva, foi sequestrado, executado e tornado desaparecido político. Foi substituída por Luís Francisco Carvalho Filho, advogado respeitado de São Paulo.

Um artigo de seu filho Marcelo Rubens Paiva, escritor admirado, foi importante, repercutiu muito e contribuiu para criar um ambiente favorável à aprovação da Lei 9.140. No julgamento seguinte, do caso da execução de Pedro Pomar, meu parecer foi aprovado por 5x2 no dia 23 de abril. E o de João Batista Franco Drummond foi aprovado por 7x0.

Nesses casos formou-se uma maioria de que "dependência assemelhada" era qualquer lugar onde a pessoa estivesse já sob o cerco, a tutela do Estado.

O outro julgamento que atraiu a atenção do país e teve repercussão internacional foi o da execução de Carlos Marighella. O relator Luís Francisco Carvalho Filho teve seu voto aprovado por 5x2 (votos contrários do general Osvaldo Gomes e Paulo Gonet). Comprovamos que Marighella foi executado à queima-roupa, que não houve tiroteio e havia inverossimilhança na posição, informada pela polícia, em que teria sido colocado no fusca. Era considerado o inimigo número um da ditadura e desde sua morte, em 4 de novembro de 1969, prevalecia a versão falseada de morto em tiroteio. Como aconteceu na alameda Casa Branca, esquina com rua Tatuí, mais uma vez prevaleceu a decisão de que a armadilha, o cerco e a execução deram-se em local assemelhado. E ainda, que poderia e deveria ter sido preso.

O terceiro julgamento, tenso, que gerou duro embate, foi o de Carlos Lamarca. Capitão do Exército, saiu do quartel de Quitaúna, em Osasco, levando armas para aderir à luta armada contra o regime militar. A família havia pedido a exumação do corpo e a reanálise da versão oficial pelos peritos que serviam à CEMDP, Celso Nenevê e Nelson Massini, que concluíram não ter havido tiroteio, mas sim execução de Lamarca e José Campos Barreto em setembro de 1971, em Buriti do Cristalino, Bahia. Houve movimentação dentro do Exército, pressões sobre o governo, choro e ranger de dentes na CEMDP.

De novo deu 5x2. Eu tinha pedido vista por discordar do voto de Paulo Gonet e fiz um relatório alternativo. Suzana pediu vista. O próprio presidente Reale Jr. votou de modo inequívoco de que Lamarca e Zequinha foram executados.

No prédio onde moro em BH, um general reformado nunca mais me cumprimentou depois do julgamento do caso de Carlos Lamarca.

O outro julgamento emblemático, tenso, foi da morte de Zuzu Angel. No primeiro julgamento, o requerimento assinado por sua filha Hildegard Angel foi derrotado por 5x2 (Suzana e eu), prevalecendo a versão oficial de acidente de carro. Ante a repercussão negativa, o advogado paraibano Marcos Pires me fez um relato de que presenciou a cena do carro dela ser abalroado por um jipe até despencar para a Estrada da Gávea, na saída do Túnel Dois Irmãos (hoje Zuzu Angel). Ele presenciou a cena e dirigiu-se com um amigo ao local do acidente, gastando no máximo dez minutos, e encontrou uma dezena de carros de polícia em torno do local isolado onde estava o Karmann Ghia da estilista.

Como havia um laudo do Instituto Carlos Éboli supostamente técnico, Luiz Francisco Carvalho Filho contratou dois peritos engenheiros independentes que desmontaram a farsa do acidente. A ela foi aplicado o sinistro Código 12, atentado disfarçado de acidente, exemplo utilizado pelos órgãos de repressão e pela Operação Condor.

Após sete anos na CEMDP, tendo relatado quarenta casos, sem contar pedidos de vista para apresentar outro ponto de vista, de ter convivido com as famílias dos mortos e desaparecidos com a extraordinária lição de lealdade e coragem cívica, tive que sair por ter deixado o mandato de deputado federal para candidatar-me ao governo de Minas em 2002.

Em 2003, tendo sido, a convite do presidente Lula, o primeiro ministro de Direitos Humanos do meu país, articulamos no governo e na Câmara, com a deputada Maria do Rosário, medida provisória prorrogando sem prazo de encerramento a CEMDP e retiramos a exigência de restringir à "dependência policial ou assemelhada" reconhecimento da responsabilidade do Estado.

Substituímos o general Osvaldo Gomes pelo coronel João Batista Fagundes; em meu lugar, a deputada Maria do Rosário Nunes; Maria Eliane Menezes de Faria entrou como representante do MPF, e o diplomata André Saboia Martins no lugar de João Grandino Rodas.

Os anos 1995/98 foram de ampla hegemonia tucana. FHC constituiu uma grande maioria na Câmara e no Senado para as privatizações e para as emendas constitucionais para o projeto neoliberal.

Derrotado no primeiro turno, Lula parecia fora do jogo. Fizemos um bate-papo na casa de Cristovam Buarque, e ele defendeu que Lula não disputasse a Presidência em 1998. Foram anos de resistência e defensiva.

No período, as privatizações se sucederam, nas telecomunicações, das grandes siderúrgicas, dos bancos públicos estaduais, das elétricas, da Vale do Rio Doce. Quando não podia vender, reduzia seu papel, casos do Banco do Brasil e da Caixa Econômica Federal. Lá se foram Embraer, Vale, Usiminas, Copersul, CSN, Light.

O jornalista Aloysio Biondi desnudou a privataria, mostrando que as privatizações não significaram mais educação, mais saúde, mais infraestrutura como dizia a propaganda oficial. Mas enriqueceu tucanos, moveu a lavagem de dinheiro e muita propina. A esquerda buscava resistir a cada investida, a mídia satanizava tudo que cheirasse a Estado.

***

Neste contexto, as eleições de 1996 interromperam a trajetória de crescimento do PT. A maioria da população apoiava as privatizações e as reformas neoliberais. Sérgio Motta, ministro das Comunicações, falava em "vinte anos de poder para o PSDB". Nós éramos tratados como "fracassomaníacos", dinossauros. Nas eleições anteriores nós buscávamos nacionalizar as campanhas, e a direita e centro-direita queriam a municipalização.

O Partido dos Trabalhadores fazia boas administrações, a começar de BH com planejamento estratégico, inúmeras formas de participação popular, inversão de prioridades. Nossas administrações recebiam prêmios e reconhecimento, inclusive internacional. No último ano do governo Patrus Ananias houve um alto índice de aprovação popular.

No entanto, a coligação de 1992 se dividiu. O vice Célio de Castro (PSB), com o apoio do PMDB, saiu candidato, mas a tese da coligação sai derrotada. O PT lançou a chapa Virgílio Guimarães/Regina Nabuco, ficou fora do segundo turno, acarretando forte redução da bancada de vereadores. Apoiamos Célio no segundo turno, os petistas que estavam no governo continuavam, menos mal.

No estado de Minas, o PT continuou crescendo, e passou de treze para trinta prefeituras, e elegendo 257 vereadores e vinte e oito vices de prefeitos aliados.

O PSDB ainda mantinha a atuação em direitos humanos. José Gregori, Belisário dos Santos, a própria Ruth Cardoso davam visibilidade a essa atuação. FHC repetia que direitos humanos eram o outro nome da democracia e que não há democracia sem direitos humanos, enquanto seu partido mergulhava na privataria.

Junto com Carlos Tibúrcio preparáramos o *Dos filhos deste solo* por dois anos e meio. Nas enfadonhas sessões de votação das PEC das reformas neoliberais perdíamos todas, mas usávamos todas as possibilidades regimentais. Eu aproveitava as longas sessões para escrever furiosamente.

Tínhamos um grupo de direitos humanos no Parlatino composto por um velho deputado uruguaio socialista, Daniel Diaz Mainardi; por um deputado democrata-cristão; pela deputada do Partido Liberal Radical Autêntico (PLRA), a paraguaia Ludmila Riveros Sánchez; pelo deputado venezuelano Gustavo Gutierrez, de um partido que, depois, se incorporou ao de apoio a Hugo Chávez. Juntamente com eles, percorremos Argentina, Uruguai, Paraguai, Bolívia, Chile, Peru, Equador, Venezuela e Brasil, visitando presídios e penitenciárias, para conhecer o sistema prisional, as melhores e as piores experiências.

Lamentavelmente o Parlatino não tinha representatividade, parlamentares eleitos, principalmente de um verdadeiro Parlamento como sonhava Franco Montoro e outros que queriam criar a Pátria Grande. Mas nas longas viagens, nas longas conexões e nos hotéis, eu escrevia furiosamente.

Em abril de 1997 houve o massacre do Eldorado dos Carajás que comoveu o país e teve repercussão mundial. Chico Buarque e Milton Nascimento fizeram um CD, *Levantados do chão*. Sebastião Salgado doou obras para o MST, acompanhei comitiva do MST à Genebra para denunciar a barbárie na ONU. O MST fez uma marcha a Brasília, passando por dezenas de cidades.

O PT fez um "governo paralelo" baseado nas experiências do "gabinete sombra" da democracia britânica. Em 1996, fomos a FHC entregar nosso projeto de reforma agrária: José Dirceu, Paulo Rocha, Adão Pretto, padre Roque, Domingos Dutra. FHC disse-nos: "Vou fazer, mesmo sabendo que o tempo da reforma agrária passou. Farei como política social". Assim pensava ele. Do mesmo modo foram encaminhados ao governo projetos para educação, saúde, políticas econômicas, para o mundo do trabalho.

Na década de 1990, houve grandes CPIs que traziam luz sobre violações de direitos humanos "naturalizadas". A CPI do extermínio de crianças e adolescentes tirou de debaixo do tapete a cruel realidade dos meninos de rua (em situação de rua, como denominamos hoje), sistematicamente atacados e mortos por grupos de extermínio formados por policiais, ex-policiais, seguranças privados. A CPI dava visibilidade a técnicos, gestores, ONGs, especialistas, acadêmicos que se dedicavam à defesa e promoção dos direitos dessas crianças. Não era um fato isolado, buscando holofotes. Deu visibilidade ao Conselho Nacional dos Direitos da Criança e do Adolescente (Conanda). Na Câmara, tínhamos parlamentares empenhados, como Benedita da Silva e Rita Camata, entre outros.

Outra CPI que produziu bons frutos foi a da violência contra a mulher, que teve a participação de Sandra Starling. Ela bateu de frente com o patriarcalismo ancestral e começou a trazer à tona a violência doméstica.

A CPI da violência no campo desvelou a realidade de que décadas depois da frase lapidar "a questão social não é questão da polícia" estava desmentida pela rotina de assassinatos de posseiros, de sem-terra, de camponeses que resistiam a reintegrações de posse de áreas da Justiça corrompida pelo latifúndio, de advogados valentes como Paulo Fonteles, Gabriel Pimenta, de padres e agentes pastorais, como o padre Josimo Morais Tavares.

A CPI do Sistema Penitenciário infelizmente mostrou uma realidade de um sistema apodrecido que só se agravou, inclusive em governos petistas. Mas não era um problema que se resolvesse no Executivo. Foi o Poder Judiciário que entrou no esquema de tolerância zero e do encarceramento em massa e do Legislativo que aumentou penas e transformou tudo em crime hediondo.

Em 1989, um grupo de chilenos com um brasileiro (cearense) sequestrou o empresário Abílio Diniz. Foram descobertos e a Polícia Civil de São Paulo vergonhosamente apresentou os sequestradores com a camiseta da "Campanha Lula Presidente" para vincular o sequestro e sequestradores a Lula no sábado, véspera do primeiro turno. Uma das manobras sórdidas da TV Globo em apoio ao aventureiro Collor. Eles eram ligados ao *Movimiento de Izquierda Revolucionária* (MIR), que não aceitou a redemocratização do país nem o governo da Concertación.

Em 1994, eu e Stael fomos ao México, e uma companheira do *Partido de la Revolución Democratica* (PRD) procurou-nos pedindo nossa interseção para que eles fossem reconhecidos como presos políticos. Os sequestradores já estavam condenados e cumpriam longas penas no Carandiru.

Em 1995, consultei Lula, a direção do PT, companheiros de bancada sobre minha intenção de visitá-los. A reação não foi boa, afinal sequestrar alguém num país democratizado para favorecer um grupo que não reconhecia a democracia no Chile e que foram condenados em processo público, com direito a defesa etc. Argumentei que concordava com tudo, mas foi pedido da companheira de um deles, seria um gesto humanitário. Muito bem: eu iria por decisão própria, deixando claro que não representava o partido nem tampouco concordava com a política equivocada deles. Comuniquei à Comissão de Direitos Humanos, da qual era presidente, que iria visitá-los.

Todos se reuniram para me receber no Carandiru, presídio do qual nutria péssimas lembranças do ano que passei lá, em 1973/1974, e senti o mal-estar miasmático no ar ao lembrar do maior massacre de presos da história do país, em 1992.[11]

---

[11] No dia 2 de outubro de 1992, a Polícia Militar, liderada pelo coronel Ubiratan Guimarães, entrou no Carandiru para reprimir uma briga de presos no Pavilhão 9, ação que resultou na morte de 111 presos e nenhum policial ferido. O julgamento da barbárie foi dividido em quatro partes, com penas variáveis. Ubiratan Guimarães foi inicialmente condenado a 632 anos de prisão por 102 das 111 mortes em 2001. Em 2002, foi eleito deputado estadual por São Paulo. O Tribunal de Justiça alegou equívoco na sentença e o absolveu. Em setembro de 2006, o coronel Ubiratan foi morto com um tiro no abdômen.

Eles pediram que transmitisse as desculpas ao PT e a Lula por terem sido usados para derrotá-lo em 1989, que foram obrigados pela polícia paulista a vestirem as camisetas da campanha. Também disseram que reconheciam o grave erro político que cometeram, e que só queriam ser reconhecidos como presos políticos, que não eram assaltantes que visavam a auferir benefícios pessoais.

Fiz um relatório honesto à CDH, à minha bancada, à direção do PT e a Lula. Genoino tinha feito um discurso duro dizendo que aquele tipo de ação num contexto democrático era terrorismo, e como tal deveria ser tratado. Conversei com ele e disse que iria trabalhar pela extradição deles para cumprirem pena nos seus países (havia entre eles um casal de europeus).

Fui procurado pelo embaixador chileno no Brasil (que chegou a ser ministro de Relações Exteriores do Chile) e era do Partido Socialista chileno, que queria a extradição deles, entre outros parlamentares a visitá-los – Suplicy foi vê-los, além de outros. Uma revista editada pelo saudoso Max Altman fez um número especial sobre aquele grupo. Recebi uma enxurrada de críticas ácidas em jornais, TVs, rádios. Estando convencido de que fazia o que deveria ser feito, prossegui.

Fiz outras visitas e gestões. Quando fomos entregar ao presidente Fernando Henrique a proposta do governo paralelo sobre reforma agrária, ao término, pedi para falar com ele por dois minutos e fiz o pedido de extradição: "Ele só disse – isto é muito complicado". Cheguei a ligar para Luiz Carlos Bresser Pereira, ligado profissionalmente a Abílio Diniz na rede de supermercados Pão de Açúcar, que gentilmente me pôs em contato com Abílio Diniz. Educadamente, ele me disse que com tanta coisa para se preocupar no país, porque eu me ocupava dessa gente... e que passou péssimos momentos nas mãos deles.

Os chilenos, afinal, foram extraditados e o cearense cumpriu a pena em regime aberto no Ceará.

Quase uma década depois, fui ao Chile para um ciclo de debates em Valparaíso e meu filho Vitor ficou em Santiago para conhecer a cidade, e foi ciceroneado por aqueles chilenos. E Margarida, uma das sequestradoras, foi selecionada como engenheira para a construção de um túnel entre Santiago e Valparaíso. Fiquei feliz por ter colaborado para que aquelas pessoas tivessem se reintegrado e contribuído com seus países.

Em 1997, tive que engolir a derrota no caso da reeleição. De modo descarado, Sérgio Motta, amigo pessoal e operador político de FHC, comprou, em dinheiro vivo, pelo menos três parlamentares cujos nomes foram revelados para votar na reeleição. O PT defendia mandato de cinco anos sem reeleição de presidente, governadores e prefeitos.

Blindado pela mídia, Fernando Henrique saiu absolutamente impune. À época, o procurador-geral da República era Geraldo Brindeiro, apelidado de "Engavetador-Geral da República". Toda e qualquer denúncia relacionada no que o jornalista Elio Gaspari chamava de privataria era invariavelmente engavetada pelo PGR Brindeiro. Fortunas emergiam da noite para o dia na esbórnia das privatizações.

A partir de FHC, da guinada neoliberal dos tucanos, aquele PSDB, costela ética e progressista do PMDB, aliado da esquerda na Constituinte, ficou para trás.

***

O sonho de Lula antes de o Plano Real catapultar FHC era ter Tasso Jereissati como vice em 1994. O PT resistiu com competência nesse período ao isolamento que a coalizão de centro-direita queria nos impor. A forte coalizão PSDB-PFL-PMDB (que lançou Orestes Quércia, ex-senador e governador de São Paulo, em 1994 e o abandonou como fez com Ulysses Guimarães em 1989) tinha apoio da mídia: TV Globo à frente, jornais, revisas, rádios de alcance nacional. Do MPF, PF, STF, STJ. Ocultaram da sociedade a sobrevalorização do real e a gravidade da situação econômica do país. 1998 seria a primeira eleição sob a vigência do instituto da reeleição. FHC se armou para ganhar no primeiro turno. Além do PMDB, conseguiu isolar Maluf e trouxe o PPB, seu partido, para a coalizão conservadora.

Itamar Franco foi derrotado na convenção do PMDB – ele queria candidatura própria.

Para enfrentar a forte coalizão conservadora, Lula e o PT tentaram a unificação das oposições e formou-se a chapa Lula Brizola (que se candidatara em 1989 e 1994). Porém, o PPS não aceitou a unificação das oposições, e lançou Ciro Gomes junto com o PV. Lula cresceu com Brizola, mas tornou a perder no primeiro turno. FHC teve 53% dos votos e Lula passou de 22% para 31,7%. Ciro obteve quase 11%. No Senado, o PT cresceu de cinco (Suplicy, Marina, Lauro Campos, José Eduardo Dutra e Geraldo Cândido, suplente de Benedita que virou vice de Garotinho no Rio) a sete senadores, com a eleição de Tião Viana no Acre e Heloísa Helena em Alagoas. O PT faz três governadores (Olívio Dutra no RS, Jorge Viana no Acre, e Zeca do PT no Mato Grosso do Sul) e subiu de cinquenta para cinquenta e nove federais e noventa estaduais.

O PT mineiro unificou-se na candidatura de Patrus ao governo em 1998. Sua vice era Margarida Vieira do PSB. Para a única vaga em disputa ao Senado, Júnia Marise, do PDT, com a entrada do PDT à Frente Minas Popular (PT, PCdoB, PSB, PCB, PV e PDT).

Eduardo Azeredo estava desgastado pela greve da PM, e por ter mantido as férias na Europa enquanto houve grande enchente no estado. Apesar de FHC ter obtido mais votos em Minas que na média nacional, Azeredo não acompanhou a onda nacional pró-tucanos. Preparamo-nos para quebrar a polarização Azeredo x Newton Cardoso. Mas Itamar, derrotado na convenção nacional do PMDB na defesa da candidatura própria, costurou sua candidatura e polarizou com Azeredo.

Fomos ao Hotel Othon conversar com ele. Perguntei se havia espaço para uma aliança com ele, que descartou por já ter compromisso com "Dr. Newton" (que saiu vice – seu arqui-inimigo) e José Alencar era o candidato ao Senado e ganhou. Itamar ganhou no segundo turno por 57,2% a 42,8% e o PT votou nele. Patrus teve 16,1% (1.122.007 votos).

Para deputado federal o PT coligou com o PCdoB, PDT, PSB, PCB e PV. Elegemos nove (sete do PT, nosso querido Sérgio Miranda, do PCdoB, e Li Guerra, do PDT). Eu fui reeleito para o terceiro mandato, com 45.803 votos, juntamente com Maria do Carmo, a mais votada, com 135 mil votos, Virgílio Guimarães, Paulo Delgado, João Fassarela, Gilmar Machado e Tilden Santiago.

Para a Assembleia, fizemos coligação com o PSB, cada um elegeu cinco. (Durval, Ivo José, Adelmo Leão, Rogério Corrêa e Maria José. Do PSB foram eleitos Sávio Souza Cruz, Elaine Matozinhos, Edson Rezende, Chico Rafael e Eduardo Hermeto). Na outra chapa da coligação que apoiou Patrus, o PDT elegeu dez deputados estaduais.

Em janeiro, depois de assumir para o segundo mandato, FHC cometeu o maior estelionato político da histórica política do país: desvalorizou o real – ou seja, um real = um dólar foi uma falsidade; reconheceu a grave crise e recorreu ao FMI e ao seu remédio que agrava a doença. Dois meses após ser eleito em primeiro turno, a aprovação de seu governo despencava e não iria mais se recuperar. No ponto máximo atingiu 27% de aprovação.

Antes de assumir o terceiro mandato, fiz um *check-up* na Câmara, no último dia da legislatura, 15 de dezembro de 1998, que mostrou uma situação preocupante. O médico mandou-me para o Hospital Santa Luzia para fazer um cateterismo, mas já prognosticava uma cirurgia no Incor em São Paulo. O serviço médico da Câmara trazia o trauma da morte imprevista de Luiz Eduardo Magalhães. O exame do Santa Luzia confirmou a necessidade de cirurgia o mais breve. Já queriam que eu saísse dali para São Paulo. Eu lhes disse que não iria em hipótese nenhuma. Minha Fernanda tinha se casado em outubro, e em dois dias a outra filha querida também iria se casar.

Tive que assinar uma declaração de que me recusei a seguir a orientação do hospital. Só falei com Stael e pedi seu silêncio até passar o casamento. No dia seguinte, 16 de dezembro, cumpri minha promessa e fiz uma feijoada para os amigos e parentes do genro Venancinho, com camisa de manga comprida para ocultar as marcas do cateterismo. Vivi a intensa emoção do casamento da filha tão linda, e só no sábado disse a elas sobre a cirurgia cardíaca.

***

Bayard Gontijo, grande cirurgião, marcou o meu procedimento para 5 de janeiro de 1999, no Biocor. Teimosamente, mantive a viagem sagrada para Alcobaça no recesso de 21 de dezembro a 3 de janeiro. Vitor iria viajar dias depois para um intercâmbio na Inglaterra por nove a dez meses. Em Alcobaça, mantive a tradição de cozinhar todos os dias. Vitor levou nada menos que onze jovens para nossa casa. Lá cozinhei, fiz café da manhã, almoço e janta para aqueles insaciáveis. Sem eu saber, Stael e Renata montaram um esquema de socorro de um avião turbo-hélice para o aeroporto de Caravelas, com UTI.

Foram duas pontes de safena e duas de mamária. Ao me dar alta, doutor Bayard, a quem me afeiçoei, muito sério disse que os três "venenos" para o coração são a (má) qualidade da alimentação, a inatividade física e, mais que tudo, o estresse. "Como você fará? Você é político". Respondi de pronto: "Não se preocupe. De estresse não morrerei".

Recebi muitas visitas e carinho. Certo dia chegou uma comitiva: meu amigo, camarada e compadre Fernando Pimentel, secretário da Fazenda de Célio de Castro, Maurício Borges (secretário de Planejamento municipal), Carlão Pereira, Maria Caiafa, e não me lembro quem mais. Queriam que eu disputasse prévias para a presidência do PT de BH para refazer a aliança com Célio de Castro em 1996. Acabei aceitando e, meses depois, fui eleito em disputa leal e politizada com Tomaz da Mata Machado, que defendia candidatura própria à prefeitura, disputando contra Célio de Castro. Roberto Carvalho, o outro concorrente, retirou a candidatura.

Um outro dia recebi visita de Marcelo Deda, líder da bancada do PT na Câmara dos Deputados, orador brilhante, inteligência rápida. Foi bom prefeito de Aracaju, bom governador, reeleito e morreu antes da hora, de câncer no segundo ano do governo Dilma em 2013, quando fez um discurso grandioso no lançamento do Brasil Sem Miséria.

Dias depois, outra surpresa. Os deputados Marcos Rolim (PT-RS) e Nelson Pelegrino (PT-BA) queriam que eu voltasse a presidir a Comissão de Direitos Humanos. No último ano, 1998, ela foi presidida por um simpático e correto deputado gaúcho que defendia publicamente a pena de morte e era contrário ao desarmamento. Os dois, destacados defensores de direitos humanos em seus estados, acreditavam que eu poderia retomar um papel importante para a CDH. Eles queriam presidi-la nos anos subsequentes. E ainda me asseguraram que era a opinião do Núcleo de DH da bancada do PT na Câmara.

É um momento bom de política quando você é escolhido. Presidente do PT da capital e presidir a Comissão de Direitos Humanos da Câmara dos Deputados de novo, duas honrosas incumbências que fariam bem ao espírito. Eu continuava meu trabalho de resgate da história verdadeira sobre os que morreram, desapareceram na luta por um país melhor para o meu livro.

A família cresceu, com os dois genros, Fabian e Venâncio. Meu filho longe, voando para o mundo. Stael e eu cercados de bons amigos. Tínhamos mudado para BH em 1995, três anos após o maldito assalto – as meninas não se sentiam seguras. Aprendi a conviver com a hérnia de disco, sequela daquela tarde perigosa.

Tínhamos atravessado o "mar das tormentas" entre 1995 e 1998 e pressentíamos que era possível dobrar o "cabo da boa esperança". O neoliberalismo hegemônico e massacrante, a presença indesejada do FMI sendo contestada pelos movimentos populares e sindicais, nossas bancadas de esquerda e centro-esquerda batendo de frente, no debate qualificado. A CUT, MST, os movimentos sociais da moradia, as organizações de direitos humanos denunciando o avassalamento do país às imposições do FMI e suas consequências para os mais pobres e para os assalariados.

A Igreja Católica se movimentou para o balanço dos 500 anos do descobrimento, na autocrítica do extermínio indígena e dos séculos de escravidão. Partiu também das pastorais sociais, do Grito da Terra, das marchas dos excluídos, o Plebiscito Popular sobre a adesão à Área de Livre Comércio das

Américas (Alca)[12], acordo proposto pelo governo norte-americano e lesivo à soberania nacional que mobilizou milhares de pessoas e arrecadou milhões de assinaturas nas banquinhas em frente às igrejas, nas praças e locais de aglomeração.

O povo se une quando objetivos comuns se sobrepõem às diferenças ideológicas.

Em BH, buscamos a unificação do PT pela base, constituindo diretórios nas nove regionais, amplos, democráticos, engajados nas plataformas de lutas sociais. Os presidentes das regionais participavam da Executiva, os setoriais eram ativos. As filiações eram feitas com todo o rito e havia formação política. Refizemos a aliança com Célio de Castro e tivemos o vice-prefeito. Fernando Pimentel foi secretário da Fazenda nos governos de Patrus e Célio de Castro (de 1993 a 2000), e pela primeira vez entrou numa disputa. Assim como me apoiou em 1982, 1986, 1988 (prefeitura de Contagem), 1990, 1992, 1994, 1998, Fernando apoiou candidatos a vereador, prefeito, deputado estadual, ao governo de Minas, ao Senado e Lula. Além de eleger Célio/Pimentel, voltamos a ter a maior bancada de vereadores (André Quintão, Neusinha Santos, Roberto Carvalho, Arnaldo Godoy e Neila Batista) – tínhamos ficado com dois em 1996.

Em 2000, o PT teve 12 milhões de votos, ganhou em seis capitais (São Paulo, Porto Alegre, Recife, Goiânia, Belém e Aracaju), fez 187 prefeitos, vinte e cinco vice-prefeitos e 2.485 vereadores. Ficou entre os quatro maiores partidos do Brasil. Em Minas o PT fez trinta e quatro prefeituras e vinte e cinco vice-prefeitos de outros partidos.

O PT nacionalizou o discurso e já havia consolidado a imagem de gestões boas, com participação popular e inclusão social.

Em 1999 lançamos o *Dos filhos deste solo*, com 300 livros vendidos em BH, e Carlos Tibúrcio presente. Fizemos os dois, ou apenas eu, grandes lançamentos em São Paulo, Salvador, Porto Alegre, Brasília, Recife, Fortaleza, Vitória, João Pessoa, Goiânia, Belém, e, ainda, em Teófilo Otoni, Varginha,

---

[12] A Área de Livre Comércio das Américas (Alca) foi uma proposta feita pelo presidente dos Estados Unidos, Bill Clinton, durante a Cúpula das Américas, em Miami, em dezembro de 1994, supostamente com o objetivo de eliminar barreiras alfandegárias entre os trinta e quatro países americanos, formando assim uma área de livre comércio. A principal dificuldade para formação do bloco é a enorme disparidade entre a economia dos EUA e a dos demais países americanos. A proposta e seu conteúdo de submissão da América Latina foram criticados por políticos progressistas como Lula e Hugo Chávez, da Venezuela. O projeto foi recusado pela maioria dos governos latino-americanos em novembro de 2005, durante a 4ª Cúpula das Américas, em Mar del Plata.

Uberlândia, Juiz de Fora, Poços de Caldas, Vale do Aço, Governador Valadares e outras cidades.

Certo dia, Clara Ant me ligou perguntando se Tibúrcio tinha o perfil de assessor de imprensa de Lula. Não só ele se tornou assessor no Instituto Cidadania, como foi o redator dos discursos do presidente Lula por oito anos, e por quatro anos de Dilma.

O *Dos filhos deste solo*, editado pela Boitempo/Perseu Abramo, teve uma segunda edição ampliada com novos casos de mortos e desaparecidos políticos ainda não conhecidos até a primeira edição e incorporou as mudanças na lei, com 770 páginas. Teve várias reimpressões.

***

Depois de eu ter sido reeleito para a presidência da CDH, uma das primeiras audiências da comissão foi com o ex-padre alagoano José Antônio, que fez um relato minucioso de torturas sofridas na ditadura na Polícia Federal em São Luís do Maranhão, quando o delegado João Batista Campelo era superintendente da PF no estado. Ele não sujou as mãos, mas não deixou dúvidas sobre a sua presença na sala de torturas. Campelo acabara de ser nomeado chefe da Polícia Federal por Fernando Henrique Cardoso. Convoquei uma audiência para ouvir o delegado Campelo. Tivemos que usar o plenário 2, maior, para abrigar a imprensa nacional, as agências estrangeiras e o público. O chefe da PF falou de sua carreira e de suas visitas, mas não se defendeu *in casu*. No mesmo dia foi afastado.

Enquanto acontecia a audiência, notei que funcionários da CDH estavam plantados atrás de mim. Perguntei: "Está acontecendo alguma coisa?". Na verdade, temiam que acontecesse alguma coisa comigo, dado o alto nível de tensão na audiência. Caçoei deles: "Vocês é que estão me pondo nervoso".

Como presidente do PT de BH, procurei o senador José Alencar no seu escritório, no prédio da Cotemimas, na rua Aimorés com Pernambuco, região central de Belo Horizonte. Dizia-se que era o empresário mais rico de Minas Gerais, era um senador correto. Só o conhecia de vista, de eventos. No primeiro turno, o PMDB lançou Maria Elvira, que não foi para o segundo turno de 2000. Fui tramar o anúncio do seu apoio a Célio para criar o fato político eleitoral. Ele queria falar sobre Lula. Era crítico radical da ida do país ao FMI, crítico bem-fundamentado do neoliberalismo, das privatizações como se deram (da Vale, da Petrobras, do sistema elétrico, dos bancos públicos). Disse-me que Lula era um gigante da política e que o apoiaria com convicção. Falou do caráter estratégico do mercado interno, de um pacto desenvolvimentista. Saí de lá bem impressionado e surpreso com a lucidez e a força da personalidade dele.

Dias depois marquei um almoço no restaurante do Senado com ele e a deputada federal Maria do Carmo Lara, presidente estadual do PT-MG. Ele repetiu com ela o que disse a mim. Maria do Carmo: "Quem sabe estamos falando com o futuro governador de Minas?". Ele deu uma gargalhada, aquela que lhe era própria, e disse: "Meus amigos, dizem que eu tenho mais a cara do Palácio do Jaburu!".

Fui procurado por Adriano Silva, assessor, mosqueteiro de José Alencar: "Deputado, o senador lhe pede que seja o portador de um convite a Lula para a celebração que fará dos cinquenta anos como empresário, no Palácio das Artes (em Belo Horizonte)". Acentuou que fazia muita questão da presença de Lula.

Fui até o Instituto Cidadania e relatei minha conversa e a conversa comigo e Maria do Carmo no Senado, e transmiti o convite. "Já tenho uma viagem marcada a Cuba nessa data", disse Lula. Ante essa resposta, Adriano falou que José Alencar iria mudar a data de sua festa.

Na noite do evento, Zé Dirceu ligou-me do aeroporto da Pampulha, em BH, para dizer que Lula estava grilado, o aeroporto calhado de jatinhos e perguntava se deveria realmente ir. Temia ficar deslocado numa festa de pesos-pesados do PIB. Insisti que não havia como recuar. No Palácio das Artes, Adriano foi ao nosso encontro para transmitir que o senador queria Lula como um dos oradores. Lula disse-lhe secamente que Zé Dirceu é que falaria como presidente do PT, e ponto.

José Alencar narrou sua vida com a graça e o bom humor de uma alma gentil. Lula ficou encantado e viu trajetórias comuns, e ali estava uma pessoa incomum. De lá fomos ao Predileto, na rua Sergipe e, na mesa, Zé Dirceu disparou: "Lula, achamos seu vice".

***

Helena Greco dizia que a tortura é o mal absoluto, a premeditação do mal – atingir o cerne do humano, sua dignidade. Sartre, envergonhado pelo uso massivo da tortura pelo exército francês contra os argelinos que lutavam contra o colonialismo, disse que a tortura era o mal do século. Depois de o nazismo ter elevado a tortura a política de Estado, a Declaração Universal dos Direitos Humanos deu centralidade ao enfrentamento da tortura, símbolo da barbárie. Tortura é a arma dos ditadores, escravocratas, genocidas, colonizadores, dos perversos de todos os tempos históricos.

No escravagismo, em quase quatro séculos de nossa história, a "surra de chegada", o açoite público, o castigo físico, o estupro naturalizado, o não reconhecimento da dignidade e do humano para as maiorias negras, indígenas, dos revoltosos, marcaram nossa cultura de violência.

O artigo 5º da Constituição de 1988 pela primeira vez conceituou a tortura e as penas e tratamentos cruéis e degradantes como crimes e, no caso da tortura, como crime hediondo, insuscetível de graça ou anistia, e que lei tipificaria o crime de tortura. Só nove anos após o início da vigência da CF, em 1997, logramos aprovar a lei infraconstitucional. A lei da anistia de 1979 introduziu a autoanistia para torturadores.

Na década de 1990, tipificar o crime da tortura, transformar seu enfrentamento e prevenção em política pública foram bandeira de luta.

Desde que nasceu, a CDH se empenhou nessa luta como tarefa histórica. Eu, pessoalmente, empenhei-me em combater toda forma de apologia, impunidade da prática infame, como presidente da Comissão Externa dos Mortos e Desaparecidos Políticos (entre 1991/94), na criação da Comissão Especial sobre Mortos e Desaparecidos Políticos, e da Comissão de Direitos Humanos, em 1995. Em 2000, sob a presidência de Marcos Rolim, criamos uma subcomissão contra a tortura, por mim coordenada. Também no Conselho de Defesa dos Direitos da Pessoa Humana (CDDPH) sempre atuei no confronto com torturadores.

Por tudo isso, em janeiro de 2001, durante o I Forum Social Mundial, a jornalista Daniela Arbex pediu ajuda para salvar a vida de um servente de pedreiro de Bom Jardim de Minas. Alexandre de Oliveira, que confessou sob tortura ter estuprado a própria filha de dois aninhos, mas não houvera estupro. E mesmo assim foi colocado numa cela com outros presos que punem estupro de crianças com a morte. Fui de avião ao Rio num sábado e, de lá, assessores de Fernando Gabeira, deputado federal, da CDH, levaram-me a Juiz de Fora. Daniela Arbex é uma das melhores jornalistas do país, e trabalha para a *Tribuna de Minas*, de Juiz de Fora.

A criancinha Larissa, levada pela mãe ao Hospital Municipal, foi examinada superficialmente por um médico que vinha de um churrasco, que enxergou estupro onde havia um tumor, interrogou a mãe sutilmente ("quem tem acesso à criança? Só o pai?", e denunciou Alexandre à PM). Levado a local ermo, Alexandre apanhou como um escravo. Levado à delegacia de polícia, conheceu a "sucursal do inferno" e "confessou".

Uma assistente social alertou que a anemia de Larissa e a vermelhidão na vagina advinham de um tumor.

Não fosse a coragem e a ética de Daniela Arbex, Alexandre seria mais uma vítima anônima da pena de morte, "réu confesso" de estupro que não houve. Fizemos o "escândalo" que o salvou (catorze anos depois, os PMs foram condenados e expulsos; o delegado e policiais civis foram também condenados e perderam a função pública).

Tinha um ótimo grupo de assessores em BH e um deles, José Pacheco, tomou como seus outros casos emblemáticos que assumi, como os de Roberto Urias em Varginha – inocente como restou provado de um estupro, confissão obtida sob tortura, e que estava preso havia três anos. Do jovem Marco Aurélio, de Três Corações, que confessou sob tortura assassinato que não cometeu de vigia do posto Barreirão. De dois casos de tortura em carceragem da Polícia Federal em Fortaleza e BH que acabaram fechados e muitos outros.

Tornou-se prática de nossos deputados estaduais defensores de direitos humanos combater a impunidade de torturadores, como Durval Ângelo em Minas, Mauro Rubens em Goiás, Yulo Oiticica na Bahia, Mário Mamede e João Alfredo no Ceará, Luiz Couto na Paraíba. E de grandes defensores de direitos humanos não parlamentares como Pedro Montenegro (AL), Perly Cipriano (ES), Paulo Fonteles (PA). Os Grupos Tortura Nunca Mais em Pernambuco, Bahia, Rio Grande do Sul, Santa Catarina, Paraná, Minas e São Paulo.

No Rio Grande do Norte, o advogado Gilson Carvalho, crítico implacável da tortura e do extermínio incrustados e blindados na cúpula da segurança pública, foi assassinado. Em Itambé, cidade na divisa com a Paraíba, o advogado Manoel Matos, que foi assessor do valente deputado Fernando Ferro e vereador, crítico implacável da tortura e corrupção nas polícias, também morreu assassinado.

Em 2000, Simone Ambros, advogada competente, assessora da CDH, recebeu e checou grave denúncia da prática sistemática de tortura num presídio novo em Teixeira de Freitas, Sul da Bahia, que já fez parte de nossa querida Alcobaça. Fizemos uma comissão do CDDPH e CDH para flagrar a quadrilha de torturadores que dirigia o presídio. De fato, daria um livro. Quando o condenado entrava no presídio ou vinha transferido, havia uma "surra de chegada", tal como a "casa grande" aplicava nas pessoas escravizadas ao chegar. "Aqui você não vale nada. Aqui você é ninguém." O procurador federal José Roberto Santoro, o promotor Humberto Spínola, cedido ao CDDPH, dois policiais federais e eu comprovamos tudo. Os diretores e os agentes penitenciários denunciados foram todos afastados. Fui até a Assembleia Legislativa, em Salvador, relatar nossa diligência.

Meu irmão Oldack Miranda, jornalista e defensor de direitos humanos, radicado na Bahia desde os anos 1970, e seu parceiro jornalista Emiliano José, que foi deputado estadual e federal, também defensor de direitos humanos, aconselharam-me a abdicar das férias em Alcobaça aquele ano, para não expor minha família e eu próprio à revanche dos agentes afastados ainda em estágio probatório.

Acredito que nossa luta contra a tortura, torturadores e a corrupção policial ajuda a melhorar a polícia para torná-la mais eficiente, moderna, para termos a segurança pública como direitos de todos.

Em 2001, a Justiça de Transição deu mais um passo importante para resgatar a memória, a verdade histórica e a reparação de milhares de vítimas desconhecidas da ditadura; militares, servidores públicos, estudantes, camponeses, trabalhadores.

Havia inúmeras organizações de anistiáveis, persistentes, incansáveis. Participei muito, mas o grande articulador foi o então deputado Luiz Eduardo Greenhalgh, que teve um interlocutor importante, o deputado tucano, líder de governo, Arthur Virgílio. Naquele ano, nasceu a Comissão de Anistia que trouxe à tona os estragos causados à vida de dezenas de milhares de pessoas em todos os rincões do país.

Também em 2001, houve a Conferência Mundial de Igualdade Racial na ONU, em Durban, África do Sul. O Brasil foi com uma grande delegação. O secretário de Direitos Humanos era Gilberto Saboia, um diplomata de carreira correto, dialogal. O movimento negro no país construiu uma gama enorme de entidades, ONGs, movimentos, refletindo sua diversidade social, regional, cultural, ideológica, temática. Um movimento horizontalizado com lideranças locais, regionais e nacionais, todavia com pouca representação no Parlamento, assim como as mulheres, os trabalhadores, os camponeses, os indígenas. Havia uma enorme diversidade refletida no número de organizações. Com a autocrítica da Igreja, veio a rede de agentes pastorais negros. As mulheres constituíram suas ONGs. As religiões de matriz afro, as juventudes, os movimentos urbanos, os rurais. Todos tinham em comum a luta contra o racismo, pela igualdade racial, pela liberdade religiosa, pela identidade cultural. A conferência de Durban reforçou, consolidou, legitimou e reconheceu tudo isso.

Os anos 1990 haviam trazido essa dialética. A hegemonia neoliberal, as privatizações, a passagem gradual do PSDB para o centro e para a direita, virar o partido da burguesia, inclusive do capital financeiro. Ao mesmo tempo, contribuíram como governo federal e mesmo estaduais (São Paulo, Paraná, com Richa) para a pauta dos direitos humanos, dos direitos individuais e coletivos democráticos. Ultrapassada a linha imaginária que separa o democrático-popular do liberalismo e do neoliberalismo, ficaram o prestígio e a história de pessoas como José Gregori, Gilberto Saboia, Ruth Cardoso, Belisário dos Santos, Edgar Amorim, Otávio Elísio e outros.

A agenda construída coletivamente por forças da sociedade civil, dos movimentos sociais e populares com as instituições renascidas no pós-Constituinte, foi implantada de modo desigual, na forma, conteúdo e método. Mas, ao fim da década, tínhamos a agenda para o século XXI.

Durban, mulheres, sem-terra, movimento sindical dos trabalhadores rurais, a retomada indígena, o sentimento nacional, o projeto de nação apropriado pelos milhões que assinaram o plebiscito popular não institucional contra o acordo da Alca, a agenda dos direitos humanos, dos mortos e desaparecidos, a retomada da anistia, a criação da CDH e o *boom* de comissões legislativas de direitos humanos, a pauta da criança, o espetacular avanço da luta contra o trabalho infantil e a construção de políticas públicas sob inspiração do ECA, a luta pela real liberdade de expressão e do direito à comunicação, a grandiosa emergência do popular, do poder popular, o povo se aproximando da Constituição, tudo isso contribuiu para tornar, de fato aquela, a década dos direitos humanos.

2002, candidato a governador de Minas.
2003, primeiro ministro dos Direitos Humanos no País

Em 2001 foi realizada a caravana de Lula pelos municípios lindeiros a Furnas. Ela nasceu de uma sugestão do vereador Luizinho e de Pompilio Canavez a mim, depois de um ato em Carvalhópolis. Descreveram-me uma crise econômica, social e ambiental no entorno de Furnas que denotava estiagem prolongada associada à incúria, falta de planejamento. Toda a região apresentava esvaziamento econômico, crise no turismo, no esporte náutico, desemprego de pescadores, dos que trabalhavam em pousadas, jardinagem, serviços pessoais.

Fui até o Instituto Lula e ele, com sua proverbial acuidade, resolveu fazer a caravana.

Acompanhado por especialistas em energia, economistas, lideranças locais, estaduais e nacionais, em onze dias visitou vinte e seis municípios numa região com histórico de votações adversas a Lula e ao PT. Visitou desde as maiores cidades, como Varginha, Passos, Pouso Alegre, Alfenas, Formiga, até a pequenina Fama. Em todas houve reuniões com prefeitos (de todos os partidos), vereadores, lideranças populares, sindicais, estudantes, professores, pescadores, empresários ligados à cadeia produtiva do turismo no "Mar de Minas". O reflexo viria nas eleições de 2002 para a Presidência, governo mineiro, Senado, deputados estaduais e federais e nas eleições municipais de 2004 em diante.

Em 2002, Odair Cunha foi eleito deputado federal e Laudelino Azevedo, deputado estadual, os primeiros da região em vinte anos de PT nas eleições.

Quanto a mim, terminei o século e o quarto mandato (estadual 1986/1990 e três mandatos federais 1990/1994, 1994/1998, 1998/2002) realizado e gratificado. Venci a doença silenciosa do coração, em paz e harmonia, com minha mãe, irmãos, cunhadas, sobrinhos. Com essa grande mulher, nossas filhas se casaram com ótimas escolhas. Com amigos formando legião. Plantei árvore, filho, livro e sonhos.

CAPÍTULO 7.
DA ELEIÇÃO DE LULA AO GOLPE CONTRA DILMA

"**Não me sai da memória** aquele domingo, 6 de outubro. Eram pouco mais das 7 horas da manhã e o comitê já recebia os primeiros militantes e simpatizantes. Aos poucos, o comitê foi sendo tomado por bandeiras vermelhas, brancas, verdes e amarelas. Assim começou o nosso dia que, para muitos, seria o dia da mudança. Fomos às ruas e às urnas, votamos e pedimos votos. Finalmente, a hora da apuração. Vimos pela TV que haveria segundo turno e que, em Minas, não tínhamos conseguido levar a eleição para governador ao segundo turno. No entanto, em vez de tristeza, decepção e lágrimas, o que vimos foram as pessoas chegando e não demorou muito o comitê estava repleto. Quando o nosso candidato chegou, todos pararam de falar, e como se algo já houvesse sido combinado, voltaram-se em sua direção e começou a chuva de papel picado, os gritos de Nilmário governador e os primeiros tons da música 'Lula lá, Nilmário aqui...'. Ninguém sabe quem picou o papel que foi jogado, quem iniciou os gritos, ou mesmo a canção. Só se sabe que, de repente, havia uma festa. Naquele momento não importava não termos segundo turno. O importante é que sabíamos que nossa campanha tinha emplacado, pois havia mais de 30% dos mineiros que acreditaram na mudança em nosso estado." (Maria do Carmo Lara, à época deputada federal e presidente do PT-MG.)

Nessa eleição, a maior votação do PT em seus vinte anos de disputas para presidente, governador, senador, permitiu ainda a eleição de onze deputados federais (Patrus Ananias, Virgílio Guimarães, Maria do Carmo Lara, Paulo

Delgado, Gilmar Machado, João Magno, Ivo José, Reginaldo Lopes, Odair Cunha, Leonardo Monteiro e César Medeiros) e de cinco federais da coligação: Sérgio Miranda, do PCdoB; Anderson Adauto, Mário Assad Júnior, João Paulo Gomes e Ronaldo Vasconcelos, todos do PL. Para a Assembleia, foram quinze do PT (Durval, Roberto Carvalho, Rogério Correia, Weliton Prado, André Quintão, Cecília Ferramenta, Adelmo Leão, Padre João, Marília Campos, Maria José, Biel Rocha, Ricardo Duarte, Chico Simões, Maria Tereza Lara e Laudelino Azevedo, Jô Moraes, do PCdoB; e sete do PL.

Tilden Santiago, à época filiado ao PT, chegou a 3.3301.118 votos, ficando em terceiro lugar (Eduardo Azeredo e Hélio Costa foram eleitos senadores). Pela primeira vez Lula ganhou em Minas. Por tudo isso, pelo melhor resultado de sua história até então, a esquerda comemorou a derrota...

A expectativa de governar Minas deixou de ser um sonho distante. Doze anos depois, Fernando Pimentel tornou-se governador de Minas pelo PT.

O nome para governar Minas pelo PT seria o de Célio de Castro. Era prefeito de BH, filou-se ao PT em setembro de 2001 – era do PSB. Seu nome era consensual no PT e certamente teria apoio do PCdoB, PCB, PDT e, se não de todo, de parte do PDMB, PSB, PPS. Foi vice de Patrus (1992), prefeito eleito em 1996 e reeleito em 2002. Foi deputado constituinte em 1986 pelo PMDB, e reeleito em 1990 pelo PSB em 1990. Participou das organizações clandestinas no enfrentamento da ditadura AP e PCdoB. Liderou o movimento Renovação Médica e participou do movimento pela anistia. Sua casa foi alvo de atentado terrorista pela direita. Excelente médico, mesmo deputado e prefeito, manteve seu consultório famoso atendendo toda segunda-feira. Lamentavelmente, Célio foi vitimado por um derrame em 8 de novembro de 2001.

Em fevereiro de 2002, Maria do Carmo procurou-me para ser candidato a governador. Já estava em articulação para candidato ao quarto mandato de deputado federal e certamente teria votação superior à das três candidaturas anteriores.

Patrus seria o candidato natural. Teve 16,13% em 1998, foi prefeito de BH, mas desde 1999 não queria disputar de novo, e disse isso transparentemente. Foi o federal mais votado em 2002, com 520 mil votos. Foi costurado um acordo com Tilden, que postulava (eu não pleiteava e só seria candidato sem disputa), e ele topou a candidatura a senador. Em 4 de março eu e ele fomos lançados após consulta aos prefeitos, vices, federais, estaduais, dirigentes de todas as correntes internas e regiões do estado. A militância estava de cabeça baixa e reagiu bem à chapa de unidade. Maturidade política, senso de responsabilidade frente ao projeto nacional.

Eu e Tilden éramos desconhecidos de três quartos dos eleitores. A mídia dizia que as candidaturas não eram para valer, eram irrelevantes, depois seríamos substituídos.

Éramos deputados federais, com participação em comissões, obrigação de estar presente, votar. Respeitada a responsabilidade com o mandato, fizemos uma maratona: cafés da manhã temáticos para elaborar o programa de governo. Ir a todos os encontros de regionais do PT; visitar os órgãos de imprensa, até porque eu e Tilden somos jornalistas; visitamos os partidos aliados, centrais sindicais, sindicatos, ONGs, entidades da sociedade civil, presença em plenárias dos candidatos a cargos proporcionais. Visitamos cidades administradas pelo PT (ou que tinham sido).

A pesquisa que o instituto ligado ao jornal *Estado de Minas*, naquela época o diário de maior circulação, não colocou meu nome na pesquisa. Ante nosso protesto e ameaça de recorrer à Justiça, o instituto, reconhecendo o erro, anulou a pesquisa e incluiu meu nome na próxima pesquisa em 10 de junho, e obtive magníficos 3%.

A política é uma atividade complexa por natureza: envolve correlação de forças, classes, frações de classe, regionalidade, o jogo mutante do econômico, do social, psicologia social. Mas em Minas a política é ainda mais complexa. O próprio estado nasceu de um pacto político no século XIX. Com o fim do império autocrático e a perda de poder de Ouro Preto, havia projetos de partir Minas em quatro estados, mas prevaleceu o pacto político entre os chefes regionais para construir a nova capital e manter o estado das Minas Gerais com a enorme diversidade que o caracteriza, daí a genialidade de Guimarães Rosa na frase imortal "Minas é várias".

Itamar Franco era do PMDB e não queria ser candidato a governador, porque resolveu apoiar Aécio Neves, adversário do PMDB. Newton Cardoso, seu vice-governador, saiu candidato a governador, tendo Maria Elvira como vice, e Itamar saiu do PMDB. O PFL indicou o vice de Aécio, Clésio Andrade, e o PDT (que deveria se alinhar à esquerda), o PPS e o PTB apoiaram Aécio/Clésio. Margarida Vieira, a Guida, saiu pelo PSB.

Como ocorreu na chapa presidencial, com José Alencar como vice de Lula (o mineiro teve que deixar o PMDB e filiar-se ao PL), o PT e o PL se aliaram em Minas; e Danuza Bias Fortes saiu como vice ao governo do estado. Antes da consumação da aliança PT-PL-PCdoB-PMN-PCB no Encontro Estadual do PT que a aprovaria, o deputado Anderson Adauto, presidente da Assembleia que saiu do PMDB e foi para o PL junto com José Alencar, foi com Durval

Ângelo até Poços de Caldas fazer uma última tentativa de convencer Patrus a sair candidato ao governo e ele reafirmou sua decisão de candidatar-se a deputado federal.

Por aclamação, sem voto contrário, todos os delegados do PT aprovaram a chapa Nilmário/Danuza e Tilden para o Senado.

O PSB, aliado histórico do bloco de esquerda (em 1989, 1994 e 1995 no plano nacional e em 1986, 1990, 1994, 1998 no plano estadual), lançou candidato à Presidência Anthony Garotinho e Guida Vieira/Cláudio Maciel para o governo.

O PPS lançou Ciro Gomes à Presidência com Paulinho da Força como vice, e não lançou candidato em Minas para apoiar informalmente Aécio Neves, já que a verticalização impedia coligação no estado diferente da nacional. O PSTU e o PCO lançaram candidatos próprios à Presidência, ao governo, ao Senado e ao parlamento.

Lula teve quase 16% em 89 e foi ao segundo turno contra Collor, e Brizola ficou em terceiro com 0,6 ponto percentual a menos que Lula.

Em 1994, Lula chegou a 27% dos votos válidos e perdeu no primeiro turno para FHC e Brizola teve 3,18% e ficou em quinto lugar. Em 1998, Lula teve 31,7% com Brizola como vice e perdeu no primeiro turno.

Lula e o PT entenderam que a frente da esquerda e centro-esquerda bateu no teto.

A aliança com José Alencar foi uma aliança com um líder político e empresarial que atuava e defendia um mercado interno de massas, rejeitava a subordinação ao FMI e a dependência econômica, política, militar dos EUA. Via em Lula a alternativa do poder e um corte com o neoliberalismo. Deu certo: Lula teve 46,4% no primeiro turno e Serra, 23,2%. Garotinho pelo PSB teve 17,8% e Ciro Gomes, candidato pela segunda vez, 11,9%. No segundo turno, Lula teve 61,2%, e Serra, 38,7%.

A aliança com o PL não foi consensual por ser o PL, e por ser um empresário o vice. Em Minas, passou por larga margem o apoio a José Alencar como vice de Lula, a aliança estadual com Danuza de vice. Do lado do PL havia resistências à aliança com Lula e PT, por ser de esquerda, por Lula ser da classe trabalhadora em luta.

A coligação PT-PL chegou a ser descartada. Mas numa reunião em Brasília, no apartamento do deputado Jair Meneguelli, entre Lula, Zé Dirceu, José Alencar e Valdemar da Costa Neto, presidente nacional do PL, com a minha presença e de Maria do Carmo Lara, presidente do PT-MG, o acordo foi selado de forma até surpreendente.

O PT/MG foi fundamental para consumar a aliança com José Alencar. Essa aliança foi costurada desde 2001. Mas no acerto final, já tendo acordado que Danuza Bias Fortes seria vice de Nilmário, que Tilden seria o candidato ao Senado (na verdade, o PT deixou a segunda vaga em aberto para permitir o voto em Hélio Costa que, do PMDB, apoiava Lula/Alencar e Nilmário/Danuza). A bancada estadual não queria coligação com o PL para deputado estadual, mas, sob pressão do PL nacional, o Diretório Nacional do PT interveio em Minas para garantir a coligação com o PL também para deputado estadual.

A coordenação da campanha ficou com a própria Executiva do PT-MG. Márcio Grieco como coordenador-geral. Paulo César Funghi (ex-presidente da CUT-MG e do Sindicato dos Metalúrgicos de BH-Contagem) ficou com a relação com os partidos aliados. Beto Cury, secretário de comunicação e ex-presidente do Sindicato dos Metalúrgicos de Divinópolis, ficou com os programas de rádio e TV. Carlos Calazans era o secretário sindical do PT. Minha assessora desde o primeiro mandato de deputado estadual, Antonia Puertas Jimenez, foi a articuladora dos "cafés da manhã temáticos", responsável pela agenda, pelo comitê de vilas e favelas, e articulou a Caravana de Cultura no vale do Jequitinhonha. Stael Santana participou de tudo, acompanhando TV e rádio. Carlos Magno, secretário de organização, montou os encontros regionais para levar a campanha a toda parte. Geraldo Arcoverde cuidou da relação com o PT e campanha de propaganda em BH. Tarcísio Ildefonso ficou com a redação do programa de governo, do qual também participou Luiz Carlos da Silva, da Executiva.

Não há campanha sem um grupo do "faz-tudo": Célio Cruz, Sálvio Penna, Edson Martins, Marco Antônio Campos, doutora Edilene Lobo, nossa brilhante advogada, sozinha com seus estagiários, enfrentava de igual para igual o pequeno exército de Aécio.

Eu tinha uma boa equipe de mandato coordenada por Antonia Puertas: José Pacheco, que cuidou da área de direitos humanos e do comitê de evangélicos; Sinara Tanure – jornalista e assessora nas viagens; Sérgio Menezes (acompanhou a Caravana e conhece como poucos o interior mineiro), Mardem Mota, o motorista Jairo Cruz e Sílvia Custódio. Toda a estrutura do PT de funcionários, gerenciados por Nitelma Gomes, se engajou por inteiro; e o grupo que cuidava especificamente da campanha ao Senado, incluindo o jornalista João Tavares.

Murilo Antunes, compositor do Clube da Esquina, foi o marqueteiro e teve ao seu lado a VT-3 (Helvécio Ratton e Simone). Com o pequeno orçamento e pouco tempo de três minutos por emissão, fizeram frente ao aparato gigante de Aécio com apenas dezenove programas de TV e oitenta e quatro inserções ante os oito minutos e meio de Aécio e 233 inserções.

Foram Murilo Antunes e Flávio Henrique, admirável compositor, músico, que fizeram o *jingle* cantado por Marina Machado "Lula Lá, Nilmário aqui", depois acrescido da vinheta "Lula lá, Nilmário aqui – Tilden no Senado" boladas por Flávio Henrique e Ricardo Fiúza, cantadas por Regina Souza e Marina Machado que pegaram. A gente sabe que deu certo quando as crianças cantam. Conseguimos emplacar as inserções de trinta segundos em 500 rádios, produzidas por Nereide Beirão e Lúcia Corrêa, pela equipe de Walfrido Teixeira e com a assessoria de imprensa de Edson Martins, Marco Antônio Campos, Alcione Lara, Sinara Tanure. Enfim, era incrível que com uma pequena e militante equipe tenhamos chegado aonde chegamos.

Infelizmente, eleições comandadas por marqueteiros a custos astronômicos, com "profissionalismo" também puxando os custos de campanha e até a substituição da militância e voluntariado por profissionais foram a regra do jogo no período democrático.

Sempre defendi que o cerne das disputas eleitorais deveriam ser os debates. Não esses debates padrão Globo, mediados por "estrelas" que ditam regras, querem aparecer como "consciência crítica" sem serem nada disso. Vi campanhas, como no Uruguai, onde os candidatos debatem tudo, se enfrentam, com custos baixos. Eleição é disputa de projetos de sociedade. A propaganda eleitoral gratuita e entrevistas são complementares e importantes, mas não permitem o contraditório.

Aécio optou por não comparecer a debates na TV nem nos debates organizados pela sociedade civil. Fui a todos por acreditar que é através dele, de quem se expõe a questionamentos é que os candidatos são verdadeiramente conhecidos e não produzidos. A ausência de Aécio no debate da TV Globo na antevéspera da eleição levou a desgaste relativo dele e a um crescimento da minha candidatura.

No último debate, Newton Cardoso me propôs "detonar" Aécio, revelando aspectos pouco conhecidos da real personalidade dele, já que ele fugiu ao debate. Disse-lhe que era deplorável a ausência dele, mas que não me afastaria da apresentação das propostas para Minas. Participei de dezenas de debates e entrevistas em rádios e TVs pelo estado todo.

O PT tinha crescido muito na eleição de vereadores em Minas, passando de 257 em 1996 a 426 em 2000. Eu mesmo redigi carta a eles, ressaltando o papel desses agentes políticos que estão na base. Como deputado estadual e federal e como dirigente partidário sempre mantive correspondências informativas, cursos, palestras. Em 2002, os vereadores do PT e da esquerda deram enorme contribuição às campanhas para o governo, Senado e Presidência.

Do mesmo modo, os candidatos a deputado estadual e federal foram se incorporando à campanha. Eu e Tilden fomos a quantos lançamentos e atos de campanha dos candidatos a deputado que foi possível estar.

O sistema político-eleitoral brasileiro não permite formar maiorias parlamentares. O voto uninominal em listas abertas permite que um eleitor vote em Lula para presidente, em governador de oposição a ele e em deputado inteiramente contrário. Ao longo do tempo as empreiteiras, bancos, conglomerados financeiros foram se apoderando da representação política através do financiamento legal e ilegal das campanhas.

Lula foi eleito duas vezes e o PT não chegou a 20% dos deputados. Nem Dilma. Elegemos governadores, prefeitos de capitais de cidades grandes, médias e pequenas sempre em minoria nas Assembleias e Câmaras. Defendemos a politização das eleições parlamentares e pela associação a projetos e programas, mas sempre perdemos.

Portanto, vincular a campanha ao governo ao fortalecimento dos candidatos a deputado e aos prefeitos eleitos ou ex-prefeitos aos vereadores não foi apenas uma tática eleitoral. Para mim (e para o partido em sua maioria) elaborar democraticamente um programa de governo com a militância de cada área, com a sociedade civil, com os movimentos sociais e populares era o reconhecimento de que disputas eleitorais se inserem num projeto de revolução democrática.

Até por ter o Vitor em casa e a criação da ONG Contato, além da ligação pessoal a políticos como Arnaldo Godoy, houve uma forte participação da cena cultural nas campanhas Lula e Nilmário e Tilden em Minas. O famoso encontro de 250 artistas e pessoal da cultura no Teatro da Praça comigo e com Lula foi um marco no engajamento da maioria da cultura em nossas campanhas.

José Alencar e o "feijão chupa-molho" de minha mãe

Pena que tenhamos perdido tantas pessoas que se foram antes da hora, como Flávio Henrique, Vander Lee, José Maria Cançado, Marisa Afonso. Além do apoio político ou da participação profissional, a campanha cravou amizades com músicos e compositores de várias gerações. A Caravana da Cultura nasceu de um encontro no Jequitinhonha com o pessoal do Jequitinhonha Festivale.

Como também o Comitê da Juventude Cultural no próprio Comitê Central e o de "bar em bar" selaram a indispensável e motivadora alegria na política.

Em 2003 Lula pôs os ministros num voo para visitar três cidades-símbolo de seu compromisso com os pobres: a favela dentro de um mangue em Recife, a "Brasília Teimosa"; a cidade piauiense Guariba; e Itinga no vale do Jequitinhonha na última semana de janeiro.

Em Itinga, cidade onde participei da fundação do PT, das campanhas a prefeito, governo, de Lula, as minhas candidaturas, da Caravana da Cidadania, que elegeu Solano Barros petista em 1992, milhares de pessoas reuniram-se na praça do Coreto para nos receber, vindas de várias cidades do vale, como Virgem da Lapa, Araçuaí, Itaobim, Jenipapo, Medina, Padre Paraíso, Comercinho e mesmo as mais distantes. No coreto estavam além de Lula, ministros, prefeitos e lideranças, eu e Aécio. Em coro forte saudaram meu nome e ensaiaram vaia ao governador eleito (eu e outros pedimos ao povo para não vaiar). Zé Dirceu, vendo a manifestação popular, disse com simplicidade: "Se a gente soubesse que você ia ter tanto voto...".

As reticências falam mais que cem palavras.

Na verdade, sem Célio na disputa e com o jogo político de Itamar apoiando Aécio e Lula, o grupo dirigente da campanha em nível nacional conferia ao apoio de Itamar um peso maior que o investimento em nossa campanha. Minas decide eleições nacionais e Lula perdeu em Minas nas três anteriores – e em 94 e 98 com forte vantagem para FHC. Ter José Alencar como vice e o apoio de Itamar, à moda dele, do candidato ao Senado Hélio Costa, de dissidentes do PMDB, do PL que recebeu a migração dos peemedebistas que apoiavam Lula e Alencar era a expectativa maior.

Minha candidatura (e a de Tilden) de certo modo era para cumprir o papel de mobilizar a militância, eleger bancadas, fortalecer a candidatura de Lula. Nós todos tínhamos clareza da prioridade do projeto de país, da eleição de Lula/Alencar. Aos visitarmos dezenas de cidades e costurar uma grande aliança com os movimentos sociais e populares, com a Igreja engajada na luta dos excluídos e tendo motivado a então poderosa militância petista, acreditei na possibilidade de uma disputa real.

Essa crença não foi compartilhada por importantes dirigentes, sobretudo da direção da campanha nacional. Não houve uma única pesquisa em Minas feita por nós. Os recursos destinados à campanha eram modestos. Na última quinzena, quando a campanha cresce, os *outdoors* foram suspensos, assim como o Sêneca bimotor. Nem mesmo o material para a arrancada final era suficiente. Quem "salvou" a campanha na reta final foi o incremento da militância dos sindicatos, da CUT, dos jovens, da cultura. E José Alencar.

Ele viajou comigo para dez cidades em sua aeronave, duas por dia. "Suas" cidades. Como Caratinga, Ibiá, Montes Claros (sede da Coteminas), Uberaba, Uberlândia, Patos de Minas, Governador Valadares, Poços de Caldas, Divinópolis e Teófilo Otoni.

Em Teófilo Otoni, nos reunimos no CDL pela manhã. Ele me disse que o almoço seria no Automóvel Clube, salvo engano. "Minha mãe mora aqui e vou comer um feijão chupa molho na casa dela", eu disse. Quando já íamos almoçar, entram José Alencar e umas sete pessoas na casa dela, que se assustou com a chegada inesperada de tanta gente e de Zé Alencar. Ele ficou encantado com aquela casa velha, simples, modesta, com as paredes cheias de pratos pendurados e fotos de filhos, netos, parentalha.

As plantas, os móveis antigos e minha mãe – quem não se encantava! Mas o principal foi o chupa molho. Enquanto viveu, lembrava que foi o melhor feijão que já tinha comido. Carne de aparas de filé, aparas de costela, carnes mais batatas cozinhadas com louro, pimenta de cheiro, coentro, cebola, alho, massa de tomate e o feijão. Mãe me repreendendo por não tê-la avisado, e não aceitava que não avisei porque ele não falou que vinha.

Nós não tínhamos pesquisa, mas a campanha de Aécio, segundo a *Folha de S.Paulo* em 15 de dezembro, a mais cara do país, tinha pesquisas praticamente diárias e percebeu nosso crescimento de 1 ponto percentual ao dia. Depois soube que houve pressão do governador para secar minha campanha.

Aprendi na vida a não guardar rancor ou ressentimento, veneno na política. Afinal, Lula ganhou em Minas no primeiro e segundo turnos pela primeira vez por grande diferença. Minas foi decisiva. A festa, a alegria da militância, foram emocionantes, elegemos as maiores bancadas do PT em toda nossa trajetória. Por tudo isso, as reticências da frase de Zé Dirceu em Itinga mostravam erro de avaliação, apenas.

Brasil sem homofobia, um legado da SEDH, que deu lugar ao do "feijão chupa molho"

Meu mandato de deputado federal só se encerraria em 31 de janeiro de 2003. O pessoal da reforma urbana, dos movimentos de luta pela moradia, sobretudo de São Paulo, Minas, Goiás, Distrito Federal, queria articular meu nome como ministro das Cidades, sem nenhuma participação minha. Até que Luiz Dulci pediu-me para ir a um hotel em São Paulo onde Lula instalou o QG para a montagem do governo.

Lula me disse que, em quase todos os ministérios, teve que fazer escolha entre alternativas, e que no meu caso não. Convidava-me para ser o secretário especial de Direitos Humanos da Presidência da República, com *status* de ministro. E anunciou meu nome à imprensa no hotel paulista. Depois me disse que a SEDH-PR começaria pequena e com o tempo ganharia corpo.

Nos primeiros dias de janeiro ele reuniu os ministros na Granja do Torto e pediu que cada um anunciasse três prioridades, ressalvando o contingenciamento do orçamento.

Escolhi três ações que demandavam mais articulação que dinheiro:

1 – um plano nacional de erradicação do trabalho escravo;

2 – o enfrentamento da exploração sexual comercial de crianças e adolescentes;

3 – a erradicação do sub-registro.

Lula perguntou: "Do que se trata?". Expliquei que havia uma estimativa de 3 milhões de pessoas sem registro civil no Brasil. Lula mostrou incredulidade. "Quem não tem certidão de nascimento não tem nada. Não conheço ninguém que não seja registrado." (Na verdade, o número de pessoas sem registro era muito maior que os 3 milhões, de mulheres sobretudo, que não tinham papel na vida econômica, apesar da dupla jornada.)

Nos deslocamentos para o lugar de almoço presenciei Lula arguindo Cristovam Buarque, ministro da Educação, que tinha elencado suas três prioridades: toda criança na escola, toda criança na escola, toda criança na escola. "Pô, Cristovam, o ensino fundamental é tarefa do município. Não é coisa imediata. Quero ver suas prioridades, que dependem de você." Mas Cristovam reiterou o que disse antes, e percebi certa impaciência de Lula com ele. Não há uma só pessoa séria que discorde de toda criança na escola. Foi também naquele dia que ouvi pela primeira vez, nas escolhas de Dilma, da existência de um fundo ligado ao Ministério de Minas e Energia que poderia funcionar e que resultou no Luz Para Todos.

No governo FHC foi criada uma Secretaria Nacional de Direitos Humanos, na estrutura do Ministério da Justiça, engrandecida pela presença de José

Gregori. Depois foi sucedido pelo embaixador Gilberto Saboia e depois por Paulo Sérgio Pinheiro – por mim considerado um mestre.

A diferença no governo Lula era o *status* ministerial e sua ligação com a Presidência da República. Simultaneamente, na mesma medida provisória que criou a SEDH, foram criadas a Secretaria Especial de Políticas de Promoção da Igualdade Racial, a Seppir (ministra Matildes Ribeiro) e Secretaria de Políticas para as Mulheres (ministra Emília Fernandes).

Considero que a política de direitos humanos também se fortaleceu com o Ministério do Desenvolvimento Social e Combate à Fome (ministra Benedita da Silva) e com o Ministério do Desenvolvimento Agrário.

Tive dois grandes adjuntos: Mário Mamede (médico cearense, foi deputado estadual, participou da Conferência Internacional de Direitos Humanos em Viena que decidiu pela indivisibilidade dos direitos dos Pacto dos Direitos Civis e Políticos e Pacto dos Direitos Econômicos, Sociais e Culturais) e Perly Cipriano, ex-preso político por quase dez anos, do Espírito Santo, onde foi secretário de Justiça no governo Vitor Buaiz.

A SEDH abrangia a Coordenadoria da Infância e Adolescência e o Conanda. Abrangia a Coordenadoria da Pessoa com Deficiência e o Conselho Nacional. O Conselho e a Coordenadoria do Idoso. À SEDH estava ligado, não subordinado, o Conselho de Direitos Humanos do país, o CDDPH, do qual participei representando a Câmara dos Deputados, e com ele enfrentamos grandes e bons desafios e batalhas. Mantivemos o Conselho Nacional de Combate à Discriminação, mesmo com a criação da Seppir. Se não tivéssemos feito isso, não teríamos lançado o Brasil Sem Homofobia.

Uma vitória: conseguimos colocar na agenda do país as três prioridades que escolhemos. Sob a coordenação de Bete Leitão, rodamos o país, abrimos espaço nas mídias, fizemos parceria com caminhoneiros, com igrejas, com entidades nacionais que sempre atuaram contra este tipo perverso de violação de direitos, com universidades, com o MPF e MPs estaduais, com a Polícia Rodoviária Federal, Polícia Federal e polícias estaduais, com secretarias estaduais e municipais. Claro que a instituição de uma rede nacional de proteção social pelo MDS e secretarias estaduais foi e é essencial. Fato é que o tema Escca (Exploração Sexual Comercial de Crianças e Adolescentes) entrou na agenda do país.

No próprio Distrito Federal a exploração sexual de adolescentes estava naturalizada e nem parecia ser um completo absurdo ver aquelas crianças em volta de hotéis, restaurantes, centros de convenção de engravatados.

Quanto ao trabalho escravo, aprovamos através do CDDPH, em parceria com procuradores federais como Raquel Dodge, com os auditores fiscais do Trabalho, com a OIT, CPT, Contag, Repórter Brasil, de pessoas como frei Henri des Roziers e padre Ricardo Rezende, MPT, Erradicação do Trabalho Escravo, SEDH, Ministério do Trabalho (ministro Ricardo Berzoini) e instituir o Conatrae (Conselho Nacional para o Combate ao Trabalho Escravo), demos respaldo, fortalecemos os grupos móveis, fizemos planos de prevenção para evitar que trabalhadores continuassem a ser recrutados mediante fraudes e falsas promessas, e criamos mecanismos de inclusão dos resgatados.

Criamos a Lista Suja (baseei-me na experiência da Lista Suja de empresas poluidoras da Associação Mineira de Defesa do Ambiente). Fomos descobrindo inimigo poderoso no Congresso e no Poder Judiciário. Lei aprovada pelo então senador Admir Andrade e aperfeiçoada pelo deputado Paulo Rocha, que permitia a expropriação das terras usadas para o trabalho escravo, ficou catorze anos em tramitação! De todo modo, tornou-se uma política pública.

A linha que separa a degradação do trabalho, a superexploração dos trabalhadores no campo e, nos anos seguintes, também nas cidades com a superexploração dos imigrantes é muito tênue.

Não foi por outro motivo que a bancada ruralista buscou esvaziar o combate ao trabalho escravo, subtraindo de sua conceituação a exaustividade como degradação. Ou seja, para eles submeter o trabalhador a jornadas longas e exaustivas em condições sub-humanas pode – só haveria trabalho em condições análogas à escravidão se houvesse impedimento do ir e vir!

O sub-registro teve, em seu enfrentamento na SEDH-PR, uma magistral artífice – Leilá Leonardos. Ela já estava lá antes de nós chegarmos. Aliás, ela, Beth Leitão, a doutora Izabel Maior, da Corde (Coordenadoria Nacional para a Integração da Pessoa Portadora de Deficiência) e Ivair Augusto, o coordenador do Brasil Sem Homofobia, já estavam lá. Eu disse claramente à nossa equipe que não iria perguntar aos que já serviam lá em quem votaram e sim avaliar seus reais compromissos com os direitos humanos e suas capacidades de gestão. Por isso mantive Denise Paiva no Departamento da Criança e do Adolescente, Carminha na Cooperação Internacional, assim como outros.

Por que foi possível erradicar o sub-registro de milhões de pessoas, sobretudo mulheres?

1 – Pela decisão de fazer o Cadastro Único de todos que viviam abaixo da linha da pobreza através da Caixa Econômica Federal, do Instituto Nacional de Colonização e Reforma Agrária (Incra), da rede de assistência social coordenada pelo MDS para implantar o Bolsa-Família.

Lula determinou que a mulher seria a titular do Bolsa-Família. Ao longo do governo Lula, outros programas teriam a mulher como titular, como o Programa Nacional de Agricultura Familiar (Pronaf Mulher), o Minha Casa, Minha Vida da faixa um (renda muito baixa).

Fruto da luta histórica das mulheres, das Marchas das Margaridas, levadas pela Contag e por milhares de Sindicatos de Trabalhadores Rurais, as mulheres do campo foram reconhecidas como trabalhadoras. Antes da Constituição de 1988, quando o homem recebesse mero salário mínimo pelo Funrural como aposentadoria, a mulher não poderia receber, apesar da dupla jornada. Com a Constituição, a mulher foi reconhecida como trabalhadora. Homem e mulher passaram a ter um salário mínimo. No governo Lula foi estimulada a aposentação das mulheres trabalhadoras rurais e, portanto, sua documentação iniciada com o registro civil.

2 – Coube a nós articular com os ministérios, Contag e Movimento dos Trabalhadores Rurais Sem Terra, com gestores de políticas socais, com os cartórios de registro civil, com a mídia, com as organizações patronais, com os mutirões.

Assim como no caso do trabalho escravo e da Escca, o sub-registro entrou na agenda nacional. A criação da Secretaria Especial de políticas para as Mulheres, primeiro com a ministra Emília Fernandes, e depois com Nilceia Freire, também foi primordial.

Quando Lula me convidou para ser o primeiro ministro de Direitos Humanos do país eu lhe perguntei o que esperava de mim. Ele deu uma risada e respondeu: "Que você ponha em prática tudo aquilo que cobrava do governo anterior".

Na década anterior, que chamo de década de ouro dos direitos humanos, os defensores desses direitos se organizaram para a positivação de toda a gama de direitos – ou seja, trazer para a legislação os direitos reconhecidos pela Constituição. Agora a prioridade era transformar a lei em política pública. Mas não basta, em política pública universal, constituída com participação popular, desenvolver planos nacionais para a efetivação com prazos e mecanismos de avaliação em monitoramento.

Como ministro de Direitos Humanos, propus ao presidente Lula medida provisória para corrigir e modificar a Lei 9.140/95, de modo a incorporar como vítimas do Estado pessoas que foram ou se viram compelidas ao suicídio, pessoas que foram mortas em manifestações públicas por agentes do Estado e pessoas mortas em enfrentamentos armados. Essas modificações da Medida Provisória 176/2004 permitiram rever processos que injustamente redundaram em indeferimentos. Até porque todas as informações sobre mortes e desaparecimentos não foram abertas, e o que parecia verdade revelou-se farsa, a partir de novos depoimentos de torturadores arrependidos.

Cito o caso de Catarina Abi-Eçab e João Antônio Abi-Eçab, que teriam morrido em acidente de carro em 8/11/1968 na BR-116, perto de Vassouras, e no carro teriam sido encontradas armas e munições. Em abril de 2001, o ex-soldado do Exército Waldemar Martins de Oliveira relatou que o casal foi preso, torturado num sítio em São João do Meriti e assassinado com tiros na cabeça, e que o acidente foi forjado. Tudo foi noticiado pelo repórter Caco Barcelos. Para a versão oficial mentirosa concorriam legistas, órgãos respeitados como Instituto Carlos Éboli. Mesmo o suicídio posterior em razão de sequelas psicológicas oriundas de tortura, como no caso de Nilda Cunha e o caso de Iara Iavelberg, que depois chegou-se à conclusão de que não houve suicídio e sim morte matada.

A Comissão Especial para Mortos e Desaparecidos Políticos foi sendo modificada com a saída e a substituição de seus membros, inclusive com a entrada do coronel João Batista Fagundes e com representantes do Ministério Público Federal e do Itamaraty. Também foi intensificada a busca de corpos, mesmo que não se tenha chegado a novas descobertas pela falta de cooperação do Exército e das Forças Armadas. Por isso, tantos corpos continuavam ocultos, prolongando o sofrimento dos familiares, a quem foi negado o direito a enterrar seu parente.

Ainda tenho esperança de que o STF tenha a dignidade de permitir que crimes contra a humanidade, como o desaparecimento forçado de pessoas, sejam investigados. Bravos procuradores e procuradoras federais têm apresentado denúncias bem fundamentadas que são arquivadas pela Justiça Federal alegando a anistia (autoanistia) da injusta lei de 1979.

Também instituí um grupo de trabalho muito qualificado sugerido por Paulo Vannuchi que redundou no Programa Memórias Reveladas. Depois Dilma Rousseff, como ministra da Casa Civil, ampliou a abertura de arquivos e sua conexão em rede, o que permitiu que milhões de documentos tenham se tornado acessíveis. As comissões estaduais de anistia e a Nacional da Verdade avançaram ainda mais no acesso às informações. Excluídas, infelizmente, as que levem aos corpos de desaparecidos e mortos ocultados.

Éramos poucos, com orçamento pequeno, até porque não existia a SEDH quando foi feito o Orçamento em 2002. Tínhamos claro que era necessário abrir frentes estratégicas, iniciar tudo que era necessário. A companheira Simone Ambros, grande quadro de direitos humanos, com Perly Cipriano, montou o Plano Nacional e o Comitê de Educação em Direitos Humanos, juntamente com o MEC, que tinha um ícone – Genevois – e grandes militantes como Maria Nazaré Tavares Zenaide, da UFPB; Solon Viola, da Unisinos; Nair Bicalho, Iradj Roberto, Paulo Carbonari e Roberto Monte e outros.

Hoje temos uma rede nacional de cursos de graduação e pós-graduação em Direitos Humanos e centenas de cursos a distância e comitês estaduais pelo Brasil afora.

Na década de 1990, como deputado federal, como presidente da CDH por duas vezes e militante com liderança e influência, e depois como ministro de Direitos Humanos, lutei pela federalização dos crimes graves de direitos humanos. Baseava-me na experiência da luta pelos direitos civis nos Estados Unidos, nos crimes raciais nos estados do Sul. E no vínculo das polícias e do Judiciário com os racistas e do papel da Polícia Federal (FBI), do Ministério Público Federal e da Justiça Federal em prol dos direitos civis. E da escandalosa impunidade dos crimes no campo brasileiro, na luta pela terra de sem-terra, posseiros e comunidades tradicionais, indígenas, quilombolas em nosso país, no Pará, Mato Grosso, Pernambuco, Paraíba, Espírito Santo – para ficar só nesses.

Eu acreditava que a contaminação do poder econômico e político das oligarquias se estendesse às polícias, MP, Justiça nos estados, o que justificaria o deslocamento da competência da esfera estadual para a federal. Tive intermináveis conversas com o procurador de Justiça do Ministério Público de Minas, Afonso Henriques, respeitado defensor de direitos humanos, dos direitos do que lutam pelo direito à terra, defendendo meu ponto de vista. Lutei para inserir como bandeira nacional a federalização dos crimes graves de direitos humanos.

Além do mais, admirava a notável geração do MPF, apesar da hegemonia dos tucanos (mas, naquela e época, eles defendiam os direitos humanos).

A Procuradoria Federal dos Direitos do Cidadão (PFDC) era um espaço de ingentes defensores de direitos humanos. Eugênia Gonzaga, Marlon Weichert, Deborah Duprat, Cláudio Fonteles, Eugênio Aragão, Álvaro Augusto Ribeiro Costa, Luciano Mariz Maia, Maria Eliane Farias, Celso Três, Luiz Francisco e outros eram referência no enfrentamento, como Aurélio Veiga Rios, do trabalho escravo, direitos dos povos indígenas, dos quilombolas e outros povos e comunidades tradicionais, enfrentamento da tortura, violência no campo, defesa da Justiça de Transição. Flávio Dino foi presidente da Associação de Juízes Federais.

A verdade é que criamos alguns monstros. Corporações muito poderosas, com vencimentos superiores e sem controles internos que mereciam esse nome, e muito menos controles externos.

Um dos grandes legados da Secretaria Especial de Direitos Humanos da Presidência da República no primeiro governo de Lula foi a edição do programa Brasil Sem Homofobia. A intenção de fazê-lo vinha desde o mandato de Paulo Sérgio Pinheiro. Nesse ponto, a manutenção de Ivair Augusto na SEDH-PR foi fundamental. Foram ele e Perly Cipriano que me alertaram para a pretensa transferência do Conselho Nacional de Combate à Discriminação para a Seppir. Tornar-se-ia um conselho só para a discriminação da população negra, que, mesmo primordial, deixaria ao desamparo a discriminação contra o segmento LGBT e os ciganos.

Montamos um grupo de trabalho, mas os ministérios reagiram desigualmente, faltando às reuniões ou enviando representantes com pouco poder de decisão. Face a isso, optamos por reunir o GT nos ministérios, abrindo caminho para a participação dos ministros ou do primeiro escalão. Deu certo. O Ministério da Saúde apoiou sem ressalvas (o ministro era Humberto Costa). Já estava inserido no tema LGBT o tema Aids. Encontramos total apoio no Ministério da Cultura (Gilberto Gil/Juca Ferreira) e no Itamaraty.

Tomei o cuidado de relatar ao presidente que estávamos preparando o Brasil Sem Homofobia. Afinal, o tema LGBT sempre encontrou forte e insuperada reação no Congresso Nacional. O Brasil Sem Homofobia não precisava de decisão da Câmara dos Deputados, mas, dentro do próprio governo, estavam partidos que não reconheciam a diversidade sexual. Lula ouviu com atenção e só fez uma pergunta: "Você acha que este programa é realmente importante?". Eu disse que era indispensável. Ele me deu a bênção (poucos anos depois ele convocou a Conferência Nacional LGBT e fez o discurso de abertura!).

Um ano depois dessa conversa ele me chamou em seu gabinete e pediu-me que o representasse na Parada Gay do Rio de Janeiro, para a qual foi insistentemente convidado. Perguntei: "O que o senhor gostaria que eu dissesse?". Sua resposta: "Gosto muito de uma canção de Milton, com letra de Caetano que diz 'qualquer maneira de amar vale a pena'". Na Parada do Rio, perante um número enorme de pessoas em Copacabana, relatei o recado do presidente. O

Brasil Sem Homofobia de 2004 foi o primeiro programa de ação de um governo federal do Brasil, com tarefas para cada ministério e concebido com a participação social. Lula também foi padrinho de casamento homoafetivo de Toni Reis.

Auditores fiscais do trabalho, camponeses do MST, os assassinatos insistem em desafiar a lei

No Conselho Nacional de Combate à Discriminação também, pela primeira vez, tiramos os ciganos da invisibilidade. Em Belo Horizonte, no governo de Patrus Ananias, foram instalados os Balcões de Direitos em áreas potencialmente violentas. Acompanhei de perto o Balcão de Direitos do Aglomerado da Barragem. Cuidava de conflitos domésticos, entre vizinhos, e de todo conflito em que a mediação pacífica previne o desfecho violento, ou simplesmente evita o recurso à polícia e ao Judiciário.

Daí surgiram balcões em áreas de cooptação de pessoas para o trabalho escravo, em áreas de pessoas indocumentadas, ou seja, onde o Estado não está presente. Assim começaram a surgir os Centros de Referência em Direitos Humanos. A partir de convênios com entidades vocacionadas, com advogado, psicólogo, assistente social.

Posteriormente, com o Sistema Único de Assistência Social, foram disseminados os CRAS (Centros de Referência de Assistência Social), que cumprem parte das tarefas, mas não todas. Direitos Humanos não se esgotam na assistência social porque contemplam, por exemplo, a mediação pacífica de conflitos, a educação em direitos humanos, a consciência dos direitos, a disseminação da democracia participativa.

Outro projeto que iniciamos que ficou e foi ampliado foi o Disque 100. Inicialmente para denunciar trabalho escravo, tortura, crimes/violência praticada por agente público e depois o escopo foi ampliado, tem abrangência nacional (nem o golpe em 2016 que promoveu tantos retrocessos extinguiu o Disque 100). Como não havia recursos necessários começamos pela denúncia de violências físicas, sexuais, contra a integridade física, por intermédio do Conselho Nacional dos Direitos da Criança e do Adolescente através de doação da Petrobras ao fundo nacional da área.

O Disque 100, em pouco tempo, tornou-se um mecanismo seguro de denúncia da violência cotidiana sofrida por vulneráveis, e não só. Todo denunciante é orientado como e onde notificar a violação de direito.

Pedro Montenegro e eu fomos ao Ministério das Comunicações, àquela época dirigido por Miro Teixeira, que nos concedeu o 100 para o Disque 100. Foi um achado. É um número (cem) e uma mensagem implícita: sem tortura, sem abuso e violência com crianças, sem violência contra a mulher, idoso, travesti, camponês, defensor dos direitos humanos.

Com os mesmos Pedro Montenegro, Perly Cipriano, Simone Ambros e Luciano Mariz Maia criamos um GT para instituir um sistema de enfrentamento da tortura. Trabalhamos até alcançar a ratificação do Protocolo Facultativo das Nações Unidas e até chegar à aprovação da lei do sistema. Daí para a frente era constituir comitês por estados. A tortura esteve naturalizada pelos séculos de escravagismo, de domínio colonial, na repressão aos rebeldes de todos os tempos.

Quando em 1977 votamos na Câmara a lei que tipifica o crime de tortura, previsto no Inciso 42 do Art. 5º. da Constituição, Almino Afonso, relator pela CCJ e eu pela CDH, ficamos abismados pelos setenta e quatro votos contrários. Naquela ocasião, Jair Bolsonaro defendeu a tortura e disse que aquela lei ia inviabilizar o trabalho das polícias! E a Lei da Anistia permitiu construir uma jurisprudência falaciosa para que os torturadores das Forças Armadas, da Polícia Federal, das polícias estaduais fossem autoanistiados.

Para nós, era essencial aprovar mecanismos concretos de enfrentamento da tortura. Se hoje existe no Brasil uma maioria contra a tortura, é uma maioria difícil, custosa, instável.

Eu e Nelson Pelegrino (PT-BA) apresentamos, em 2001, um projeto de lei normatizando a prevenção e o enfrentamento da tortura e criando os mecanismos necessários. Fiquei onze anos fora do Parlamento e, quando voltei, em 2013, doze anos depois, aprovamos finalmente a lei com apensos da então ministra de Direitos Humanos, Maria do Rosário.

O CDDPH (Conselho de Defesa dos Direitos da Pessoa Humana) criado por lei sancionada por João Goulart quinze dias antes de ser deposto pelo golpe de 1964. Foi instalado pelo marechal Costa e Silva, da "linha-dura". Chegou a ter "sessões secretas" no período pós-AI-5. Mesmo assim, o deputado Pedroso Horta, do MDB, que representava a minoria (só havia dois partidos), fez denúncias da tortura e morte do operário Olavo Hansen (que não ensejou nenhuma consequência, por óbvio). Após a criação da Comissão de Direitos Humanos da Câmara, comecei a participar do CDDPH. Seus membros eram escolhidos pelo ministro da Justiça e nomeados por FHC. Com todos os limites institucionais participei do CDDPH, que teve uma composição de conselheiros de muita dignidade e compromissos. Ficou para a história o enfrentamento do crime organizado que se apossou do aparelho de Estado no Acre e Espírito Santo e de suas ações de combate à estrutura podre na segurança pública em vários estados, como no Rio Grande do Norte. No final do governo FHC, seus membros renunciaram coletivamente em protesto contra posições do governo FHC no Espírito Santo.

O mensalão começa e abre crise no PT

Quando assumi como ministro da SEDH, à qual o CDDPH ficou vinculado, solicitei aos membros que renunciaram que voltassem ao CDDPH. Na minha primeira reunião como ministro pedi ao conselheiro José de Souza Filho que apresentasse o Projeto de Erradicação do Trabalho Escravo, do qual era relator. E pedi que Contag, MST, CPT, representante dos auditores-fiscais do Trabalho participassem da reunião que aprovou o projeto. E que a Defensoria Pública da União, representantes da Polícia Federal e outros entes do Estado e da sociedade civil participassem das reuniões com direito a se manifestarem.

Sempre fui a favor dos "Princípios de Paris", que preveem um Conselho de Direitos Humanos paritário e independente. Já havia um PL criando o CNDH apresentado em 1994, durante o governo de Itamar Franco. (Esse PL tramitou por dezenove anos até ser aprovado pelo Congresso!).

Enquanto esse PL viveu sua via-sacra, nossa posição era fortalecer o CDDPH, que tinha membros como Percílio Souza Lima (OAB), Ivana Farina (representante dos MPs estaduais), Luiz Roberto Barroso, Humberto Spínola. Em 2004, ao fazer cinquenta anos desde que foi aprovado, publicamos um livro contando sua história. Portanto, o CDDPH foi um parceiro natural e independente para o enfrentamento da tortura, da violência no campo, no combate aos grupos de extermínio, por exemplo. (O CNDH atual, empossado por Dilma Rousseff, vive seu grande teste após o golpe parlamentar de 2016. Pode ser boicotado, dificultado, mas só pode ser extinto por lei.)

Outro projeto estruturante que a SEDH-PR iniciou foi a instituição do Sistema Nacional de Atendimento Socioeducativo (Sinase). Eu mesmo presidi o Conanda e acompanhei atentamente o diagnóstico do sistema apodrecido de instituições destinadas a adolescentes infratores, que não respeitavam as normas do Estatuto da Criança e do Adolescente. Criamos um GT para articular um projeto coletivo, concebido democraticamente, envolvendo uma gama de interlocutores – técnicos, juízes, promotores, defensores públicos, movimentos civis de defesa – para propor o Sinase. E implementar o sistema nacional sem verticalismo. Como deputado federal tinha visitado as odiosas "celas para menores", onde adolescentes eram enviados para cumprir as medidas socioeducativas em condições negadoras dos princípios, filosofia e métodos da socioeducação.

A implementação do Sinase é um desafio para consolidar o objetivo de ressocializar adolescentes infratores e de só usar a privação de liberdade nos casos imprescindíveis. O apoio à redução da maioridade penal reflete a falta de conhecimento de que as medidas socioeducativas não representam impunidade, pelo contrário: é a implementação displicente do Sinase.

Quinze anos atrás já era possível avaliar o avanço do fundamentalismo corrosivo entre as igrejas evangélicas neopentecostais e entre grupos católicos ultraconservadores. E por via de consequência, o crescimento da intolerância religiosa, sobretudo com relação às religiões de matriz africana. Por isso, criamos um colegiado nacional pela diversidade religiosa e estimulamos sua implantação nos estados. O Estado laico – a separação da religião, da Igreja Católica, atrelada aos colonizadores, aos escravocratas, ao império autocrático – foi talvez a maior conquista da Constituição de 1891.

Só é possível garantir o direito de cada cidadão de professar a fé que escolher ou nenhuma religião quando a laicidade do Estado é efetiva. Àquela época ainda não tínhamos chegado ao nível de intolerância que viveríamos anos depois.

A partir de 2008, com a crise geral do capitalismo central e de todas as incertezas que ela gera, abrindo espaços para o que há de pior no processo civilizatório, a religião tem sido usada para acirrar desejos de morte e de dor, e a ressurgência da xenofobia em escala dantesca.

Perly Cipriano reuniu-se ao longo de um ano no Salão Negro do Palácio da Justiça com mais de 50 representantes de religiões e crenças: judeus e islamitas; católicos e evangélicos; bahá'í, budistas, religiões de matriz afro, espíritas e várias outras tradições até produzir uma cartilha de convergência para mostrar que é possível e necessário o respeito mútuo.

Em 2004, a meu pedido, o ministro adjunto Mário Mamede, médico, começou a articular com o Movimento de Reintegração dos Hansenianos (Morhan), com médicos especialistas, um projeto de reparação aos ex-hansenianos internados compulsoriamente em locais isolados em hospitais-colônias, quando a organização Mundial de Saúde já desclassificara a hanseníase como doença incurável.

No Senado, Tião Viana, senador pelo Acre, onde vivia o lendário Bacurau, ex-hanseniano, um dos fundadores do Morhan, articulou a aprovação de um PL concedendo pensão vitalícia aos internados à força e estigmatizados pela sociedade.

Em 2007, foi instalada a comissão especial para a execução do processo reparatório. Sueli de Paula, que foi minha secretária como deputado federal e depois como ministro de DH, foi a secretária-executiva. Estimava-se que haveria 3 mil pessoas que passaram pelas graves violações de direitos humanos. Na verdade, mais de 8 mil pessoas comprovaram o confinamento nas colônias.

Temos duas dívidas: a erradicação da hanseníase e a reparação aos filhos separados. Quando nascia uma criança na colônia dos segregados, ela era imediatamente separada da mãe (e do pai) e levada a um preventório... ou a um local para ser doada, muitas vezes ocultando de onde veio, com nome trocado. No governo de Lula, optou-se por iniciar a reparação pelos pais, até pelo critério da idade e a reparação era de caráter indenizatório, extinguindo-se com a morte. No governo de Dilma não conseguimos convencê-la e os seus ministros que a reparação aos filhos separados era a sequência natural e uma obrigação do Estado brasileiro. Um país que paga o que paga ao rentismo conta os tostões para reparar injustiças históricas!

O governo Lula foi um governo de direitos humanos. Além de dar *status* ministerial à Secretaria Especial de Direitos Humanos, vinculou-a à Presidência, assim como fez com a Secretaria Especial de políticas para as Mulheres e com a Secretaria Especial de Políticas de Igualdade Racial (Seppir), entes colaborativos, que se apoiavam.

O escravagismo foi a maior e mais perversa violação massiva de direitos humanos da história humana nestes cinco séculos e suas consequências vêm bloqueando nossa democracia e nosso projeto de nação. O patriarcalismo legou essa prática nefasta da sujeição da mulher, da naturalização da violência sobre seu corpo e sua alma.

A criação do Ministério do Desenvolvimento Social e do Combate à Fome veio para universalizar o direito humano basilar: ninguém pode ser privado do alimento. E também para criar uma rede de proteção social para todos os pobres e vulneráveis.

Nosso país não tinha sequer um cadastro único de todos os brasileiros e brasileiras. O Estado não sabia (e não se interessava em saber) como viviam as famílias, do que padeciam, num país de desigualdades abissais.

O Ministério do Desenvolvimento Agrário (MDA) foi apartado do Ministério da Agricultura para cuidar da agricultura familiar, da economia popular e solidária dos assentamentos de reforma agrária para estimular o cooperativismo. Afinal, 70% do que comemos vêm da agricultura familiar e dos assentamentos de reforma agrária.

Os ministérios da Saúde e da Educação foram parceiros nas pautas dos negros, mulheres, indígenas, crianças, LGBT etc. O Ministério da Cultura também, com a agenda da igualdade racial e LGBT. Além de as próprias políticas públicas trazerem o direito à saúde e educação como direito de todos e dever do Estado.

A partir de Gilberto Gil, o Minc deixou de ser do eixo Rio-São Paulo e passou a trabalhar com a cultura em sua diversidade regional, social, de raça e de classe.

O Ministério de Relações Exteriores foi outro bom parceiro. Naquele período (Lula e extensivo a Dilma), o Brasil defendeu na ONU, OEA, Mercosul, Unasul, CPLP e as agendas de direitos humanos com forte protagonismo, com iniciativas. Além disso, a nova valoração dos países da América Latina, África, Ásia, todos os países do Hemisfério Sul onde se concentram as desigualdades, onde houve colonialismo, escravagismo, guerras injustas e as políticas de caráter emancipatório são prioritárias, assim como as políticas de paz, desarmamento, comércio justo e cooperação entre os povos.

A Declaração Universal dos Direitos Humanos é um marco e um divisor de águas na história humana. Veio na esteira da maior tragédia do século XX, a Segunda Guerra Mundial, com 64 milhões (número estimado) de pessoas mortas, cerca de 9% da população mundial. Pela primeira vez a morte de civis, da população não armada, superava a dos militares. O genocídio praticado nos campos de extermínio levou os crimes contra a humanidade a tribunais internacionais. A Liga das Nações, consórcio de países colonialistas e imperialistas, sucedida pela Organização das Nações Unidas, veio com a missão de impedir a terceira guerra, necessariamente nuclear, e com poder de destruição inimaginável. Até então as guerras visavam à disputa por mercados e pela posse de colônias. Com a força política e militar que emergiu da Segunda Guerra Mundial com a URSS, a guerra imperialista passou a segundo plano e o mundo se dividiu entre os dois grandes blocos, ensejando a "guerra fria". A instituição da ONU (a Carta das Nações Unidas) evoluiu para Declaração Universal dos Direitos Humanos assinada por 68 países, reconhecendo a igualdade de todos perante a lei e a dignidade como diferencial do ser humano em relação a outros seres vivos. Com isso abria o processo da igualdade para as mulheres e negava a superioridade racial. Tornou irreversível a descolonização de um terço da humanidade e estabeleceu o direito a se constituírem em Estados-nação.

A Declaração não obrigava, mas possibilitava a exigibilidade dos direitos e das constituições. Surgiram organizações internacionais que cobravam a prevalência da Declaração do Direito Internacional dela decorrente, construído através de pactos, tratados, convenções – sobre as constituições nacionais baseadas na correlação de forças: o racismo (versus igualdade racial); a igualdade de gênero; os direitos da criança; os direitos ao trabalho decente, à saúde, à educação, ao alimento, aos direitos civis e individuais, a defesa dos vulneráveis, os direitos coletivos, os direitos culturais, os direitos dos povos originários.

Surgiram os sistemas regionais (Convenção Americana, Convenção Africana, Asiática, Europeia). Desenvolvem-se organizações internacionais para monitorar e assessorar a implementação dos direitos. OIT para o trabalho decente, o combate ao escravagismo, ao trabalho infantil e a igualdade das mulheres no trabalho. O Unicef para a educação, a Unesco para a cultura e educação. A OMS para a saúde, a FAO para a alimentação e a agricultura sustentável. As conferências mundiais procuravam romper a fratura entre os direitos civis e políticos (democráticos) e os direitos econômicos, sociais e culturais, trazendo a indivisibilidade e a interdependência dos direitos.

O Lulécio, um erro de avaliação política

Por definição, um defensor de direitos humanos é um internacionalista (como socialista também sou internacionalista). Já como deputado federal, como presidente por duas vezes da Comissão de Direitos Humanos da Câmara dos Deputados e membro atuante, mantive uma relação com a Comissão de Direitos Humanos do Parlatino, tendo com um grupo de deputados visitado o sistema prisional de vários países. Participei de articulações com países da América Latina, da Comunidade de Povos de Língua Portuguesa, incluindo Portugal, para que aderissem ao Tratado de Roma para a constituição do Tribunal Penal internacional; como também a criação de uma rede de apoio à independência do Timor-Leste, além do apoio à reformulação da Comissão de Direitos Humanos da ONU.

Ter feito o discurso de abertura da sessão de 2005 da Comissão de Direitos Humanos da ONU, em Genebra, foi extremamente honroso para mim. Foi

Sérgio Vieira de Mello, de quem me tornara amigo, que operou para que o Brasil abrisse esse período de sessões da CDH da ONU. Logo depois, em conversa em seu gabinete do Alto Comissariado das Nações Unidas para Direitos Humanos, ele me contou que estava saindo do maior posto de direitos humanos do mundo para assumir mandato da ONU no Iraque invadido por tropas dos Estados Unidos e da Otan (Organização do Tratado do Atlântico Norte). No meu discurso pouco antes, eu tinha feito duras críticas à invasão do Iraque atropelando a ONU. Ele acreditava que a sua presença no Iraque, como representante direto do secretário-geral Kofi Annan, seria um freio à matança que se seguiu à invasão do país e à morte de Saddam Hussein. Sérgio Vieira de Mello era um dos mais maiores, senão o maior auxiliar do secretário-geral.

Como se sabe, ele morreu emparedado literalmente no prédio da representação da ONU em Bagdá após um atentado terrorista. Ele foi em busca da paz e percebia a trágica escalada da invasão norte-americana e aliados europeus para além do Afeganistão, para a Líbia e que se estendeu à Síria. Sérgio Vieira de Mello encarnou o espírito para o qual a ONU foi criada: a busca incansável e persistente da paz através de negociações infindáveis. O governo Lula em peso compareceu ao seu enterro. Já o homenageei em meu livro *Por que Direitos Humanos* como um homem que morreu por suas boas convicções.

Nutri grande admiração e carinho pelo argentino Eduardo Luis Duhalde. Foi advogado de presos políticos, foi juiz, historiador e jornalista. No governo de Néstor Kirchner, foi secretário de Direitos Humanos. Nós dois iniciamos os entendimentos para a instituição das Altas Autoridades de Direitos Humanos do Mercosul e reunimos representantes dos governos do Brasil, Argentina, Uruguai e Paraguai, na cidade de Mendoza. Desse processo saiu o Instituto de Direitos Humanos do Mercosul.

Na SEDH-PR tivemos um núcleo de internacionalistas competentes que agiu perante a Comissão Interamericana de Direitos Humanos em casos primordiais como a Solução Amis – fora do caso Maria da Penha, quando o Brasil se comprometeu a aprovar a Lei Maria da Penha, a instalar delegacias de mulheres, a desenvolver ações de prevenção e repressão aos crimes contra mulheres.

Como também em casos históricos, como o de Damião Ximenes, morto em instituição psiquiátrica no Ceará, e de José Pereira, resgatado do trabalho escravo. Para o Estado brasileiro não ser condenado, ele assume compromissos via soluções amistosas.

Muitas vezes me apoiei em casos como esses para buscar ações e programas no país de interesse para os direitos humanos de mulheres, de pessoas vítimas de violações graves em instituições psiquiátricas e de pessoas submetidas à humilhação do trabalho em condições análogas à escravidão.

O Programa Nacional de Proteção de Defensores de Direitos Humanos tinha sito lançado na Comissão de Direitos Humanos e Minorias da Câmara dos Deputados em 26 de outubro de 2004.

***

A ONU já tinha alertado, através da relatoria específica, que o Brasil era um dos países onde mais defensores de direitos humanos eram assassinados, num continente marcado pela violência e morte de defensores de direitos humanos.

Fui a Belém do Pará para lançar o PPDDH (Programa de Proteção aos Defensores de Direitos Humanos) e celebrar acordo para sua implementação com o Ministério Público, Defensoria, MPF, operadores da segurança do Estado. Ao final da reunião, fui procurado por uma senhora com sotaque estrangeiro que pediu proteção para Chiquinho, de Anapu (PA), ameaçado por madeireiros ilegais por liderar um Programa de Desenvolvimento Sustentável (PDS) em sua cidade. Seu nome: Dorothy Stang. Dias depois chegou a notícia do seu assassinato por pistoleiros a soldo de Regivaldo Taradão.

A religiosa buscou proteção para Chiquinho. Mas nada pediu para si mesma. Imediatamente eu, Marina Silva, então ministra do Meio Ambiente, e Cláudio Fonteles, procurador-geral da República fomos a Imperatriz. Ficamos lá uma semana para não deixar dúvidas quanto à nossa indignação com o covarde assassinato a sangue-frio de uma pessoa inofensiva, não violenta, morta a mando de pessoas intocáveis, protegidas pela impunidade propiciada por operadores da segurança e do direito. Esse Taradão já tinha sido autuado por trabalho escravo, desmatamento ilegal, grilagem. Pedi ao doutor Cláudio Fonteles que requeresse ao Superior Tribunal de Justiça o Incidente de Deslocamento da Competência (federalização), mas não foi concedido.

Em 2005, o trabalho da Comissão de Direitos Humanos da Câmara, agora denominada Comissão de Direitos Humanos e Minorias, com poder deliberativo, criou um ambiente favorável na Câmara e ajudou na abertura de outros espaços, como a Comissão de Participação Legislativa e as frentes parlamentares. Com a difusão de seus trabalhos e iniciativas, a sociedade já via direitos humanos com outro olhar.

O trabalho dos ministérios da Mulher (SPM), da Igualdade Racial (Seppir), dos Direitos Humanos (SEDH) ganhava parcelas significativas da opinião pública. Era a época das grandes conferências nacionais. Lula participava da abertura de todas. A Procuradoria Federal dos Direitos do Cidadão do MPF; o CDDPH; a atuação da Comissão Especial dos Mortos e Desaparecidos Políticos; as conferências nacionais de Direitos Humanos; a atuação do Itamaraty nos direitos humanos nos organismos internacionais; a atuação do MDS com o Bolsa-Família e as políticas sociais de inclusão de milhões de pessoas; a atuação das Comissões de Direitos Humanos das Assembleias e de órgãos gestores para direitos humanos nos estados – tudo isso atraía a atenção internacional.

O conceito de direitos humanos já disseminado, apesar do "tiroteio" dos radialistas e dos programas de baixaria na TV, a igualdade perante a lei; a proibição da tortura e das penas e tratamentos cruéis ou degradantes; o repúdio à escravidão e ao trabalho infantil; o direito a um julgamento justo; a liberdade de pensamento, de expressão, da criação artística, o direito de ir e vir, a liberdade de manifestação, o direito à vida privada, a liberdade de se reunir e se organizar pacificamente e o direito à participação política cresceram na sociedade e no Estado.

Assim como o direito ao trabalho decente, a não ser privado do alimento, da moradia, vestuário. Os direitos humanos estavam incluídos na agenda política do país.

Dia 28 de janeiro de 2004, segunda-feira. Carlos Calazans, delegado regional do Trabalho em Minas, estava em Brasília para um encontro de DRTs. Foi ele quem me deu a notícia estarrecedora da emboscada para três auditores fiscais do Trabalho mais o motorista, em Unaí. Falei com o ministro do Trabalho, Ricardo Berzoini, e me dirigi à Presidência. José Alencar respondia como presidente interino, em virtude de viagem de Lula ao exterior. Estava reunido com a coordenação do governo e autorizou o uso do helicóptero Esquilo à disposição da Vice-presidência. Descemos no Sete Trevos, local até onde o motorista Ailton Oliveira conseguiu levar a caminhonete Ranger mesmo com uma bala na cabeça. A polícia, os peritos retiraram os corpos de Nelson José da Silva, Eratóstenes Gonçalves, João Batista Soares já em rigidez cadavérica, colocados no asfalto e, ao lado de cada corpo, seus documentos, relógio, dinheiro, em montinhos. Todos trabalhando em silêncio. Senti uma tristeza enorme e não consegui dar uma mísera palavra. Pedi ao delegado da PF, Vadinho Caetano, que ele próprio acompanhasse as investigações feitas com rigor e competência. No tempo necessário, elucidaram a trama criminosa, com o apoio da polícia de Minas. Os pistoleiros contratados, a intermediação e os mandantes Antério e

Norberto Mânica, os "maiores produtores de feijão do mundo". Preso, Antério disputou, ganhou e exerceu o cargo de prefeito de Unaí.

Em troca do abrandamento da pena, o intermediário Hugo Pimenta relatou minuciosamente como tudo se deu. Os Mânica não aceitavam fiscalização de rotina comandadas por um auditor fiscal, ainda por cima negro. Não sabiam sequer os nomes de quem ceifou as vidas – exceto Nelson. Numa das ligações rastreadas por rádio, os pistoleiros reclamam ao contratante: "Você disse que eram dois e são quatro!". O contratante respondeu: "Passa o cerol que pago dobrado".

Quando o processo caiu nas mãos de certo juiz federal, dormiu na gaveta por anos a fio, apesar das cobranças de ministros do Trabalho, de Direitos Humanos, do Sindicato Nacional dos Auditores Fiscais, dos familiares, de Carlos Calazans. Doze anos depois, foram julgados, condenados a 100 anos, saíram pela porta da frente da Justiça Federal em Belo Horizonte e, até março de 2018, estavam livres, leves e soltos. Para esses casos não há pressa.

No dia 20 de novembro de 2004, eu participava de reunião do Diretório Nacional do PT em São Paulo, e Stael também, como assessora do secretário-geral do PT, Jorge Bittar. Meu irmão Oldack ligou de Teófilo Otoni dizendo que doutor Ailton, médico que tratava de minha mãe, alertou que ela poderia falecer ante o agravamento de seu quadro clínico – ela tinha um câncer no estômago aos oitenta e três anos. Com a ajuda prestimosa de Paulo Vannuchi – pessoa ligada ao Instituto Cidadania – conseguimos um avião do presidente do Instituto Djalma Guimarães, José Alberto, mantido pela CBMM.

Chegando ao aeroporto de Teófilo Otoni, Carlos Calazans comunicou-me que, naquele sábado, pela manhã, sob o comando do fazendeiro Adriano Chafik, doze pistoleiros mataram cinco camponeses do MST, ferindo doze, inclusive uma criança, em Felisburgo, no maior massacre da história de Minas em um conflito social. Cuidei de garantir a presença da Polícia Federal de Montes Claros, mas também de Brasília, e pedi viaturas da Polícia Rodoviária Federal para me levar até Felisburgo (25 km de Teófilo Otoni).

Minha cabeça entrou em parafuso. Era imperioso estar lá, mas nunca me perdoaria se mãe morresse enquanto estivesse ocupado. Meus irmãos unanimemente opinaram que eu devia ir. Felizmente mãe recuperou-se momentaneamente (mas faleceu trinta e sete dias depois). Fui lá, pedi à Polícia Federal que colaborasse ativamente com a Polícia Civil, que agiu corretamente.

Voltei na mesma tarde do dia 21 de novembro num bimotor da Polícia Civil, junto ao cadáver do camponês mais velho e jamais esquecerei das unhas gretadas e dos pés que não conheceram calçado. Chafik e seus pistoleiros não sabiam nem o nome nem a idade dos que mataram – para eles eram ninguém (em 2017, quando foi preso em Salvador, foragido, condenado a 100 anos, Chafik disse ao delegado Emerson, bom policial que comandou a operação que o localizou e deteve, que não tinha um pingo de arrependimento e faria tudo de novo). Chafik e família têm várias propriedades urbanas e rurais. Metade da fazenda em Felisburgo é de terras públicas griladas.

De volta à casa de mãe, ela estava acordada e perguntou a mim e a Stael quantos dias faltavam para fazer oitenta e quatro anos. Eu lhe respondi: "Trinta e quatro dias, mãe". E ela: "Tá bom". Em 9 de dezembro, dia de seu aniversário, ela convidou algumas amigas, pediu empadas (seu pai, vô Adão, era mestre em fazê-las), Mate Cola – refrigerante de Teófilo Otoni – e a torta alemã que fez por décadas para aniversários e casamentos – tudo isso no quarto do Santa Rosália onde vivia sua agonia – pele e osso. Disse à sua cuidadora, com serenidade: "Eu quero ir embora". Luciana respondeu: "Para casa, dona Nelly?" "Não, ir embora mesmo." Entrou em coma e morreu três dias depois.

Em 2005, surgiu a denúncia do denominado Mensalão, feita pelo deputado federal Roberto Jefferson, presidente-dono do PTB. Ele disse que recebeu 4 milhões de reais, dinheiro que embolsou como caixa 2, e que o recebimento de recursos não contabilizados para permanecerem apoiando o governo seria um procedimento estendido a outros partidos E atribuiu ao ministro da Casa Civil, deputado licenciado José Dirceu, a coordenação do esquema de pagamentos ilegais. A execução dos pagamentos seria feita por Delúbio Soares, tesoureiro nacional do PT, e com a assinatura de José Genoino, presidente nacional do PT.

Foi aberta a Ação Penal 470 no STF, tendo o ministro Joaquim Barbosa como relator. Abriu-se uma crise sem precedentes no PT e no governo. José Dirceu teve o mandato cassado depois de ter renunciado ao cargo de ministro. José Genoino renunciou à presidência do PT e foi substituído por Ricardo Berzoini, depois de Tarso Genro ter sido eleito pelo Diretório Nacional e desistido. Eu era membro do diretório nacional e acompanhei de perto a crise.

A posição dos petistas do governo, "os do Planalto", era de que deveríamos adiar o Processo de Eleições Diretas (PED) de outubro. Sintetizando, não era hora de expor nossas vísceras. Na reunião do DN sob a presidência de Ricardo Berzoini, já haviam falado sete dirigentes em sequência pelo adiamento. Pedi ao Berzoini para ser o oitavo, passando-me à frente, para defender o não adiamento e ele comunicou ao plenário que eu tinha que viajar e por isso passaria à frente. Não sou bom orador, mas usei aqueles três minutos com toda a lucidez que pude reunir. Disse aos companheiros que nunca sairíamos daquela crise, a maior de nossa história, sem dar voz aos militantes e filiados para desabafar, criticar, chorar, lamentar. Era hora de coragem e ousadia. O PT era um projeto de vida de dezenas de milhares de pessoas. Não me lembro de tudo que disse e como disse. Só sei que minha fala reverteu a tendência e alguns que defenderam o adiamento mudaram para manutenção do PED.

Jorge Bornhausen, senador catarinense, presidente do PFL, tinha dito que "o Brasil ficará livre dos petistas por pelo menos trinta anos". (Na verdade, o partido que dirigia mudou de nome para Democratas – DEM para fugir à irrelevância eleitoral e política.)

Aprovada a manutenção do PED para outubro de 2005 – estávamos em julho, fiquei aliviado. O PT havia se entranhado em minha vida e minha vida tinha se entranhado no PT por ser um projeto grandioso, realizado por humanos que erram, mas representam o sonho das maiorias que sempre lutaram pela independência, contra o escravagismo, contra as oligarquias patrimonialistas.

Ali nasceu minha decisão de voltar a Minas para disputar o PED no estado. Consultei quantos pude. Estava bem na SEDH-PR, cercado de bons companheiros em um governo que estava mudando a vida de milhões de brasileiros, subjugados. A reação do governo sob a liderança inconteste de Lula e do PT foi a resposta necessária:

1 – refez o "núcleo duro" com Dilma na Casa Civil, de onde José Dirceu saiu; com Guido Mantega no lugar de Palocci; com Jaques Wagner, Dulci, Tarso, Márcio Thomaz Bastos, Gilberto Carvalho;

2 – remeteu à Câmara de volta Aldo Rebelo (que foi eleito presidente), Eduardo Campos, Eunício Oliveira e Ricardo Berzoini – ministros que formaram um estado-maior, e o *impeachment* urdido pela direita foi arquivado;

3 – três ministros voltaram aos seus estados para disputar o PED regional: Olívio Dutra (RS), Humberto Costa (PE), Nilmário Miranda (MG) para defender o partido – os três foram eleitos presidentes dos diretórios estaduais;

4 – e Lula foi ao povo de peito aberto defender seu governo e seu mandato.

Quando fui convidado por Lula para compor seu governo, conversamos longamente, eu e Stael. Fiquei doze anos como deputado federal, ia e vinha toda semana, mas agora era diferente; o Executivo é todo dia, a semana toda e o cargo Direitos Humanos implica viagens pelo país e exterior. Stael pediu aposentadoria na UFMG após trinta anos de magistério e fomos juntos.

Em Brasília, ela foi convidada para assessorar o secretário-geral do PT, Jorge Bittar, e, com sua reconhecida capacidade de gestão, estava bem no PT nacional, no Edifício Varig. Bittar torna-se relator do Orçamento e na prática Stael era quem respondia pela Secretaria-geral, exceto, é claro, no papel político de Bittar.

Ao final de 2004, ela me disse que não queria ficar mais no PT nacional. Não se sentia bem com o vaivém de Roberto Jefferson, José Borba, Waldemar da Costa Neto na sede nacional. Pressentia com sua intuição ferina e feminina alguma coisa. Após as eleições municipais de 2004, vários deputados federais foram eleitos prefeitos e suplentes assumiram, dentre eles Ana Guerra, amiga pessoal de Stael, que a convidou para seu gabinete e ela aceitou.

Portanto, em julho, no auge do turbilhão causado pela crise política do mensalão, quando lhe disse que ia sair do governo para disputar a presidência do PT-MG no PED de outubro, ela disse que tinha compromisso com Ana Guerra, de quem era chefe de gabinete. Vitor havia ficado sozinho no nosso apartamento na rua Marquês de Maricá. Voltei para Minas, rodei 149 cidades fazendo debates públicos em campanha pela presidência do PT, sem fugir de debates, da imprensa, de qualquer pergunta.

Fui eleito em segundo turno. Nada menos que 342 mil filiados no país e 47 mil em Minas votaram no PED, quando a mídia e os adversários e inimigos do PT e do governo do PT acreditavam que o partido tinha soçobrado ante o torniquete, o anel de cerco e aniquilamento a que estava sendo submetido no julgamento espetáculo da AP 470, sob o látego de Joaquim Barbosa com cobertura de vinte e quatro horas no rádio e TV, e dos jornalões, revistas e toda a revanche da casa grande, desde vereadores, deputados estaduais, federais, senadores e a corte dos "sábios" da mídia.

Partido que sobrevive a uma guerra como aquela é porque entrou no coração de milhões de brasileiros! Brasil para todos não era uma frase de propaganda.

Quando fui me despedir do presidente Lula em seu gabinete para defender o PT em Minas, ele estava com os olhos vermelhos e cansados. "Você está indo cumprir uma missão importante, isso é ótimo. Já eu, a cada dia acordo para um dia pior que o anterior. Hoje mesmo um batalhão de repórteres está investigando a vida de cada filho meu, de cada irmão, irmã, cunhado, cunhada, primo, sobrinho para ver se encontra algum escândalo ou fabrica algum escândalo para me desmoralizar."

Ao longo da conversa ele disse: "Aécio é imbatível em Minas (para a reeleição como governador em 2016). Mas não podemos ficar sem candidato. Patrus está no MDS, Pimentel é prefeito de BH. Um nome novo pode ser esmagado. Você foi bem em 2002 – não posso abrir mão de José Alencar". Em suma: sugeriu que eu enfrentasse Aécio de novo, mesmo em situação tão adversa. Ainda me disse que era fundamental investir numa aliança com o PMDB para termos uma maioria parlamentar.

A vitória apertada, os erros e os acertos de Dilma Rousseff

Quando saí do gabinete, Luiz Dulci, apressado, alcançou-me e perguntou: "Lula pediu para você sair candidato ao governo em Minas, não é?". Confirmei. Ele me advertiu que, derrotado, eu não voltaria ao governo, que a conjuntura era outra, diferente de 2002, quando os candidatos derrotados em Minas (eu), Pernambuco (Humberto Costa), Rio Grande do Sul (Olívio Dutra) nos tornamos ministros. Respondi que nem precisava dessa ressalva.

Como presidente do PT-MG, pus-me a costurar a aliança com o PMDB, com os deputaods estaduais que faziam oposição a Aécio, como Adalclever Lopes, Sávio Souza Cruz; com Armando Costa, Aloísio Vasconcelos, com meu amigo querido Zaire Rezende. Nunca fui sozinho a uma reunião, almoço, jantar com eles. Sempre me fiz acompanhar do vice do PT, Chico Simões, ou outro companheiro da Executiva do PT-MG.

Cerca de oitenta apoiadores históricos e amigos nos reunimos no Instituto Minas Cidadania para discutir meu rumo político. A maioria queria que eu disputasse a única vaga para o Senado. Outra parte queria que eu voltasse à Câmara dos Deputados. Quando lhes disse que Lula gostaria que eu disputasse de novo o governo, mesmo com o favoritismo de Aécio Neves, fez-se um silêncio. Ninguém defendeu a candidatura ao governo. Stael e Vitor também não queriam minha candidatura ao governo. Já tinha disputado em 2002. Nem um único petista pleiteava a candidatura ao governo.

Aécio montou um engenhoso esquema de capitalização dos exitosos programas federais. A Bolsa-Família era Minas Sem Fome. O programa Luz Para Todos torna-se Luz de Minas. Controlando a imprensa, o MP, as polícias, a

Assembleia, o Tribunal de Contas, isolou a oposição no estado. Até os cargos federais estavam em grande parte sob seu controle.

Walfrido Mares Guia, lulista leal, cunhou o "Lulécio"! O PT estava saindo da crise do mensalão e, nem a bancada estadual, nem a federal, faziam oposição ao governo Aécio, até porque o próprio Lula mantinha uma relação amistosa com Aécio, explorando as contradições entre os tucanos paulistas e mineiros.

Fui a Montes Claros para uma atividade partidária já em 2006, e lá fui surpreendido por uma carta pública de doze prefeitos do PT defendendo o "Lulécio". O próprio prefeito Fernando Pimentel, maior liderança do PT no estado, bem avaliado pela boa administração em BH, cultivava relação pública com Aécio Neves.

Nossa proposta era uma chapa Nilmário governador e Zaire Rezende para o Senado. Tínhamos um almoço no restaurante do Automóvel Clube entre o PT e o PMDB na construção da aliança já bem avançada. Até que Newton Cardoso apareceu no almoço e comunicou que iria disputar o Senado, como se fosse uma notícia excepcional e Zaire seria o vice da indicação pelo PMDB, dando um nó no processo que estava sendo construído.

O PT se dividiu. Fomos oposição dura ao governo de Newton Cardoso em Minas entre 1986 e 1990. Fomos oposição em Contagem onde foi prefeito e era, no partido, sua maior liderança. Tanto os petistas como os movimentos sociais tinham rejeição ao seu nome.

Quando Lula foi inaugurar um forno na Gerdau em Ouro Branco, eu e Carlos Calazans dissemos a ele que conseguimos a aliança com o PMDB que ele me pediu para construir, mas que Newton Cardoso resolveu sair para o Senado e colocou a aliança em suspenso. Lula nos parabenizou por ter conseguido a aliança com o PMDB e lamentou que ele não tivesse conseguido construir a coligação com o PMDB para a sua própria candidatura à reeleição, e disse de modo assertivo: "Nilmário, você tem que convencer o PT de que a aliança é com o partido, com o PMDB, mas quem escolhe o candidato é o PMDB e não o PT".

A reunião ampliada do diretório do PT-MG para aprovar a chapa foi dramática. No último dia, na última hora, a maioria era contrária à candidatura de Newton Cardoso ao Senado. Uma comissão foi até ele para convencê-lo a abrir mão da candidatura ao Senado e, como era de se esperar, ele não concordou.

Na primeira votação no diretório, a maioria, mesmo que com pequena diferença, não aprovou a chapa com Newton Cardoso. Retirei minha candidatura ao governo e apelei para que outro companheiro, como Tilden,

Rogério Correa ou Durval Ângelo, assumisse a candidatura ao governo, e que fosse indicado candidato ao Senado do PT ou outro partido, já que o PMDB não abria mão da candidatura de Newton Cardoso. Ninguém se dispôs e, por proposta de Durval Ângelo, foi rejeitada a votação, e por ínfima maioria ficou aprovada a chapa Nilmário para o governo, Zaire vice, Newton Cardoso para o Senado, com Carlos Calazans como primeiro suplente. Já era quase meia-noite, prazo final para deliberações. Saí de lá com o gosto amargo de uma decisão fadada ao insucesso.

Ao contrário de 2002, foram montados dois comitês: o estadual, para a campanha do PT e aliados ao governo e o comitê da campanha – na verdade, do "Lulécio". Zaire Rezende, candidato a vice, era um belo ser humano. Mas o senador indicado pelo PMDB, Newton Cardoso, tinha uma rejeição enorme, principalmente na base social do PT.

O "Lulécio" foi um erro político estratégico e refletiu uma linha política enganosa. Na bancada do PT, havia deputados e dirigentes do PT que alimentavam a ilusão de que o PSDB deveria ser um aliado do PT, mesmo depois do governo de FHC, que se pautou pelo Consenso de Washington: desregulamentação do mercado, colocar o país sob as asas dos EUA, Estado Mínimo. Em Minas, essa ilusão era agravada em nome de uma suposta contradição entre os tucanos mineiros *versus* tucanos paulistas.

A lógica do "Lulécio" levava à ambiguidade, ao fazer de conta. Ninguém em Minas defendeu a tese do PT. Não ter candidatura própria, pelo contrário. O "Lulécio" não tinha teoria, estratégia, disputa de projetos.

Em 2004, Aécio Neves sofreu uma grande derrota na Região Metropolitana de BH nas eleições municipais. O PT derrotou seus candidatos em BH (vitória de Pimentel), em Nova Lima (Carlinhos Rodrigues), em Betim (Maria do Carmo), Contagem (Marília Campos), Santa Luzia (aliança PMDB-PT), Confins (PT), São José da Lapa (PT).

Aécio buscou aproximação com o PT. A bancada estadual do PT, até 2006, não fazia oposição ao governo Aécio, porque o governo de Lula e Lula tratavam Aécio como aliado ou coisa parecida. A partir de 2006, a bancada do PT na Assembleia fez um bloco com o PMDB – Minas Sem Censura –, com deputados com quem eu tinha costurado uma aliança (e dirigentes), como Adalclever Lopes, Sávio Souza Cruz, Armando Costa, Aloísio Vasconcelos e outros.

Pimentel acreditava que, em Minas, íamos forjar uma nova aliança, uma convergência entre PT e o PSDB de Aécio. Tanto é que, em 2008, uniu-se a

Aécio para indicar Márcio Lacerda para a Prefeitura de Belo Horizonte sem discutir um projeto político, um programa de governo. Fernando Pimentel era a maior liderança do PT no estado. Não houve debate, disputa de projetos. A direção do PT nacional – Berzoini era o presidente – não quis discutir. O PT-MG já vinha num processo de prioridade absoluta para a institucionalidade e, já em 2004, escancarou as portas para o crescimento de prefeituras sem filtro ideológico, nem projeto estratégico.

Mesmo com o predomínio do "Lulécio" e da ambiguidade, mesmo com o desgaste da candidatura de Newton Cardoso ao Senado, ainda assim tive 23% dos votos como candidato a governador. Há eleições em que você tem derrota eleitoral (Contagem 1988 – governo mineiro 2002) e vitória política. Em 2006 estava aliviado com a vitória de Lula no pós-mensalão. O PT ainda manteve uma bancada federal – e estadual – razoável.

Para mim, 2006 foi derrota eleitoral e política. Partido dividido, pouco dinheiro. Aprendi também na vida a não avaliar processos políticos pelo viés do rancor, do ressentimento. Saí da eleição de 2006 triste e buscando me recompor, decidido a voltar ao trabalho de base. Foi quando Luiz Dulci disse-me que iria propor meu nome para a vice-presidência da Fundação Perseu Abramo.

A instituição das fundações vinculadas aos partidos, com a destinação de 20% do fundo partidário que cabe a cada partido, foi uma criação importante para a democracia. Com autonomia relativa, com estatuto próprio, com fiscalização da Curadoria de Fundações do Ministério Público, elas se destinam a dar solidez ideológica, teórica e política aos partidos, instituições indispensáveis à democracia, além de seu papel de transmissão dos valores e da história da própria democracia. Partia-se da experiência europeia, que tem grandes fundações, como as alemãs: Friedrich Ebert (da social-democracia), Rosa Luxemburgo (esquerda) e a democracia cristã/conservadores. Foram defendidas por pessoas que viveram no exílio, como Marco Aurélio Garcia e por Luiz Dulci – que acompanhou de perto as experiências da Itália, por exemplo. Devemos a José Dirceu, deputado encarregado de incluir as fundações quando da discussão do fundo partidário no Congresso.

A Fundação Perseu Abramo é uma das melhores e mais sérias fundações do Brasil, do continente e respeitada no mundo. Dirigida sempre com ética pública e rigor, construiu uma linha de publicações de ponta, fez importantes pesquisas, tem uma política de memória no Centro Sérgio Buarque de Holanda e, sob a gestão de Marcio Pochmann, seus cursos de pós-graduação em gestão pública ficaram reconhecidos.

Por tudo isso, senti-me honrado quando Luiz Dulci, primeiro presidente da FPA, propôs meu nome como vice-presidente da FPA quando este cargo ficou vago e, seis meses depois, fui eleito pelo Diretório Nacional do PT para presidi-la, com mandato de quatro anos, entre 2008 e 2012. Junto com Elói Pietá, antigo militante de esquerda, ex-prefeito de Guarulhos e ex-deputado estadual por São Paulo; de Selma Rocha, intelectual paulista; Iole Ilíada, internacionalista militante; Flávio Jorge, ativista do movimento negro e um grupo invejável de técnicos, funcionários, assessores.

Nesse período, a FPA fez grandes e importantes pesquisas sobre mulheres, indígenas, LGBT. Produziu ótimas publicações, seminários, oficinas, cursos por todo o país. Investiu numa articulação com fundações do PSB, PCdoB, PSOL, PDT, para aprofundar e debater uma proposta de reforma política com cientistas políticos, com bancadas, com a sociedade civil que criou um fórum com OAB, CNBB, centrais sindicais, organizações nacionais. Já dizíamos que o mercado, as grandes empresas do país e as empreiteiras tinham capturado o controle da representação popular, através do financiamento privado das campanhas, e fazíamos a crítica do voto uninominal para o Parlamento, a despolitização do voto para o Parlamento, que impedia a formação de maiorias parlamentares para os governos não controlados pelo mercado.

Trabalhei na Fundação Perseu Abramo por quatro anos e seis meses – meio ano como vice e quatro como presidente entre 2007 e 2012. Ia para São Paulo toda semana e, de lá, viajava pelo país e para outros países. Ficava num hotel perto do metrô Estação Brigadeiro. Gostei de ter me aproximado da filha Renata e de seu marido Venâncio. Assisti ao nascimento de sua linda e incrível primeira filha, Chloé, em 2010 (por coincidência no mesmo dia do nascimento dos gêmeos de Camilo, filho de Tibúrcio e Maria). Acompanhei semana por semana, mês a mês, em cada aniversário, o crescimento de Chloé até os cinco anos.

Quando as gêmeas de Renata e Venâncio, Layla e Stela, nasceram, eu já não estava como presidente da FPA – foi em 2014, fevereiro. Mas nunca mais deixei de curtir, acompanhar, usufruir, estar próximo das três netas e de Renata. Nos anos 1990, quando foi deputado federal, e andava por Brasília, pelo Brasil e pelo mundo, minha convivência familiar estava entranhada no PT, em mandatos, militância social. Com Fernanda, Fabian e os netos, eu convivia mais, passamos períodos anuais de férias juntos – eles moram em Passos. Renata ficou mais longe e, por isso, os quatro anos e meio na Fundação nos permitiram estar mais juntos.

Malu, a primeira neta, filha de Fernanda e Fabian, nasceu na Santa Casa de Passos em 16 de maio de 2000. Fui de Brasília, da Câmara de Deputados, para Ribeirão Preto e de táxi para Passos. Cheguei uma hora depois do nascimento. Stael e Rê estavam coladas ao vidro do berçário. O médico de plantão, dr. José Carlos, pediu que entrasse no berçário e tive o privilégio e a emoção profunda de vê-la primeiro. Na verdade, o médico de plantão queria que eu visse três bebês em incubadoras, prematuros. Ele disse que dificilmente sobreviveriam por não haver UTI neonatal, nem como transportá-los. Comprometi-me com ele e com meu genro Fabian, médico obstetra da Santa Casa, que faria o que estivesse a meu alcance para que o principal hospital-maternidade de dezenas de cidades estivesse equipado para não perder essas vidas. Através de emenda parlamentar e da intermediação de contato direto com o então ministro da Saúde José Serra, conseguimos recursos para desativar o berçário e ter a UTI neonatal. Há uma placa na Santa Casa para registrar a conquista que praticamente zerou a mortalidade ao nascer e gosto de ver meu nome ali.

Entre mim e Malu, entre Malu e o avô estabeleceu-se uma relação difícil de traduzir em palavras. Hoje ela estuda Medicina. Lucas nasceu na mesma Santa Casa em 21 de junho de 2004 e Joaquim em 25 de maio de 2011, também na Santa Casa.

Somos apaixonados por eles e eles por nós. A avó cuida deles quando os pais viajam, mas também não fico atrás. Uma brincadeira diz que eu não deixo que sintam saudades pela constância. Lucas é torcedor do Galo (o Atlético de Belo Horizonte), mas já foi três vezes ao Independência comigo e com Jorge Pimenta ver o Coelho (o meu América Mineiro). Laços profundos me ligam a Joaquim. Todos os seis são loucos por Vitor e Vitor por elas e eles. Somos uma família feliz.

***

Em 2010, depois de conversas com os companheiros da Fundação Perseu Abramo, com Berzoini e José Eduardo Cardozo, com meus companheiros de caminhada em Minas, com a militância dos direitos humanos, com meus irmãos e com minha família, saí candidato a deputado federal, depois de doze anos da última candidatura como deputado. Era uma aventura, porque meus apoiadores nas eleições anteriores obviamente tinham se ligado a outros companheiros deputados federais. E eleições nesta etapa eram caras, mais profissionalizadas.

Eu defini com minha turma que não aceitaria doações eleitorais do que chamava empresas corruptoras, empreiteiras e outras, que disputam licitações de obras e serviços e acesso aos fundos públicos. Na Perseu Abramo estudamos como o grande capital estava capturando a representação parlamentar. Nossos deputados – quase todos – recebiam ou buscavam doações sem se colocarem a serviço dos doadores. Mas resolvei radicalizar e apostar na militância, no voluntariado, nas doações de pessoas físicas ou de empresas que não disputam fundos públicos.

As coisas haviam mudado – para pior – e aquele tipo de campanha que fiz para estadual (1986), federal (1990, 1994, 1998) ficou para trás. Fiquei na segunda suplência. E em 2012, nas eleições municipais, com a eleição de dois federais da coligação, Gilmar Machado (PT) em Uberlândia e Paulo Piau (PMDB) em Uberaba, assumi por dois anos – 2013 e 2014.

Era outro tipo de Câmara dos Deputados. Em 2013 minha querida Comissão de Direitos Humanos e Minorias foi tomada de assalto por deputados que eram contrários à pauta dos direitos humanos. Um pastor neopentecostal, mercador da fé, Marco Feliciano, elegeu-se presidente. Homofóbico, machista, direitista, articulado por Eduardo Cunha para nos afastar e neutralizar a CDHM. Saímos e montamos uma frente parlamentar: eu, Erica Kokay, Luiza Erundina, Chico Alencar, Jean Wyllys, Ivan Valente, Janete Capiberibe, inúmeros petistas, companheiros do PCdoB.

Eduardo Cunha era o líder do PMDB, principal "aliado" do PT no governo e no Congresso. Presidia a Câmara Henrique Alves, parceiro de Eduardo Cunha. Verdadeiros gângsteres políticos do PMDB e vários partidos da base do nosso governo em ambiente degradado. Ao mesmo tempo em que a crise geral do capitalismo central, iniciada em 2008 nos Estados Unidos, jogava para a recessão a economia mundial.

Ouvia discursos diários contra a melhor parte da Constituição de 1988. A esquerda virou minoria no PDT e PSB. O PT estava refém da camarilha que dava as cartas na Câmara e tinha que garantir a governabilidade para Dilma. Fiquei de vice-presidente de Jandira Feghali, na Comissão de Cultura, até para ajudar Marta Suplicy, ministra da Cultura.

Lula convenceu o PT de que o melhor nome para sucedê-lo era Dilma Rousseff. "Quem votou duas vezes para eleger um operário metalúrgico nordestino, sem diploma, pode eleger a primeira mulher ex-guerrrilheira." Ela também teve um desempenho avalizado na Casa Civil, que se dedicou à coordenação do governo, excluída a articulação política.

Já na disputa com Serra, estava presente a linha do vale-tudo eleitoral, de desconstruir o concorrente. Pintar a Dilma de terrorista – logo ele, Serra, que foi perseguido pela ditadura e que teve de se exilar. Como "abortista" (até que viesse à tona que sua própria esposa, em algum momento, como centenas de milhares de mulheres, recorreu ao aborto). Serra já usou do recurso nefasto copiado dos republicanos norte-americanos de derrotar o adversário, em vez de debater propostas, projetos de governo.

Já em 2010 não se viam esforços, iniciativas, ações para fortalecer as campanhas a deputado federal e senadores pelo PT e aliados de esquerda. Em Minas, pela primeira vez o PT não lançou candidato a governador. Optou por apoiar Hélio Costa e, de vice, Patrus Ananias, contra Antônio Anastasia com Alberto Pinto Coelho como vice. Hélio Costa apoiou Lula/Zé Alencar em 2002 e 2006, foi ministro no governo Lula e como senador esteve sempre ao lado dos governos de Lula. Em 2010, estavam em disputa duas vagas para o Senado. Aécio Neves era o favorito para uma delas; saía de dois governos com aprovação alta e era, sem dúvida, a principal liderança política em Minas. Fernando Pimentel saiu candidato ao Senado pelo PT com Zito Vieira do PCdoB para a outra vaga.

Fernando Pimentel deixou a Prefeitura de Belo Horizonte ostentando índices altos de aprovação. Entretanto, Aécio Neves articulou Itamar Franco para a segunda vaga. Eu acreditava que Aécio nada faria para dificultar a eleição de Fernando Pimentel. Desse modo, Minas teria dois senadores, duas grandes lideranças com posições diferentes. Até porque Fernando Pimentel acreditou que uma aliança com Aécio era possível, e de algum modo positivo. Tanto é que operou para o "Lulécio" em 2006. Concertou com Aécio o apoio a Márcio Lacerda, em 2008. Aécio não levou nada disso em conta. Itamar era talvez o único político mineiro que poderia derrotar Fernando, e foi o que fez.

Mesmo perdendo, a votação de Fernando Pimentel foi a maior já obtida por um petista e preparou o campo para ser eleito governador em 2014.

O governo de Dilma deu prosseguimento e ampliou o impressionante projeto democrático-popular que nasceu dos governos do PT em cidades pequenas, médias e grandes, nas capitais que governou e nos estados. Alargou a democracia participativa, com mecanismos de participação social. Promoveu a inclusão de milhões historicamente excluídos e praticou uma política exterior altiva, soberana, articulando os continentes e países do Hemisfério Sul. Expandiu os direitos humanos civis, políticos, culturais, econômicos, sociais e ambientais.

Dilma expandiu o programa capitaneado pelo Bolsa-Família com o Brasil Sem Miséria. Lula sempre disse que, eleito presidente, com o programa construído pelo PT e por importantes movimentos sociais e aliados de esquerda, que todo brasileiro e toda brasileira teriam que ter o direito de tomar café da manhã, almoço e jantar todos os dias – e cumpriu. O Bolsa-Família, além de complementar a baixíssima renda, ampliou a escolarização das crianças, teve reflexos positivos na saúde da mulher e reduziu o trabalho infantil. Além de dar à mulher, a milhões de mulheres, o papel de titular do cartão do BF e incrementar a economia de centenas de pequenas cidades.

A vitória de Fernando Pimentel em Minas, o jeito PT de governar e a primeira Secretaria Estadual de Direitos Humanos

Por catorze anos, até o golpe de 2016, o salário mínimo foi reajustado acima da inflação, garantindo aumento real para 44 milhões de pessoas. O apoio à agricultura familiar, através do Pronaf, do Programa de Aquisição de Alimentos e do Programa da Merenda Escolar, foi efetivo. Quando Lula foi eleito havia centenas de acampamentos do MST e outros grupos de sem-terra que foram assentados e se somaram à agricultura familiar e à economia popular, cooperativa e solidária.

O Luz Para Todos encontrou 3 milhões de propriedades até então sem acesso à energia. O país teve mais escolas técnicas em uma década que em um século, universidades públicas foram para o interior do país e o Fies e o Prouni permitiram que a juventude ingressasse no ensino superior privado.

Milhões de pessoas terem emprego com carteira assinada significa cidadania – talvez o maior símbolo da cidadania para o povo trabalhador seja a carteira de trabalho que, além do mais, equilibra a Previdência pública. O Benefício de Prestação Continuada trouxe à seguridade social idosos e pessoas com deficiência excluídas da Previdência. O fortalecimento da Petrobras, a descoberta do pré-sal, a decisão de produzir no Brasil navios, plataformas de extração e outros equipamentos da cadeia produtiva foi importante para a reindustrialização do país.

Os governos do PT acolheram e transformaram em políticas públicas lutas históricas dos direitos humanos, como o enfrentamento da violência contra as mulheres, o enfrentamento do racismo e a implementação de políticas de ações afirmativas como as cotas. Foi no governo Lula que o Brasil conheceu o primeiro programa que reconhecia os direitos LGBT (o Brasil sem Homofobia). Foi só então que os ex-hansenianos saíram da completa invisibilidade e da injustiça permanente para o início de um processo de reparação.

Foi com Dilma que foi instalada a Comissão Nacional da Verdade e milhões de documentos da ditadura tornaram-se acessíveis. No governo Dilma dois grandes programas cresceram: o PAC e o Minha Casa, Minha Vida. Novos portos, energia, a transposição de água do rio São Francisco para o Nordeste, as dezenas de milhares de cisternas.

Nossa política externa priorizou o eixo Sul-Sul, a soberania. Tudo foi feito sem rupturas e sem um grande movimento de organização, de mobilização das classes populares.

O que foi possível fazer do direito à saúde um direito de todos e dever do Estado foi feito, com a universalização do SUS: a rede de atenção básica tornou-se realidade no país. Completada pelo Mais Médicos – que levou médico para onde não havia, cubanos ou bolivianos ou brasileiros. O PSF (Programa Saúde da Família), Samu, redes de UBSs e UPAs, a Farmácia Popular, a expansão dos genéricos, com o barateamento dos remédios, os programas de Saúde da Mulher, inclusive na saúde mental.

A primeira grande derrota do direito à saúde, como direito de todos, veio com a derrubada da CPMF, em 2007. A Contribuição por Movimentação Financeira era pequena por pessoa e não incidia para 120 milhões de pessoas que não tinham conta bancária ou estavam na faixa de isenção. Sua derrubada retirou, já à época, 40 bilhões de reais/ano. Ora, o grande desafio da saúde é a média e alta complexidade, que requer mais dinheiro, mais financiamento. Aí bate na tradição dos mais ricos de não pagarem impostos e da saúde privada, que não quer o fortalecimento e expansão da saúde pública, sem a qual milhões de brasileiros ficam de fora.

Do mesmo modo, nos governos Lula e Dilma, sem novas fontes de custeio, de financiamento, sem reforma tributária que firmasse a democracia no sistema tributário (quem tem mais paga mais, quem tem menos paga menos; quem nada tem recebe) procurou-se expandir o direito humano à educação ao máximo: creches, ensino infantil, transporte escolar, merenda decente, piso nacional de salários, reduzir a evasão no ensino médio, ampliar os institutos federais, fazendo-os chegar a todos os rincões, acesso dos pobres à universidade, introduzir gradualmente a escola integral e em tempo integral, Ciência sem Fronteira, aumentar a oferta de pesquisa e extensão.

Educação de qualidade, pública, gratuita, com remuneração justa aos trabalhadores da educação, necessita de recursos orçamentários maiores. Com a descoberta do pré-sal, o governo do PT fez aprovar no Congresso o regime de partilha, reservando 30% para um fundo social para financiar educação, saúde e inovação tecnológica.

Com o golpe em 2016, com a demonização da Petrobras pela casta judiciária/MPF e com a ascensão ao poder do neoliberalismo exacerbado, as primeiras vítimas foram o regime de partilha, a abertura às gigantes petroleiras, a estigmatização de tudo que é público.

Outro grande legado dos governos de Lula e Dilma foi o Sistema Único de Assistência Social, operado pela vasta rede de Cras-Creas (Centro de Referência de Assistência Social e Centro de Referência Especializado de Assistência Social) e através do Bolsa-Família: Benefício da Prestação Continuada e a rede de proteção e garantia de assistência social cidadã aos grupos sociais mais vulneráveis: crianças, mulheres, idosos, pessoas com deficiência.

Por tudo isso, Dilma foi reeleita em 2014, eleição mais difícil que as três anteriores! Em segundo turno, graças à entrada dos movimentos sociais e da militância de base.

Mas tivemos uma derrota política: a redução da bancada do PT (caiu de oitenta e nove na legislatura pra sessenta e nove, ou seja, 20 deputados), e no PCdoB de quinze para nove. No PSB a esquerda tornou-se bastante minoritária – reflexo do afastamento da esquerda histórica. O PDT à esquerda também definhou. Os votos perdidos pelo PT, PCdoB, PSB, PDT não foram para o PSOL – passou de três para quinze deputados, sendo um deles, o Cabo Daciolo, hoje na direita.

O enfraquecimento da esquerda fortaleceu Eduardo Cunha. A maior bancada da Câmara era a dos deputados financiados pelo seu esquema – um fundo formado por propinas e pelas suas relações espúrias com empresas beneficiadas por desonerações e favorecimentos dele como líder do PMDB em 2013/2014, no período em que Henrique Alves foi presidente da Câmara e a direção do PMDB foi engolfada pelo grupo Temer, Jucá, Padilha, Geddel, Moreira Franco.

Eleita e empossada, Dilma convidou Joaquim Levy, economista de formação neoliberal, para a Fazenda, surpreendendo o PT, a CUT, os movimentos sociais e sua base eleitoral. No governo anterior, Dilma investiu fortemente nas desonerações como estratégia anticíclica, ou seja, para que as empresas beneficiadas com renúncia fiscal e empréstimos susidiados mantivessem a atividade econômica e o nível de emprego. Não funcionou. As empresas aplicaram os recursos obtidos na esfera financeira, não geraram nem mantiveram empregos, e o segundo governo de Dilma tinha em mãos um sério problema fiscal. O governo de Dilma também segurou o reajuste dos preços administrados (combustível e energia elétrica). Após tomar posse, com Levy, os reajustes fizeram a inflação subir com reflexos imediatos na base social e eleitoral com repercussão nos alimentos, gasolina, vestuário, serviços.

A aprovação de seu governo despencou e a base de sustentação no Congresso pulou fora do barco gradativamente. A economia brasileira passou a sentir os efeitos da terceira onda da crise do capitalismo central, iniciada em 2008 nos EUA (primeira onda). A segunda onda pegou os países europeus e a terceira onda atingiu a China, Rússia e países como o Brasil, com a queda dos preços das *commodities*.

No presidencialismo de coalizão, quando o presidente eleito não tem maioria parlamentar (nem mobilização popular fora das eleições), ter a presidência da Câmara é importante para a governabilidade porque ele tem o poder de incluir ou não incluir na pauta de votações as principais matérias – inclusive *impeachment*.

Em 2003, João Paulo Cunha foi o presidente da Câmara. Em plena crise do mensalão, quando a bancada do PT se dividiu, Virgílio Guimarães disputou a presidência como candidato avulso, e Luiz Eduardo Greenhalgh disputou como candidato oficial, acabou sendo eleito um deputado do chamado "baixo clero", Severino Cavalcanti. A aventura da presidência de Severino levou à perda do seu mandato.

Aldo Rebelo (PCdoB), que, a exemplo de Ricardo Berzoini, Eunício Oliveira e Eduardo Campos, saiu do Ministério do governo Lula para reassumir os mandatos parlamentares, foi eleito presidente, equilibrando o funcionamento da Câmara (ele arquivou o pedido sem fundamento jurídico de *impeachment* de Lula).

Atravessando o "mar das tormentas" rumo ao "cabo da boa esperança"

Após a reeleição de Lula em 2006, o PT, dono da maior bancada, com mais de oitenta deputados, indicou o deputado Arlindo Chinaglia e, no biênio seguinte, Marco Maia, como presidentes da Câmara. Foi o período de maior estabilidade política no Congresso e no país, com os avanços nas políticas de desenvolvimento, diplomacia, das grandes políticas sociais.

O vice-presidente José Alencar sequer admitiu discutir o *impeachment* de Lula na crise do mensalão, ao contrário de Michel Temer, que conspirou com Eduardo Cunha e Aécio Neves a derrubada de Dilma Rousseff.

Infelizmente, em 2007 o projeto de reforma política foi derrotado por apenas vinte e sete votos (mais de vinte deputados petistas votaram contra o financiamento público, o voto em listas, a cláusula de desempenho moderada).

Em 2007, a CPMF foi derrotada. Ela foi implantada no governo FHC, mas tucanos e PFL votaram contra, só para criar dificuldades ao governo Lula. Na reforma política, Lula preferiu não interferir, já que na própria base parlamentar havia divergências – teve consequências, pois foi a única oportunidade real de fazer a reforma política.

No primeiro governo de Dilma, Marco Maia foi o presidente da Câmara. Ele veio do movimento sindical metalúrgico no Rio Grande do Sul e era hábil negociador político. No segundo biênio (2012-2014) o presidente da Câmara foi Henrique Alves, do PMDB-RN. Embora o PT tivesse a maior bancada, abriu mão, em nome da harmonia na base. Pela primeira vez o PMDB se aliou ao PT e indicou Michel temer como vice-presidente.

Nesses anos, 2013/2014, voltei à Câmara, depois de dez anos, e encontrei um Congresso degradado. Eduardo Cunha era o líder do PMDB, era quem dava as cartas, e Henrique Alves prestava-lhe vassalagem. A bancada do PT estava refém do PMDB, em nome da governabilidade. Eduardo Cunha não era contestado pelo seu partido e controlava o PSC, em sua maioria composto por fundamentalistas. Apoiava-se nas bancadas do atraso, que Érika Kokay chamava de bancada BBB (boi, bala e bíblia).

A Comissão Especial da Reforma Política não votou sequer o relatório do deputado Marcelo Castro, do PMDB, relator da reforma. Nesse período percebi a dificuldade de Dilma de lidar com os deputados realmente existentes, e que a "base" não era sólida.

A esquerda já entrava na defensiva, os movimentos sociais estavam insatisfeitos com o governo federal, os efeitos da crise do capitalismo central já se faziam sentir com recessão à vista e, felizmente, tivemos as vitórias em Minas, com as eleições de Fernando Pimentel em primeiro turno; de Rui Costa do PT baiano em primeiro turno; de Wellington Dias, PT do Piauí e Tião Viana, PT-Acre. Como também a eleição de Flávio Dino no Maranhão, pelo PCdoB.

Nas eleições de 2015, Eduardo Cunha derrotou Arlindo Chinaglia por larga margem, com 267 votos. Metade dos deputados recebera financiamento legal ou ilegal do esquema montado por ele. O maior partido da Câmara era o dos deputados financiados, total ou parcialmente, pelo esquema dele.

Tendo sido derrotado como deputado federal – o PT elegeu dez e eu fui o 11º. Na coligação com PMDB, PCdoB, PRB e Pros fiquei em quarto lugar, quarta suplência.

Os mandatos só se encerravam em 31 de janeiro, pois a posse dos eleitos era no dia 1º de fevereiro de 2015. Triste com a derrota, quando me perguntavam "por que você não foi eleito?", respondia: "Faltou voto".

Em novembro de 2014, após o segundo turno, recebi uma consulta de Ideli Salvatti, ministra dos Direitos Humanos. Ao lado de José Maria Paranhos, diretor de Direitos Humanos do Itamaraty, perguntavam se eu aceitaria ser indicado pelo Brasil para o posto do Instituto de Direitos Humanos do Mercosul, com sede em Buenos Aires. O posto era rotativo entre os cinco países e o mandato de dois anos.

Junto a Luís Eduardo Duhalde, secretário de Direitos Humanos no governo de Nestor Kirchner, iniciei a articulação para criar o que era denominado "Altas Autoridades em Direitos Humanos". O instituto nasceu dessa articulação. Pedi um tempo para responder, mesmo sabendo que era um prazo curto para refletir, conversar com Stael, os três filhos, a assessoria do mandato, amigos e companheiros de jornada. Mas era um convite tentador.

Recebi um convite do governador eleito, e não empossado ainda, Fernando Pimentel, para uma conversa já no dia seguinte. Fui a BH de manhã para voltar a Brasília no mesmo dia. Ele foi direto ao assunto. Sabia do convite para o Mercosul, mas queria que eu participasse do seu governo. Que por lei, via Assembleia, criaria uma Secretaria de Direitos Humanos por mim dirigida. Tinha gratidão aos movimentos sociais pelo apoio à sua eleição (fez um parêntese: Dilma só foi eleita no segundo turno pela entrada dos movimentos sociais na disputa). Aceitei sem titubear.

Após trinta e quatro anos de existência, o PT chegou ao governo do meu estado. Senti-me honrado pelo convite. Fui o proponente da Comissão de Direitos Humanos da Câmara dos Deputados e seu primeiro presidente em 1995. Em 2003, fui o primeiro ministro de Direitos Humanos do país no governo de Lula. Agora seria o primeiro secretário estadual de Direitos Humanos em Minas.

CAPÍTULO 8.
O PT NO GOVERNO DE MINAS E A RESISTÊNCIA AO GOLPE

No dia 21 de fevereiro de 2018, o governador Fernando Pimentel visitou, ao lado de Lula, o acampamento Maria da Conceição, do MST, em Itatiaiuçu. Lá estão 350 famílias, bem-organizadas, em propriedade de Eike Batista, improdutiva, destinada a futuro projeto de mineração, mas que é, na verdade, terra para reserva de valor, para especulação.

Foi a primeira vez que um governador de Minas Gerais visitou uma ocupação do movimento de trabalhadores sem-terra, e isso teve significado simbólico e político. Como em todo acampamento, neste também se produziam milho, mandioca, verduras, legumes, ovos, aves.

O governador relatou como Minas resistiu às propostas do governo ilegítimo de Michel Temer de vincular "ajuda" ao estado a remédios que matam o doente, e que vão desde a venda de empresas públicas fundamentais para o desenvolvimento econômico e social de Minas (como Cemig, Copasa, Codemig, BDMG), até a imposição de mais sacrifícios aos servidores públicos, como aumento de contribuições previdenciárias e demissões. Queriam, ainda, corte de "gastos" sociais essenciais na educação, saúde, assistência social e segurança pública.

O governador foi claro ao dizer que Minas poderia enfrentar os problemas sem penalizar o seu povo, sobretudo os mais pobres. Fez críticas à intervenção federal no Rio de Janeiro, assim como Lula também fez, e assegurou que o estado que governava não teria jamais uma intervenção, porque sabia que o

Exército não estava preparado para exercer o papel de polícia, e também que, em Minas, a segurança pública tinha qualidade de gestão para assegurar o controle da criminalidade. Criticou fortemente a ideia esdrúxula de mandado de busca coletiva como medida discriminatória contra a população pobre.

Essa ida ao acampamento Maria da Conceição não foi um fato isolado. Na verdade, seu governo já havia efetuado a compra de cinco propriedades rurais por interesse social em áreas de conflito históricos em Minas (Felisburgo, onde houve o maior massacre de camponeses em Minas, em 2004; Novo Cruzeiro, onde, há trinta anos, ocorreu a primeira ocupação do MST em Minas; em Ariadnópolis, no município de Campo do Meio, verdadeiro QG do MST no estado, altamente organizado e produtivo; em um assentamento na cidade de Tiros).

A própria criação da Secretaria de Estado de Desenvolvimento Agrário já indicava que, em Minas, seu governo comporia alianças políticas para ter maioria parlamentar, e que a aliança com os movimentos sociais era compromisso real. Do mesmo modo, a criação da Secretaria de Estado de Direitos Humanos, Participação e Cidadania, e a escolha de secretários para o comando de políticas sociais basilares indicavam claramente essa opção.

Já na posse, Fernando Pimentel mostrou que buscaria um novo modo de governar, verdadeira ruptura com os compromissos, alianças, métodos e prioridades dos governos anteriores – os doze anos de Aécio Neves e Antônio Anastasia. E simbolicamente chamou artistas como Pereira da Viola e Flávio Renegado para cantar o "Hino Nacional" na Assembleia Legislativa e na praça da Liberdade, enquanto ele chegava ao Palácio caminhando pela Alameda no meio do povo.

No discurso de posse anunciou que "ouvir e participar" seriam efetivamente um método. E assim foi e tem sido. No seu governo recebeu no Palácio da Liberdade, na mesa grande e sob os lindos vitrais, pessoas que nunca haviam sido recebidas ali, como os atingidos por barragens; os quilombolas do Canjerê – que fazem sua feira de arte, artesanato, comidas na própria praça da Liberdade –; representantes da Marcha de 7 dias do MST, em repúdio ao golpe parlamentar para deposição da presidente Dilma Rousseff; os integrantes do Comitê dos Povos e Comunidades Tradicionais; a jovem Dandara Castro, vítima de injúria racial em Uberlândia; deu posse ao Conselho da Mulher no 8 de março de 2017; recebeu o Relatório da Comissão da Verdade em Minas.

Também como ato simbólico da mudança de prioridades de atos e pessoas, no dia 21 de abril, em Ouro Preto, concedeu, respectivamente em 2015 e 2016, a condecoração máxima do Dia de Tiradentes a João Pedro Stédile do MST e ao ex-presidente uruguaio Pepe Mujica. Foi pessoalmente à instalação dos 17 Fóruns de Governo, nos Territórios de Desenvolvimento criados em seu governo, responsáveis pela escolha das obras e serviços prioritários em cada um deles.

Ao contrário do ex-governador tucano Eduardo Azeredo, que não interrompeu suas férias no exterior, quando enchentes provocaram enormes danos no estado, foi a cada lugar por solidariedade aos atingidos por desastres climáticos, informando sobre as orientações dadas à sua equipe de governo para assistir as vítimas do córrego da barragem de Fundão em Mariana.

Quando um soldado da PM foi morto, covardemente, em serviço, por assaltantes de bancos em Santa Margarida e em Pompéu, confortou a família, prestou assistência e as homenagens pós-morte.

O governador enviou, e a Assembleia Legislativa aprovou, projeto de lei criando a SEDPAC (Secretaria de Estado de Direitos Humanos, Participação Social e Cidadania) e a SEDA (Secretaria de Desenvolvimento Agrário). Pesquisei em vários estados como funcionavam secretarias, subsecretarias ou assemelhadas de direitos humanos. Prevalecia a criação de várias microssecretarias como a de Mulheres, outra de Igualdade Racial, uma outra de Juventude, juntas com secretarias de Justiça ou Trabalho ou Desenvolvimento Social. De modo geral, trouxeram poucos e insuficientes avanços. Eu já vinha de uma reflexão desde o governo Lula, quando fui o primeiro ministro de Direitos Humanos.

Resolvi, após inúmeras consultas, propor a criação da SEDPAC com subsecretarias de mulheres, igualdade racial, juventude, participação social e defesa/promoção de direitos humanos. Esta última com quatro coordenadores especiais (Criança e Adolescente, LGBT, Idosos, Pessoa com Deficiência) e coordenadores diversos. Houve críticas porque havia expectativas de várias secretarias, especialmente de Mulheres, de Juventude e de Igualdade Racial. Convidei Biel Rocha para o cargo de secretário adjunto. Nós dois elaboramos a proposta de organização da Secretaria, dialogando com todos de forma clara e transparente. Afinal, a mulher é jovem, adulta, idoso, negra ou branca, indígena, quilombola, lésbica ou trans. Do mesmo modo, o jovem é tudo isso. Colocar todos no mesmo espaço institucional permite criar interações, fluxos, formar redes.

Para cada subsecretaria convidamos pessoas vocacionadas de partidos diferentes ou sem partido, mas com experiência, aproveitando ao máximo os servidores de carreira. Com a criação da SEDPAC, vários companheiros pediram para ser transferidos para ela.

Áurea Carolina só saiu da subsecretaria de Políticas para Mulheres porque filiou-se ao PSOL, que não aceitava participação de seus militantes no governo de Pimentel, e porque iria disputar o cargo de vereadora em BH. Ela vinha do *hip-hop* de coletivos de mulheres, de cultura, de negras. As duas superintendências da SPM foram para Bel Lisboa (PT) e Renata Rosa (PCdoB), ambas com representatividade, feministas históricas.

Larissa Borges substituiu Áurea Carolina por sugestão de Nilma Lino Gomes, então ministra de Direitos Humanos e da Igualdade Racial de Dilma Rousseff. Cleide Hilda é referência nacional do CNEM, ligada à religiões de matriz afro. Seus dois superintendentes foram João Pio (dos Agentes Pastorais Negros e do congado dos Arturos) para a área de povos e comunidades tradicionais, e Yone Gonzaga, da UFMG, para as políticas afirmativas, ambos negros. Para a Subsecretaria de Participação Social convidei Ana Amélia Penido, militante da Consulta Popular e do Quem Luta Educa, e quadros como Dalvinha Leite (do Instituto Pauline Reichstul) e Tina (do MST), grandes mediadoras de conflitos. Assim, a SUBPAS oganizou-se por núcleos temáticos e tem sido uma experiência exitosa, quase única no país.

Outros quadros foram se agregando, como João Mota (refugiados e diversidade religiosa), Ana Giberti Salomão. Para a Subsecretaria de Juventude, Miguel Ângelo, então secretário de Juventude do PT-MG, tendo como superintendentes Luiza Lafetá, dirigente da União da Juventude Socialista e do PCdoB, depois substituída por Bárbara Ravena, e Guima, do Fórum da Juventude. Posteriormente, Gustavo Nonato substituiu Miguel Ângelo.

Para a Subsecretaria de Defesa e Promoção dos Direitos Humanos, convidei Leonardo Nader, então agente da paz da ONU no Afeganistão. Esta subsecretaria abarca os coordenadores especiais de Idosos (Dilson José); Pessoas com Deficiências (Romerito e depois Teco Acessibldade), crianças e adolescentes (Célia Nahas) e LGBT (Douglas Miranda). Nesta área estão os programas de proteção de pessoas PPDAM (Programa de Proteção a Crianças e Adolescentes Ameaçados de Morte), PROVITA (Programa de Proteção a Vítimas e Testemunhas Ameaçadas), Defensores de Direitos Humanos; o enfrentamento da tortura; o Comitê para a População de Rua; a documentação civil básica; o direito à memória e à verdade, com a participação de servidores formados pela Fundação João Pinheiro, os famosos EPPGG (Especialistas em Políticas Públicas e Gestão Governamental) que vieram de várias secretarias a pedido, por identificação com a problemática dos direitos humanos.

José Francisco foi ouvidor de Política em Minas por dois mandatos e secretário adjunto de Direitos Humanos no governo de Itamar Franco. Fui buscá-lo em Brasília, no Ministério da Justiça, para ser chefe de gabinete. Depois, substituiu Leonardo Nader, e foi substituído por Francisco Alves, o Xixico, por quase uma década ambos especialistas em projetos da Fundação Banco do Brasil.

Biel Rocha montou um grupo invejável na logística, coordenado por Alexandre Vertelo, e o experiente advogado Wagner Duarte veio para o Jurídico. A jovem jornalista Marília Cândido Lopes, oriunda do Fora do Eixo, e outros formaram um grupo admirável de servidores do povo, com alto espírito público, que se jogaram de corpo e alma para fazer com que os direitos humanos perpassassem todo o governo e para a sociedade.

Antes da SEDPAC (Secretaria de Estado de Direitos Humanos, Participação Social e Cidadania) havia uma subsecretaria de Direitos Humanos na estrutura da Secretaria de Desenvolvimento Social, como se direitos humanos fossem um ramo, uma atividade da assistência social. Na verdade, em nossa Constituição os direitos humanos sociais formam um tripé da seguridade social: Previdência, Saúde e Assistência Social caminham juntas. Os direitos humanos culturais cobrem a cultura, a educação e a não discriminação. Os direitos humanos econômicos impõem o compromisso com o trabalho decente, o direito à moradia e o direito a não ser privado do alimento. Os direitos humanos políticos compreendem o direito à participação e à organização. Os direitos civis cobrem toda a gama dos direitos individuais – a crença, opção ideológica, expressão, comunicação, a absoluta rejeição à tortura, às penas e aos tratamentos cruéis ou degradantes.

A Assistência Social é direito essencial, sobretudo para a população vulnerável, e em nosso país conseguimos estruturar o Sistema Único de Assistência Social, o SUAS, conquista civilizatória sob ameaça constante depois do golpe parlamentar de 2016.

Circunscrever direitos humanos a uma subsecretaria de Desenvolvimento Social dá a ela pouca abrangência. Uma Secretaria de Direitos Humanos tem de ser articuladora, transversal, atrevida, incansável na busca de parcerias, disputar a opinião pública e o próprio governo para os desafios de gênero, raça, orientação sexual, cultura da paz, mediação de conflitos.

O governador, ao me convidar para a coordenação da secretaria que seria criada, alertou-me para a situação orçamentária e financeira herdada do governo anterior, mas deu-me a liberdade para atuar onde fosse necessário dentro da institucionalidade e da divisão de responsabilidades. Por isso fizemos um pacto interno de não lamuriar dificuldades orçamentárias e de pessoal, e de máxima dedicação.

Nos três anos que passei à frente da SEDPAC iniciamos, ampliamos, instituímos um conjunto de programas e ações pensando Minas e o Brasil, sobretudo após o golpe parlamentar de 2016.

Vou citá-los, sem priorizar ou hierarquizar:

1. Apoiar a Comissão da Verdade de Minas, nascida do projeto de lei da deputada Liza Prado. Procurei o governador Antonio Anastasia pela primeira e única vez para solicitar a nomeação dos membros e a instalação da COVEMG (Comissão da Verdade em Minas Gerais) em 2013, e ele o fez. O relatório final, no conteúdo, e num momento de retrocessos democráticos, significou muito para a política de memória e verdade. A implementação de suas recomendações é tão importante quanto o próprio relatório. Especialmente quando a Comissão Nacional da Verdade passou a ser estigmatizada e suas propostas arquivadas depois do golpe de 2016.

2. Transformar o ex-Dops, símbolo maior da repressão e da criminalização dos conflitos sociais e da dissidência política durante a ditadura, quando a tortura foi praticamente institucionalizada, em Memorial de Direitos Humanos, para transmitir à geração presente e às futuras o compromisso com a democracia. Sobretudo, quando o Memorial da Anistia, em construção na rua Carangola, no Coleginho da antiga Fafich, foi abandonado e ensejou uma operação desastrada e truculenta da Polícia Federal, sem apoio do MPF, denominada "Esperança Equilibrista", fazendo galhofa com a música imortal de João Bosco e Aldir Blanc "O Bêbado e o Equilibrista", verdadeiro hino da anistia, momento importante da luta contra a ditadura. Reitora, vice-reitora, professores foram arbitrariamente submetidos à condução coercitiva, sem terem sido intimados para relacionar o Memorial da Anistia com suposta corrupção. A reação imediata da sociedade, das universidades, do governador, da Assembleia Legislativa frustrou a manobra policialesca.

3. Demos visibilidade à luta pela proteção e promoção da população LGBT, utilizando para isso desde um vídeo sobre a trajetória de pessoa trans, com trilha sonora cedida por Lô Borges, que alcançou milhões de acessos, sendo postado pelo próprio governador no Facebook, até a iluminação do prédio da Cidade Administrativa, do Mineirão e prédio na praça da Liberdade com as cores do arco-íris da bandeira do movimento. Realizamos a Conferência Estadual com a presença de 600 delegados e da delegada pela ONU para o projeto Livres e Iguais Daniela Mercuri. Por decreto, o governador instituiu o nome social que dá direito ao servidor transexual de usar seu nome atual no crachá de identificação. Instituiu, também, a Identidade Social no estado, com o que qualquer cidadã/cidadão pode requerer sua carteira de identidade. A PM incluía a mulher trans e a travesti no rol da proteção da Lei Maria da Penha. A Polícia Civil criou uma delegacia para atuar ante a violência e a discriminação de racismo, misoginia, LGBTfobia e intolerâncias.

4. O governador encaminhou à Assembleia Legislativa projeto de lei para a criação do Conselho Estadual da Diversidade Sexual, bandeira de luta maior do movimento LGBT.

5. Minas Gerais tem uma Mesa de Diálogo permanente para tornar realidade o desafio maior da democracia em uma sociedade profundamente desigual. "A questão social não é questão de polícia" e, sim, de negociação, de mediação pacífica de políticas sociais. Desse modo, conflitos gerados por ocupações urbanas e rurais vão para a mesa em busca de soluções pacíficas. Como no caso da Izidora, a maior ocupação urbana do estado, em BH, que teve a reintegração de posse decidida pela Justiça e revertida pela negociação, assim como dezenas e dezenas de mandados de reintegração revertidos, em soluções pacíficas. Conflitos sociais, mesmo quando colidem com normas legais, não são crimes, são formas de busca de justiça e devem ser enfrentados com negociações incansáveis.

6. Em 2015, realizamos as conferências estaduais, antecedidas da municipais e regionais, de mulheres; crianças/adolescente; LGBT; juventude; idosos; pessoas com deficiência e de direitos humanos

(com delegados das sete conferências temáticas), reunindo mais de 50 mil pessoas, com mais de 100 mil sugestões/propostas que foram sistematizadas e encaminhadas a quem se destinavam. Um verdadeiro exercício de democracia participativa prevista no artigo 1º da Constituição Federal. Em 2017, realizamos a Conferência Estadual de Igualdade Racial, com 800 delegados, como um ato de afirmação e também da resistência aos retrocessos instalados a partir do golpe de maio de 2016, com o esvaziamento das políticas de igualdade racial.

7. O Prêmio Mineiro de Direitos Humanos, em 2015, concedido a partir de então, foi conferido a trinta e três municípios do estado, com mais de dez anos sem homicídios. Fui a trinta e uma dessas cidades fazer a entrega simbólica do prêmio, uma biblioteca para cada uma delas (e depois, um computador para a biblioteca digital), sempre em reuniões públicas com gestores, vereadores, policiais militares e civis, com a sociedade civil. Em muitas delas, as cadeias desativadas tornaram-se bibliotecas, creches, brinquedotecas, equipamentos da educação. São elas: Madre de Deus de Minas, Carrancas, Casa Grande, Itamarati de Minas, Dom Viçoso, Senhora dos Remédios, Santana do Garambéu, Caranaíba, Alto Caparaó, Arantina, Belmiro Braga, Conceição da Barra de Minas, Congonhal, Douradoquara, Grupiara, Ibituruna, Gonçalves, Ingaí, Itambé do Mato Dentro, Minduri, Olímpio Noronha, Paiva, Passabém, Pequeri, Rochedo de Minas, São João da Mata, Serranos, Turvolândia. A ideia do prêmio nasceu de uma visita a Rio Doce, na comemoração dos cinquenta anos de emancipação. Na ocasião, perguntei ao subtenente de Ponte Nova presente como eram os crimes violentos na cidade, dirigida sucessivamente por Carlos Guiducci, Eduardo Pereira Real e Silvério da Luz. Para minha surpresa, ele me disse que nunca houve homicídio na cidade, e que a cadeia servia de almoxarifado para a Educação. Cruzando os dados das cidades sem homicídios com o Datasus, descobrimos que nessas localidades não há, também, casos de dengue, resultado de uma consciência coletiva desenvolvida por um trabalho em rede, envolvendo CRAS (Centro de Referência de Assistência Social), gestores municipais, vereadores, a PM que assume papel de educadora, Igrejas, família, num esforço comum em prol da coletividade.

8. Em 2016, o Prêmio foi concedido a instituições dedicadas à mediação pacífica dos conflitos sociais e a violência doméstica, como a "Patrulhinha Maria da Penha" da PM de Teófilo Otoni, Mesa de Diálogo, os programas de ediação da Secretaria de Segurança Pública.

9. Em 2017 foram premiadas pessoas, grupos e organizações da mídia pelo compromisso com a democracia e os direitos humanos como o Brasil de Fato, a Mídia Ninja, Programa Mulher-se, Rádio Inconfidência, Rádio Mucambu, site Beltrano, dentre outros.

10. Os governos de Lula e Dilma, em seus treze anos, foram incapazes de ter uma mídia que quebrasse o monopólio indisputado da meia dúzia de famílias. E não quis organizar um projeto de formação em cidadania, de educação em direitos humanos que ficou confinado no Ministério de DH que, com todo o esforço despendido, ficou limitado em extensão, resultados e frutos. Nossa SEDPAC sabe que não fará o que cabe ao governo, às universidades, à mídia, mas faz a sua parte. Realizamos cursos de Direitos Humanos para gestores, professores, conselheiros, militantes do movimento social e da sociedade civil em mais de 700 cidades, presenciais e a distância em parceria com a UEMG, Unimontes, Escola do Legislativo e secretarias parceiras e através do Centro de Referência em Direitos Humanos de Juiz de Fora.

11. Temos um programa de capacitação de jovens em várias partes do estado, para atuação nas redes sociais em parceria com o Fora do Eixo-Mídia Ninja em defesa dos direitos humanos para a batalha contra a barbárie, a violência e a violação dos direitos, agravados desde o golpe de maio de 2016.

12. A SEDPAC criou o Comitrate (Comitê Mineiro para Imigrantes, Refugiados, Apátridas, combate ao Trabalho Escravo e o Tráfico de Pessoas). O Estado era omisso nessa importante pauta. O Comitrate para auditores-fiscais do trabalho; Ministério Público do Trabalho; Ministério Regional do Trabalho; UFMG; movimento sindical e organizações da sociedade civil, da PUC, da Igreja Ca-

tólica, a Caritas e o Centro Zanmi. Também o governo mineiro anterior se omitiu na grave questão da população em situação de rua. Por isso, instituímos o Comitê Pop Rua para contribuir com o rompimento da indiferença na defesa e promoção dos direitos deste grupo social tratado como escória e como se não portasse a dignidade conferida a cada ser humano.

13. Junto à SEAP (Secretaria de Estado da Administração Prisional), que tem uma secretaria de humanização das penas, criamos o Reintegra, oportunidade de trabalho, com cursos diversos para presos com a remuneração prevista em lei e redução de pena. Cada preso é acompanhado por um padrinho-madrinha escolhido por edital e trabalha em pelo menos dezenove secretarias na Cidade Administrativa. O potencial do Reintegra é enorme e deve ser expandido muito mais.

14. Apesar dos retrocessos quanto à indispensável participação da União, não retrocedemos no enfrentamento e prevenção da tortura; da proteção aos defensores de direitos humanos e do PPCAM (Programa de Proteção a Crianças e Adolescentes Ameaçados de Morte) pelo crime organizado, e até por agentes públicos.

15. A Casa dos Direitos Humanos, localizada na esquina da rua São Paulo com avenida Amazonas é um prédio tombado e tem uma bela história. Foi a Perfumaria Lourdes a partir de 1945. Época em que as mulheres não tinham o protagonismo dos dias de hoje. Quando a SEDPAC a recebeu, lá funcionava uma delegacia de mulheres. Pedi que fosse transferida para um local adequado, e assim foi. A Casa de DH tornou-se um espaço simbólico e real da participação social. Em 2017 houve 992 reuniões de conselhos, comitês, fóruns, plenárias. Lá funcionam quarenta e um colegiados – todos os conselhos na área da SEDPAC, comitês intergestores, escritórios da Defensoria Pública, dois conselhos da Sedese (Secretaria de Estado de Trabalho e Desenvolvimento Social). Em 2017, 25 mil pessoas foram à casa para reuniões ou em busca de proteção, porque lá está o Cerna (Centro de Referência para a Violência Contra as Mulheres) e a Defensoria Pública. É um espaço de importância

da democracia participativa, dos conselhos, dos interconselhos, das plenárias, das articulações e escuta dos movimentos sociais.

16. A experiência do Centro de Referência de Direitos Humanos de Juiz de Fora inspirou o projeto estratégico de levar a SEDPAC para o interior através de convênios com organizações vocacionadas. Em 2018 estão sendo instalados os CRDHs em Teófilo Otoni, Montes Claros e Alfenas.

17. Tão importante quanto articular no governo com as secretarias parceiras (Educação, Saúde, Governo, Planejamento/Gestão, Cultura, Desenvolvimento Agrário, Agricultura, Ciência e Tecnologia, Segurança Pública, Polícias Militar, Civil, Bombeiros, Casa Civil, empresas públicas, Servas), foi a disputa da opinião pública. Por isso, secretário, secretário adjunto, chefe de gabinete, subsecretários, coordenadores, superintendentes, diretores percorreram incansavelmente toda Minas, usando as redes sociais, a mídia pública e comercial, as oficinas, seminários, escolas, rodas de conversa para dialogar, divulgar valores, princípios, políticas relacionadas aos direitos humanos.

***

O governo Pimentel atravessou com dignidade o "mar das tormentas" ao reorganizar o estado em plena recessão. Ainda não atravessou o "cabo da boa esperança", mas está a caminho. Foram anos tão difíceis, que não ter havido desmantelamento de políticas essenciais na segurança, sistema prisional, saúde, educação, assistência social já merece reconhecimento de capacidade politica e de gestão. Governar com o desemprego em 2018 assolando a vida de 27 milhões de pessoas no país é tarefa das mais difíceis. O golpe parlamentar de 2016 criou toda sorte de dificuldades para o governo. Mas nós conseguimos resistir, manter de pé e avançar. Considero que na Educação Minas avançou, e muito.

Os governos de Aécio Neves e de Antônio Anastasia tiveram greves prolongadas de até 117 dias de duração porque se recusaram a pagar o piso nacional dos salários para os educadores. Usaram de ameaças, ações judiciais, de repressão para tentar submeter os trabalhadores na educação. Não há educação que avance sem o respeito, o diálogo com os educadores; com greves prolongadas que eles se viram forçados a manter.

O primeiro e maior marco do governo foi a valorização do professor e demais trabalhadores da educação. A começar pela escolha de Macaé Evaristo como secretária da pasta. A decisão de pagar o piso nacional de salários, dialogando com o Sind-Ute, com a Assembleia Legislativa, por si só, inaugurou um novo momento na educação em Minas. Em uma conjuntura de crise financeira aguda, a escolha de priorizar a educação foi fundamental. Não foi só a decisão de pagar o piso, foi a mudança na relação com a maioria dos próprios servidores: diálogo, negociação, respeito. Os problemas não desapareceram: o governo teve dificuldades de cumprir tudo o que acordou nos prazos combinados, mas tudo é debatatido com transaparência. E mais, o piso Nacional em Minas é para vinte e quatro horas semanais e não para quarenta horas.

O segundo grande marco foi o modo de enfrentar a decisão judicial transitada em julgado, mandando desligar os designados da Lei 100, quase 100 mil profissionais contratados sem base legal pelo governo anterior. Por um lado, o governo Pimentel e a secretária de Educação Macaé Evaristo foram cuidadosos no cumprimento da ordem judicial ao levar em conta, por exemplo, as grávidas, as pessoas com problemas de saúde e viabilizou quem podia se aposentar. Por outro lado, abriu concursos e nomeou nada menos que 50 mil pessoas nas duas seleções realizadas. As nomeações são feitas com critérios, transaparência, com o princípio da publicidade, da igualdade de oportunidades. Até o final do mandato, Pimentel terá nomeado 60 mil profissionais.

No primeiro ano de governo, Macaé, sua equipe e todas as superintendências regionais realizaram as famosas rodas de conversa e escuta, que incluíam o estudantado, os pais, os professores, os trabalhadores da educação. Tudo era discutido.

Os governos anteriores faziam concursos e não contratavam. As contratações pela Lei 100 foram um engodo. O novo governo faz concursos e nomeia, dialoga e não ludibria.

Impressionou-me muito a informação de que mais de 170 mil jovens e adolescentes haviam abandonado a escola. O governo assumiu o compromisso de fazer uma busca ativa para identificar esses jovens e chamá-los de volta. Evasão escolar cria uma usina de reprodução de desigualdade. Tornou-se obrigação, dever, responsabilidade coletiva trazer esses jovens de volta à vida escolar. Mas as escolas não abriam à noite, como os jovens trabalhadores poderiam estudar? No governo Pimentel as escolas passaram a funcionar à noite, redesenhando o ensino noturno e abrindo a possibilidade de estudo a milhares de jovens.

A merenda escolar e o transporte de alunos são de responsabilidade federal. Mesmo assim, o governo estadual resolveu dobrar o valor destinado à merenda (que muitas vezes é a principal refeição das crianças e dos adolescentes pobres) e completar o valor do transporte escolar. A educação em Minas avançou na democracia participativa: diretores foram escolhidos em processos com participação ampla e o governador deu-lhes posse coletiva – isso é novo.

Com o aval do governador, Macaé mudou o critério de avaliação. No governo anterior ele era um processo de avaliação competitivo, havia *ranking* de escolas, escolas contra escolas – isso acabou. O governo inteiro de Fernando Pimentel opôs-se à tal "escola sem partido", que levaria os estudantes a perder o direito a uma educação emancipatória, que daria a eles capacidade de analisar criticamente o mundo à sua volta. Estes estudantes convivem no cotidiano com o racismo, com a discriminação à comunidade LGBT, com o abuso e violência social. Se a escola não puder discutir tudo isso...

A jovem Ana Lídia Resende, de Lima Duarte, tirou o primeiro lugar no jornalismo da Federal de Juiz de Fora. Publicamente agradeceu à sua escola estadual pública, à Virada da Educação, às rodas de conversa de que participou. Se tivesse prevalecido a escola sem partido, como seriam aprovados no ENEM os alunos da escola pública por todo o estado?

As rodas de conversa trouxeram os estudantes para a cena, dando-lhes voz e vez. Em 2016/2017 houve uma onda de ocupações de escolas secundaristas em todo o país. No Paraná, a ordem do governo tucano foi repressão policial. Em São Paulo, também. Em Minas, não. Aqui a determinação foi dialogar. Eu mesmo e o pessoal da SEDPAC fomos às escolas ocupadas conversar, ouvir.

Nem tudo são flores. As reformas nas escolas foram feitas. Fui à inauguração da reforma na Lajinha (Teófilo Otoni) e Caratinga (havia uma escola em que as aulas eram dadas em oito locais diferentes). Mas ficaram abaixo da meta por falta de dinheiro. Mas, seguramente, serão feitas.

Mesmo na infraestrutura, onde os investimentos não foram os desejados, em razão da carência de recursos, todos os dados são positivos. Quadras cobertas, refeitórios, despensas, pátios foram construídos ou melhorados, assim como equipamentos para alunos com deficiência foram instalados. Em 2017 houve grande investimento em laboratórios de informática, e em todas as 3.643 escolas estaduais há cozinhas e quase todas têm refeitórios.

A ex-secretária Macaé foi da SECADI (Secretaria de Educação Continuada, Alfabetização, Diversidade e Inclusão) no governo Dilma e conheceu de perto a exclusão dos negros, e em especial das mulheres negras. Deu prioridade às políticas de diversidade, à educação quilombola, indígena, escola do campo. A pedagogia da alternância das Escolas Família Agrícola recebeu atenção e maiores recursos financeiros.

A História da África – sem a qual nosso povo não vai conhecer a própria história, pois foi de lá que por quase quatro séculos vieram os negros que chegaram a ser a maioria da população até o incremento da imigração europeia – foi distribuída a todas as escolas, onde também estão sendo criados núcleos de estudo de africanidades.

Como secretário de Direitos Humanos fui ao lançamento do + Educação em Brumadinho, onde foram lançadas as primeiras quarenta e quatro escolas mineiras de educação integral. Não mais o faz de conta e a enrolação das experiências anteriores e, sim, o começo de um novo e indispensável processo.

Quando Lula fez a caravana pelos Vales do Aço, Rio Doce, Mucuri, Jequitinhonha e Norte do estado, escolheu como eixo a Educação, um dos maiores legados de seu governo, e chamou seguidamente Macaé para falar, e pude ver seu olhar de admiração (eu, Macaé e o professor Neivaldo tiramos férias para acompanhar a caravana).

Com tanta demanda acumulada pelos doze anos de governos que não priorizavam a educação pública, os avanços em Minas chamam hoje a atenção do país. Esses avanços não seriam possíveis se não fossem fruto de uma construção coletiva, envolvendo até a Assembleia Legislativa e o Sind-UTE.

As duas universidades estaduais, UEMG e Unimontes (Universidade Estadual de Montes Claros), não estão vinculadas à Secretaria de Estado da Educação, mas à de Ciência e Tecnologia. Enquanto se vê o que aconteceu com a Universidade Estadual do Rio de Janeiro, sofrendo um processo perverso de desmanche, deve-se valorizar o que se passa com as estaduais mineiras, que no caso da UEMG, incorporou a FESP (Fundação de Ensino Superior de Passos), agora seu maior *campus*, que passou a ter, inclusive, uma faculdade de medicina.

Não bastam as cotas, fundamentais para a oportunidade aos negros, indígenas, quilombolas e alunos de escolas públicas. É preciso assegurar também a alimentação, moradia, transporte aos alunos que chegam à UEMG e à Unimontes. Tão importante quanto entrar é permanecer. É disso que cuida o projeto de lei do governador, aprovado pela ALMG, que trata da reserva de vagas e da assistência estudantil.

**

Felizmente, o SUS é um sistema bem estruturado, generoso e amplo, gratuito e universal. Nem o governo ilegítimo de Temer, com seu projeto privatista e predatório, conseguiu desmontar. O SUS tem uma burocracia eficaz e mobilizada para bloquear retrocessos. Um sistema de conselhos e gestores identificados com o modelo construído, desde a resistência à ditadura, o famigerdo movimento sanitariasta, ancorado nas emendas populares à Constituinte. O SUS conseguiu construir um sistema de prevenção e de atenção primária que funciona, com regionalização, que se fortaleceu nos governos Lula e Dilma.

O capital financeiro improdutivo sempre foi refratário ao SUS e tem o projeto de ampliar seu espaço da saúde como negócio. Prova disso é que o Congresso derrubou a CPMF – Contribuição Provisória sobre Movimentação Financeira – que incidia com uma pequena taxa sobre a parcela mais bem aquinhoada da população. A CPMF arrecadou, de 1996 até 2008, quando foi extinta, R$ 233, 5 bilhões, destinados quase totalmente a Saúde.

Com a descoberta do pré-sal no governo Lula, foi instituído o modelo de partilha, que permitiu a criação do Fundo Social, com 30% da receita da exploração do petróleo dos seus campos para financiar a saúde, a educação e a inovação – o tal passaporte para o futuro, para que essa riqueza que é finita deixasse um legado irremovível. Com o golpe em 2016, o pré-sal vem sendo entregue às companhias petrolíferas estrangeiras.

A maior parte do povo brasileiro, 60% da população, vítima da perversa desigualdade, depende do SUS. Com a crise geral do capitalismo, a partir de 2008, e que chegou em 2012/2013 ao Brasil, produzindo a recessao a partir de 2015, com desemprego e queda na renda do trabalho, houve uma significativa migração do sistema de saúde privada para o SUS. Mesmo assim, ele deu conta do recado. As Unidades Básicas de Saúde, o PSF, as UPAs, o SAMU não pararam de funcionar.

Desde a queda da CPMF, o problema do financiamento é crônico, sobretudo para o desafio da média e alta complexidades que são caras, e não podem ser arcadas pela maioria do povo, que já é sugado pelo modelo tributário regressivo – quem tem menos paga mais. Por tudo isso, mesmo com o enorme déficit fiscal deixado por governos do PSDB em Minas, o governo Pimentel conseguiu atravessar a fase aguda das crises nacional e estadual sem pane nos serviços. Não conseguiu ainda manter, como queria, o Pro-Hosp, a assistência às Santas Casas e a construção dos hospitais regionais.

Enfim, houve problemas, mas nunca uma crise como as observadas em outros estados e Minas vai zerar esse passivo.

A capacidade de gestão se mede assim também, fazendo "milagres". Em Minas, sistema de saúde pública, universal, gratuito, generoso, atravessou o pior da crise sem prejudicar os mais pobres, ao contrário do que vem acontecendo em outros estados.

***

O Ministério do Desenvolvimento Agrário, uma das joias dos governos Dilma e Lula, foi uma das primeiras vítimas do saco de maldades de Michel Temer. As políticas vitoriosas de fortalecimento da agricultura familiar, da reforma agrária, do cooperativismo, de economia popular e solidária não agradam o agronegócio. Formam o que Jessé de Souza chama de elite do atraso. E tem uma bancada parlamentar desproporcionalmente grande, super-representada, graças ao peso da grana nesse sistema eleitoral apodrecido.

O governo Fernando Pimentel instituiu a Secretaria de Estado do Desenvolvimento Agrário, exatamente para fortalecer a agricultura familiar, a economia popular e solidária, a economia dos assentamentos da reforma agrária, as comunidades quilombolas. SEDA e SEDPAC nasceram juntas no mesmo projeto de lei aprovado pela Assembleia Legislativa. O principal legado da SEDA (no primeiro) governo de Fernando Pimentel é a regularização fundiária e o fortalecimento do modelo agroecológico no estado.

Dez anos depois, na volta à Câmara dos Deputados, a desilusão com um Congresso de maioria fisiológica e conservadora

A regularização fundiária estava parada desde 2011, quando aconteceu a Operação Grilo para apurar corrupção na política agrária do governo tucano e dirigentes dos órgãos encarregados chegaram a ser presos.

A SEDA (Secretaria de Desenvolvimento Agrário) herdou milhares de processos de regularização em perfeita bagunça, sem capas, em sacos pretos de lixo, à semelhança do próprio lixo. Em parceria com cartórios, Ministério Público, movimentos sociais, a SEDA retomou a regularização fundiária, e já entregou mais de 2 mil títulos de propriedade a posseiros que estavam nas terras havia cinquenta, sessenta, setenta anos. Uma injustça silenciosa, invisível. Até o fim do governo outros 5 mil títulos estarão sendo preparados para ser entregues. Em dez anos, Minas vai zerar esse passivo.

O posseiro, ao receber o título de propriedade, pode ter acesso ao Pronaf, pode crescer, produzir mais, com reflexos positivos na economia local onde está inserido. A agricultura familiar responde por 70% dos "alimentos na mesa" do país. Arroz, feijão, milho, farinhas, verduras, legume, leite e defumados, por exemplo.

Há uma consciência crescente no país responsável pela demanda por alimentos saudáveis. Este é o maior legado da SEDA, Emater, Epamig em Minas, no governo Pimentel. A "revolução verde" trouxe a concentração da terra (e, logo, da riqueza e do poder), a água, terra e ar... com a mecanização massiva provocando a expulsão de milhões de pessoas do campo e o uso descomunal de venenos agrotóxicos. Bem ao contrário, a agroecologia distribui renda, terra, poder, riqueza e reflete positivamente sobre a água, terra e ar.

A política social, econômica e cultural do fortalecimento da agricultura familiar também se articula com o papel da mulher no campo e a sucessão rural (permanência da juventude no campo, que implica oferta de educação, cultura, capacitação).

Não há ainda um plano quilombola de desenvolvimento rural sustentável, necessário. E há muitas ações e programas. Por exemplo, distribuição de mais de 50 toneladas de sementes, *kits* feiras, inclusão em projetos específicos de educação quilombola, editais específicos na cultura, a atuação da SEDPAC para fortalecer a participação social, como o primeiro encontro que reuniu 200 jovens quilombolas de setenta municípios e 100 quilombos.

O primeiro ato do governador foi regulamentar o PAA (Programa de Aquisição de Alimentos) estadual. O governo Temer praticamente excluiu o PAA do orçamento para 2018. Em Minas, ao contrário, mesmo sem a participação da União, que deveria ser preponderante, desde 2015 o estado compra da agricultura familiar para suas demandas de escolas, hospitais, presídios, equipamentos sociais. Minas consolidou a entrega de 30% da merenda escolar pela agricultura familiar.

A agricultura familiar recebeu das parceiras SEDA-Emater mais de 400 *kits* feiras. O incentivo e assistência técnica são os principais serviços prestados à agricultura familiar, particularmente nos Vales do Mucuri, Jequitinhonha e Norte de Minas.

***

A reforma agrária é prerrogativa exclusiva da União. Mas SEDA, SEPLAG, SEDPAC, SESP, SEAPA participam das Mesas de Diálogo que atuam nos conflitos, visando à solução pacífica e descriminalizando-os. Em casos simbólicos, em conflitos que se arrastam e que têm potencial de violência, o estado de Minas comprou áreas que desapropriou por interesse social e que tiveram importância muito grande para os movimentos sociais que atuam no campo. Exemplos:

Fazenda Nova Alegria, em Felisburgo, onde ocorreu o maior massacre de camponeses na história da luta pela terra em Minas. Em Novo Cruzeiro tem-se Gravatá. Foi em Novo Cruzeiro que houve a primeira ocupação do MST em Minas, em 1988, na fazenda Aruega. Gravatá está ocupada pelas famílias que não cabiam na Aruega. A propósito, são as únicas propriedades que produzem "alimentos na mesa" no município. Uma outra desapropriada por interesse social foi Ariadnópolis, usina de açúcar e álcool desativada que, ocupada, tornou-se altamente produtiva, em Campo do Meio.

A exemplo do SUS na saúde, os governos do PT deixaram um legado forte e sólido para a assistência social como direito positivado, que nem o golpe de 2016 conseguiu desmontar. Está consolidado num marco legal – o SUAS (Sistema Único de Assistência Social). Em Minas Gerais, no governo de Fernando Pimentel, a Sedese teve como secretário André Quintão e, depois, Rosilene Rocha. Minas é tida como referência em gestão da assistência social.

O SUAS está estruturado para garantir a proteção básica através do CRAS (Centro de Referência da Assistência Social), organizado em todo o país. Em Minas, em quase todos os municípios. O regime é de cofinanciamento: 75% cabem ao governo federal, 15% ao município e 10% ao estado.

A proteção básica administra o Bolsa-Família, o Benefício de Prestação Continuada e faz a busca ativa dos excluídos. Depois do golpe de maio de 2016, nada menos do que 110 mil famílias foram excluídas do Bolsa-Família (quase meio milhão de pessoas). O BPC assegura a Bolsa à pessoa com deficiência e ao idoso pobre que não contribuiu ter acesso à aposentadoria às expensas do Tesouro.

Cabe ao estado repassar a cada município o piso mineiro da assistência social. Em 2014, governo Antônio Anastasia, a administração só executou 14% do orçamento previsto – na prática não pagou o piso mineiro.

Por isso, a primeira providência do novo governo foi reajustar o piso mineiro e repassá-lo aos 853 municípios, inclusive desburocratizando o sistema (a bem da verdade, devido à grave situação financeira do estado, houve atrasos, mas os repasses nunca foram interrompidos).

Como cabe aos municípios executar a proteção básica, a Sedese chamou para si a capacitação dos gestores, a otimização dos recursos, cuidando para não haver desperdícios nos municípios. Em parceria com a Fundação João Pinheiro e Universidades, o Qualifica SUS melhorou o preparo de 10 mil gestores locais, em dezoito polos no estado.

Outra inovação no governo Pimentel foi a Rede Cuidar, na linha da proteção especial, como o enfrentamento do trabalho infantil, da exploração sexual de crianças e adolescentes e pessoas em situação de vulnerabilidade.

Em parceria com a Loteria Mineira (aprovada pela ALMG) há uma linha de financiamento de R$ 10 milhões, administrada pelo CREAS, em parceria com o SERVAS, destinada à articulação de entidades filantrópicas.

Cabe à Sedese associar trabalho e assistência social ante o enorme desemprego desde 2015. O subsecretário Antônio Lambertucci priorizou a política de geração de renda através da economia solidária, fortalecendo-a como política pública, inscrita no PPAG (Plano Plurianual de Ações Governamentais), envolvendo a formação e assessoramento, a assistência técnica e apoio à comercialização. Consolidou o Conselho Estadual, estabeleceu parcerias com empresas públicas e outras secretarias. Na estrutura da Sedese foi criada uma superintendência com quatro diretorias. Ainda não foi estruturada uma linha de financiamento, mas o caminho está traçado.

Em parceria com a Cemig, Emater e SEDA, a Sedese coordena um programa integrado para a pobreza rural, que inclui um programa de segurança alimentar que atende acampamentos (ocupações) e pré-assentamentos e já cuida de 4 mil famílias, juntamente com a Caritas.

Com a Secretaria de Educação e a Utramig, a Sedese promove cursos para jovens em áreas de vulnerabilidade social e com indicadores preocupantes de violência, que foram ampliados para quinze cidades com a meta de atender 12 mil jovens que não estão na escola de ensino fundamental, nem médio, e que trabalham. A Secretaria de Educação garante os recursos financeiros, e a Sedese executa o programa, que foi criado no governo de Fernando Pimentel. Há ainda o projeto Trampos, que qualificou 1.680 jovens em favelas.

Lamentavelmente, o governo federal sob Temer extinguiu programas importantes como o Pronatec (Programa Nacional de Acesso ao Ensino Técnico e Emprego), como também parou de repassar ao governo mineiro os recursos para 100 municípios. Em 2017 e 2018, esta manutenção tem sido bancada pelo governo de Minas.

Só a manutenção do SUAS neste período de retrocesso já é um marco de resistência à onda neoliberal imediatista e predatória. Fazê-lo com reajuste do piso mineiro de assistência social, com investimento na melhoria da qualidade na gestão nos municípios, com descentralização e com os novos programas e ações, em que pese a carência de recursos, é uma garantia de que, afastado esse governo rejeitado pelo povo, será possível resgatar o projeto democrático popular. Afinal, controle social e participação popular são inerentes e contribuem para fortalecer o sistema como um todo.

A Conferência Estadual em 2017 foi antecedida de encontros em 834 municípios. A comparação entre os quatro anos de Pimentel com os doze de PSDB é amplamente favorável ao petista.

***

Tive a sorte de conviver com Gilberto Gil, e depois Juca Ferreira, no Ministério da Cultura. Eles deram uma guinada na condução da pasta, levando as políticas culturais para todo o país, descentralizando as ações de apoio do eixo Rio-São Paulo e fortalecendo o princípio da cultura como direito de todos. Com o golpe parlamentar de 2016, Michel Temer extinguiu o MINC como a primeira medida, na primeira hora. A reação foi tão forte que o presidente ilegítimo teve de voltar atrás.

No decreto que recriou o MINC, havia um item criando um SEPHAN – na verdade, criando um órgão acima do IPHAN, que havia vetado o prédio em Salvador (BA) do ministro da Casa Civil, Geddel Vieira. Esse foi um ato de dignidade do ministro nomeado, Marcelo Calero, que, após denunciar a tramoia pretendida, renunciou, para não ser conivente com o ministro *gangster*.

Em Minas, ao contrário, a Assembleia Legislativa aprovou um marco legal com a instituição de um Plano Estadual de Cultura para os próximos dez anos, estabelecendo novas bases para o financiamento da cultura e para projetar a política de Cultura Viva, que valoriza a diversidade. Ou seja, Minas resgatou o projeto generoso, plural, brasileiro iniciado com Gil e Juca desde o primeiro governo Lula.

A nova lei de incentivo e fomento à cultura substituiu uma que já vigia havia vinte anos. A nova lei desconcentra os recursos (80% do incentivo-mecenato ficavam em BH), contemplando o interior e descentralizando os programas e ações. Assim, de cada real captado, 35 centavos vão para o Fundo Estadual, possibilitando uma política cultural democrática e descentralizadora. O Plano Estadual Decenal foi elaborado posteriormente, passando por crivo de debates na ALMG, permitindo o diálogo entre diferentes identidades, valorizando tanto as atividades culturais amadoras, expressão de tradições, assim como as atividades profissionais do mercado cultural. A esse conjunto se denomina Sistema Estadual de Cultura.

Outra novidade ansiada foi o PRODAM (Programa de Desenvolvimento do Audiovisual Mineiro), que incluiu Minas no circuito do cinema, do audiovisual. Unindo o financiamento da Cemig, do projeto de economia criativa da Codemig e todos os que, de algum modo, produzem audiovisual, como o Arquivo Público Mineiro, a Fundação Clóvis Salgado, o IEPHA, a Biblioteca Pública, Fundação João Pinheiro, e a contrapartida da Codemig, pode-se captar recursos da Ancine. Ao consolidar o audiovisual como política pública, a própria Fiemg abriu uma cadeira para o cinema.

Mesmo acossado pela crise financeira, o governo manteve as Orquestras Filarmônica e Sinfônica (esta com quarenta anos de existência) no Palácio das Artes, enquanto a Orquestra Sinfônica Nacional foi esvaziada/paralisada.

***

Quando veio a onda fascista para censurar obras de arte, o Palácio das Artes, a Secretaria de Cultura e outras secretarias como a SEDPAC, com um valoroso movimento de organizações da sociedade civil, com a Secretaria Municipal de Cultura (Juca Ferreira), com deputados, vereadores e a cidadania ativa defenderam a exposição de arte de Pedro Moraleida e se contrapuseram à censura.

O governo concluiu e inaugurou a nova sede da Rádio Inconfidência e TV Minas e criou a Empresa Mineira de Comunicação, encarregando o inesquecível Flávio Henrique para dirigi-la.

A prioridade para Minas como um todo não impediu que a Secult (Secretaria de Estado de Cultura) avançasse no Circuito Praça da Liberdade. A "Rainha da Sucata" foi reaberta, o Museu Mineiro foi recuperado, obras foram feitas na Biblioteca Pública, e o antigo prédio do Ipsemg dará lugar a uma escola de design da UEMG. A praça da Liberdade recebe agora também a Canjerê, Festival de Arte e Cultura Quilombola.

O IEPHA simplificou e desburocratizou os critérios para obtenção de recursos do ICMS Patrimônio Cultural, que ajudam os mais de 700 municípios que têm conselhos municipais de patrimônio. Para que possam ter acesso aos recursos, tombou como patrimônio imaterial a Folia de Reis e a viola mineira, e cuidou de fazer milagres com os recursos disponíveis.

**

Uma herança recebida por Pimentel foi o sistema prisional abarrotado com 70 mil presos, mais da metade deles provisória. Nos governos de Aécio Neves e Anastasia aumentou em 500% o número de detentos em Minas, fruto de uma política de encarceramento em massa. Desses, no início do governo, 3/4 eram relacionados com drogas – resultado ds equivocada política de guerra às drogas, emulada pelos EUA, e abandonada depois, por ineficaz.

Só paralisar esse processo de crescimento do problema prisional já é um fato positivo. Foi ainda de enorme relevância a separação do sistema prisional do sistema policial. A administração prisional era uma subsecretaria da então Secretaria de Estado de Defesa Social. Quem prende não deve guardar. Nossa Constituição democrática atribui igual importância ao enfrentamento da impunidade e à ressocialização do preso. Daí a importância da criação da SEAP (Secretaria de Estado de Administração Prisional).Foram três anos sem abalos sísmicos nas prisões, sem rebeliões sangrentas.

Em BH, em 2017, ocorreu o menor número de homicídios em dezessete anos – 517 pessoas perderam a vida. Por que razão houve essa redução em época de crise social, desemprego agudo? A resposta é que foi realizado um trabalho de inteligência e foram presos chefes de bandos. Naquele ano, 82% dos homicídios em BH foram cometidos com armas de fogo. E há políticos picaretas querendo liberar armas para todos.

Nada menos do que cinquenta e duas vidas foram tiradas por motivos fúteis, como brigas de trânsito e discussões de bar. A vingança foi o móvel de cinquenta e uma mortes. Crimes passionais motivaram onze mortes. E onze mortes foram tidas como resultado de legítima defesa. O maior número – 260 mortes – deveu-se a guerra civil de gangues e disputas entre traficantes.

O modelo de policiamento de BH, através de bases móveis, é elogiado por especialistas e pela sociedade. Aproxima a PM do povo e é eficaz na prevenção. Como resultado, no carnaval de 2018 houve redução de 40% nos crimes violentos, mesmo com o forte aumento do número de foliões.

Em Minas, a PM matou menos, e menos PMs morreram, registrando-se significativa redução de crimes violentos – esse é um bom caminho. Enquanto no Rio de Janeiro, em 2017, 134 PMs foram mortos, em Minas o número foi de seis vítimas policiais.

Com 853 municípios, 620 dos quais com menos de 20 mil habitantes, assaltantes atacam pequenas cidades na calada da noite, cercam as pequenas guarnições, quase sempre com número de elementos superior ao do efetivo policial, e sempre com armamentos mais poderosos. Foi assim que um PM foi assassinado em Santa Margarida, quando buscava proteger reféns, e outros dois foram assassinados em Pompéu. Nesses casos, o governador conforta a família e promove os policiais *post mortem*.

Como impedir os assassinatos? A segurança pública do estado compartilha informações, investe no trabalho de inteligência e se articula com os próprios bancos de dados. Em vários casos, a PM e o sistema de segurança se organizaram para cercar e deter as quadrilhas que estão sendo identificadas e desbaratadas.

***

Pimentel recebeu um estado com economia em frangalhos, sem planejamento de médio prazo, com enorme déficit fiscal, e inchado no número de servidores. Minas caindo ou estagnada em termos de participação no PIB nacional (menos de 10%). Com produtividade média abaixo da nacional. Economia dependente de *commodities* minerais e agrícolas (em baixa no mercado internacional).

Para agravar o quadro, no primeiro ano de governo, a segunda principal empresa de mineração, a Samarco, por ganância e controle negligente nos anos anteriores, protagonizou o maior desastre ambiental da história brasileira com o rompimento da barragem de Mariana. Além de vidas perdidas,

700 quilômetros de destruição e perdas ao longo do rio Doce, com grande impacto nas contas públicas.

***

O governo Pimentel fez um diagnóstico detalhado do estado, da economia, das finanças públicas, da máquina inchada, cujos dados e informações estão disponíveis na internet, sem nunca terem sido contestados. Recebeu Minas com crise hídrica na Região Metropolitana de Belo Horizonte e em todo o vetor norte do estado, principalmente o semiárido. Teve que investir R$ 120 milhões na captação de água do rio Paraopeba, o que garantiu o abastecimento da RMBH.

Os governos anteriores, de Aécio Neves e Antônio Anastasia, também deixaram obras suntuosas, caras e desnecessárias. A maior de todas foi a Cidade Administrativa, mas outras, como o centro tecnológico voltado para a conservação e aproveitamento das frutas, que virou um verdadeiro elefante branco – todas associadas a suspeitas de corrupção nas suas execuções. O próprio orçamento deixado por Anastasia teve de ser reelaborado, porque não refletia a situação real do estado.

Minas Gerais percebeu o engodo por trás da propaganda e elegeu Fernando Pimentel em primeiro turno para reorganizar o estado. No segundo ano de seu governo, aconteceu o golpe parlamentar do *impeachment* de Dilma Rousseff sem crime de responsabilidade, e o governo ilegítimo que assumiu desde o começo buscou isolar o governo de Pimentel.

Por seu radical compromisso com a democracia, o governo e o governador assumiram o papel de resistência, e por todo o tempo Minas sofreu retaliações. O ápice disso foi o bloqueio de R$ 6 bilhões em fevereiro de 2018, depois suspenso pelo STF. Se efetivado, o bloqueio desses recursos levaria o estado ao caos.

Em um quadro de crise, recessão, desemprego elevadíssimo, o que fazer?

A. Reorganizar o estado para enfrentar a crise, sem ficar refém do curto prazo, apesar do sufoco para pagar a folha, fornecedores, a dívida;

B. Defender a democracia como bem... Na campanha, um dos motes mais fortes foi o do compromisso de "ouvir e participar". Assim, nos primeiros dias de governo foi decidida a criação dos dezessete

Territórios de Desenvolvimento e Fóruns de Governo, fazendo com que, quanto maior a carência de recursos, maior fosse a importância de ouvir, para que cada região decidisse suas prioridades.

C. Defender os mais pobres – Minas tem 1,1 milhão de Bolsas Família. O governo Temer cortou 110 mil, afetando a vida de meio milhão de pessoas. O reflexo foi imediato e mais visível com o crescimento da população em situação de rua. As perdas foram imensas e de difícil recuperação. Mas o governo Pimentel manteve o SUAS, reajustou o Piso Nacional de Assistência no estado, apostou na participação social, na qualificação dos gestores municipais, liderou verdadeira rebelião dos municípios contra os cortes do governo federal. Manteve o SUS, investiu no fortalecimento da educação pública, no desenvolvimento agrário, na economia solidária, na otimização dos investimentos sociais com trabalho em redes e na intersetorialidade.

D. Foi compelido a parcelar salários, mas preservou 75% dos servidores que ganham até R$ 3 mil.

E. Apesar das dificuldades e das pressões, não abriu mão da Cemig, nem da Copasa, do BDMG, da Codemig (Companhia de Desenvolvimento Econômico de Minas Gerais), da Fapemig (Fundação de Amparo à Pesquisa do Estado de MG) e das duas universidades estaduais. Sem Estado não há desenvolvimento nem produtividade. Não há inclusão social, distribuição de renda, conhecimento, saber.

F. Resgatou o planejamento, priorizando o desenvolvimento a partir dos territórios, vocações... e a reindustrilização para reduzir a dependência das *commodities*.

A PM se organizou em todo o estado para agir no combate à violência doméstica, especialmente contra as mulheres. Tinha, em 2017, vinte e cinco "Patrulhas Maria da Penha", e investiu na capacitação em toda Minas para agir e coibir nos casos de violência contra a mulher e, inclusive, nos casos de violência contra travestis e mulheres transexuais.

Depois de abusos no uso da força em 2015, como no caso da detenção de sessenta e dois manifestantes do Tarifa Zero, no Centro de BH, e o episódio dos detidos em Montes Claros no Grito dos Excluídos, em 7 de Setembro, as forças policiais fizeram uma revisão no "protocolo" para garantir a ordem pública e o fluxo de trânsito, sem coibir os direito à manifestação.

A PM assumiu de fato a postura de que a "questão social não é problema da polícia" e passou a participar das Mesas de Diálogo sobre conflitos, sejam urbanos, rurais, de ocupações, com indígenas, quilombolas e comunidades tradicionais.

Por definição, reintegrações de posse são atos de violência. A ordem de voltar à "terra nua" é pungente. Máquinas destroem edificações, roças, hortas, escolas, cabanas, cercas, muros. Pessoas são arrastadas, crianças, mulheres grávidas, idosos, pessoas com deficiência. São ações traumáticas. A busca de soluções pacíficas é um dever e uma obrigação. O povo dos conflitos não é de criminosos, mesmo que colidam com a legalidade. Buscam terra, moradia, direitos que lhe estão sendo negados, por isso é que se impõe a negociação, todos em torno de uma mesa onde a polícia não pode ter um lado.

Exatamente porque em Minas estamos alcançando um padrão de respeito e civilidade, não se podem admitir abusos. Por isso estimulamos a denúncia pelo Disque 100, as defensorias, ouvidoria de polícia, Comissões de Direitos Humanos da ALMG e câmaras municipais e mesmo a CDHM da Câmara dos Deputados, assim como a OAB. Nesse sentido, é da maior importância a atuação da Rede Nacional de Advogados Populares que, corajosa e incansavelmente, age em defesa do povo que luta por direitos e justiça.

Por tudo isso é possível afirmar que a segurança pública em Minas avançou consideravelmente, mesmo com todas as limitações de orçamento, pessoal e infraestrutura. O número de homicídios caiu 4% em 2016/2017, quando subiu em todo o país. E as tentativas de homicídio caíram 15,2% no período.

Isso não teria acontecido sem os 2.700 novos PMs, incorporados só em 2017, e os mais 1.042 novos policiais civis, além dos investimentos em viaturas, por exemplo. Também não seria possível sem uma gestão eficiente, que vê a segurança como direito de todos, de proteção da cidadania, e não como gendarmes do capital.

A abertura do prédio do ex-Dops como memorial da liberdade e de direitos humanos é um símbolo dessa compreensão. Também, a atuação da polícia civil, que resultou na prisão do fazendeiro Adriano Chafik, condenado a um século de prisão pelo assassinato de cinco camponeses pobres e ferimento à bala em onze (dentre eles uma criança de doze anos, que teve um olho vazado) em Felisburgo, no Vale do Jequitinhonha. Chafik foi mandante, comandou pessoalmente a chacina e se achava acima da lei. Rodava livremente pelas propriedades de sua família na Bahia e chegou a circular por cidades do Vale do Jequitinhonha.

O delegado Emerson, que já havia atuado de modo exemplar no deslinde do assassinato do jornalista Rodrigo Neto, em Ipatinga, com uma equipe dedicada e séria, conseguiu rastrear e localizar o assassino e prendê-lo, em um condomínio de luxo em Salvador, e trazê-lo para cumprir pena em Minas.

Na viagem de volta para a cadeia, Adriano Chafik disse que não tinha uma gota de arrependimento pelo que fez. A fazenda Nova Alegria, com o apoio e a ação do governo mineiro, está hoje nas mãos dos agricultores. Em Felisburgo os dois assentamentos produzem arroz, feijão, milho, mandioca, verduras, legumes. Antes deles, os "alimentos na mesa" tinham que ser buscados no Ceasa de Vitória da Conquista, na Bahia.

O governo mineiro apoiou muito as APAC (Associação de Proteção e Assistência a Condenados), que abrigam 3.500 apenados em quarenta municípios. A APAC é um estabelecimento prisional sem agentes penitenciários, sem polícia, sem armas. Tornou-se referência internacional pela capacidade de promover a ressocialização que atinge entre oito e nove apenados em cada grupo de dez. Em mais de quarenta anos nunca enfrentou rebeliões e as fugas são raras. Todos os recuperandos trabalham e podem estudar.

Como secretário de Direitos Humanos, propus o programa Reintegra para presos na etapa final do cumprimento de pena poderem trabalhar na Cidade Administrativa e na Casa de Direitos Humanos, em atividades administrativas, com uma remuneração prevista em lei (3/4 do salário mínimo) com capacitação, cursos. Cada um é acompanhado por madrinha/padrinho. É um programa elogiado no país todo, que contribui para o acolhimento do egresso e conta na remição da pena. Cumprida a sentença, muitos voltam para agradecer a oportunidade que tiveram. Começou com sessenta pregressos em dezenove secretarias e vai ser expandido.

Fizemos campanhas pelo desencarceramento de mulheres idosas, com filhos, sem crimes violentos para que cumprissem suas condenações em regime domiciliar.

Nosso país tem que rever o encarceramento excessivo e usar penas alternativas (reduzir drasticamente as prisões provisórias), investir na formação dos agentes penitenciários, cuja função não é só guardar o preso, mas também promover a ressocialização.

CAPÍTULO 9.
AOS 70 ANOS, UMA CERTEZA: A LUTA CONTINUA

Depois de dez anos, voltei à Câmara dos Deputados, em 2013. Era o segundo suplente da coligação PT-PMDB-PCdoB-PROS-PRB. Com a eleição de Gilmar Machado (PT) como prefeito de Uberlândia, e Paulo Piau (PMDB) prefeito de Uberaba, assumi como deputado federal. Meu último mandato, o terceiro como deputado, foi de 1998 a 2002, quando disputei o governo de Minas. Estava feliz por voltar à Câmara, mesmo que para um mandato curto, de dois anos (2013-2014). Tinha boas recordações políticas e afetivas dos três mandatos (de 1990/1994; 1994/1998, 1998/2002). Várias vezes fui escolhido pelo DIAP (Departamento Intersindical de Assessoria Parlamentar) como um dos "cabeças" do Congresso.

Nesses dez anos em que fiquei fora do parlamento, fui ministro dos Direitos Humanos (o primeiro do país); presidente do PT mineiro; vice-presidente e, depois, presidente da Fundação Perseu Abramo por quatro anos e meio. E candidato a governador de Minas por duas vezes. Voltava, pois, à Câmara dos Deputados com experiências diversificadas, mais amadurecido.

Nesse período escrevi três livros e nasceram três dos meus seis netos. Ademais, fazia bem deixar a condição de suplente e assumir o mandato efetivo. Minha alegria durou pouco e as boas expectativas mostraram-se simples ilusão.

O presidente da Câmara dos Deputados era Henrique Alves, e o deputado mais poderoso e influente era Eduardo Cunha; ambos eram macomunados. Cunha era líder do PMDB, principal aliado do PT na base de apoio do Governo de Dilma Rousseff. Ele emparedava o PT e o governo. Na gíria política do fisiologismo, "vendia dificuldades para comprar facilidades". Além do controle sobre o PMDB, Cunha controlava o PSC, como se fosse uma sublegenda do PMDB. Tinha a seu lado a "bancada da bala", formada por ex-policiais, ex-delegados, ex-policiais federais e radialistas, adversários ferrenhos do Estatuto do Desarmamento, defensores da exploração do trabalho infantil, da redução da maioridade penal, do encarceramento massivo. Em sua maioria homofóbicos e misóginos.

Cunha contava também com o apoio da "bancada do boi", deputados da minoria rica, branca, detentora de metade das terras agricultáveis do país, e conservadores. E da bancada dos fundamentalistas religiosos (ele próprio era de uma dessas igrejas). Eduardo Cunha avocava a relatoria das medidas provisórias e projetos de lei de desoneração, por exemplo, que envolviam as "tenebrosas transações". Na iminência de caducar uma medida provisória, impunha suas condições para renová-la.

Ao mesmo tempo, a crise do capitalismo, de caráter geral, iniciada em 2008, nos Estados Unidos, engolfando a Europa, primeiro, nos elos mais frágeis e, depois, nas maiores economias, chegando à China e à America Latina, já trazia reflexos ao Brasil. A equipe econômica já iniciava as medidas anticíclicas (investimentos em infraestrutura no PAC, no Minha Casa, Minha Vida), ampliando os programas de combate à miséria e à pobreza. E as desonerações...

Nem bem eu chegara de volta, houve a distribuição das comissões parlamentares permanentes. A nossa querida e festejada Comissão de Direitos Humanos e Minorias (CDHM) foi entregue a um pastor afilhado de Eduardo Cunha, Marco Feliciano. Homofóbico, machista, do tipo empresário da fé, que forma suas convicções na interpretação tosca do Antigo Testamento. Tomaram literalmente de assalto a CDHM, e nos vimos obrigados a nos retirar dela, para não legitimar as patranhas do grupo majoritário, abertamente contrário à pauta dos direitos humanos. Formamos uma Frente Parlamentar dos Direitos Humanos como espaço de resistência às propostas revanchistas e denúncia delas.

Em tese, o governo Dilma tinha uma base de mais de 400 deputados – óbvia ficção. Apropriavam-se dos cargos de primeiro, segundo e terceiro escalões, das emendas parlamentares e das "indicações" (o parlamentar indica as cidades que terão prioridade em programas e obras governamentais).

O PT tinha uma bancada, a maior da Câmara, que chegou a oitenta e nove deputados. Mas os outros partidos formavam blocos parlamentares para burlar o resultado das urnas. A bancada petista, mesmo quando insatisfeita, era leal e disciplinada no apoio ao governo Dilma. Boa parte dos companheiros percebia os riscos das desonerações, do represamento dos preços dos combustíveis e da energia elétrica, mas evitava "dar milho a bode". Companheiros alertavam internamente para a subestimação da crise do capitalismo.

Apoiávamos os investimentos na infraestrutura (PAC) e no Minha Casa, Minha Vida para manter empregos, como multiplicadores da economia e pela importância no enfrentamento das desigualdades, assim como a defesa da redução dos juros. Criticávamos a mudança na relação com os movimentos sociais, que reclamavam da perda de espaço de diálogo.

Apoiei com entusiasmo a instalação da Comissão Nacional da Verdade e os programas de enfrentamento da miséria, assim como o fortalecimento das políticas para as mulheres. Tive a satisfação de participar ativamente da aprovação de dois projetos de lei de extrema importância para os direitos humanos. Um foi o que modificava, dando mais poder, representatividade e autonomia ao Conselho Nacional de Direitos Humanos, que substituiu o CDDPH (Conselho de Defesa dos Direitos da Pessoa Humana), que tramitou por dezenove anos! Foi um trabalho conjunto nosso com a ministra Maria do Rosário, dos Direitos Humanos. E o projeto de enfrentamento e prevenção da tortura, que eu e Nelson Pelegrino apresentamos em 2001 e que recebeu apenso do Ministério dos Direitos Humanos. Treze anos depois, participei da aprovação de um projeto dessa importância, tendo passado dez anos fora do Parlamento.

Passei a compor a Comissão da Anistia presidida por Paulo Abrão, com um ótimo grupo de conselheiros, voluntários bem treinados que rodavam o país nas Caravanas da Anistia, e também trabalhei, como colaborador do grupo, para viabilizar o Memorial da Anistia em Belo Horizonte.

Fui relator da emenda constitucional de autoria de Luiza Erundina, que incorporou o transporte ao rol dos direitos sociais na Constituição. Para ter efeitos reais terá que ser um dia regulada por lei – e vale a pena sonhar – e tornar-se política pública.

E a duríssimas penas consegui reunir as 171 assinaturas para que quatro indígenas possam representar seus povos no Parlamento. Pelo sistema político, eleitoral, partidário em vigor, é quase impossível ter um parlamentar indígena. Como não fui reeleito, a querida amiga deputada Janete Capiberibe ficou como "madrinha" dessa PEC.

Em 2014 conseguimos recuperar a CDHM, ficando o deputado do PT do Paraná Assis do Couto como presidente, e eu, como vice. Apesar do ano curto (em ano eleitoral, na prática, há um esvaziamento das atividades no segundo semestre) foi importante para resgatar a CDHM como espaço de participação dos movimentos sociais e da sociedade cilvil.

Lula teve a nobreza de rechaçar um terceiro mandato

Em conversas, cafés, almoços ficou claro para mim que a maioria dos deputados petistas preferia que Lula fosse o candidato em 2014. Mesmo os que admiravam a trajetória e o papel de Dilma Rousseff, mesmo os que aprovavam seu governo. Essa maioria evitava tornar pública essa opinião, para não ser usada contra Dilma e o PT.

Lula teve a grandeza de rechaçar a articulação por um terceiro mandato quando estava no auge da popularidade, e pediu (eu estava presente num encontro no Palácio do Alvorada) ao deputado Devanir Ribeiro, seu amigo fraterno, para não apresentar a emenda constitucional que permitisse o terceiro mandato, ou a segunda reeleição.

Agora, percebia-se a dificuldade de Dilma de lidar com esse tipo de Congresso, de lidar com a política como ela estava posta.

Em junho de 2013, o Movimento Passe Livre de São Paulo protestou contra o reajuste de R$ 0,20 nas tarifas de ônibus. O governo Alckmim determinou repressão dura, desproporcional, violenta aos 15 mil manifestantes que saíram às ruas, provocando a indignação da sociedade. Em São Paulo e em várias cidades, inclusive de outros estados, ocorrem manifestações de repúdio à repressão. A direita, os partidos de oposição e a Rede Globo se apropriaram do movimento e o redirecionam para e contra o governo Dilma, que não definia reajuste de tarifas de ônibus, nem decidia sobre repressão pela PM de São Paulo. *Black Blocs*, grupos de jovens mascarados, atacaram bancos, lojas, carros. Enfim, a aprovação do governo da presidente Dilma teve queda de vinte pontos.

Em agosto de 2012, iniciou-se o julgamento da Ação Penal 470, "o mensalão", com intensa cobertura jornalística pela TV, rádio, mídia impressa, internet. Vinte e cinco réus, dentre eles lideranças petistas como José Dirceu, José Genoino, Delúbio Soares. O processo refletiu-se na credibilidade do PT e do governo, apesar de ainda não atingir pessoalmente Dilma Rousseff.

Envolvi-me muito na articulação pela reforma política. Foi instituída uma Comissão Especial que tinha como relator o deputado Marcelo Castro, do PMDB. Como presidente da Fundação Perseu Abramo, participei ativamente de debates com as fundações do PCdoB (Maurício Grabois), do PSB (João Mangabeira), do PDT (Alberto Pasqualini/Leonel Brizola), do PSOL (Lauro Campos), com especialistas das universidades, com a sociedade civil. Esse processo ajudou a unificar o PT, assim como nossa bancada federal. A Comissão Especial fez audiências com a CNBB, OAB, UNE, CUT, CTB e mais de 100 organizações da sociedade civil. Era a primeira grande articulação pela reforma política desde 2007, quando a proposta foi derrotada por vinte e sete votos (vinte e três deputados do PT votaram contra). Propunha o financiamento público, o voto em lista partidária, a vedação de coligação proporcional, dificultava a fragmentação partidária.

Mesmo tendo como relator um deputado do PMDB, o relatório da Comissão Especial nem sequer foi votado. A Comissão Especial da Reforma política encerrou de forma bisonha e frustrante suas atividades. Tudo o que os partidos fisiológicos não querem é uma reforma política.

Dilma enfrentou seu calvário

Dilma fora eleita em 2010 no segundo turno, derrotando José Serra do PSDB, com 54,5 milhões de votos, 51,64% dos votos válidos. O PT fez oitenta e oito deputados e doze senadores, o PCdoB fez quinze deputados, e o PSB tinha quinze deputados (a maioria era progressista, de centro-esquerda). O PMDB, que se aliou e indicou Michel Temer como vice-presidente, fez setenta e oito federais e dezenove senadores. O PDT também abrigava uma maioria progressista. Com a maior bancada, o PT elegeu Marco Maia presidente da Câmara. Pelo mesmo critério, o de maior partido, o PMDB indicou José Sarney presidente do Senado. O PT tinha os ministros da Fazenda (Guido Mantega), Planejamento (Miriam Belchior), Casa Civil (Antonio Palocci), Educação (Fernando Haddad), Ciência e Tecnologia (Aloizio Mercadante), Desenvolvimento Econômico (Fernando Pimentel), Justiça (José Eduardo Cardozo), Saúde (Alexandre Padilha), Desenvolvimento Social (Tereza Campello), Desenvolvimento Agrário (Afonso Florence), Comunicações (Paulo Bernardo), Secretaria-Geral da Presidência (Gilberto Carvalho), Pesca (Ideli Salvatti), Meio Ambiente (Izabella Teixeira), Direitos Humanos (Maria do Rosário), Mulheres (Iriny Lopes), Igualdade Racial (Luiza Bairros).

O PMDB tinha seis ministérios.

Em tese, Dilma dispunha de uma base parlamentar maior do que a de Lula: mais de 400 deputados. Mas não era bem assim. Nos dois primeiros anos (2011-2012), teve três derrotas importantes: no Código Florestal, no Trem Bala e na Lei Geral da Copa.

O crescimento do PIB caiu para 2,7%. Mas a taxa de desemprego era de 5%. O Bolsa-Família expandiu e chegou a quase 13 milhões de famílias. O

Pronatec começou a segunda fase. Foi lançado o Brasil Sem Miséria, o programa de cisternas para o semiárido. O Minha Casa, Minha Vida e o Programa de Aceleração do Crescimento, que têm efeito multiplicador na economia, tinham financiamento.

O lançamento da Comissão Nacional da Verdade foi emocionante – seus membros desceram a rampa interna do Planalto com Dilma, Sarney, FHC, Lula e Collor – a presidente e os ex-presidentes vivos.

A lei de acesso à informação, as cotas para negros e indígenas, o Marco Civil da Internet, a lei que incorpora as empregadas domésticas ao trabalho decente, a aposentadoria para pessoas com deficiência, a lei que destinou 75% dos *royalties* do pré-sal para a educação e 25% para a saúde, a aprovação da PEC de expropriação de terras usadas para o trabalho escravo, tudo isso predominou sobre os fatores negativos, e Dilma e seu governo mantinham bons índices de aprovação. Mesmo com a mudança no quadro internacional, crise geral do capitalismo a partir de 2008, com o fim do ciclo de alta das *commodities* (2004-2010), mesmo com o desgaste do mensalão e das jornadas de junho de 2013. Em 2014, já na terceira onda da crise do capitalismo, o país entrava em recessão técnica.

Cheguei em 2013 para o mandato de dois anos, quando Eduardo Henrique Alves foi eleito presidente da Câmara dos Deputados, e Eduardo Cunha tornou-se líder do PMDB. Ouvia diariamente no Cafezinho, nas conversas de plenário, críticas a Dilma como centralizadora, de pouco diálogo, feitas por deputados da base governista, dos partidos fisiológicos, mesmo dos que tinham ministros, cargos nos segundo e terceiro escalões. Ou seja, já estava sendo criado um clima de pular do navio.

Com a chegada da crise, a Fiesp, os empresários que ganharam com a expansão do mercado interno passaram a criticar o governo e as medidas contracíclicas. A Fiesp passou a exigir corte de gastos públicos, redução do valor do salário mínimo e dos salários em geral, aumento dos juros. Até a Copa do Mundo, que deveria ser um bom momento para o governo, deu azo às manifestações anti-Copa.

Pelo conjunto da obra, dos governos do PT, Dilma chegou à eleição liderando as intenções de voto, e foi eleita no segundo turno com 54,5 milhões de votos, mas já com a menor diferença das três vitórias anteriores. Teve 51,64% dos votos válidos, ante 48,36% de Aécio Neves. O candidato tucano ganhou no Sul e no Sudeste (só em São Paulo teve 7 milhões de votos de frente). Perdeu em Minas, Nordeste e Norte.

Mesmo com apoio de Marina Silva, de toda a mídia, de quase a metade do PMDB, Aécio perdeu inclusive em Minas Gerais (estado onde nasceu e foi governador duas vezes). Os movimentos sociais liderados pela CUT, MST, UNE, movimentos sociais urbanos, de mulheres, negros, jovens, toda a esquerda incluindo o PSOL, entraram na campanha de Dilma no segundo turno e viraram o jogo.

O PT ganhou pela terceira vez em primeiro tuno na Bahia; no primeiro turno em Minas, no Piauí e no Acre. Saudei com alegria a vitória de Flávio Dino, no Maranhão.

Em meu bairro, em BH, o Santo Antônio, iniciou-se uma comemoração com gritos, buzinas e fogos pela suposta vitória de Aécio, antes do fim da apuração. Os "intelectuais" da Globonews não escondiam a alegria pela hipotética vitória aecista. O jornalista Merval Pereira falou de uma revoada de tucanos para a comemoração num condomínio de luxo em Belo Horizonte. Dezenas de amigos de Vitor e nossos foram acompanhar a apuração em meu apartamento. Estavam tensos, tristes. De repente, em minutos, saíram os resultados de Minas, da Bahia, no Nordeste, configurando a vitória de Dilma.

Aécio não teve a grandeza do avô Tancredo Neves

Infelizmente, o candidato derrotado quebrou uma regra de ouro da democracia: não aceitar o resultado das urnas. No dia 21 de novembro, menos de um mês depois da derrota no segundo turno, declarou que não acatava a derrota para uma organização criminosa (logo ele!), e recorreu ao TSE para apurar uma fraude que não houve.

Aécio Neves rompeu o pacto democrático de 1988. Lula perdeu para Collor com os golpes da Globo, como a edição manipulada do último debate, e com a exibição dos sequestradores do empresário Abílio Diniz vestindo camisetas da campanha de Lula forçados pela Polícia Civil paulista – mesmo assim, Lula reconheceu a derrota. Em 1994 e 1998, perdeu em primeiro turno para FHC e aceitou o resultado. Em 1998, houve o estelionato eleitoral da desvalorização do Real e da ida ao FMI após a eleição. Serra perdeu para Lula em 2002 e para Dilma em 2010, e aceitou os resultados. Alckmim perdeu para Lula e aceitou a derrota em 2006.

Em Minas, disputei duas eleições com Aécio para o governo e perdi. Telefonei para ele parabenizando-o pela vitória e desejando bom governo, pelo bem dos mineiros.

Ao recusar a aceitação da derrota, Aécio Neves demonstrou sua pequenez e seu descompromisso com a democracia. Sempre tirou proveito do prestígio e do respeito de todos pelo avô Tancredo. Mas não teve a grandeza do avô. Tancredo esteve até o fim com Getúlio Vargas, acossado pelos golpistas da "República do Galeão", liderados por Carlos Lacerda. Foi o último a falar com Getúlio antes do presidente dar um tiro no peito ("saio da vida para entrar na História"). Defendeu como um leão a posse de Juscelino Kubitschek, ao lado do marechal Lott e dos democratas do país, em 1955. E esteve com JK contra as rebeliões militares antidemocráticas de Aragarças e de Jacareacanga. Opôs-se ao golpe anunciado pelos ministros das três armas, defendendo a Constituição e a posse do vice João Goulart quando Jânio renunciou, em 1961. Passou à História quando apontou o dedo para Ranieri Mazzilli e Auro de Moura Andrade, presidentes, respectivamente, da Câmara e do Senado, e que declararam vaga a presidência, enquanto João Goulart ainda se encontrava no Brasil, chamando-os três vezes de canalhas.

A partir do discurso irresponsável no 21 de novembro de 2014, Aécio tornou-se arauto do golpe, seu articulador obsessivo. Ironia da história: acabou consumido pela fogueira que acendeu para infernizar o país. Presidente do PSDB, senador relapso com o seu estado, depositário de 51 milhões de votos, usou dessa posição privilegiada para uma cruzada antidemocrática. E o que é grave: sem contestação dos quadros de seu partido que participaram da Constituinte.

Perdi a eleição para deputado federal em 2014, ficando na primeira suplência da bancada do PT, que elegeu dez deputados federais. Mas na quinta suplência da coligação com o PMDB, PCdoB, Pros e PRB, que é o que conta. Como meu mandato só se encerraria no dia 31 de janeiro de 2015 (a posse dos novos parlamentares ocorre em 1º de fevereiro), voltei a Brasília. Só então me dei conta do tamanho da derrota política que o PT sofreu. Perdeu vinte deputados, caiu de oitenta e nove para sessenta e nove – alguns mudaram de partido e a bancada caiu para cinquenta e oito deputados. O PCdoB caiu de quinze para nove deputados federais. Só aí foram vinte e seis deputados a menos na esquerda, que ainda perdeu espaço no PSB e no PDT.

E o PSOL não se fortaleceu com as perdas das outras legendas de esquerda. Elegeu cinco, tinha três, e um deles é o Cabo Daciolo, que, eleito, mostrou a verdadeira face de direita.

A força de um partido não se mede pela eleição do presidente, nem mesmo do governador. E sim pela bancada na Câmara dos Deputados. Em 2002, Lula foi eleito e o PT fez noventa e um deputados (18%). Em 2006, Lula foi reeleito e o PT caiu para oitenta e três deputados. Em 2010, Dilma ganhou e o PT fez oitenta e oito deputados. Já em 2014 caiu para sessenta e nove. Nas três eleições anteriores teve a maior bancada e o direito de dirigir a Câmara.

Governo Temer, desde o início o entreguismo e o desmanche das conquistas sociais

Em 2014, mesmo como o maior partido, com uma diferença de apenas quatro deputados em relação ao PMDB, ficou difícil manter a tradição. O maior "partido" que saiu das urnas em 2014 foi o PCC – "Partido da Corja do Cunha" – brincadeira ácida, mas verdadeira. Falava-se que Cunha tinha patrocinado o financiamento de 107 a 110 deputados. Posteriormente, as delações dos empreiteiros que se apropriaram da representação parlamentar através do financiamento eleitoral elevaram esse número para 170 deputados.

O deputado Saraiva Felipe, do PMDB-MG, que teve trajetória progressista, médico que participou do famoso movimento sanitarista que nos legou o SUS, foi ministro da Saúde do governo Lula, disse-me, numa conversa no plenário, que as eleições ficaram tão insuportavelmente caras e que candidatos eram extorquidos pelos apoiadores, e revelou: "Não fosse o Eduardo Cunha ter me arranjado um milhão, eu não teria sido eleito". Provavelmente Cunha arranjou um doador. Ele me contou de uma forma tão natural e não sigilosa que não me constrange relatar.

O PT disputou com Eduardo Cunha a presidência da Câmara com Arlindo Chinaglia, que a presidiu anteriormente. Teve apenas 133 votos. Cunha teve 277. A eleição dele era essencial para o projeto de seu grupo de derrubar Dilma e levar Temer, o vice, ao poder. É o presidente da Câmara que inicia ou arquiva processos de *impeachment*.

O pretexto foi a atitude muito digna dos três deputados do PT no Conselho de Ética, quando votaram pela continuidade do processo contra Eduardo Cunha. Por vingança, ele admitiu o pedido de Miguel Reali Júnior, Hélio Bicudo – ambos de trajetória até então democrática – e de uma obscura advogada paulista, Janaína Paschoal –, e iniciou o processo de *impeachment* de Dilma por "pedalada fiscal". Cunha tinha recebido vários pedidos de *impeachment*.

Esse pedido admitido se baseava na Lei de Responsabilidade Fiscal, porque o Executivo teria atrasado o repasse de recursos à Caixa Econômica Federal para utilizar a verba para programas sociais sem autorização do Congresso.

Hoje, vários parlamentares que votaram pelo *impeachment* já declararam que foi mero pretexto, desculpa para o golpe parlamentar.

Na verdade, o PMDB esteve dividido na convenção de 2014 entre apoiar Dilma ou Aécio. Por isso, aberto o processo de *impeachment*, Temer tornou pública uma carta chorosa se queixando da presidente, somando-se às propostas para enfrentar a crise, contidas no documento "Ponte para o Futuro". O STF deu ar de legalidade à manobra ao definir o rito do *impeachment* sem discutir o mérito, endossando um processo de impedimento sem crime de responsabilidade.

Enquanto isso, Temer e o PMDB já montavam o governo, distribuíam cargos. A Operação Lava-Jato selecionava alvos e vazamentos, como nos casos de Delcídio Amaral e do marqueteiro João Santana.

Sob o patrocínio da TV Globo e da mídia em geral, financiados pelo DEM, PSDB e PMDB, grandes manifestações conta Dilma foram feitas em São Paulo e no Rio de Janeiro pela classe média alta, segundo pesquisa da Fundação Perseu Abramo (homens brancos com renda de mais de cinco salários mínimos).

Os atos contra o *impeachment* aconteceram em todo o país, mas sem a cobertura midiática dada aos pró-*impeachment* e sem a mesma quantidade de manifestantes. Em Minas os atos pró-*impeachment* não foram grandes. Os contrários foram realizados teimosamente, sem a grandiosidade que queríamos.

No dia 4 de março de 2016, Lula foi conduzido coercitivamente (eufemismo de prisão) e, estranhamente, levado ao aeroporto de Congonhas, sem nunca ter se negado a depor, em manobra claramente midiática. A reação espontânea contra aquela medida autoritária produziu atos de protesto em 1.124 cidades. Eu estava em Maceió, como palestrante da Conferência Estadual dos Direitos Humanos, mas acompanhei a reação espontânea e a mobilização de advogados, senadores e deputados do PT e do PCdoB que se deslocaram para o aeroporto de Congonhas, desconfiados de que o objetivo era levar a maior liderança partidária do país para Curitiba.

Em 16 de março Dilma anunciou a nomeação de Lula para a Casa Civil.

Sérgio Moro, juiz de primeira instância, divulgou pelo *Jornal Nacional* gravação ilegal de conversas entre a presidente do país e Lula. A TV Globo, demais emissoras e a mídia impressa criaram um clima de escândalo, não pelo ato ilegal do juiz, mas pela tentativa de dar foro privilegiado a Lula. Gilmar Mendes, do STF, depois de almoçar com José Serra, suspendeu a posse de Lula. A OAB federal protocolou outro pedido de *impeachment*, aderindo ao golpe, juntando-se às principais entidades da burguesia.

Os partidos da base foram aderindo ao golpe e, no dia 17 de abril de 2016, o *impeachment* foi aprovado na Câmara dos Deputados, numa sessão patética que desnudou e desmoralizou a natureza da maioria parlamentar.

Vários ministros (ou ex-ministros) do governo Dilma votaram pelo *impeachment*, e um deles saiu do cargo para votar pelo golpe.

No Senado foi escolhido relator o senador Antonio Anastasia, aliado de Aécio Neves.

Em 5 de maio, Teori Zavascki, do STF, afastou Eduardo Cunha do mandato parlamentar e da presidência da Câmara, dezoito dias depois dele ter presidido e conduzido o *impeachment*. Zavascki decidiu com base na ação protocolada pelo procurador-geral da República, Rodrigo Janot, em dezembro.

No Senado, Dilma Rousseff se agigantou ao demolir a tese de crime de responsabilidade, enfrentando olho no olho seus algozes, ao dizer que sua cassação por crime que não cometeu era golpe. Por 367 votos a 137 foi aprovado o afastamento de Dilma (ele seria barrado se tivesse 172 votos). PT, PCdoB e Rede ficaram 100% contra o *impeachment*, além de 63% dos deputados do PDT.

Uma justiça de vingança movida a privilégios

Logo ao assumir, Temer anunciou um ministério só com homens brancos, sem mulheres e negros. Extinguiu o Ministério da Cultura, tendo de voltar atrás ante a reação de artistas e intelectuais, que ocuparam as sedes da Funarte pelo país, e à péssima repercussão da medida, em geral. Como já dito anteriormente, o ministro nomeado, Marcelo Calero, demitiu-se do cargo, denunciando a pressão do ministro-chefe da Secretaria de Governo, Geddel Vieira Lima, para revogar parecer do IPHAN contra a construção de um prédio de apartamentos de 30 andares em área histórica de Salvador.

Um pemedebista mineiro, ao ver uma foto da equipe ministerial de Temer, disse-me: "Aí estão os piores *gangsters* do meu partido".

Dilma cometeu erros políticos que contribuíram para a perda do mandato e da base social que a elegeu. Destaco dois: a escolha de Joaquim Levy para a Fazenda, sinalizando ao mercado com um ajuste recessivo; e a liberação do reajuste dos combustíveis e da energia de uma só vez, impactando no supermercado, no verdurão. Não debateu o ajuste proposto por Levy com os movimentos sociais e populares (nem com seu partido), que viraram o jogo no segundo turno. Não tirou direitos, e justificou que o ajuste preservava os trabalhadores e os mais pobres. Mas foi uma guinada na política econômica.

A perda da base social/eleitoral que lhe deu 54,5 milhões de votos foi acelerada e, meses depois, na abertura do processo de *impeachment* e com a campanha da grande imprensa contra Dilma, sua aprovação estava abaixo de 10%.

As manifestações em defesa da soberania popular tinham uma certa dubiedade. Pessoas e grupos sociais importantes não faziam clara defesa de Dilma, mas manifestavam-se contra os golpistas, pela democracia e em defesa dos direitos conquistados, isso por mais que a presidente explicasse que o ajuste foi para enfrentar a crise internacional, tinha caráter temporário e preservava direitos.

Por que não chamou Lula desde o início do segundo governo para que ele usasse sua enorme capacidade de negociação e suas relações com os movimentos sociais a fim de interromper a marcha do golpe e ela voltasse a ter capacidade de governar?

Os movimentos sociais e a base militante da esquerda só se mobilizaram, de modo afirmativo, quando o governo ilegítimo de Temer passou a votar as PECs que desmontavam construções históricas como a CLT e a PEC do teto de gastos sociais, congelando-os por vinte anos. E quando o governo declarou que faria a reforma da Previdência (na verdade, o projeto original era uma mudança de modelo da Previdência pública e universal para a abertura de uma frente de negócios para o capital financeiro). E também após a ida de Dilma ao Senado e seu discurso histórico.

Foi quando caiu a ficha que o golpe não foi contra Dilma e o PT, e sim, instrumento de um projeto derrotado nas urnas em quatro eleições presidenciais.

O pacto político e social da Constituição de 1988 começou a ser demolido pelo pilar principal: o artigo 1º da Constituição, que diz que "todo poder emana do povo, que o exerce por meio de representantes eleitos ou diretamente, nos termos desta Constituição" – que, ao falar do *impeachment,* o condiciona ao crime de responsabilidade. Como não houve crime de responsabilidade, o princípio da soberania popular foi atropelado. Dilma teve 54,5 milhões de votos para um projeto que foi descartado, enquanto o projeto derrotado nas urnas passava a ser implementado.

Retirado o pilar fundante da democracia, estava aberto o caminho para a erosão do Estado Democrático de Direito.

Centenas de juristas de formação democrática passaram a denominar aquele processo como a aceleração do Estado de Exceção. Isso englobava desde ex-ministros e ministros das cortes superiores, operadores do Direito, ex-procuradores federais, juízes federais, desembargadores, promotores e juristas ligados às universidades.

Eles enfrentaram o debate do punitivismo, da exacerbação do direito penal como instrumento de controle das classes populares e de suas organizações. Resgataram a crítica da mercantilização da vida das mulheres, dos negros, dos camponeses, dos pobres. Opuseram-se à desregulamentação do trabalho e retomaram a bandeira do trabalho decente. Criticaram o Estado de Exceção e o direito associado ao neoliberalismo excludente, elitista, associado à liberdade para o mercado e ao Estado Mínimo.

Não se pode esquecer que a própria OAB defendeu o golpe de 1964, não se opôs ao AI-5 que suprimiu o *habeas corpus* para "crimes políticos", não defendeu os advogados de presos políticos perseguidos pela ditadura, calou-se ante à cassação dos três ministros do STF em 1977. Com a eleição de Raymundo Faoro para a presidência da OAB, em 1977, e a "Declaração de Curitiba" em Defesa do Estado de Direito, em 1978, a Ordem incorporou-se à frente democrática e essa incorporação teve importância histórica reconhecida.

Mesmo assim, a ditadura se institucionalizava, buscava uma pseudolegalidade, assim como o nazismo, o fascismo e os regimes totalitários.

Foi o Estado Democrático de Direito instaurado a partir de 1988 que permitiu o exercício da democracia por três décadas, o período mais longevo de nossa história. Nesse tempo, houve a positivação dos direitos, as políticas públicas universais distributivas, o exercício da participação popular, a incorporação do conflito social como meio de busca da justiça social para enfrentar a obscena concentração da renda, da riqueza e da terra no país. Essa democracia imperfeita, inconclusa, permitiu a alternância de poder.

O aumento exagerado do papel e do poder da Polícia e da Justiça veio de mãos dadas com o encarceramento em massa, com o extermínio de jovens negros, com a malfadada guerra às drogas, com a elevadíssima taxa de homicídios.

Sabe-se que três entre cada quatro juízes brasileiros recebem remuneração acima do teto que a Constituição prevê. São quase 11 mil juízes, desembargadores, ministros do STJ que recebem acima do teto dos ministros do STF. O próprio Sérgio Moro recebe supersalário que ultrapassa o teto constitucional. Assim como os arrogantes procuradores federais da força-tarefa da Lava-Jato, que se dizem campeões da justiça, da luta contra a corrupção.

Sobretudo a partir de 2014, a Procuradoria-Geral da República estabeleceu uma verdadeira indústria da delação. Fizeram uso de prisões preventivas longas, sem precedentes. De conduções coercitivas, com espetacularização, combinada com a TV Globo. O juiz Moro deu sentenças longas para que a PGR oferecesse redução de penas, prisão domiciliar e vantagens financeiras ao delator. E condicionou as benesses ao criminoso, às informações que confirmassem a hipótese acusatória da PGR.

Vazamentos ilegais e humilhantes tornaram-se um método. A volúpia pela audiência, pelo espetáculo, a promoção do juiz, procurador federal, policial federal. A glamourização do delator que se amoldava, retirando a sordidez inerente à delação. As diferenças de papéis entre juiz, MPF, PF se dissolvem.

Um juiz federal vazou uma conversa entre a presidente e Lula, afrontando a lei, a decência, o decoro do cargo, recebeu uma delicada reprimenda do ministro responsável pela Lava-Jato no STF e, depois, pediu desculpas insinceras, em vez de ser afastado ou substituído.

Um golpe contra o pacto democrático de 1988

O neoliberalismo apresenta-se como inelutável, não há alternativa à concentração extrema da riqueza nas mãos do capitalismo financeiro e improdutivo, nem solução para as massas sobrantes... Na verdade, o neoliberalismo é dominante, mas não conquistou a hegemonia. E fracassou. A grande crise da bolha imobiliária, da quebra dos bancos foi em 2008. Dez anos depois, o que se vê é o baixo crescimento – não veio o desenvolvimento como no pós-Guerra no século passado.

No Brasil, 71 mil pessoas acumulam rendimentos isentos de tributação de R$ 350 bilhões! As isenções chegam a R$ 844 bilhões.

O desemprego em 2018 atingiu quase 13 milhões de brasileiros. Os precarizados, trabalhando sem carteira assinada, eram 11 milhões, e os que buscavam viver por conta própria, na informalidade, batiam nos inacreditáveis 23 milhões de pessoas. São milhões de desempregados, precarizados e informais. É insustentável um país assim. Quanto maior a formalização, a carteira assinada, mais equilibrada é a Previdência (desde que os privilégios e a sonegação sejam enfrentados).

O PIB *per capita* caiu 9% entre 2014 e 2017, mas a renda dos mais ricos cresceu 7,5%. Isso é insustentável.

O estado neoliberal jamais será o Estado brasileiro. Nosso país tem 210 milhões de habitantes, tem recursos industriais, científicos, tecnológicos, minerais, energéticos, biodiversidade, agricultura, muita água. O problema de nosso país é a desigualdade, a estúpida concentração da renda, riqueza, terras, poder.

A elite golpista não tem projeto de Nação de longo prazo e quer o Estado a seu serviço.

Não pode dar certo um país em que cinco bilionários ganham o mesmo que 100 milhões de pessoas, e pouco mais de 70 mil pessoas ricas acumulem o mesmo que possuem 92% dos brasileiros.

E só uma democracia verdadeira, que abranja os interesses das classes, de frações de classe contraditórias e diversificadas, aliada à participação da maioria despossuída na gestão do Estado, poderá destravar nosso país. Uma elite predatória, egoísta, imediatista não governa o Brasil. Também ninguém tem o direito de não levar em conta as gerações futuras, e por isso a estrutura produtiva, as políticas econômicas têm que ser ambientalmente adequadas.

Um projeto não será nacional se não for democrático. Não será democrático se não promover o desenvolvimento econômico com justiça social (igualdade social). A democracia tem que abrigar a diversidade étnica, cultural, de gênero. Num país do Hemisfério Sul não haverá democracia sem soberania, de política externa independente, da aliança Sul-Sul, de um país num mundo multipolar.

Num país como o nosso, num mundo com o neoliberalismo dominante (mas não hegemônico), não construiremos um projeto de Nação sem o Estado desprivatizado, democratizado, capaz de usar seus bancos públicos e suas empresas públicas, especialmente a Petrobrás.

O golpe parlamentar de 2016 quebrou o pacto democrático de 1988. Desde 2008, golpes parlamentares, judiciais, derrubaram governos em Honduras e no Paraguai. Governos progressistas foram derrotados na Argentina e no Chile. A Venezuela foi excluída do Mercosul e está sob cerco. Equador e Bolívia mantêm governos progressistas em correlações aflitivas. No Brasil, após a derrubada de Dilma via *impeachment* sem crime de responsabilidade, a Lava-Jato concentrou-se no objetivo de condenar Lula e torná-lo inelegível, e de isolar o PT.

Mesmo sem poder se defender da inacreditável campanha de mídia capitaneada pela TV Globo, Lula aparece em todos os cenários de pesquisas com possibilidade de vitória no primeiro turno nas eleições de 2018, e o PT, mesmo tendo sofrido a sua pior derrota nas eleições municipais de 2016 (quando perdeu 10 milhões de votos no país em relação a 2012), já retoma os 20% de preferência partidária.

Isso mostra que dezenas de milhões de brasileiros querem retomar o desenvolvimento que resgate empregos, melhoria de renda, acesso à terra urbana e rural, acesso à educação em todos os níveis, à saúde, à cultura e à participação social.

O governo ilegítimo de Temer tem rejeição de 90% da sociedade. Composto por corruptos notórios, só se mantém com o controle do Congresso através da compra de votos, emendas parlamentares e distribuição de cargos.

Todas as disputas presidenciais desde 1994 – ou seja, por quase vinte e cinco anos – deram-se entre o PT e o PSDB (Lula x FHC, Lula x Serra, Lula x Alckmim, Dilma x Serra, Dilma x Aécio). Com a atitude irresponsável de Aécio de articular a intolerância, o ódio político, sendo depois desmascarado e consumido pelo fogo do incêndio que provocou, a centro-direita ficou sem candidatura competitiva.

Os processos contra Lula deixaram dramaticamente a nu o judiciário brasileiro. São cargos vitalícios os dos ministros dos órgãos superiores, têm indicações políticas, assim como acontece com os conselheiros dos tribunais de contas e também os desembargadores. E, ainda por cima, a idade-limite para a aposentadoria foi ampliada, os concursos públicos não contemplam a realidade do país, a diversidade da população.

E não há nenhuma forma de controle pela sociedade. Só juízes podem fiscalizar juízes. Não se trata do mérito das decisões, mas dos abusos de poder. Ou das decisões que tornam esse poder uma casta, de um corporativismo excessivo, cercada de privilégios.

A Justiça Federal, então, é ainda mais inacessível em suas torres. O Ministério Público Federal, sobre o qual depositei tanta expectativa nos anos 1990, após a Constituição que lhe deu tanto poder e autonomia, faz-me crer hoje que criamos um monstro dentre outros. Ou bem o excesso de protagonismo, a chamada judicialização da política, ou bem a covardia e a omissão ante o processo do Estado de exceção.

Mas como convocar uma nova Assembleia Nacional Constituinte sem uma reforma política?

Constituinte com uma maioria branca, rica: empresários do capital financeiro e/ou seus executivos; os chamados ruralistas ou seus empregados. Regras eleitorais que os favoreçam. A maioria da sociedade não está representada, ou está sub-representada. Mulheres das classes populares e não apenas mulheres das oligarquias, negros, trabalhadores do campo e da cidade. Sempre vi no voto facultativo mais uma armadilha num país em que a abstenção, os votos nulos e brancos crescem, favorecendo a super-representação dos mais ricos e dos que são projetados pela mídia hegemônica. Uma Constituinte Exclusiva para a reforma política, com representatividade do apodrecido sistema político eleitoral e partidário do país.

Quando foi decidida a criação de uma secretaria estadual de direitos humanos em Minas, pedi que fosse denominada Secretaria de Estado de Direitos Humanos, Participação Social e Cidadania, porque não acredito que direitos e princípios tornem-se efetivos, criem cidadania sem forte participação social. No mundo todo cresceu a descrença na exclusiva representação política.

A própria Constituição fala da democracia direta, mas só tivemos até hoje dois plebiscitos, um antes (1963), e outro depois da Constituição de 1988, o de 1993, ambos sobre regime e forma de governo. E um único referendo – o sobre o desarmamento.

A iniciativa popular de leis também é pouco valorizada. E a democracia participativa com seus conselhos, colegiados, conferências e outras formas de participação digital causa horror à elite.

A democracia formal, a realização das imprescindíveis eleições com regras mais equitativas não vai reabilitar a política no país.

As eleições para presidente são o ponto forte, têm grande participação. Já as para o parlamento, sem financiamento público exclusivo, sem votos em listas partidárias, sem democratização dos partidos (controlados por caudilhos por meio de comissões provisórias), sem o fim das coligações proporcionais, sem as legendas de aluguel para o balcão de negócios, sem a prevalência de debates de ideias, campanhas mais baratas, sem a descriminalização dos movimentos e conflitos sociais, não vão permitir avanços reais, como também a democratização das mídias.

Em 11 de agosto de 2017, completei meus 70 anos de idade e 56 de militância ininterrupta. O golpe de 1964 foi um choque, uma frustração, mas foi dali que optei pela militância política. A primeira prisão, em abril de 1968, só fez reforçar minha aversão à ditadura. O AI-5 foi o opior momento da vida de milhares de pessoas como eu. Fez-me optar pela clandestinidade.

Após a segunda prisão, as torturas, na passagem pelos cárceres, continuei, como tantos, a luta de resistência. Aos vinte e oito anos, saindo do longo período de clandestinidade, participei da fundação do *Jornal dos Bairros* e ingressei na luta pela democracia. Estudei de novo, casei, constituí família

("Incelente maravia", como na música de Pereira da Viola e Gildes Bezerra), uma rede de amizades duradouras.

Participei do PT desde a fundação da CUT, da CMP (Central de Movimentos Populares). Das Diretas Já. Lutei por uma Constituinte não congressual e trabalhei no Comitê Participação Popular na Constituinte. Fui deputado estadual e fui constituinte estadual. Três vezes deputado federal. Duas vezes candidato derrotado ao governo de Minas. Fui presidente do PT de Belo Horizonte, partido vibrante e participativo. Presidente do PT estadual em pleno "mensalão". Presidi a Fundação Perseu Abramo, orgulho dos socialistas. Voltei à Câmara dos deputados por dois anos. Convidado pelo compadre, amigo, camarada Fernando Pimentel, assumi a SEDPAC desde a a sua concepção.

Vivo há mais de quarenta anos com Stael, grande companheira, mãe e militante. Duas filhas maravilhosas, ótimas mães de nossos seis netos e companheiras de pessoas que tratamos como nossos filhos. Vitor é uma pessoa humana incomum, músico sensível.

Disputei onze eleições, tendo perdido seis e me elegido em cinco. Encaro eleições como momentos pedagógicos, de formação da cidadania, o que permite não encarar como derrota a perda de uma eleição, ou ver vitórias políticas em derrotas eleitorias.

Fui autor do projeto de resolução que criou a primeira Comissão Nacional de Direitos Humanos no parlamento nacional, sendo seu presidente por duas vezes. Fui, com muita honra, o primeiro ministro de Direitos Humanos do país. Em meu estado fui o primeiro secretário de Direitos Humanos.

Quando fiz 70 anos, meu irmão Oldack presenteou-me com uma camiseta, estampada com uma foto minha e Lula e a frase "Sonhos não envelhecem".

E, é verdade!

Resolvi escrever este livro, o quinto, para dar minha contribuição à luta pela volta e avanço da democracia, pois não vejo direitos humanos sem democracia, nem democracia sem direitos humanos.

O artigo quinto da Constituição tem o vermelho do sangue de muitas lutas, de torturados, mortos, desaparecidos, de demitidos/expulsos, militares ou civis, de Zumbi e Dandara, inconfidentes, Spartacus, dos que dedicaram ou perderam suas vidas na luta contra a barbárie, dos indígenas, das mulheres revolucionárias.

Nilmário, aos 5 anos, na cidade de Teófilo Otoni.

Nilmário e seu filho Vitor no início da década de 1990.

Com filhos, genros e netos. Da esquerda pra direita: Laila (neta), Renata (filha), Venâncio (genro), Cloé (neta), Estela (neta), Malu (neta), Fernanda (filha), Joaquim (neto), Fabian (genro) e Lucas (neto), Dona Glória (sogra), Nilmário e Stael (esposa).

Nilmário Miranda e Stael Santana formalizam a união, após cinco anos de casados, em 1982.

Nilmário e Stael com os filhos Renata, Vitor e Fernanda.

Nilmário Miranda e Antônia Chaves (nora).

Dos arquivos confidenciais do Dops. "Augusto" era uns dos codinomes usado por Nilmário durante a resistência à ditadura.

Oldack Miranda e Nelly Dapieve, com os filhos Irene e Daquinho, no aeroporto da Pampulha.

Irmãos Dapieve: Arthur e Fernando, ambos militantes do PCB, Nelly Dapieve e Valdemar.

Presídio de Linhares, onde Nilmário cumpriu o último ano da prisão política, de 1974 a 1975.

Familiares de mortos e desaparecidos políticos.

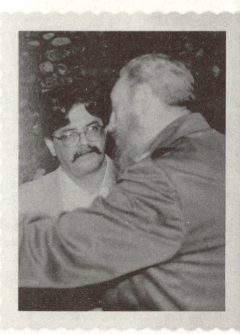

Nilmário em encontro com Fidel Castro.